철강왕
박태준

경영이야기

서갑경(미국 하와이대학교 명예교수) 지음 | 윤동진 옮김

한

오늘날의 포스코를 일궈낸
모든 임직원 및 가족들에게
이 책을 바칩니다.

〈독자에게 드리는 말〉
2002년 포항제철은 '포스코'로
회사의 사명을 변경하였습니다.
《철강왕 박태준 경영이야기》에서는 회사명을
포항제철 및 포철로 통일하여 표기하였습니다.
독자 여러분의 양해를 바랍니다.

옮긴이의 글

이 책은 하와이 대학교의 서갑경(K. K. Seo) 교수가 이야기 형식으로 집필한《The Steel King : The Story of T. J. Park》을 번역해 미국의 Simon & Schuster 출판사와 동시에 출간한 것이다.

서교수는 1950년대 초 도미(渡美)하여 37년 동안 미국 대학의 교수로서 재직하고 있으며, 지난 20여 년 동안 300여 사 이상의 아시아 기업들을 직접 방문하고 이들 경영자들과 인터뷰를 한 아시아 경영의 전문가이다. 또한 일본, 중국, 한국, 태국, 베트남, 미얀마, 인도네시아, 칠레, 아르헨티나 등의 주요 대학에서 초빙교수로 강의해 왔다. 그의 대표적인 저서《Managerial Economics Text, Problems and Short Cases》는 현재 8판까지 나온 베스트셀러로서 미국의 하버드, 콜롬비아, NYU, UCLA 등을 포함한 200여 주요 대학에서 교재로 사용되고 있다. 그 외에도 국제적인 학술지에 아시아 경영과 경제관련 논문을 50편 이상 발표하였다. 서교수는 현재 태평양지역 국제경영연구 이사와 하와이경영대학 연구개발 이사 등을 역임하고 있으며, 뱅크 오브 아메리카와 같은 저명한 미국 기업, 미국 정부, 국제 유수기관뿐만 아니라 포항제철과 같은 유수 한국기업들에 대해서도 자문활동을 활발하게 하고 있다.

한국말에 익숙하지 못한 서교수는 그동안 연구 프로젝트를 같이 수행하였던 역자에게 이 책의 번역을 부탁하였다. 번역을 시작할 때까지만 해도 박태준 회장에 대해서 피상적으로만 알고 있었던 역자는 번역해 나가는 과정에서 커다란 감명을 받게 되었다. 국내 굴지의 대기업들이 경영부실과 과도한 채무로 맥없이 쓰러지는 사태를 바라보면서 박태준 회장의 경영철학과 원칙을 이해할 필요성이 더욱 커지고 있기 때문이다.

포항제철은 조금만 잘못해도 대규모 사고가 발생할 수 있는 위험이 높은 공장들로 이루어져 있고, 국제적인 철강경기 변동에 따라 부실화될 가능성도 높은 회사이다. 그럼에도 불구하고 박태준 회장의 탁월한 경영으로 오늘날까지 누계 기준 50억 달러의 이익을 올릴 수 있는 토대를 장만했고, 세계에 자랑할 만한 우리나라의 대표적인 기업이 되었던 것이다. 만약 그가 없었더라면 포항제철은 삼풍백화점이나 성수대교처럼 커다란 사고를 당하거나 아니면 한보철강과 같은 부실기업이 되어 우리나라 경제에 커다란 짐이 되었을지도 모른다. 이런 측면에서 볼 때 서교수의 책은 오늘날 총체적인 위기에 빠진 한국의 경제난관을 돌파하는 데 커다란 도움이 될 수 있을 것이다.

박태준 회장은 우리나라가 세계에 내세울 만한 탁월한 경영자임에 틀림없다. 그는 총체적인 인본주의에 바탕을 두고 최고 기준을 요구하면서 종업원을 혹독하게 조련시킨 결과, 탁월한 경영성과를 거두었다. 특히 종업원들의 교육훈련에 돈을 아끼지 않고 막대한 투자를 하였기 때문에 이들은 오늘날 돈을 주고도 살 수 없는 귀중한 국가자산이 되었다.

사실 우리나라의 경영학계가 외국의 선진경영방식을 수입하는 단계에서 벗어나 이제서야 한국적 경영을 연구하기 시작하고 있는 현 실정을 감안해 볼 때 '박태준의 경영이야기'를 출판하게 된 것은 커다란 의의가 있다.

번역하는 과정에서 원서에 나오는 한국의 역사와 문화에 대한 상세한 배경설명을 삭제하는 방안도 고려해 보았으나, 외국인 독자를 염두에 두고 원서를 집필한 저자의 의도를 고려하여 원고 그대로를 번역문에 싣기로 하였다. 따라서 한국 독자들로서는 우리나라의 역사와 문화를 외국인들이 어떻게 보고 있느냐를 알 수 있는 좋은 기회가 되지 않을까 생각한다.

끝으로 이 책을 번역하여 출간하는 과정에서 역자의 무딘 표현을 매끄럽게 고쳐주고 표지를 멋있게 꾸며준 한언출판사의 노고에 감사드리며, 또한 훌륭한 책을 번역할 좋은 기회를 주신 하와이대학교의 서갑경 교수님께도 깊은 감사를 드린다.

1997년 10월 10일
우석당의 연구실에서

윤동진

서문

이 책은 한국의 경제기적을 대표하는 포항종합제철주식회사, 그리고 창립자이며 제1대 회장을 역임한 박태준에 대한 불가사의한 이야기이다. 전 세계로부터 주목을 받고 있는 포철은 1973년 가동을 시작한 이래 아무것도 없는 상태에서 무려 50억 달러의 순익과 1천억 달러의 매출액을 누적한 놀라운 회사이다. 오늘날 세계 제2위의 종합제철소로 부상한 포철은 세계에서 가장 효과적이고 효율적인 철강회사로 인정받고 있다.

포철은 한국기업으로서는 최초로 뉴욕증권시장과 런던증권시장에 상장되었으며, 무디신용평가회사로부터 줄곧 최상급 평가인 A+를 받아왔다. 또한 아시아 비즈니스위크는 포철을 아시아 기업 가운데 가장 성공한 회사 중의 하나로 보도했다.

이 모든 것들은 포철이 설립되던 당시 한국이 자본도, 기술도, 경영능력도 없는 가난한 후진국이었다는 사실로 인해 더욱 주목을 받고 있다. 포철은 사업타당성이 없다는 국제금융기관의 논리를 뒤엎고 온갖 장애를 극복하면서 오늘날의 위업을 이룩했다. 포철에 대한 이야기는 기업가와 경영자들에게는 뛰어난 경영감각과 영감을 주었고, 융자를 거절했던 국제금융가들에게는 겸손함을 일깨워주었다.

포철은 1968년 4월에 창립되었다. 당시 포철과 한국 정부는 한반도 남동해안의 자그만 어촌마을 포항에 연산 50만 톤의 종합제철소를 건설하는 데 필요한 자금을 국제금융기관으로부터 조달할 수 있으리라는 희망을 가득 안고 있었다. 그러나 여러 차례에 걸친 어려운 협상에도 불구하고 세계은행(IBRD)은 한국이 원리금을 상환할 능력이 없다는 이유로 포철이 신청한 프로젝트 파이낸싱을 끝내 거절했다. 세계은행은 한국의 경제발전단계를 고려해 볼 때 종합제철소의 성공 가능성이 거의 없다고 결론을 내렸던 것이다.

그러나 세계은행의 예측을 깨고 포철은 가동한 지 25년도 되지 않아 세계 정상급의 제철소가 되었으며, 한국은 세계 제6위의 철강대국이 되었다. 당시 세계은행은 결코 포기하지 않고 한국에 제철소를 세워야 한다는 박태준의 애국심에 불타는 의지를 고려하지 못했던 것이다. 포철은 이 세상에서는 대적할 만한 제철소가 없을 정도로 1년에 거의 1백만 톤씩 경이로운 속도로 생산능력을 확장했다. 또한 확장공사 때마다 공기를 단축하여 수억 달러의 건설비를 절약했기 때문에 건설 단가를 획기적으로 낮출 수 있었다. 포철의 공사기간은 총 217개월로서 예정기간보다 무려 26개월 이상 단축되었다.

뿐만 아니라 포철은 철강제품의 자급과 연관산업의 발전을 통해 한국 경제를 가속 성장시키는 원동력이 되었다. 포철이 철강제품을 저렴하게 공급했기 때문에 한국의 자동차산업, 조선산업, 중공업 및 제조업들은 국제경쟁력을 확보하는 데 큰 도움을 받았다.

그러나 무엇보다도 중요한 것은 포철이 종업원들의 근로의식을 획기적으로 변혁시켜 '대충 해서는 절대 안 돼' 라는 태도가 한국 산업 전반에 퍼졌고 이것이 한국산업화의 기반이 되었다는 점일 것이다. 나는 이 책을 통하여 박태준의 비전과 리더십, 그리고 글로벌 전략 등이 어떻게 한국의 경제기적을 이끌고 세계에서 가장 뛰어난 회사의 반열에 오르도록 포철의 신화(神話)를 이룩했는지 조명해 보고자 한다. 학창시절 일본에서 유학한 후 미국 육군부 관학교에서 경영관리를 배운 박태준은 일본과 미국에서 익힌 최신경영관리기법을 한국 고유의 상황에 맞게 적용하여 커다란 성과를 올렸다. 한국인의 장점을 살리고 단점을 보완하는 방식으로 선진경영방식을 한국화함으로써 역동적인 기업을 만들어낼 수 있었다. 그리고 강력한 신념과 실천으로 정부 관리들과 자신을 따르는 임직원들의 마음을 움직여 당시 온 국민이 꿈이라고만 여겨왔던 종합제철소를 훌륭하게 건설해 냈던 것이다.

　박태준은 국제철강사회의 저명인사로서 커다란 존경을 받고 있으며 전 세계의 유수기관과 유명대학들로부터 권위 있는 상과 학위를 수여받았다. 박태준과 포철이 이룩한 위업이 한국보다는 외국에서 더 많이 알려져 있다는 사실은 놀라운 일이다. 나는 이 책을 통하여 박태준과 포철에 대한 이야기가 한국을 비롯한 전 세계 사람들에게 자세히 알려지기를 바란다.

나는 이 책을 집필하면서 박태준 전 포철회장을 알게 된 큰 행운을 얻었다. 그는 가능할 때마다 시간과 장소에 구애받지 않고 1994년 1월부터 3년이 넘는 기간 동안 무려 15번에 걸쳐 인터뷰를 허락해 주었고, 우리는 총 150시간 이상을 함께했다. 이처럼 탁월한 경영인을 만난 것은 내게는 생애 최고의 경험이었다. 그는 내가 생각할 수 있는 어느 누구보다도 조국의 발전을 위해 헌신한 분으로서 뛰어난 비전과 리더십, 경영철학을 지니고 있었다.

나는 집필에 필요한 자료를 수집하는 과정에서 박태준의 가족, '포철맨', 그리고 국내외의 포철전문가들로부터 받은 값진 도움에 우선 감사드린다. 이들은 포철과 관계되거나 포철에서 겪었던 소중한 추억과 경험들을 나에게 들려주었다. 이들의 도움이 없었더라면 이 책은 세상에 나오지 못했을 것이다. 또한 많은 시간과 격려를 아끼지 않은 하와이대학교 경영대학장과 처음부터 끝까지 헌신적으로 나를 도와준 쥬디스 밀즈에게도 감사를 드린다. 그녀의 격려와 아시아 문화 및 기업에 대한 깊은 이해에 나는 많은 자극을 받았다.

아울러 《영일만에서 광양만까지 : 포항제철25년사》(포항제철, 1993), 《철강산업의 투자》(W.T.호간, 렉싱턴북스, 1992), 《한국의 발전에 있어서 포항제철의 전략》(B.맥켄/R.말란, 스탠포드대학교, 1992), 《타오르는 철강》(J.J.이너스/A.드레스, 글로벌빌리지프레스, 1992), 《당신의 운명을 지배하라》(N.티키/S.셔만, 하퍼즈비즈니스, 1993), 그리고 한국어로 된 각종 포철자료 등을 참조했음을 밝혀둔다. 책 내용 중에 잘못과 오류가 있다면 그것은 전적으로 나의 책임이다. 나는 포철의 신화를 이룩한 사람들의 역할을 좀더 많이 파악해서 그것을 이 책에 충분히 서술할 수 없었다는 것이 안타까울 뿐이다.

1997년 10월
하와이 호놀룰루에서, 서갑경 (K. K. Seo)

차 례

제 1 장

영전에 바친 보고서

"각하, 불초 박태준, 각하의 명을 받은 지 25년 만에
포항제철 건설의 대역사를 성공적으로
완수하고 삼가 각하의 영전에 보고를 드립니다."

1992년 10월 3일 푸른 언덕이 한강 위로 우뚝 솟아 병풍을 두른 듯한 동작동 국립묘지 한쪽에 엄숙한 표정을 한 사람들이 모여 있었다. 그들이 서 있는 곳에서 남쪽으로 내려다보면 정성스럽게 가꾸어 놓은 언덕을 가로질러 약 1킬로미터쯤 되는 곳에 호국영령을 추모하는 대리석탑이 높다랗게 서 있었다. 그리고 석탑 뒤로 아주 멀리, 한국전쟁 중에 산화한 병사들의 이름이 새겨진 하얀 비석들이 일렬종대로 쭉 뻗어 있었다.

잠시 후 엄숙한 표정을 한 사람들은 대리석 계단을 조심스럽게 걸어올라가기 시작했다. 그 산 허리 언덕 위에는 정성스럽게 가꾸어놓은 2기의 푸르고 둥근 무덤이 있었다. 무덤 오른편으로 박정희와 육영수라는 이름이 새겨진 대리석 비석이 보이고, 왼편으로는 고(故) 박대통령의 업적을 낱낱이 기록한 높이 5.5미터, 너비 1.8미터의 새까만 대리석으로 만든 기념비가

서 있었다. 그리고 커다란 2개의 화환이 무덤 앞과 기념비 옆에 서서 이들을 맞이하고 있었다.

첫눈에 봐도 귀한 손님들처럼 보이는 작은 행렬의 선두에 서 있는 사람은 당시 포항제철의 회장인 박태준이었다. 그에게 있어서 오늘의 성묘는 대단히 중요하고 의미 깊은 행사였다. 자신의 정신적 지주였던 고 박정희 대통령이 25년 전에 자신에게 부여했던 사명, 즉 세계적인 종합제철소의 완공을 성공리에 완수했다는 보고를 올리기 위해 찾아온 것이었다.

부슬거리는 가랑비를 맞고 선 채로 박태준 회장은 박대통령의 무덤을 향하여 정중하게 머리를 숙였다. 구김 하나 없이 깨끗하게 다려진 검은 정장을 입은 그의 옆에서 아내인 장옥자, 고 박대통령의 아들 박지만, 딸 박근영, 그리고 동행한 4명의 국회의원이 그를 따라 정중하게 머리를 숙였다. 잠시 추도의 묵념이 끝난 후 박태준 회장은 코트 안에서 두루마리 한 뭉치를 꺼내 조심스럽게 폈다. 그리고 잠시 후 감정에 복받친 그의 얼굴에서 떨리는 듯한 목소리가 서서히 흘러나오기 시작했다.

"각하, 불초 박태준, 각하의 명을 받은 지 25년 만에 포항제철 건설의 대역사를 성공적으로 완수하고 삼가 각하의 영전에 보고를 드립니다. 포항제철은 '빈곤타파'와 '경제부흥'을 위해서는 종합제철소 건설이 필수적이라는 각하의 의지에 의해 탄생되었습니다. 그 포항제철이 바로 어제, 포항과 광양의 양대 제철소에 조강생산 2,100만 톤 체제의 완공을 끝으로 4반세기에 걸친 대장정을 마무리하였습니다. 그 결과 포항제철은 오늘날 세계 3위의 거대 철강기업으로 성장하였으며, 우리나라는 세계 6대 철강대국으로 부상하였습니다."

박태준 회장은 목이 메이는 듯 잠시 보고를 멈추고 생전에 박대통령이 자신에게 한 말을 떠올렸다.

"나는 임자를 잘 알아. 이건 아무나 할 수 있는 일이 아니야. 어떤 고통을 당해도 국가와 민족을 위해 자기 한 몸 희생할 수 있는 인물만이 이 일을 할 수 있어. 아무 소리 말고 맡아!"

박대통령의 말은 박회장이 포항제철을 거대 제철소로 이룩하는 데 부딪혔던 온갖 시련들을 정확하게 예언한 것이었다. 또한 이러한 역경들을 꿋꿋하게 극복해 나갈 것이라는 박태준에 대한 신념과 믿음을 달리 표현한 말이기도 했다. 조국을 부강한 나라로 건설하고자 했던 두 사람의 불타는 정열은 전 세계가 불가능하다고 외면한 일을 기어이 달성하도록 만든 원동력이 되었다. 박태준 회장은 계속해서 읽어 내려갔다.

"1967년 9월 어느 날, 대한중석의 일을 마무리짓기 위한 영국 출장 도중 제게 특명을 내리던 각하의 그 카랑카랑한 음성이 지금도 저의 귓전에 생생합니다. 그 말씀 한마디에 25년이라는 긴 세월을 철(鐵)에 미쳐, 참으로 용케 견뎌왔구나 생각하니 솟구치는 감회를 억누를 길이 없습니다.

돌이켜보면 참으로 형극과도 같은 길이었습니다. 자본도, 기술도, 경험도 없는 불모지에서 용광로조차 구경해 본 일이 없는 38명의 창업요원을 이끌고 포항의 모래사장을 밟았을 때는 각하가 원망스럽기도 했습니다. 자본과 기술을 독점한 선진철강국의 냉대 속에서 국력의 한계를 절감하고 한숨짓기도 했습니다. 정치인, 정부관료들, 악의적인 경쟁기업인들로부터 터무니없는 모략과 질시, 그리고 갖은 수모를 받으면서 그대로 쓰러져 버리고 싶었던 때도 있었습니다. 그때마다 저를 일으켜세운 것은 '철강은 국력'

이라는 각하의 불 같은 집념, 그리고 열세 차례에 걸쳐 건설현장을 찾아주신 지극한 관심과 격려였다는 것을 감히 이 자리에서 말씀드립니다."

박정희 대통령은 포항제철소 건설 프로젝트에 특별한 관심을 표명하고 열세 번에 걸쳐 포항 공사현장을 몸소 방문하고 임직원들을 격려했다. 생동감 넘치는 건설현장에서 대통령 자신도 새로운 힘을 얻곤 하였던 것이다. 박대통령은 박회장에게 이런 말을 한 적이 있었다.

"여보게, 내가 왜 이리 자주 포항에 내려오는 줄 아나? 서울에 앉아 있으면 세상 돌아가는 모양이 신통치 않고 답답할 때가 자주 있지. 가끔 이 나라의 대통령인 나조차도 자신감이 사라지고 절망에 빠질 때가 있다네. 그럴 때일수록 건설현장에서 열심히 땀흘리며 활기차게 일하는 일꾼들을 보면 저절로 기분이 좋아져서 기운이 솟고 나도 모르게 다시 자신감을 찾게 된다네."

그들은 종종 서로 용기와 격려를 주고받으면서 역경을 헤쳐나온 사이였다. 그래서 박회장은 갑작스럽게 닥친 박대통령의 서거에 아직도 커다란 비애를 느끼고 있었다.

"포항제철소 4기 완공을 1년여 앞두고 각하께서 졸지에 유명을 달리하셨을 때는 '철강 2천만 톤 생산국'의 꿈이 이렇게 끝나버리는가 절망하기도 했습니다. 그러나 저희는 '제철보국(製鐵報國)'의 유지를 받들어 흔들림 없이 오늘날까지 일해 왔습니다. 각하를 모시고 첫삽을 뜬 이래 지난 4반세기 동안 연인원 4천만 명이 땀흘려 이룩한 포항제철은 이제 세계의 철강업계와 언론으로부터 최고의 경쟁력을 지닌 철강기업으로 평가받고 있습니다."

박회장은 필생의 소임을 끝냈다는 생각이 들자 조국 근대화를 앞당긴 박 대통령에 대한 추모의 정이 더욱 새롭게 느껴졌다.

　"각하께서 '임자 뒤에는 내가 있어. 소신껏 밀어붙여 봐'라고 하신 한 마디 말씀으로 저를 조국 근대화의 제단으로 불러주신 각하의 절대적인 신뢰와 격려를 생각하면서 다만 머리를 숙여 감사드릴 따름입니다.

　각하, 그토록 염원하시던 '철강 2천만 톤 생산국'의 완수를 보고드리는 이 자리에 그토록 사랑하시던 근영 양과 지만 군도 함께 참석했습니다. 자녀분들도 이 자리를 통해 오직 조국 근대화만을 생각하시던 각하의 뜻을 다시 한 번 되새기며, 각하의 유지를 받들기 위해 더욱 성실하게 살아갈 것이라 믿습니다. 일찍이 각하께서 분부하셨고, 또 다짐드린 대로 저는 이제 대임을 성공적으로 마쳤습니다. 그러나 이 성공은 저 혼자만의 힘으로는 이룩될 수 없는 것이었습니다. 각하께서 정해주신 목표를 달성하기 위해 노력과 헌신을 아끼지 않았던 수많은 종업원, 관리자 및 임원진들이 있었기 때문에 가능한 일이었습니다. 이들이야말로 진정한 영웅입니다. 비록 이 자리에 저희들과 함께 있지 않더라도 각하께서 이들의 노고를 일일이 치하해 주시기 바랍니다."

　박회장은 잠깐 숨을 멈춘 후 경건하게 말을 이었다.

　"이 나라가 진정한 경제 선진화를 이룩하기에는 아직도 해야 할 일들이 산적해 있습니다. '하면 된다'라는 각하께서 불어넣어 주신 국민정신의 결집이 절실히 요청되는 어려운 시기입니다. 부디 불초 박태준이 결코 나태하거나 흔들리지 않고 25년 전의 그 마음으로 돌아가 '잘사는 나라' 건설을 위해 매진할 수 있도록 붙들어주옵소서.

제 뒤를 이어 이 거대한 포항제철을 이끌어갈 경영진이 지금 새롭게 들어섰습니다. 원컨대 각하께서 지극히 충성스럽고 뛰어난 경영능력을 가진 황경로 회장을 비롯하여 포항제철의 모든 임직원을 보살펴주시고 보호하여주시기 바랍니다. 황회장은 포항제철을 훌륭하게 이끌어갈 것입니다. 그분과 임직원들을 지켜봐주시고, 저에게 했던 것처럼 그들에게도 힘과 용기를 불어넣어 주시기 바랍니다. 각하께서 주신 절대적인 믿음과 격려를 마음 깊숙이 아로새기면서 삼가 각하의 명복을 빕니다. 부디 안면하소서!"

박대통령의 영전에 보고를 마친 박회장은 참석한 일행들과 함께 하늘을 바라보았다. 25년 전 첫삽을 뜨던 그날처럼 아주 짙푸른 하늘이었다.

이들 일행은 바로 그 전날에도 광양제철소 준공식장에 박태준 회장과 함께 참석했었다. 준공식은 매우 엄숙하고 정성스럽게 진행되었다. 그날은 광양제철소 제4기설비를 완공한 날이면서 아울러 포항제철의 4반세기의 눈부신 성공을 축하하는 역사적인 날이었기 때문이다.

준공식에는 노태우 대통령을 비롯한 각 부처 장관들과 국회의장단들이 대거 참석했다. 이외에도 도날드 그레그 주한 미대사를 비롯한 주한 외교사절단들, 브라이언 로튼 국제철강연맹 회장, 세계 각국의 철강산업 대표자들, 철강원료와 설비공급업체 대표들, 한국의 저명한 실업계 인사들, 포항제철의 임직원과 가족들, 그리고 광양시민들이 참석하여 준공식을 경축했다. 1만2천 명이 넘는 인사들이 제철소 경기장에 구름처럼 몰려들었으며, 황색 복장을 한 1,300명의 포철 직원들이 지켜보는 가운데 장대한 준공식이 거행되었다. 오색찬란한 깃발들과 풍선들이 머리 위로 날아올랐고,

고(故) 박정희 대통령 묘소 앞에서 포항제철 4반세기 대역사
완공을 보고하고 있는 박태준 회장 (1992. 10. 3.)

포철의 전용밴드가 연주하는 경쾌한 음악이 창공을 가로지르며 울려퍼져 나갔다.

그날의 준공식은 포항제철은 물론 한국 경제 전체로서도 매우 영광스러운 날이었다. 이런 뛰어난 업적을 축하하기 위하여 세계 각국의 축하사절단이 준공식장에 모여든 것이었다. 그러나 박태준 회장은 자랑스러운 성공을 함께 축하해 줄 귀중한 한 분이 빠진 것이 못내 아쉬웠다. 가난과 기아로부터 조국을 건져내 철강으로 조국의 근대화를 이룩하자고 격려해 주었던 박정희 대통령이 서거했기 때문이었다.

광양제철소의 마지막 설비 준공식을 한 달 앞둔 어느 날, 박태준 회장은 박정희 대통령의 성묘를 준공식이 끝난 다음에 갈 것인지 아니면 그 이전에 갈 것인지를 놓고 고민했었다. 박대통령이 서거한 지 15년이 지났지만 고인에 대한 존경심은 지금도 변함없었다. 서거 이후에도 계속해서 박회장은 자신을 굽어보고 있는 박대통령의 시선을 느껴왔던 것이다. 두 사람이 함께 시작했던 프로젝트를 혼자힘으로 완성한 그로서는 고인에게 직접 임무를 완수했다는 기쁜 소식을 전해드리지 않고서는 아직 일이 끝난 것이 아니었다. 박회장은 먼저 준공식을 무사히 치르고 난 다음에 서울로 돌아가서 박대통령 영전 앞에 보고를 하는 것이 순서라고 생각했다.

준공식이 끝난 다음날 아침 9시가 조금 넘어 박회장 일행은 곧바로 비행기에 올라 서울로 향했다. 준공식은 단순한 기념식에 불과했다. 하지만 박회장은 박대통령이 준공식에 참석하지 못한 것이 여전히 아쉬웠다. 비행기 아래 구름 사이로 광양제철소 산업단지 내의 크고 작은 건물들이 아침 햇살에 반짝이는 것이 보였다. 하나의 작은 도시라고 불러도 좋을 만큼 정교하게 배치된 제철공장들 내부에서는 철광석들이 복잡한 미로를 통과하면서 마지막에는 수백만 톤의 철강제품으로 변하고 있었다.

　박회장은 말끔히 단장된 직원사택의 빨간 지붕들을 물끄러미 바라보면서 뿌듯한 만족감을 느꼈다. 사택단지 옆으로 음악당, 스포츠센터, 그리고 우거진 나무숲 사이로 학교가 눈에 들어왔다. '공원 속의 제철소'라고 불릴 정도로 녹지에 둘러싸인 광양제철소는 주변경관이 아름다웠다. 포항제철을 방문한 옛 소련연방의 외교아카데미 부총장이 이를 보고 경탄을 아끼지 않았던 모습이 떠올랐다. 박회장은 눈을 감았다. 박대통령의 얼굴에 만족스러운 미소가 잔잔하게 흐르고 있는 것을 어렴풋이 느낄 수 있었다.

　영전 보고를 마치고 묘지를 떠나면서 박회장은 박대통령이 어딘가에서 자기를 지켜보고 있다는 것을 새삼 느꼈다. 박회장은 일행과 함께 타고 온 승용차들이 대기하고 있는 쪽으로 천천히 걸음을 옮기기 시작했다.

25년 전의 약속

승용차들은 애국선열들이 묻혀 있는 묘소와 기념탑을 지나 국립묘지를 서서히 빠져 나오고 있었다. 회상에 잠긴 박회장은 엄숙한 표정을 짓고 있었다. 좌우에 펼쳐진 푸른 잔디와 하얀 비석들 사이로 그의 의식은 박정희 대통령을 처음으로 만났던 육사시절로 거슬러 올라가고 있었다. 사당동 길로 접어든 차는 강북을 향해 속도를 내기 시작했다.

　제2차 세계대전이 끝난 직후 정치적 혼란이 극심하던 1948년, 박태준은 육군사관학교에 입교했다. 거기서 그는 교관 박정희 소령을 처음 만났다.

박정희 소령은 타고난 성격 때문인지 좀처럼 웃지 않았고, 사관학교 내에서 그는 묵묵히 효과적으로 일을 처리하는 능력과 폭넓은 분석능력을 갖추고 있어 생도들로부터 대단한 존경을 받고 있었다. 즉 주도면밀한 태도와 군사전략에 대한 광범위한 지식으로 박소령은 사관학교 내에서 가장 존경스런 교관으로 인정받고 있었다.

박태준은 사관생도들 중에서 특히 분석적 능력과 수리적 능력이 남달리 뛰어났기 때문에 박정희 교관의 눈에 띄게 되었다. 제2차 세계대전이 끝나갈 무렵 박태준은 일본 와세다 대학에서 기계공학을 전공한 촉망받는 젊은이였고, 수학은 그가 가장 좋아하는 과목 중 하나였다. 그는 특히 수학을 응용하여 현실적인 문제를 해결하는 데에 탁월한 능력을 발휘했다.

박정희 교관의 수업을 받던 어느 날 해석기하학과 미분방정식을 잘 이해해야만 풀 수 있는 탄도의 궤적을 해결하는 문제가 주어졌다. 어느 생도도 선뜻 그 문제를 풀겠다고 나서지 못하고 눈치들만 보고 있었다. 그때 박교관의 강렬한 시선과 맞부딪친 박태준 생도가 자리에서 일어났다. 그는 칠판 앞으로 다가가 그 누구도 손대지 못한 문제를 정확하게 풀었다. 박교관은 보일 듯 말 듯한 미소를 입가에 띄우며 문제를 풀고 자리로 돌아오는 그를 바라보고 있었다.

박정희 교관은 박태준의 수학적인 능력과 분석적인 사고에 감명을 받았지만, 무엇보다 그가 마음에 들었던 것은 진지한 태도와 엄한 자기규율을 가진 생도였다는 점이었다. 박교관은 젊은 제자인 그에게 특별한 관심을 가지고 지켜보았다.

사제지간은 한국과 같이 유교에 바탕을 둔 사회에서는 가장 중요한 인간

관계 중 하나이다. 선생은 장래가 촉망되는 몇몇 제자들을 선택하여 재학 중일 때뿐만 아니라 졸업 후에도 돈독하게 사제의 정을 나누는 경우를 흔히 볼 수 있다. 선생은 제자의 성장과 발전을 위해서 개인적으로 특별한 관심을 가지고 돌보아주며, 제자는 일생 동안 선생을 존경하며 따르게 되는 관계가 맺어지는 것이다.

박정희와 박태준은 국가관뿐만 아니라 세상을 보는 관점이 같았기 때문에 이들은 선생과 제자로서 깊은 정을 나누게 되었다. 두 사람은 닮은 점이 많았다. 강한 자제력과 뛰어난 지성을 가진 완벽주의자들이었으며, 목표 지향적이고 직선적인 성격을 지니고 있었다. 두 사람 모두 몸을 바쳐서라도 조국을 위해 충성하겠다는 의지에 불타고 있었으며, 확고한 비전과 조국의 미래를 건설하겠다는 목표를 지니고 있는 사람들이었다. 이러한 공통점 때문에 그들은 동일한 목표를 지니고 운명과도 같은 스승과 제자의 관계를 평생토록 이어갈 수 있었다. 박태준에게 있어서 이러한 결속은 박정희 대통령이 세상을 떠난 후에도 이어졌다.

육사를 졸업한 지 10년이 흘러 두 사람은 부산지역에 함께 복무하게 되면서 다시 만나게 되었다. 박정희 장군은 당시 6군단 부군단장이었고 박태준 대령은 인접부대에서 연대장으로 근무하고 있었다. 한가로운 저녁때만 되면 두 사람은 같이 어울려 술을 마셨고 세상 소식을 주고받으며 깊은 동료의식을 갖게 되었다. 10년이나 나이 차이가 나고 육사에서는 스승과 제자 사이였지만, 부산에서 그들은 마치 형과 아우처럼 지내며 서로의 속마음을 털어놓는 사이로 발전하게 되었다.

당시 한국 정세는 극히 혼란스러웠으며, 공무원뿐만 아니라 군인들의 부정부패도 큰 문제로 대두되고 있었다. 그들은 조국이 일제로부터 굴욕적인 식민통치를 받고 이어 끔찍한 동족상잔을 겪고서도 아직 정신을 차리지 못한 것을 보고 비통해했다. 두 사람은 조국의 장래를 위해 무엇을 해야 할 것인지 밤새도록 토론을 했으며, 조국 근대화에 대해서 강한 책임감을 느꼈다. 박정희 장군은 자신에게 매우 엄격하였으며, 기계처럼 정확하고 실수하는 법이 결코 없었다. 하지만 마음속 깊은 곳에는 따뜻한 사랑을 간직한 그는 기성 정치가와 고위 군장성들의 부정부패를 비판하면서도 자신에게 주어진 일을 아무 말 없이 최선을 다해 처리해 나갔다.

먼 훗날 당시로서는 불가능해 보였던 종합제철소 건설이라는 거대한 일을 해낼 수 있었던 것은 바로 이들간의 깊은 신뢰와 존경이 있었기에 가능했던 것이었다.

박대통령은 조국 근대화를 앞당기기 위한 초석으로 종합제철소를 건설해야겠다는 일념에 불타고 있었다. 그는 박태준을 청와대로 불러들여 다음과 같이 부탁했다.

"지금부터 내가 하는 말을 잘 듣게나. 이 일을 성공시킬 수 있는 사람은 임자밖에 없네. 임자를 믿고 이 일을 맡길 테니 한번 일생을 걸어보게."

"제 일생을 바친다고 어디 될 일입니까?"

박태준은 종합제철소 건설이 무척 힘들고 어려운 일이라는 것을 잘 알고 있었다.

"힘들고 어려운 일이라는 것은 잘 알겠네만 임자나 내가 함께 가야 할 길이 아닌가. 우리 한번 힘을 합쳐 일해 보세."

박대통령은 박태준이 불가능한 이 일을 해낼 수 있는 적임자라는 것을 잘 알고 부탁하였던 것이다.

박태준은 검정 승용차 뒷좌석에 깊숙이 몸을 기댄 채 다시 눈을 감았다. 박대통령과 함께 시작했던 험하고도 힘들었던 여정을 무사히 마친 그는 이제야 비로소 긴장이 풀어졌고 해방감도 느낄 수 있었다. 박태준 회장은 일생일대의 과업을 맡게 된 일, 그리고 지금까지 인연을 맺었던 사람들을 떠올렸다. 그들을 생각하면서 그는 인간의 의지만으로는 설명할 수 없는 어떤 운명과도 같은 것이 있다는 것을 느꼈다.

'인간은 누구나 정해진 운명을 갖고 태어나는 게 아닐까? 차이점이라면 자신에게 주어진 역할을 얼마만큼 최선을 다해 해냈는지에 달려있는 건 아닐까? 이 일이 내 운명뿐만 아니라 주변사람들의 운명도 바꾼 것이 아닐까?'

박태준 회장은 끝없는 자기희생을 감내할 수 있어야만 자신에게 주어진 역할을 완수할 수 있고, 진정으로 인생에서 성공할 수 있다고 굳게 믿었다. 그가 험난했던 인생을 통해 얻은 교훈이 있다면 인간에게 주어진 역할은 즐겁고 영광된 것이라기보다 힘들고 어려운 도전으로부터 시작된다는 것이었다. 그리고 자신과의 싸움에서 이겨야 하며 감정을 잘 통제해야 한다는 것이었다. 그가 남달리 뛰어날 수 있었던 것은 바로 어떠한 희생이라도 받아들이겠다는 정신자세와 이를 감내해 낼 수 있는 능력이 있었기 때문이었다.

국가 경제의 초석을 위하여

승용차 차창 밖으로 도도히 흘러가는 한강을 무심코 바라보던 박태준 회장의 의식은 험난하고 힘들었던 옛날의 포항 건설현장으로 되돌아가고 있었다. 1968년 11월, 박대통령은 포항 공장부지 건설현장을 예고 없이 방문했다. 대통령의 방문을 계기로 박태준은 몸을 바쳐서라도 제철소 건설을 이루고야 말겠다는 결심을 했다.

박대통령은 무엇을 생각하고 있는지 박태준의 공사 브리핑을 말없이 듣고만 있었다. 무척이나 우울한 표정을 짓고 있던 그는 브리핑이 끝나자 벌떡 일어나 발코니를 향해 뚜벅뚜벅 걸어 나갔다. 박태준은 곧바로 뒤따라 나와 박대통령 옆에 나란히 서서 황량한 부지공사 현장을 내려다보았다. 두 손으로 나무난간을 잡고 휘몰아치는 바람 앞에 몸을 약간 구부린 박대통령의 얼굴은 수심에 가득차 보였다. 모래바람이 강하게 불어오자 박대통령은 두 손으로 눈을 비벼대면서 깊은 한숨을 쉬었다. 그러고는 혼잣말처럼 중얼거렸다.

"이거 남의 집 다 헐어놓고 제철소가 정말로 되기는 되는 거야?"

이 말을 듣는 순간 박태준의 등골에 식은땀이 흘러내렸다. 그는 대통령이 불안해하고 걱정하는 모습을 보자 매우 송구스러웠다.

지금까지의 모든 노력이 수포로 돌아갈지도 모른다는 불안한 생각이 머리를 스치고 지나갔다. 바로 이 순간이 박태준에게는 커다란 의식의 전환점이 되었다. 그는 어떠한 난관에 부딪치더라도 기필코 종합제철소를 완공시켜 박대통령의 신뢰를 회복하겠다고 다시 한 번 굳게 결심했다.

박대통령은 제철소가 들어설 땅 위에 대대로 터전을 일구고 살아온 주민들이 정든 집과 농토를 두고 떠나야 했던 슬픔을 가슴 아파했다. 헬기가 착륙할 때 내려다보았던 빈집들이 철거되면서 황량한 벌판으로 변해 가는 건

포철 공사부지 현장을 내려다보는 박정희 대통령

설현장을 보고 박대통령의 심경은 착잡해졌던 것이다. 수백 채의 농가가 헐리고 조상의 무덤이 멀리 이장되고 있었지만 그토록 원하던 제철소는 들어설 기미조차 보이지 않았다. 만에 하나 제철소 건설이 실패하게 되면, 대대로 살아왔던 정든 고향을 등지고 떠나야 했던 수많은 사람들의 고통과 슬픔을 어떻게 보상해 줄 수 있단 말인가?

1958년부터 종합제철소를 건설하려던 정부의 계획은 이미 다섯 차례나 무산된 아픈 경험을 가지고 있었다. 제철소 건설은 이제 더 이상 실패해서는 안 될 매우 절박한 상황이었다. 하지만 부지공사가 한창 진행되고 있었던 당시, 어느 나라도 제철소 건설에 필요한 자금을 제공하겠다고 나서지 않았다.

박태준은 종합제철소를 지어야겠다는 박정희 대통령의 소망을 누구보다 잘 알고 있었다. 그리고 이 순간 대통령이 느끼고 있을 비통함 역시 잘 알고 있었다. 박태준은 '필요하다면 목숨이라도 걸어서 기필코 종합제철소를 완성하겠다'고 입술을 악물고 굳게 결심하던 때를 떠올렸다. 그러자 이번에는 환하게 웃는 박대통령의 모습이 파노라마처럼 박태준의 머릿속에 나타났다. 때는 1973년 7월 3일, 장소는 역사적인 포항 제1기의 완공을 기념하는 식장이었다. 박대통령은 치사를 하면서 모래바람이 휘날렸던 황량한 벌판에 연산 103만 톤 규모의 철강을 생산하는 현대식 제철소가 들어선 것에 매우 감격해했다. 긍지와 자신감에 찬 어조로 박대통령은 준공식장에 모인 청중들을 향하여 이렇게 말했다.

"3년 전 어느 봄날, 본인은 김학렬 전 부총리 그리고 박태준 사장과 함께 기공식 버튼을 눌렀습니다. 그로부터 3년 3개월이 지난 오늘 황무지와 다름없던 모래벌판 위에 그야말로 초현대식 종합제철소가 우뚝 들어선 것을 보니 감개무량하지 않을 수 없습니다. 3년하고도 3개월의 하루하루가 여러분 모두에게는 끝이 없는 전투와 다름이 없었습니다."

대통령은 박태준 이하 임직원들, 그리고 공사현장에서 땀흘려 일했던 현장인부들의 노고를 아낌없이 치하했다. 준공식장에 모였던 포항제철의 임직원 일동은 24시간 철야작업은 물론이고 휘몰아치는 모래바람과 시베리아에서 불어오는 북풍한설에도 굴하지 않고 오로지 제철소 건설만을 꿈꾸며 지내왔던 것을 생각하니 복받쳐오르는 감정을 억제할 수 없었다. 이러한 거대한 역사는 종업원들의 마음과 몸을 움직여 그들의 자발적인 자기희생과 헌신을 이끌어내지 못하고서는 이룩할 수 없는 일이었다. 국가 경제의 초석을 다지는 거대한 목표가 있었고, 임직원이 일치단결했던 협동심과 조국애가 있었기에 가능했던 것이었다.

박태준 회장은 차창 밖으로 한남대교를 바라보았다. 제철소를 짓기 시작할 때만 해도 한강에는 강북과 강남을 연결해 주는 다리가 하나밖에 없었다. 이제는 아홉 개 이상으로 늘어났으며, 이들 교량 모두가 포항제철에서 만든 철강으로 세워진 것들이었다. 도쿄나 싱가포르보다 깨끗한 강남에 들어선 초현대식 고층빌딩뿐만 아니라 이 지역을 가로지르는 고속도로 역시 포항제철에서 생산한 철강으로 건설했다. 포항제철의 철강으로 만든 자동차들이 끊임없이 거리를 질주하는 것을 바라보면서 그는 대단히 흡족했다. 자신이 세운 회사의 성공, 그리고 조국 근대화에 일조한 보람과 긍지가 뿌듯하게 다가왔다.

흔들리는 차 속에서 박태준 회장은 지난 일을 되새겼다. 전체 건설과정에 속속들이 간여하였기 때문에 포항과 광양에 있는 모든 철강공장들의 구석구석까지도 눈에 선하게 다가왔다. 어느 하나 그의 땀과 정신이 배어 있지 않은 곳이 없었다.

포항제철의 성공은 그에게 기쁨을 가져다주었지만 한편으로는 슬픔도 안겨 주었다. 조국의 근대화를 위해 어떠한 일도 마다하지 않았고, 오늘의 영광이 있기까지 격려해 주고 뒷받침하였던 분과 이 기쁨을 함께 할 수 없었기 때문이다.

박태준은 수많은 비판에도 불구하고 박대통령이야말로 가장 훌륭했던 대통령이라고 믿고 있었다. 그가 보기에 박대통령은 모든 방법들을 총동원해 국가 경제발전을 도모하였고, 국민들이 잘 먹고 잘살 수 있는 나라를 건설하기 위해 심혈을 기울인 지도자였다. 그가 이룩한 조국 근대화의 성과 때문에 한국은 오늘날 이만한 국력과 경제력을 갖게 된 것이다. 박대통령은 자신에게 주어진 사명을 이룩한 것이다.

일행을 태운 검정색 승용차가 신라호텔 입구를 지나 출입문 앞에 멈출 때까지 박태준 회장은 지난 25년간의 긴 여정을 회상하며 깊은 상념 속에 빠져 있었다. 그가 이룩한 뛰어난 업적에도 불구하고 그의 마음 한구석은 슬픔에 잠겨 있었다. 박대통령의 묘소를 찾아가 '임자, 정말로 수고했어'라는 박대통령의 카랑카랑한 목소리를 듣고 싶었고, 임무 완성에 만족해하는 그의 환한 얼굴을 보고 싶었다. 그러나 박대통령은 그의 보고를 듣지 못했는지 말없이 누워만 있었다.

제 2 장
가짜 고춧가루

"병사들에게 먹일 음식에 가짜 고춧가루를 납품한
놈들은 적보다 더 나쁜 놈들이다.
어떤 놈들인지 징계위원회에 회부하도록!"

1958년 당시 한국 정세는 전쟁을 겪고 난 뒤의 정신적, 물질적 피해로부터 벗어나기 위해 몸부림치고 있었다. 전쟁은 공장, 철도, 도로 등을 철저하게 파괴해 버렸다. 동족상잔으로 인한 사망자는 150만 명에 이르렀고, 재산 피해는 20억 달러를 훨씬 넘었다. 식량 생산은 27%나 격감했고, 국민 총생산은 3년 사이에 14%나 감소했다. 실업률은 30% 이상을 웃돌았으며, 550만 명에 이르는 피난민이 발생했다. 이런 열악한 상황에서도 정치적 소요와 부정부패는 극에 달했고, 국민들의 의식주 해결은 전혀 개선될 기미가 보이지 않았다.

김치 사건

전후 혼란기에 박태준 대령은 제25사단 71연대장으로서 바쁜 나날을 보내고 있었다.

1958년 여름, 그는 부대 안을 이곳저곳 둘러보다가 사병 식당에서 뜻밖의 광경을 목격했다. 식당 뒤편에 절인 배추들이 잔반통에 버려져 있지 않은가! 나라 전체가 굶주려 있던 당시로서는 잔반통에 건더기는 없고 국물만 남아 있는 것이 상식이었다. 박태준 대령은 값진 음식들이 통째 쓰레기로 버려진 것을 보고 인사계에 즉각 확인토록 지시했다. 그의 예상대로 잔반통에 버려진 것은 김치가 틀림없었다.

박태준은 직감적으로 무언가 잘못되었다는 것을 느끼며 식사를 하고 있는 장병들에게 다가갔다. 병사들은 식사를 하다 말고 벌떡 일어나 그에게 거수경례를 했다. 박태준은 김치를 손도 대지 않고 버리는 병사들에게 명령조로 물었다.

"어째서 김치를 먹지 않는 건가?"

병사들은 아무 말도 못하고 얼어붙은 듯이 잠자코 있었다. 대답이 없자 박태준이 화가 치밀어서 다시 물었다.

"왜 아까운 김치를 버리는가 말이다? 꾸물거리지 말고 어서 말해 봐!"

박태준은 젊은 하사관을 지시봉으로 가리켰다.

"강하사, 도대체 귀한 음식을 버리는 이유가 뭔가?"

하사관은 연대장의 얼굴을 애써 외면하며 큰 소리로 대답했다.

"연대장님, 취사반에 있는 김치는 맵지가 않습니다. 맛도 없고, 먹고 나면 이상하게 소화도 잘 되지 않습니다. 불평은 절대 금기인 줄 잘 알고 있습니다만, 무언가 잘못된 것 같습니다. 죄송합니다. 앞으로 김치가 맛이 없어도 군인답게 남김없이 먹겠습니다.”

무슨 곡절이 있는 것이 분명했다. 박태준은 인사계에게 취사장 창고에 보관 중인 김치도 같은 상태인지 확인해 보라고 지시했다. 인사계로부터 마찬가지라는 보고를 받은 그는 김치에 넣는 고춧가루를 가져오라고 지시한 후 직접 맛을 보았다. 하사관의 말대로 전혀 맵지가 않았다. 색깔은 빨갛게 물든 것이 보기 좋았지만, 고춧가루 특유의 매콤한 맛은 전혀 없었다.

“이 가루를 물통 속에 넣고 풀어봐!”

인사계가 박태준의 지시에 따라 찬물을 가득 채운 물통 속에 고춧가루를 한움큼 풀어넣었다. 그러자 물은 금방 빨간색으로 변했고, 톱밥 같은 물질들이 물 위에 여기저기 떠올랐다.

“아니, 톱밥을 빨갛게 염색해서 고춧가루와 섞었잖아!”

박태준은 어이가 없고 기가 막혔다.

“병사들에게 먹일 음식에 가짜 고춧가루를 납품한 놈들은 적보다 더 나쁜 놈들이다. 어떤 자들인지 관련된 놈들을 징계위원회에 회부하도록 해. 그리고 가짜 고춧가루를 팔아먹은 악덕 상인들을 지금 당장 교체하고 처벌을 내리도록!”

얼굴이 백지장처럼 하얗게 변한 인사계는 사시나무처럼 벌벌 떨고 있었다.

“창고로 가서 가짜 고춧가루가 얼마만큼 남아 있는지 확인해 봐!”

“25파운드 짜리가 30포대 정도 됩니다.”

"납품업자가 누구야?"

박태준은 납품업자의 이름을 확인한 다음 즉각 사단본부에 이 사건을 보고했다. 그러나 놀랍게도 사단본부에 있는 고위장교들은 이 사건을 보고받고도 태연했다. 그들은 이미 이러한 사기행각을 알고 있으면서도 눈감아 주고 있던 것이다. 정부와 군부 내의 부정부패가 워낙 뿌리 깊게 박혀 있었기 때문에 이와 같은 사기행각이 오랫동안 지속될 수 있었다.

박태준은 얼마 지나지 않아 두 통의 전화를 받았다. 한 통은 사단군수참모의 전화였고, 나머지 한 통은 사령관실에서 온 전화였다. 이들은 납품업자를 교체하지 말고 적당한 선에서 타협할 것을 그에게 종용했다. 사단본부까지도 비리와 관련되어 있다는 것을 알고 난 그는 더욱 분노했다. 박태준은 굽히지 않고 법을 어긴 납품업자와의 계약을 파기하고 손해배상시킨 뒤 반드시 처벌하겠다고 사단참모에게 대답했다.

바로 그날 저녁 가짜 고춧가루를 납품한 업자가 박태준 대령의 숙소로 찾아왔다. 납품업자는 비굴한 미소를 띠며 말문을 열었다.

"연대장님, 이번 사건으로 물의를 일으켜서 정말 죄송합니다."

그는 박태준의 시선을 회피하면서 계속 변명을 늘어놓았다.

"연대장님께서도 잘 알고 있는 엉터리 고춧가루는 제가 한 짓이 아닙니다. 아마도 저에게 고춧가루를 팔아먹은 중간상인이 한 짓일 겁니다. 누구에게 해를 입히려고 한 짓이라기보다는 연대장님도 잘 아시다시피 너무 가난해서 일이 이렇게까지 벌어졌습니다. 참, 그놈의 가난 때문에…."

박태준은 납품업자가 반성은커녕 오히려 변명만 늘어놓는 것을 보자 화가 치밀어올랐다.

"연대장님, 한 번만 봐주십시오. 연대장님이 제 뒤를 봐주시면 저 또한 연대장님의 뒤를 봐드릴 수 있고, 세상사라는 것이 다 그런 거 아닙니까? 저를 잘 봐주시면 앞으로도 절대 후회하지 않을 겁니다."

납품업자는 안주머니에서 두툼한 현금봉투를 꺼내더니 이번 사건을 눈 감아 달라는 듯이 박태준 앞으로 내밀었다. 그러나 다른 장교들에게는 이런 수법이 효과적이었지만, 그에게는 통할 리 없었다. 박태준은 납품업자의 얼굴을 후려치고 싶은 충동을 가까스로 참으며 자리에서 벌떡 일어나 호통쳤다.

"이 더러운 돈을 가지고 당장 나가! 다시는 이 부대 안에 얼씬도 하지마!"

납품업자는 돈봉투를 집어들더니 뒤도 돌아보지 않고 나갔다.

다음날 국방부의 고위장교가 직접 그에게 전화를 걸어 이번 사건은 관례적인 일이니 납품업자를 건드리지 말고 그냥 넘어갈 것을 종용했다. 그는 더 이상 이 문제를 거론하면 박태준 본인이나 가족이 다칠지도 모른다고 슬쩍 암시를 주었다. 또 며칠이 지나자 사단본부의 고위 참모가 박태준을 은근히 협박했다.

"납품업자는 사단장님과 특별한 관계에 있는 사람이니 괜히 긁어 부스럼 만들지 않는 게 신상에 좋을 걸세."

그들의 협박에도 박태준은 굽히지 않았다. 엄청난 로비와 협박에도 불구하고 기존의 납품계약을 파기하고 진짜 고춧가루를 납품할 수 있는 상인을 구하러 다녔다. 그러나 새로운 납품업자를 구하는 것은 결코 쉬운 일이 아니었다. 3천 명의 장병들이 먹을 김치에 들어가는 고춧가루는 어마어마한 양이었다. 박태준은 천신만고 끝에 10포대 가량의 고춧가루를 공급할 수 있는 상인을 찾아 연대에 납품하도록 했다. 그리고 그로부터 2주 만에 새로운 납품업자와 함께 부족한 양의 고춧가루를 물색한 끝에 필요한 양을 전부 확보할 수 있었다.

가짜 고춧가루 사건은 연대 전체에 퍼져나갔다. 악덕업자를 쫓아낸 지 3주 후에 새 업자가 트럭에 진짜 고춧가루를 가득 싣고 부대 안으로 들어왔다. 진짜 고춧가루에서 나오는 매콤한 냄새가 연병장 내에 진동했다. 연병장에서 훈련을 받고 있던 병사들이 환호성을 지르며 진짜 고춧가루의 입소(?)를 기뻐했다.

그날 연대장실로 돌아온 박태준은 자신의 군경력을 돌이켜보았다. 그는 한국전쟁에서 전투지휘관을 해본 것 이외에는 거의 대부분 인사참모로 복무했기 때문에 군대 내에 만연해 있는 부정부패와 직접 부딪칠 일이 별로 없었다. 군 내부에 부정부패가 심각하게 만연해 있다는 것은 익히 들어왔지만, 실제로 경험하는 것은 이번 고춧가루 사건이 처음이었다. 그는 군대 내에 퍼져 있는 부패의 심각성에 사뭇 놀랐고, 이것이 장병들의 사기에 미칠 악영향에 대해 걱정하지 않을 수 없었다. 그는 국방부 꼭대기부터 시작된 부정부패의 사슬고리가 아래까지 연결되어 있는 것을 직접 목격했다. 이 사건을 계기로 그는 나라가 제대로 움직이려면 부정부패가 근절되어야 한다는 것을 비로소 깨달았다.

1950년대와 60년대, 심지어 70년대까지도 가짜 고춧가루 사건과 같은 유형의 부패는 군부대의 보편화된 현상이었다. 부정부패는 사회 전체에 만연해 있었으며, 국민들은 이를 근절시킬 힘이 없었다. 권력은 바로 돈을 벌

수 있는 가장 빠른 길이었으며, 마찬가지로 돈을 많이 가지고 있으면 권력을 살 수 있었다.

그의 뇌리에 '윗물이 맑아야 아랫물이 맑다'라는 옛 속담이 떠올랐다. 가짜 고춧가루 사건은 고추의 매운 냄새와 같이 평생토록 그의 의식 속에 남아 영향을 주었다.

한국의 부정부패는 역사적으로 뿌리가 매우 깊다. 조선왕조를 살펴보면 위정자들이 백성들의 복지와는 관계 없는 방향으로 권력을 휘둘렀다. 조선은 지배계층인 양반계급이 통치하는 철저한 신분사회였다. 토지를 소유하고 세습받은 양반들은 전체 백성의 1%밖에 안 되었지만, 백성들 위에 군림하는 특별한 존재였다. 그들은 학문을 숭상하고 위계질서를 가르친 유교사상을 토대로 일반백성들에 대한 권력행사를 정당화했다. 유교사상은 결과적으로 양반들에게 아랫사람들을 멋대로 다루고 권력을 자의적으로 행사할 수 있는 정당성을 부여했다. 때문에 사회적 신분이 낮은 사람들이 지배계급의 환심을 사기 위해 선물과 뇌물을 주는 것이 당연시되었다.

또한 양반들은 상업과 무역에 종사하지 못했는데, 이는 상업이 이기적이며 사회적으로 불신을 조장한다는 유교사상에서 비롯된 것이었다. 결국 양반들에게 주어진 길은 관료가 되는 것뿐이었다. 따라서 한정된 자리를 놓고 당쟁, 부정부패 및 연줄이 성행했으며 앞에서는 이상적인 도덕정치를 외치고 뒤에서는 지위를 남용하여 재산을 모으기에 급급했다. 이렇게 지위를 이용해 재산을 모으고 환심을 사는 일들은 조선 말기에 들어서면서 더욱 만연하더니, 당시 한국 사회까지 이어져 내려왔던 것이다.

일본이나 중국과 달리 한국은 19세기 말에 밀려온 서양의 과학기술 문명과 지식을 재빨리 수용하지 못하였다. 민주주의와 평등주의 사상이 제대로 피어보기도 전에 조선제국은 1910년 일본에 강제 합병되었고, 따라서 근대화의 자생적인 물결은 사라졌던 것이었다. 일제의 식민통치로 인해 한국에 현대식 공장과 사회간접시설들이 조금이나마 들어섰지만 이는 일본에서 부족한 필수품들을 한국에서 징발하기 위한 것이었으며, 대륙으로의 영토 팽창과 제2차 세계대전을 준비하기 위한 것에 불과했다.

혹독한 식민통치기간 동안 일제는 정치, 경제 및 교육분야의 주요한 자리에서 한국인들을 의도적으로 배제하는 정책을 폈다. 그 결과 한국인들은 이를 관리하는 능력을 가진 인재를 키우지 못한 채 해방을 맞이했다. 또한 일본의 관료주의가 뿌리내렸고, 이는 조선왕조의 양반의식과 결합하여 다양한 문제를 일으키는 원인이 되었다.

1920년대의 일시적인 기간을 제외하고 일제의 식민통치는 잔인무도하였다. 학교에서는 한글을 사용하지 못하게 했고, 신사참배를 강요함으로써 한국인들을 '일본인화'하는 식민지정책을 교묘하게 시행했다. 일제는 기회가 있을 때마다 한국의 전통과 문화를 제거하기 위해 혈안이 되었으며, 한국인을 모욕하고 능멸했다.

강압적인 일제통치하에서 한국인들은 지나치게 예민하고 방어적이며 병적인 자기보호 의식을 갖게 되었으며, 의심하고 불신하는 정도도 커졌다. 인간 신뢰관계는 가족과 가까운 친척, 학교동창 그리고 전우들 사이에서만 나누는 것으로 한정되었다. 억압통치로 인해 한국인들의 혁신적 사고는 질식상태에 빠졌고, 스스로 개척하는 힘과 의욕을 상실한 채 정서적인 안정과 자존심마저 잃어버리게 되었다. 이러한 식민지 증후군은 해방 후에도 오래도록 계속되었고, 경제개발이 본격화된 1960년대 후반까지도 사라지지 않았다.

제2차 세계대전 종전과 함께 갑자기 해방을 맞이한 한국인들은 앞으로 어떻게 대처해야 할지 모르고 있었다. 자유를 찾긴 했지만, 식민지통치만을 경험한 탓에 자유에는 시민적 책임감이 수반된다는 것을 이해하지 못했다. 오히려 자유라는 것은 의무나 책임감 없이 그저 좋은 세상에서 제멋대로 살아가는 것이라고 오해하기도 했다. 자신들을 짓밟던 일본의 관리들을 본떠 대부분의 한국인들은 권력과 권위를 남용하고 편안하게만 살려고 했다. 성공의 지름길은 권력을 잡고 이를 기반으로 재산을 축적하는 것이었다. 이러한 풍조가 정부, 기업, 군대 심지어는 학교에까지도 만연하였고, 사회질서를 어지럽히면서 한국의 현대화를 가로막고 있었다.

일제가 물러간 후에도 한국의 독립은 즉각 이루어지지 않았다. 한반도는 북위 38도선을 경계로 남북으로 분단되어 이남에는 미군이, 이북에는 소련군이 진주했다. 결국 한국은 동서냉전의 희생양이 된 것이다.

무너지는 이승만 정권

남북분단으로 인해 남한 경제는 황폐해졌다. 당시 주요 탄광, 비료공장, 발전소 등이 대부분 이북에 있어서 산업 생산은 형편없는 수준이었다. 설상가상으로 공산주의를 피해 이북으로부터 수많은 피난민들이 남한으로 몰려들어 왔다. 1946년 당시 극도의 물가상승으로 인해 생계비가 해방 전보다 100배나 치솟았으며, 남한 정부의 대미 의존도는 높아만 갔다. 미국 정부는

1946년 회계연도에 600만 달러, 1947년에는 9,300만 달러, 1948년에는 1억 1,300만 달러를 원조함으로써 남한 정부의 재정 적자를 보전해 주었다.

일제 식민지정책의 후유증으로 인해 한반도에는 정치와 경제 및 기업경영 분야에서 능력과 경험을 가진 인재들이 거의 없었다. 미군정 당국도 민간인을 실질적으로 통치해 본 경험이 없는데다 한국문화를 제대로 알지 못해 일제가 쫓겨간 이후의 공백을 메우지 못했다. 미군이 통치했던 1946년부터 1948년 기간은 정치, 경제 및 사회질서가 문란해지면서 범죄가 급증하였고, 조직폭력배들간의 난투극, 정치인 암살, 격렬한 시위 등이 끊임없이 발생하는 혼란기였다.

남북한의 통일을 위해 설치된 미소공동위원회는 2년간에 걸쳐 협상을 했지만, 결국 실패로 끝나고 말았다. 당시 남한에서는 1948년 단독 정부를 구성하려는 선거가 있었다. 1948년 8월 15일, 남한은 세계 만방에 독립국가임을 선포했고, 19세기 말엽부터 독립운동을 해왔던 이승만 박사가 초대 대통령으로 취임했다.

하지만 불행하게도 이승만이 가진 정치적 리더십이나 안목은 당시 한국 상황과는 맞지 않았다. 인생의 대부분을 미국에서 망명생활로 보낸 그는 한국 국민들의 생활고를 제대로 이해하지 못했고, 한국의 장래를 위한 원대한 비전도 부족했다.

1950년 6월, 북한 인민군은 북위 38도선을 넘어 한반도를 동족상잔의 비극적인 전쟁터로 만들었다. 치열했던 전투는 기간으로 따져서 1년도 채 되지 않고 대부분의 전투는 북위 38도선 부근에서 이루어졌다. 그러나 전쟁으로 인한 파괴는 엄청난 것이었으며, 부산을 제외한 전국토가 전쟁으로 황폐해졌다. 특히 서울은 네 번이나 주인이 바뀌는 과정에서 대부분 파괴되었다. 전쟁 결과 좁은 국토와 빈약한 경제력에도 불구하고 국방예산이 급팽창하게 되었다.

한국군 병력이 6만 5천 명에서 70만 명 이상으로 대폭 늘어났다. 경제규모에 비해 국방비 부담이 너무 높자 경제성장이 둔화되고 갖가지 문제점들이 속출했다. 빈약한 한국 경제로서는 70만 대군을 먹여 살리는 비용을 지탱할 수 없었고, 미국의 군사적 지원과 경제적 원조에 의존하지 않을 수 없었다. 원조의 대부분은 군사장비를 구입하고 한국에서 생산되지 않는 제품들을 수입하는 데 사용되었다.

전쟁이 가져온 사회변동은 전통문화를 송두리째 흔들어놓았다. 전쟁 피난민과 농촌을 등진 실향민들이 대도시로 몰려들었고, 특히 서울의 경우에는 심각한 사회변화와 불안을 겪게 되었다. 시간이 흐르면서 교육수준과 시민의식이 높아짐에 따라 한국 재래의 정치적 사고를 벗어나 서구의 민주주의를 열망하는 기대가 점점 커졌다. 그러나 과거의 사고방식에 사로잡힌 이승만 정권은 사회적 변화의 물결을 수용하기보다는 저지하려고만 했다. 정치 · 경제적 변화를 요구하는 복잡한 사회변동을 효과적으로 관리할 수 없었던 것이다.

당시 미국 원조는 한국의 주요한 재정 수입원이었다. 휴전 이후 미국의 경제원조는 첫해에 2억 달러였고, 1956년에는 3억 6,500만 달러로 최고치를 기록했다. 이승만 정권은 국가 재정을 미국 원조에 의존했지만, 대부분의 예산을 그릇된 운영과 부정으로 탕진하고 있었다. 부정부패, 정치적 파벌과 특혜가 난무했고, 경제재건의 과제는 점점 더 뒤편으로 밀려나고 있었다.

양반 지배계층이 그랬던 것처럼 이승만 정권은 국가기관이라는 권위를 내세워 자신들의 권력을 유지하려고 애썼다. 정치적 지지의 대가로 관료를 임명하다 보니 정부관료의 수가 팽창했다. 군인과 경찰, 그리고 정부관리들이 늘어나면서 1950년대 초반에 이미 관료의 수가 과거 일제 식민지 때보다 3배 이상이나 되었다. 파벌정치가 정부를 지배했으며, 정치적 부패와 청탁, 그리고 뇌물 등이 일상화되고 있었다.

그레고리 헨더슨의 조사 결과에 의하면 당시 129명의 전현직 각료들 중에서 자신의 지위를 이용하여 착복하지 않은 사람은 불과 두 명뿐이었다고 한다. 한 사람은 본래 청렴결백한 사람이었고, 또 한 사람은 각료가 된 지 얼마 되지 않았기 때문이었다.

부진한 경제발전, 부정부패 및 이승만 정권의 강압적인 통치 등으로 인해 나라 전역에서 정부에 대한 불만이 점점 고조되었다. 서구의 민주주의와 자유사상에 물든 학생들은 이승만 정권에 환멸을 느꼈다. '건국의 아버지'로 일컬어졌던 이승만의 이미지는 퇴색해 갔고, 그의 통치 능력은 도마 위에 올랐다.

군부 내의 동요도 심상치 않았다. 이승만과 그의 추종세력들은 절대 충성을 맹세한 장교들을 승진시켜 군부를 장악하고 있었다. 국방부 예산은 국가 전체 예산의 약 40%를 차지하고 있었으며, 고위장성들은 정부의 묵인하에 미국이 원조한 무기와 값비싼 군수품들을 불법적으로 팔아 부정축재를 하고 있었다. 이에 비해 하위장교들이나 군속들은 쥐꼬리만 한 봉급으로 겨우겨우 살아가고 있었다.

이승만 정권에 대한 분노는 1960년 선거를 계기로 폭발했다. 당시 집권

당인 자유당은 대담한 수법으로 부정선거를 주도했다. 정부는 자유당 후보가 5 대 1의 압도적인 표 차이로 부통령에 당선되었다고 선거 결과를 발표했다. 그러나 아무도 그 사실을 믿지 않았다. 이 부정선거가 도화선이 되어 대규모 학생들의 시위가 발생했다. 1960년 4월 19일, 학생들은 거리로 나와 이승만 정권의 퇴진을 요구하면서 경무대로 몰려갔다. 경찰이 동원되었고 100명 이상의 학생들이 총에 맞아 쓰러졌다. 시위 행렬은 다른 주요 도시로 불길처럼 번져나갔다. 이승만 대통령은 계엄령을 선포했으나, 군부는 방관한 채 이승만 정권에 협력하지 않았다. 결국 이승만은 어쩔 수 없이 하야성명을 발표하고 하와이 망명길에 올랐다.

제 3 장

박대통령과의 인연

"지금은 대의(大義)를 위해 목숨을
바쳐야 할 때라고 생각하네.
목숨을 걸고 한번 해보게. 이건 명령이야!"

박태준 대령은 1960년 육군본부 인사과장으로 발령받았다. 그 보직은 육군 전체의 인사이동, 승진 및 보직을 총괄하는 중요한 자리였다. 그해 봄, 부산에 있는 제2군단 제6사단에서 부사단장을 지내고 있던 박정희 소장이 그를 찾아왔다.

"박대령, 잘 지내고 있었나? 정말 오랜만에 보는구먼."

박정희 소장은 옛 제자에게 빙그레 웃으며 인사를 건넸다. 박태준은 자리에서 벌떡 일어나 거수경례를 했다.

"소장님 덕분에 잘 지내고 있습니다. 이렇게 뵙게 되어 영광입니다."

그는 박소장을 뜻밖에 만나게 돼 무척이나 반가웠다. 박소장은 자신에게 중요한 볼일이 있는 것 같았다.

"자네 나와 함께 가주어야겠네."

박소장이 느닷없이 말을 꺼냈다. 단호한 그의 말은 흡사 명령처럼 들렸다.

"어디로 말씀입니까?"

"최근에 2군사령부를 완전히 개편하면서 군수물자를 총괄하는 제2군수기지 사령부를 새로이 창설했네. 내가 사령관으로 가게 됐는데 자네가 와서 참모진을 잘 구성해서 원활하게 돌아갈 수 있도록 나 좀 도와주게나. 지금 당장 말일세."

박태준은 주저하지 않고 박소장을 따라가기로 마음을 정했다. 그는 곧 제2군수기지 사령부의 참모장으로서 박정희 소장을 보좌하게 되었다. 박소장은 언제나 그렇듯이 자신에게 매우 엄격하고 실수를 용납하지 않는 사람이었다. 그는 매사에 절도가 있었고, 부하에 대한 애정과 사랑 또한 깊었다. 그는 군부 주위에 뿌리 깊게 박혀 있는 부정부패에 대해서는 울분을 토로했지만, 정계 지도자나 군부 고위장성들의 뜬소문에 대해서는 별 관심을 보이지 않았다.

박태준은 박소장을 찾아가 함께 술을 마시곤 했다. 그들은 국민들의 생활을 점점 더 어렵게 하는 정치, 경제 및 사회적 현실을 놓고 서로 의견을 주고받았다. 당시 국민들의 생활고는 더욱 심화되었고, 군부의 부패는 수그러들 줄을 몰랐다. 박정희 소장은 특히 고위장성들의 부정부패의 심각성을 우려하고 있었다.

"자네도 알다시피 6.25전쟁이 끝난 지 10년이 넘었지만, 이북에서 온 피난민과 이남의 집을 잃은 사람들이 아직도 열악한 환경 속에서 살고 있네. 인간으로서 지녀야 할 위엄은 땅에 떨어져 버렸고 빈부의 격차는 점점 커져만 가고 있어."

소수의 특권층을 제외하고는 도시에 사는 시민조차도 전기를 배급받고 있는 것이 당시 한국의 실상이었다. 박정희 소장은 술을 마실수록 말수가 적어지고 무뚝뚝해졌다. 그는 깊은 한숨을 내쉬면서 탄식 조로 말했다.

"우리 민족은 고통을 당할 만큼 당했단 말이야."

그들은 모부대 보병 대대장이 군수물자를 횡령하는 것을 보다 못해 직속 상관을 사살한 사건에 대해 깊은 관심을 보였다. 그들은 직속상관을 사살한 것은 용서할 수 없었지만, 눈앞에서 벌어지고 있는 부정부패를 보고 그 보병 대대장이 느꼈을 좌절감에는 동조했다.

"보통 심각한 일이 아니야. 그렇게 끔찍한 전쟁을 겪고서도 우리 민족은 왜 정신을 못 차리는 걸까. 이러다가 우리나라가 또다시 무슨 일을 겪게 될지 정말로 두렵네. 정치하는 자들만 그런 게 아니야. 정작 무서운 것은 군부 내에 부정부패가 팽배해졌다는 것이지. 보병 대대장의 사살 사건은 빙산의 일각에 불과해. 매일 어디서나 심각한 부정이 저질러지고 있는데 이게 어디 될 말인가! 반드시 근절시켜야 돼!"

"어디까지 가려고 그러는지 모르겠습니다."

박태준은 박소장의 빈 잔에 소주를 따르면서 맞장구를 쳤다. 박정희 소장은 단숨에 잔을 비웠다. 독한 술기운이 목구멍을 따라 흘러내려 갔다. 그는 한숨을 크게 내쉬며 두 눈을 질끈 감았다.

"이대로 마냥 기다릴 여유가 없어. 그전에 우리가 무언가 해야 돼. 무슨 일이 있어도 우리 국민들이 굶주리는 것만은 벗어나야 한단 말이야. 그게 제일 시급한 일이야."

밤이 깊어질 때까지 그들은 국가의 장래를 놓고 이야기를 나누었다. 박태준은 스승이자 상관인 박소장이 자기를 믿고 속마음을 보여준 것에 대해 가슴이 뿌듯했다. 그 역시 국민들의 경제수준과 생활환경을 개선시켜야 한다는 박소장의 열망에 동조하고 있었다.

박정희 소장은 휘하에 있는 장교들의 행동과 태도를 면밀하게 관찰하여 부하의 장단점을 잘 파악하고 있었다. 어느 날 박소장은 참모들에게 술을 먹여놓고 박태준의 의지와 정신력뿐만 아니라 자신의 임무를 제대로 완수하는지 시험해 보라고 비밀리에 지시를 내렸다. 박태준에게는 내년도에 소요될 군수본부 장비계획서를 작성해 다음날 아침 정각 8시까지 참모회의에 보고하라는 임무가 주어졌다.

그날 저녁 참모들은 박태준을 술집으로 데리고 갔다. 사령관과 참모들이 공모한 줄 까맣게 모르고 있는 그는 참모들과 밤늦도록 잔을 주거니 받거니 하면서 거나하게 술을 마셨다. 박태준을 취하게 만들기 위해 참모들은 번갈아 가면서 그에게 술을 권했다. 그러나 오히려 참모들이 먼저 하나둘씩 술에 나가 떨어졌다. 박태준은 혼자 남아서 술취한 참모들을 숙소까지 일일이 데려다주고 사무실로 돌아와 동이 훤히 틀 때까지 보고서를 작성했다.

아침 정각 8시, 박태준 대령은 보고서를 가지고 사령관실로 가서 박소장을 기다렸다. 잠시후 사령관실에 나타난 박소장은 그를 보자 놀라는 기색이 역력했다.

"아니, 자네는 사람인가, 아니면 무쇠 덩어리인가? 어젯밤 그 많은 술을 퍼마시고도 자네만 남아 뒤처리까지 다 했다며?"

어제 저녁 술자리에 참석했던 참모 중의 한 사람이 이미 박태준의 술실력을 박소장에게 보고했던 것이었다. 박소장은 박태준이 역시 책임감이 있고 원칙을 가지고 있다는 사실에 내심 만족했다. 말과 행동이 일치하는 부하였고, 게다가 그의 브리핑은 빈틈이 없을 정도로 완벽했다.

'큰일을 할 때 꼭 필요한 사람이야…'

박소장은 언젠가는 박태준에게 큰일을 맡길 생각을 하고 있었다.

박태준은 얼어붙은 전쟁터에서 뼛속까지 스미는 추위를 이기기 위해 독한 술을 자주 마셨는데, 그 덕에 주량이 매우 세졌다. 과음을 해야 될 때 그는 스스로 절제하고 마지막까지 버텨야 한다는 원칙을 반드시 지켰다. 박태준은 박정희 소장의 테스트가 부하의 주량을 알아보기 위한 것이었든, 또는 극한상황에서도 직무를 수행할 수 있는 능력을 평가하기 위한 것이었든 사령관이 설치한 '시험의 덫'에 걸리지 않은 것이 무척 기뻤다.

박태준은 박정희 소장을 모시고 7개월 동안 근무한 후 미국 인디애나 주에 있는 미육군부관학교로 연수를 떠났다. 그곳에서 그는 한국군 장교로서는 처음으로 오퍼레이션 리서치(Operation Research)를 공부했다. 그가 배운 최신 관리기법 중에는 군사물자의 효율적인 배치와 관리를 하는 데 필요한 공정관리 기법(PERT)과 선형계획법(LP)이 있었다. 4개월간의 연수를 마치고 귀국한 그는 육군본부의 경영관리기구 위원에 위촉되었다. 당시 그는 미국방부에서 널리 사용하고 있는 OR기법을 바탕으로 한국군의 운영 시스템을 새롭게 정립하는 공을 세웠다.

단명으로 끝난 제2공화국

1960년 가을, 제2공화국이 탄생했다. 민주당이 4.19혁명을 계기로 정권을 잡았으며, 윤보선 대통령과 장면 총리로 구성된 제2공화국을 출범시켰다. 제2공화국으로서는 시급히 해결해야 할 문제들이 산더미처럼 쌓여 있었다. 경제를 활성화시키고 정부 내의 부정부패를 일소해 민심을 회복하는 것이 급선무였다. 민주당 정권은 곧바로 개혁에 착수했다. 이승만의 독재를 가능케 했던 대통령중심제도를 내각중심제도로 바꾸고, 경제개발계획에 높은 비중을 두었다. 행정고시제도를 도입해 젊고 유능한 대졸자들을 대거 등용했으며, 언론의 자유를 확대해 나갔다. 그러나 새로운 정권 역시 행정 경험이 부족했고, 얼마 지나지 않아 정치파벌 싸움에 휘말리기 시작했다. 고질적인 정치파동이 다시 일어났고, 경제는 더 이상 발전하지 못했다.

국민들은 새로 들어선 정권을 신뢰하지 못했다. 자유당 시절에 그랬듯이 민주당 정권 시절에도 부정부패가 성행했다. '정치하는 놈들은 모두 똑같은 도적놈들이다'라는 속담이 국민들의 좌절감을 대변하고 있었다. 당시의 정치가들은 정치적 이념을 떠나 누구 할 것 없이 모두 권력을 남용하여 한 몫 챙기려고 혈안이 되어 있었다. 아부를 하거나 뇌물을 바치지 않으면 관직, 은행융자, 정부 인허가 등을 받을 수 없었고 날이 갈수록 민주당의 인기는 땅에 떨어졌다.

민주당이 정권을 잡은 지 몇 개월이 지나지 않아 북으로부터 남침 위협이 가중되기 시작했다. 북한은 남한의 정치적 혼란에 편승해 협박의 강도를 점점 높여 갔다. 한국전쟁의 상처가 채 아물기도 전이어서 남침 위협에 대한 국민들의 두려움은 나날이 커져 갔다. 여유가 있는 사람들은 자본을 빼돌려 일본, 미국, 홍콩 등지로 빠져나가기 시작했다.

국민들은 새 정부가 자유당 정권이 범한 과오를 시정하기는커녕 부정부패도 뿌리 뽑지 못하는 것을 보고 매우 실망했다. 물가가 치솟고 사회악이 기승을 부리자, 불만을 품은 학생들이 또다시 길거리로 쏟아져나왔다. 시위는 계속 불길처럼 번져나갔으며, 일 년 사이에 무려 2천 번이나 일어났다. 그중 국회해산을 요구하는 대규모 시위도 있었다. 어떤 때는 3천 명에 이르는 경찰관들까지 시청 앞에 모여앉아 부정부패를 규탄한 적도 있었다. 상이용사들, 초등학교 선생들, 기타 수많은 단체들이 의식주 해결과 사회복지, 그리고 부정부패 일소 등을 요구하며 시위를 벌였다. 시위가 끊이지 않았고 한국은 국제적으로 조롱거리가 되었다. 정치·사회적으로 불안감이 퍼져나갔으며, 특히 군부는 더욱 초조해졌다.

장면 정부가 부패한 군장성들을 숙청하지 못하자 군부의 불만은 증폭되었다. 특히 젊은 장교들은 부패한 군장성을 숙청하겠다는 당초의 약속을 정부가 지키지 않자 더욱 분노했다. 박정희 장군을 비롯한 몇몇 고위장성들은 오랫동안 군부를 좀먹어온 부정부패를 민간정부가 뿌리 뽑을 수 없다는 것을 깨달았다. 박정희 장군은 만약 이 사태가 종결되지 않으면 나라가 건잡을 수 없는 혼란상태에 빠져들 것이라고 생각했다.

5.16 혁명이 일어나다

1961년 5월 16일 새벽, 당시 마흔 네 살의 박정희 소장은 몇몇 젊은 장교들을 이끌고 무혈 군사쿠데타를 일으켰다. 박소장은 약 5천 명의 보병, 해병대 및 공수부대원을 이끌고 큰 충돌 없이 한강 다리를 건너 서울에 무사히 입성했다. 박정희 소장을 정점으로 육사 8기 출신의 몇몇 젊은 대령과 중령들이 주축이 되어 사전에 철저하게 준비한 군사쿠데타였다. 박정희 소장은 누구보다도 아끼고 신임하던 박태준 대령만은 혁명그룹에 가담시키지 않았다.

군사쿠데타가 성공한 뒤 박정희 소장은 군사혁명위원회를 조직하고 행정, 입법, 사법부의 모든 권한을 장악했다. 혁명위원회는 6가지의 공약을 내걸었다. 철저한 반공주의, 유엔헌장의 준수, 미국을 비롯한 우방국가들과의 우호관계 유지, 부정부패 일소, 자주적 경제기반 확립, 남북한 통일에 대한 노력 등이 그것이었다. 박소장은 국가 위기 상황이 안정되는 대로 정권을 민간으로 이양하겠다고 공약했다. 5월 18일, 제2공화국은 결국 막을 내렸다.

군사혁명위원회가 제일 먼저 시도한 일은 부패한 정부 고위관리와 고위 장성들을 숙청한 것이었다. 정치활동정화법을 제정해서 5천 명에 달하는 정치가와 경제인들을 일선에서 퇴진시키고 부정축재한 재산들을 몰수했다. 위원회의 단호한 태도를 보고 국민들은 새로 들어선 군사정권이 부정부패를 일소시킬 것이라는 확신을 가졌다.

혁명 이틀 후인 5월 18일 저녁, 박태준 대령은 박소장으로부터 긴급 호출 명령을 받았다. 그는 곧바로 혁명본부를 향해 차를 몰았다. 혁명본부 건물을 통과해 박소장의 사무실 안으로 들어가는 그의 마음은 몹시 설레었다.

박정희 소장은 매우 피곤해 보였다. 박태준이 거수경례를 하자 박소장은 옅은 미소를 띠며 그를 반갑게 맞이했다.

"박대령, 앉게. 우선 몇 가지 할 이야기가 있어서 자넬 불렀네."

박소장은 담배를 꺼내 입에 물고 불을 당겼다. 그는 연기를 뿜어내며 천천히 입을 열었다.

"내가 왜 혁명동지 명단에서 자네 이름을 뺀 줄 아나? 바로 자네를 아끼는 마음 때문이었네. 우리 계획이 중도에 실패하면 자네라도 살아남아 군을 계속해서 이끌어가야 하지 않겠나. 그 외에도 자네를 제외시킨 개인적인 이유가 또 있네. 내가 혁명에 실패해 군사법정에서 사형선고를 받게 되면 내 처자를 돌봐달라고 자네에게 부탁하려고 했네."

박정희 소장은 담배 한 모금을 깊게 빨아들이면서 창문 쪽을 바라다보았다. 박소장은 군사혁명이 실패할 경우를 대비해 이미 만반의 준비를 하고 있었던 것이다. 박태준은 자기를 가족처럼 믿어준 박소장의 깊은 뜻에 감격했다. 그는 혁명본부를 나오면서 조국 근대화를 앞당기려는 박소장의 계획에 적극 동참하겠다고 굳게 다짐했다.

군사혁명이 일어난 그해 5월, 박정희 소장은 6가지 혁명공약을 완수하기 위해 신설한 국가재건최고회의 부의장이 되었다. 혁명을 주도한 그는 실질적으로 국가를 운영하는 책임을 지고 있었다. 중대한 현안들을 처리하기 위해서는 절대적으로 믿을 만한 유능한 비서가 필요했다. 그런 자리에는 박태준만큼 적합한 인물이 없었다. 1961년 5월 24일, 박태준을 다시 불러들인 박정희 소장은 그를 똑바로 응시하면서 말을 건넸다.

"박대령, 우리가 해야 할 임무가 지금 막 시작되었네. 내 비서실장이 되어주게."

박태준은 갑작스러운 박소장의 제의에 놀랐다. 그는 문득 이 나라 최고 권력자의 비서실장이라는 자리에 대해 이것저것 생각해 보았다. 결코 만만치 않은 자리였다.

"여보게, 자네와 내가 택한 길은 결코 권력이나 영광을 탐하는 길이 아닐세. 지금 우리나라가 우선적으로 해야 할 것은 국가의 기본 골격을 바로세우고, 빈곤으로부터 국민을 구하는 일이라네. 이제 우리는 국민 모두에게 의식주를 해결해 주지 않으면 안 되네. 그러니까 우선 실행 가능한 경제개발계획을 먼저 세우는 것이 시급하네."

"저는 군인입니다. 정치에 대해서 아는 것도 없는데, 하물며 국가 경제에 대해서 제가 뭘 알겠습니까?"

박태준이 주저하자 박소장은 다시 한 번 신념에 찬 표정을 지으며 말했다.

"이런 상황에서 겸손은 미덕이 될 수 없어. 지금은 대의(大義)를 위해 목숨을 바쳐야 할 때라고 생각하네. 목숨을 걸고 한번 해보게. 이건 명령이야!"

박태준은 5.16 군사혁명이 조국의 장래를 놓고 볼 때 중대한 전환점이 되리라는 것을 알고 있었다. 국가재건최고회의에서 근무하기로 마음먹은 그는 박정희 의장의 비서실장으로서 중요한 정책 결정에 필요한 정보를 제공하고 올바른 정책을 내릴 수 있도록 의장을 보좌하는 막중한 책임을 맡았다. 또한 정부의 주요 요직을 맡을 인재를 고르고 추천하는 임무도 맡았다. 박태준 대령은 조국의 경제발전을 이룩하겠다는 박정희 의장의 비전에 절대적으로 동조했다.

박태준은 미육군부관학교 연수기간 시절 미국의 부강한 모습을 보고 깊은 인상을 받은 적이 있었다. 아름다운 항구도시 샌프란시스코, 금문교의 아름다움과 뛰어난 건축기술, 캔자스의 대평원에 바둑판처럼 질서정연하게 정리된 농경지, 세인트루이스의 공장지대, 그리고 광대한 미국을 가로지르는 고속도로망 등을 보고 경탄했다. 미국은 그야말로 별천지와 같았다. 그러나 무엇보다도 박태준이 인상깊었던 것은 미국인들이 즐기고 있는 자유로운 삶이었다. 그것은 세상 어느 곳에서도 볼 수 없었던 자유였다. 미국을 세계에서 가장 부강한 나라로 만들고 이를 지탱해 왔던 요인이 무엇인지, 미국과 같은 정치경제 시스템을 구축하려면 무엇을 해야 할지 그는 곰곰이 생각해 보았다.

그는 미국의 강력한 힘이 풍부한 천연자원 때문만은 아니라는 결론을 내렸다. 천혜의 자연조건, 근면한 국민들, 효과적인 정치경제 시스템, 국민을 위해 존재하는 정부, 각자가 자신의 행동을 스스로 책임지는 근본적인 생활철학 등이 어우러져 이룩된 것으로 판단했다. 박태준은 한국이 천연자원은 부족하지만 효과적인 경제 시스템을 구축하고 국민들 속에 잠재해 있는 책임감과 근면함을 촉발시킬 수 있다면 얼마든지 조국을 근대화시킬 수 있다고 믿었다. 그리고 어떻게 하면 그런 수준에 도달할 수 있을지 궁리하느라고 며칠 밤을 뜬눈으로 지새웠다.

경제재건의 깃발을 올리다

박정희 의장의 신념은 국가재건최고회의에서 누차 강조한 말에도 잘 나타나 있다.

"국민들에게 절대적으로 필요한 의식주를 제대로 해결해 주지 못한다면 우리가 일으킨 혁명은 아무런 의미가 없습니다. 혁명은 어머니가 자식을 낳고 또 젖을 먹여 키우는 이치와 똑같습니다. '혁명'이라는 어휘는 심오한 뜻이 있는 것처럼 들리지만, 따지고 보면 그저 사람답게 살겠다고 이 세상에 선포하는 것 이외에는 아무것도 아닙니다. 진정 그 이상도 이하도 아닙니다. 바로 그렇기 때문에 우리는 목숨을 걸고서라도 우리나라의 경제를 발전시켜야 합니다."

국가재건최고회의는 경제개발위원회를 산하에 설치하고 가장 뛰어난 경제학자와 군인 출신의 행정관료들을 배치했다. 위원회의 사명은 1962년에 시작되는 제1차 경제개발 5개년 계획을 수립하는 것이었다. 상공담당 최고위원직을 맡은 박태준 대령은 새로 설립된 경제개발위원회를 감독하는 한편 제1차 경제개발 5개년 계획을 완성하기 위하여 동분서주했다.

제1차 경제개발계획의 목표는 재래적인 농경사회를 현대적인 산업사회로 탈바꿈시키는 것이었다. 따라서 무엇보다 국민들의 생활과 직결되고 국가 경제의 초석이 되는 산업을 육성하는 일이 급선무였다. 식량의 자급자족을 실현하기 위한 비료공장의 건설, 산업화에 필요한 동력을 제공하는 발전소와 정유공장의 설립, 고속도로와 건축에 필요한 시멘트공장의 설립, 제조업과 건설업에 필요한 제철소의 설립, 사회간접자본 건설을 위한 국토종합개발계획의 수립 등이 핵심사업에 포함되어 있었다.

박태준은 국방대학에서 배운 경제정책론을 활용하여 맡은 바 임무를 성실히 수행해 나갔다. 또한 개인적으로 서울대 경제학 교수들을 초빙해 경제계획론을 공부하면서 경제계획 부문에 대한 지식을 키워나갔다. 그는 이처럼 문제점을 철저히 파악하는 한편 일단 방향이 정해지면 강력하게 밀고 나갔다. 완벽함, 확고함, 추진력을 바탕으로 탁월한 성과를 내는 것이 그의 특징이었다. 예를 들면 박태준은 거시경제 전문가들과 함께 포럼 형식의 연구모임을 만들어 한국 경제의 현상과 문제점을 객관적으로 진단분석하고, 또한 우선순위를 정해서 해결방안을 제시하는 등 자신의 일에 완벽을 기했다. 그는 부하들의 보고나 정보에 의존한 간접적인 지식보다는 직접적인 지식을 원했기 때문에 남다른 노력과 정열을 기울였다.

독재자인가, 영웅인가?

군사혁명으로 정권을 장악한 박정희 소장은 국가가 안정을 회복하는 즉시 민간정부에게 정권을 이양하겠다고 공약했다. 하지만 1963년까지도 그 약속은 지켜지지 않았다. 군사혁명에 가담했던 군인들은 혁명정부의 진로를 놓고 의견이 갈라졌다. 계속해서 정치에 참여할 것인지, 아니면 혁명 공약대로 민간정부에 정권을 이양하고 군으로 돌아갈 것인지를 놓고 의견이 분분했다. 박태준은 박정희 소장에게 장교들은 군으로 복귀해야 한다고 강력하게 주장했다. 애초 국민들에게 약속한 대로 공약을 준수해야 한다는 것이 그의 원칙이자 믿음이었다.

1963년 2월 27일, 박정희 의장은 군으로 복귀하겠다는 그의 의지를 천명했다. 윤보선 전 대통령을 포함한 기존 정치인들은 그의 결심에 박수를 보냈다. 하지만 한 달도 채 되지 않은 3월 16일, 박정희 의장은 자신의 약속을 뒤집고 계속 정치를 하겠다고 공표했다. 그러자 수많은 정치인과 지식인뿐만 아니라 혁명정권에 참여했던 일부 장교들마저도 불안감을 갖게 되었다.

많은 사람들은 박의장이 권력에 맛들인 것이라고 걱정했다.

1963년 8월, 육군대장으로 예편한 박정희 의장은 새로이 창당된 민주공화당의 총재로 취임했다. 박태준은 정치를 계속하겠다는 박정희 의장의 결정에 따르지 않았기 때문에 더 이상 국가재건최고회의에서 활동하고 싶지 않았다. 그는 상공담당 최고위원직을 사임하고 미국의 워싱턴 대학으로 유학 갈 준비를 했다. 박정희 의장과의 오랜 친분으로 볼 때 이것은 결코 쉬운 결정이 아니었다. 하지만 그는 깊은 고심 끝에 이처럼 힘든 결정을 내렸던 것이다.

그러나 박정희 공화당 총재는 박태준의 재능과 통찰력을 놓치고 싶지 않았다. 9월 초 어느 날 박정희 총재는 장충동 공관으로 박태준을 불렀다.

"난 임자를 보내기 싫은데, 임자는 요즈음 내게서 자꾸 멀어지려는 것 같아. 앞으로의 계획이 뭔가? 군으로 복귀하려나?"

박정희 총재는 실망한 듯이 그에게 물었다.

"그건 불가능합니다. 설령 제가 원한다 해도 돌아갈 수 없게 되었습니다."

"그건 무슨 소리야?"

박정희 총재가 놀라서 물었다.

"저는 이제 순수한 군인정신을 상실한 것 같습니다. 동료들과 후배들이 군의 발전을 위해 훈련장에서 땀을 흘리고 있는 동안 저는 무엇을 했습니까? 국가재건최고회의의 이름으로 정치권력의 단맛에 입술을 축이며 살아왔습니다. 지금 와서 제가 군에 복귀해 그동안 군을 충실히 지켜온 동료들에게 마땅히 돌아가야 할 자리를 차지한다면, 그 이상 더 나쁜 놈이 어디 있겠습니까?"

당시 정부에는 박태준을 필요로 하는 사람들이 박정희 총재 말고도 또 있었다. 육사교장을 역임했던 주 이탈리아 대사인 이종찬 장군은 특히 그에게 군으로 복귀할 것을 간곡히 당부하는 편지를 보내왔다.

"… 솔직히 말해서 다른 사람은 몰라도 자네만큼은 군으로 꼭 돌아가주기 바라네. 간곡하게 부탁하네. 부디 군으로 돌아가서 불행했던 우리 군대를 건져주기 바라네. 자네는 분명히 이 일을 할 수 있고, 또한 할 것으로 믿고 있네. 조국을 위해 군으로 돌아가기를 거듭 간곡히 부탁하네."

그러나 박태준은 자신의 결정을 철회할 수가 없었다. 그는 자신의 결정이 옳다는 것을 새삼 확신하면서 장충동 공관을 빠져나왔다. 박정희 총재는 계속해서 박태준이 군으로 돌아가든지 아니면 정부에 남아 능력을 발휘해 주기를 바랐다. 얼마 후 박총재는 또다시 그를 장충동 공관으로 불러들였다. 그는 박태준의 일을 오랫동안 생각했는지 단도직입적으로 말했다.

"정녕 군으로 복귀하지 않겠다면 나와 함께 정치에 뛰어드는 것이 어떤가? 우선 다가오는 국회의원 선거에 출마하도록 하지. 지금부터 준비를 해서 자네 고향에 출마한다면 당선은 문제없을 거야."

박정희 총재의 제안을 듣는 순간 박태준의 얼굴은 굳어졌으나 짐짓 웃으면서 말했다.

"각하, 그 누구보다도 제 성격을 잘 알지 않습니까? 군을 떠난 지 3년 동안 계속해서 정치판에 있었습니다. 그동안 정치판을 유심히 살펴보았는데, 애매모호하고, 불합리하고, 뭐라 말로 설명할 수 없는 일들이 너무나 많았습니다. 정치인으로 살아남기 위해서는 당의 결정에 무조건 따라야 한다는 것입니다. 설령 당의 결정이 불합리하고 부당하다는 확신이 들더라도 무조건 손을 들고 '네, 찬성이오' 또는 '만장일치로 통과'라고 외쳐야만 하는 것입니다. 그래야만 정치판에서 살아남을 수 있을 것입니다.

하지만 각하께서는 저를 잘 알지 않습니까! 제가 생각해서 이건 아니다라는 확신이 서면 당의 입장과는 관계없이 '아니오', '동의하지 않습니다'라고 외쳐댈 것이 뻔합니다. 국회에서 한두 번도 아니고 계속 그런다면, 각하께서 저 같은 말썽꾸러기를 어떻게 하시렵니까? 저 때문에 골치만 아플 텐데요."

어떻게 해서든지 그를 가까이 붙잡아두기로 굳게 마음먹었던 박정희 총재는 껄껄 웃고 말았다. 박태준은 상공담당 최고위원직을 사직한 다음 육군소장으로 예편했다. 그는 미국으로 유학가는 데 필요한 준비를 서둘렀다. 그는 정치생활을 미련 없이 박차버린 것을 다행으로 생각하며 자신의 길을 가겠다고 굳게 마음먹었다.

제 4 장

현해탄을 건너다

일본 정부는 비공식 채널을 통해
박대통령의 뜻을 전달할 인사를 한국 정부에
요청해왔고, 박태준이 적임자로 선택되었다.

설날은 한국에서 가장 즐거운 명절 중의 하나이다. 이날 온가족은 아침 일찍 일어나 큰집으로 가서 차례를 지낸 다음 할머니와 할아버지를 비롯한 집안어른들께 세배를 드린다. 집안어른뿐만 아니라 평소에 신세를 진 분들께도 세배를 간다. 과일궤짝, 술병, 쇠고기등을 싸들고 부부가 함께 직장 상사나 학교 은사, 선배님 댁을 방문해 새해인사를 드리는 것이 당시의 일반적인 풍습이었다.

　정치가나 기업인들도 권력자나 정부 고위관료들을 찾아다니며 새해인사를 함으로써 소원했던 관계를 해소하고 돈독한 관계를 맺으려고 노력한다. 힘 있는 정치인들은 지난해 자신이 돌봐주었던 사람들이 선물을 들고 문안오기를 기대한다. 선물의 규모는 작년과 올해의 청탁크기에 비례한다. 정치가에 따라서는 새해인사를 하지 않은 사람들을 점검하는 경우도 있다.

설날은 이렇게 덕담과 담소를 즐기면서 사회적인 유대관계를 강화할 수 있는 좋은 기회이다.

지위가 높아질수록 찾아오는 손님의 수도 많아지게 마련이다. 그래서 미리 순서를 정해 새해인사를 드리는 경우도 종종 있다. 청와대 공관에 있는 대통령도 새해에는 정부 각료, 국회의원, 주요 당직자들, 도지사 및 대기업가 등과 같은 손님들을 맞이하느라고 온종일 경황이 없다.

1964년 정월 초하루, 박태준 예비역 장군은 새로이 선출된 박정희 대통령이 급히 찾는다는 전갈을 청와대로부터 받았다. 당시 박태준은 미국 워싱턴 대학 봄학기에 등록하기 위한 유학 준비로 여념이 없었다.

그가 도착한 것은 저녁 6시 30분, 평상시와 달리 대통령 집무실이 아니라 윗건물에 있는 대통령 사택으로 안내를 받았다. 바로 뒤따라 나오는 육영수 여사와 함께 박대통령이 동동주를 한 병 들고 응접실로 들어섰다. 영부인의 한복이 화사해 보였다. 나이에 비해 훨씬 젊어 보이는 영부인은 박태준을 따뜻한 미소로 맞이했다.

"새해 복 많이 받으십시오, 각하! 대통령 내외분과 가족 모두 평안하시기를 빕니다."

박태준은 박대통령에게 세배를 올렸다.

"고맙네, 어서 앉게나."

박대통령은 유쾌하게 인사를 받았다. 영부인은 박태준에게 술을 한잔 따르면서 친근한 미소를 지어보였다.

"박장군께서는 요즘도 술을 잘 드십니까?"

"마셔야 할 자리라면 사양치 않고 마십니다."

박태준은 수년 전 박대통령이 참모들을 시켜 주량 테스트를 하던 때가 생각나서 가볍게 웃었다. 그는 옛날 부산 군수기지 사령부 시절 박대통령을 모시고 함께 지내던 때를 돌이켜보았다. 으리으리한 대통령 공관하며 곳곳에 진열된 값비싼 골동품과 고급 장식품, 경호원과 옆방에 대기하고 있는 비서진 등은 예전의 군인시절과는 비교도 안 될 정도로 변한 모습들이었다.

"자, 잔을 들게나."

그들은 동동주 잔을 들면서 축배를 했다. 박대통령은 어느 때보다도 편안하고 유쾌해 보였다. 박정희 대통령은 민선 대통령으로서 새로운 시대를 열어보려는 포부가 가득했다. 박태준은 박대통령이 비록 선거를 통해 합법적으로 대통령에 당선되었지만, 군에 복귀하지 않고 애초의 혁명공약을 지키지 못한 점 때문에 그에 대한 존경심이 다소 퇴색해 있었다. 그럼에도 불구하고 박태준은 경제발전을 이룩하고 정치안정을 꾀하고 있는 대통령을 존경하고 있었다. 박대통령은 동동주 잔을 내려놓으면서 그에게 청와대로 부른 이유를 설명했다.

"박장군, 나를 도와주어야겠어. 임자도 잘 알다시피 우리나라의 운명은 제1차 경제개발 5개년 계획의 성패에 달려 있네. 벌써 2년이 지났지만 계획대로 진척되고 있질 않아. 문제는 자본이야. 지금 당장 필요한 분야는 정유공장, 비료공장 및 제철소 건설이지. 하지만 이들 사업은 모두 대규모 자본과 장기투자가 필요한 분야란 말이야. 어디서 이들 사업에 필요한 자본을 끌어올 수 있겠나?"

박대통령은 동동주를 한 모금씩 마셔가며 진지하게 말을 이어갔다.

"내가 심사숙고해서 내린 결론은 이런 걸세. 지금까지 말한 사업 자금을 확보할 수 있는 단 하나의 방법은 한일 간의 외교관계를 조속한 시일 내에 정상화하는 것일세. 우선 일본과 국교를 정상화해서 일본에 대한 청구권을 현실화하는 거야. 더군다나 한일 간의 정상적인 외교관계 수립도 영원히 미룰 수 없는 실정이 아닌가. 국민 정서를 생각한다면 지극히 예민한 문제이지. 많은 국민들이 아직도 일본과의 회담조차도 꺼려하고 있는 상황이지만, 현실적으로 생각해야 할 것 아닌가. 최근에 일본 정부가 효과적인 대화 채널을 설치하자고 연락이 와서 긍정적으로 검토하겠다고 답변을 했네. 지금 일본 정부는 나를 대표해 막후에서 통역 없이 내 뜻을 충분히 전달할 수 있는 사람을 보내달라고 비공식적으로 요청하고 있어. 이 일은 장차 있을 공식적인 국교 정상화 회담의 사전 정지작업으로서 은밀하게 추진해야 되네. 지난 몇 주 동안 이 일을 해낼 만한 사람을 물색해 보았지만, 임자만큼 자격이 있고 믿을 만한 사람을 찾지 못했네."

"하지만 이런 일은 공식적인 외교절차를 통해서 정식으로 이루어져야 되지 않겠습니까?"

허를 찔린 박태준이 볼멘 듯이 말했다.

"이 일은 공식협상만으로는 해결될 수 있는 문제가 아니야. 공식 협상이 필요하기는 하지만 잘못되면 협상 담당자들이 궁지에 빠질 수도 있네. 그쯤 되면 신문방송이 떠들어대고 학생과 시민들이 또 한 번 들고 일어날지도 몰라."

대통령은 다소 짜증스러운 듯이 대답했다.

"왜 임자도 알지 않나. 요즈음 신문에 한일회담 반대라고 떠들고 학생 시위가 격렬해지는 거 말이야. 정치를 하다 보면 일을 막후에서 은밀히 처리하지 않으면 안 될 때가 있네. 막연히 되겠지 하고 내버려 두기에는 너무나 중요한 사안이라 그래."

대통령의 말대로 당시 한일회담을 지지하는 사람은 거의 없었다. 대부분의 한국인은 일제가 저지른 만행과 억압으로 인해 일본에 대한 분노가 매우 깊었고, 일본은 한국전쟁 동안 어떠한 희생도 없이 미군의 전쟁물자 공급과 주둔지 제공으로 큰돈을 벌어들였다. 즉 한국이 공산주의 침략으로부터 일본을 보호한 결과 도리어 일본은 경제 기적을 이루게 된 것이었다.

"이 일은 쉽지 않을 걸세. 우리나라 국민들은 과거에 일본에 당한 상처를 아직도 잊지 못하고 있네. 지난 몇 년 동안 우리 정부도 언론과 공식연설, 역사교과서 등을 통하여 일제의 잔학상을 상기시켜 반일감정을 조장해 왔지 않나. 국민들은 쉽게 잊을 수 없을 걸세."

박대통령은 마치 박태준의 생각을 읽고 있는 듯이 말을 계속 이어갔다.

"과거 제1, 2공화국 시절에도 외교관계를 정상화하려는 시도가 여러 번 있었네. 그러나 회담은 번번이 결렬되고 말았지. 우리나라는 무엇보다 자본이 필요하고, 마찬가지로 국제사회로부터 인정을 받는 것도 중요해. 어쨌든 일본은 우리에겐 가장 가깝고 부강한 이웃이야. 우리는 과거지사는 역사에 맡기고 우선 국가의 장래만을 생각해야 돼. 한일국교 정상화가 실패한다면 우리나라 경제를 향상시키려는 노력은 물거품이 될 수도 있어. 이것은 개인적인 성취보다 나라를 위해 훨씬 중요한 일이야."

박태준도 경제를 재건하기 위해서는 자본이 절대적으로 필요하며 또한 일본으로부터의 자본 도입이 가장 현실적인 대안이라는 것을 잘 알고 있었다. 당시 미국은 원조를 줄이면서 조속한 시일 내에 일본과의 국교 정상화를 노골적으로 종용하고 있었다. 지금이야말로 일본을 압박하여 대일 청구권자금을 적정한 선에서 매듭지어야 할 때였다.

"여보게, 박장군. 한번 생각해 보게. 한일회담을 성공시키려면 막후에서 해야 할 일이 많지 않겠나. 임자는 안목도 있고, 더군다나 일본 사람들의 마음을 잘 읽을 줄도 알잖아. 그들을 논리적으로 설득시키는 데 임자보다 더 나은 사람이 어디 있나."

"현재 가장 중요한 현안은 무엇입니까?"

박태준이 단도직입적으로 물었다. 그 역시 과거 제1, 2공화국 시절 한일회담이 어떤 식으로 전개되어 왔는지 관심 있게 지켜보고 있었다. 한일 간에는 매우 다양하고 복잡한 문제들이 산적해 있었다.

"제일 중요한 핵심은 일본이 우리 정부를 한반도의 유일한 합법정부로 인정하게 하는 것이지. 어휘상의 문제지만 사실은 가장 중요한 문제라고 볼 수 있네. 또 하나는 사과를 받아내는 문제야. 우리 정부는 일본이 과거 우리 민족에게 저질렀던 식민지통치와 만행을 공식적으로 사과할 것을 요구하고 있네. 하지만 일본은 '불행했던 기간'으로 얼버무리면서 단 한 번도 공식적으로 사과하지 않았어. 그 다음 현안은 청구권 문제야. 여기에 대해서는 이미 많은 작업이 이루어졌네."

박태준도 한국대표단이 과거 식민지 기간 동안 일제가 한국에게 직간접적으로 입힌 피해보상을 놓고 일련의 협상을 진행하고 있다는 것을 잘 알고 있었다.

"그리고 또 어로권 문제가 남아 있지."

어로권 문제는 한국 정부로서도 골치 아픈 문제였다. 1952년 당시 이승만 대통령은 평화라인이라고 불리는 해상 60마일의 배타적 어로 수역을 선포했다. 국가방위를 튼튼히 하는 동시에 한국 근해의 풍부한 어장에서 최신 장비를 갖춘 일본 어선들이 무단으로 남획하는 것을 막고자 했던 것이었다. 하지만 평화선을 지키는 것은 쉬운 일이 아니었다. 악의적으로 경계 수역을 침범해 바로 눈앞에서 보란 듯이 고기를 잡아가는 일본 어선들을 보고 한국 어민들은 분노하지 않을 수 없었다. 신문방송들이 이러한 영해 침범 사례를 대대적으로 보도하면서 국민들의 반일감정에 불을 질렀다.

"그리고 마지막 문제가 재일동포들의 법적 지위 문제야. 임자는 그들이 겪는 고통을 이해하겠지?"

박대통령은 의미심장한 표정을 지으며 말했다.

박태준은 재일동포들이 겪고 있는 서러움을 생생히 기억하고 있었다. 당시 일본에는 50만 명이 넘는 한국인들이 거주하고 있었다. 그러나 일본 정부는 이들에게 자국 국민과 똑같은 권리를 부여하지 않았고, 재일동포들은 교육과 고용에서 차별대우를 받고 있었다. 많은 재일동포들은 아직도 일제가 저지른 만행과 탄압을 생생하게 기억하고 있어 한일 간의 외교회담을 결코 방관만 하고 있지 않았다.

박태준은 일본에서 보냈던 학생시절을 떠올렸다. 지금도 그렇지만 당시 재일동포 사회는 극단적으로 양분되어 있었다. 상당수의 재일동포들이 북한을 지지하였기 때문에 남한 정부를 주권국가로 인정하려는 한일회담에 대해 기를 쓰고 반대하고 있었다. 한일회담을 지지해 달라고 재일동포들을 설득한다는 것은 매우 어려운 일이었다.

"임자가 나서서 재일동포들을 설득해 준다면 나는 물론이고 국가로서도 커다란 도움이 될 걸세. 아무쪼록 우리 정부의 입장을 잘 설명해서 한일회담을 지지하도록 그들을 설득해 주게. 그들이 너무 강하게 반발하면 일본을 자극해서 양국 간의 화해가 무산될 수도 있다는 걸 명심하게."

이 막중한 임무들을 하나하나 저울질하던 박태준의 얼굴은 금세 어두워졌다. 대통령은 계속해서 자신의 계획을 설명했다.

"청구권 문제는 지금 협상 중에 있고 곧 타결될 것으로 보이네. 농림부장관이 3월이면 어로수역 문제를 타협할 것이고, 다른 문제들은 해당 부처 장관들이 해결하면 되네. 65년까지 모든 문제를 타결하는 것이 내 욕심이네. 막후에서 할 일이 많으니 나를 좀 도와주게."

박태준은 미국 유학계획을 보류해야 할 것인지 고민에 빠졌다. 당시 그는 워싱턴 대학에서 공부할 수 있다는 기대와 설렘으로 크게 부풀어 있던 참이었다. 이제 박대통령이 부여한 임무를 맡게 되면 유학을 연기해야 되고, 어쩌면 유학의 꿈은 영영 사라질지도 몰랐다. 하지만 한일국교 정상화는 가장 시급한 국가 현안으로서 당장 손을 쓰지 않으면 안 되었다. 이것이야말로 진정 중요한 사명이요, 국민에게 봉사할 수 있는 좋은 기회였다. 국민들은 청구권 배상 문제와 경제발전을 너무나 오랫동안 참고 기다려왔다.

"각하, 영광으로 알고 국가와 각하를 위해 능력이 닿는 대로 열심히 해 보겠습니다."

박태준은 깊이 생각한 후에 결정을 내렸다.

"고맙네, 박장군. 대부분의 사람들이 한일회담 자체를 거세게 반대할 걸세. 신문방송은 가혹하게 비판할 것이며, 야당은 물론이고 학생들도 격렬하게 시위를 하겠지. 이해를 못 하는 사람들은 우리를 매국노라고까지 비난할지도 모르네.”

“각하, 최선을 다하겠습니다.”

박대통령은 그의 손을 덥석 잡고 흐뭇한 미소를 지었다.

“임자는 조국이 부르는데 싫다고 외면할 사람이 아니라는 것을 내 잘 알지. 임자를 믿네. 자, 이제 우리 술이나 마시지. 새해가 아닌가! 조국의 밝은 미래를 위해 건배!”

의기투합한 그들은 술잔을 기울였다.

“박장군, 임자는 나라를 위해 할 일이 많은 사람이야. 부디 가족들을 잘 보살피게나.”

박대통령은 박태준이 일본에 가 있을 동안 가족들이 편안하게 살아갈 수 있도록 그에게 금일봉을 건넸다. 박태준은 호화주택에서 편안하게 살고 있는 몇몇 혁명동지들과 달리 당시 아내와 두 아이를 데리고 조그마한 단칸 전세방에서 살고 있었다.

“이 돈으로 우선 가족이 살 수 있는 집을 마련하고 나머지는 일본 출장에 보태 쓰게.”

작별인사를 하고 나서 박태준은 펑펑 쏟아지는 눈을 맞으며 걸어 나왔다. 집으로 돌아온 그는 미국이 아닌 일본으로 가기 위한 짐을 꾸렸다.

일본에서 보낸 학창시절

그로부터 일주일 후 박태준은 도쿄 하네다 공항으로 향하는 노스웨스트 오리엔트 항공에 몸을 실었다. 비행기는 동해의 푸른 물결 위를 높이 날아가고 있었다.

'도대체 일본이란 나라는 나와 어떤 인연이 있는가? 고향 앞바다의 썰물이 30년 전에 나를 태우고 일본으로 데려간 것은 결국 이 어려운 일을 내게 맡기려 했던 것은 아니었을까?'

비행기 창밖으로 굴곡이 심한 남동해안을 내려다보면서 그의 의식은 어린시절로 거슬러 올라가고 있었다.

박태준은 1927년 임랑에서 태어났다. 당시 한반도 전역에는 일제의 혹독한 식민통치가 기승을 부리고 있었다. 임랑은 부산에서 직선거리로 105킬로미터 떨어진 동해안에 위치한 어촌마을이었다. 임랑 주민은 여러 세대를 거쳐 동해 앞바다에서 멸치잡이를 하면서 근근히 생계를 유지해 왔다. 마을사람들은 공동어장에서 자급자족하면서 살고 있었다. 그러나 일제 강점기가 시작되면서 일본인이 들어와 마을 어장의 소유권을 이전해 가자 평화로운 공동체 생활은 순식간에 무너지고 말았다. 그 당시 마을사람들은 소유권 변화가 무엇을 뜻하는지 이해조차 하지 못했다.

그때부터 마을사람들의 생활은 예전과 같지 않았다. 여러 세대 동안 자신들의 어장에서 고기를 잡아왔던 임랑 사람들은 순식간에 하루 품삯을 받고 남의 어장에서 고기를 잡는 신세로 전락하고 말았다. 공동체적인 어로방식에서 하루 아침에 상업적인 어로방식으로 바뀌었던 것이었다. 순박하기만 했던 마을은 생동감을 잃고 황폐해지기 시작했다. 이렇게 급격히 변한 환경 속에서 마을사람들은 일제에 대한 울분만 간직하고 있을 뿐이었다. 자신들의 고유한 권리, 자존심, 생활 모습 등을 일제 침략자들에게 빼앗겨버린 마을사람들의 울분과 소외감을 박태준은 잘 기억하고 있었다.

마을사람들의 생활은 점점 더 어려워졌다. 몇몇 사람들은 가난을 견디지 못해 외지로 떠나기 시작했다. 그들 중 한 사람인 박태준의 큰아버지는 일본에서 일자리를 얻게 되었다. 이것은 고향에서 어렵고 고통스럽게 살고 있는 가족들을 구할 수 있는 일생일대의 기회였다. 큰아버지 가족들은 13세대 동안 대대로 살아온 정든 고향을 등지고 새로운 터전을 찾아 일본으로 떠났다.

큰아버지는 일본에 정착하자마자 곧 박태준의 아버지를 일본으로 불러들였다. 박태준의 아버지도 기꺼이 일본으로 떠날 결심을 하고 있었다. 일본에 가면 경제적으로도 살 길을 찾을 수 있고 또한 자식들에게도 양질의 교육을 시킬 수 있는 기회가 많았기 때문이었다. 당시는 부유한 계층과 지식인은 너나할 것 없이 일본으로 자식을 유학보내던 때였다. 식민지정책으로 인해 한국에는 제대로 된 교육시설이 거의 없었다. 임랑과 같은 시골마을 출신의 어린애들은 중학교에 들어갈 기회조차 없었다. 당시 한국의 젊은이들이 대학에 간다는 것은 극히 드문 일이었다.

박태준은 도쿄를 처음 방문했을 때가 아직도 생생했다. 당시 열 네 살이었던 그가 아자부 중학교에 입학하러 갔을 때였다. 아자부 중학교는 일본에서도 잘 알려진 일류중학교로서 기숙사가 딸린 남자중학교였다. 도쿄는 혼잡했으나 활기에 차 있었고, 수많은 상점과 휘황찬란한 네온사인, 그리고 고급식당들이 즐비했다. 나이 어린 박태준에게는 특히 긴자의 넓은 시가지며 현대식 고층빌딩들, 그리고 유행에 따라 멋있게 차려입은 사람들이 매우 인상적이었다.

도쿄의 멋과 매력에도 불구하고 박태준은 아자부 중학교에 다니면서 또 다른 고통을 겪어야 했다. 그는 한국에서 온 다른 학생들과 마찬가지로 조센징이라고 불리며 일본인들에게 멸시를 당했다. 어린 나이에 몇 년씩 인종차별적인 모욕을 받는 것은 참으로 견디기 어려운 일이었다. 일본에 있는 동안 나라를 빼앗긴 서러움은 더욱 커져만 갔다.

'일본을 이기자'라는 모토는 당시 일본에서 공부한 한국 학생들에게는 좌우명과 같았다. 어린 박태준은 일본인들의 멸시와 차별을 극복하는 길은 그들보다 학업과 체력에서 월등하게 뛰어나는 길밖에 없다는 것을 깨달았다. 그는 자신이 겪은 인종차별에도 굴하지 않고 한국인이 일본인만큼, 아니 그 이상으로 월등하다는 것을 보여주기 위하여 열심히 공부했다.

그가 모든 과목에서 뛰어난 우등생이 되자 일본 학생들은 그를 인정하기 시작했다. 일본인 선생들도 진심으로 그를 아끼고 그의 뛰어난 실력에 대해 칭찬을 아끼지 않았다. 그는 더욱더 공부에 열중하였고, 특히 방정식과 대수학에 깊이 빠져들어 갔다.

1943년 아자부 중학교는 도쿄에서 북서쪽으로 약 150킬로미터 떨어진 혼슈 중부에 위치한 나가노현으로 피난을 갔다. 당시 일본은 패전의 기색이 짙어지면서 위기를 맞고 있었으며, 일본 사람들은 식량을 비롯한 생활필수품이 부족해 고생이 막심했다. 어린 박태준은 그렇게 참혹한 광경 속에서 일본 사람들이 점점 다가오는 패전을 어떻게 준비하고 받아들이는지 유심히 살펴보았다. 그들은 국가의 운명을 자신의 운명으로 받아들이고 마치 기도라도 드리듯 하루하루를 엄숙하게 살아가고 있었다. 패전이 확실해지고 있음에도 불구하고 그들은 일본의 장래에 대해서 함부로 떠들지 않고 자신의 일을 충실히 수행해 나가고 있었다. 이를 지켜보면서 박태준은 일본 사람들이 극한상황에서도 흔들리지 않는 점을 높이 평가했다.

전쟁의 소용돌이 속에서도 박태준은 중학교를 졸업하자마자 명문 사립인 와세다 대학의 이공학부에 들어갔다. 이공학부에서 한국인 유학생을 받아들인 경우는 매우 드물었다. 하지만 이공학부는 성적이 워낙 뛰어난 박태준을 예외적으로 받아들였다. 전쟁 중이었기 때문에 인문사회과학 계통의 대학생들은 모두 일본 군대로 차출되어 최전선에서 연합군과 싸웠지만, 이공학부 대학생들은 국가 건설에 필수 불가결하다고 판단돼 병역에서 면제되었다.

혼슈 동쪽 해안을 날아가고 있을 때 그는 비행기 아래 펼쳐진 산들을 굽어보면서 전쟁 말기에 겪었던 혼란들을 떠올렸다. 패색이 점점 짙어가자 일제는 연합군의 공습과 폭탄 투하로부터 도쿄를 보호하기 위해 이공계 학생들조차도 동원했다. 모든 학생들이 새벽부터 밤늦게 까지 군수품기지에 강제동원되어 참호를 파거나 석유 대용으로 쓸 수 있는 송진을 채취했다.

드디어 역사적인 날이 왔다. 히로시마에 이어 나가사키에 원자폭탄이 투하되었다. 온갖 소문들이 무성해지면서 일본 열도에는 공포 분위기가 번져나가기 시작했다. 일본의 항복은 시간문제였다.

1945년 8월 15일 정오, 박태준은 라디오에서 일왕(日王) 히로히토가 떨리는 목소리로 무조건 항복을 선포하는 발표를 들었다. 잠깐 동안 그는 뜨

거운 전율을 느꼈다. 수십 년 동안 조국
을 짓밟았던 일본이 드디어 역사의 준
엄한 심판을 받은 것이었다.

일본 열도는 순식간에 혼돈상태에 빠
졌다. 다 타버린 건물 속에서 나오는 연
기들, 폭격으로 움푹 패인 웅덩이들, 할
복자살한 시체들, 횡행하는 좀도둑들,
먹을 것과 잠잘 곳을 찾아 굶주린 사람
들이 도쿄 거리를 헤매고 있었다. 도쿄
는 무차별 공습으로 완전히 폐허가 되
었다. 골목마다 넝마 같은 옷을 걸친 사

청년시절의 박태준

람들이 더러운 얼굴로 멍하니 서 있거나, 배고파서 울고 있는 어린애를 업
고 쓰레기더미를 뒤지고 다녔다. 전쟁의 참상을 직접 겪은 박태준은 전쟁
이란 누구에게도 도움이 되지 않고 다만 고통을 줄 뿐이라는 것을 마음 속
깊이 깨달았다.

1946년 초, 열 아홉 살의 박태준은 학업을 계속하고 조국재건에 기여하
고자 귀국했다. 그러나 해방후 혼란으로 대학들은 모두 문을 닫아 교실은
텅 비어 있었고 교수들과 학생들도 찾아볼 수가 없었다. 그는 학업을 마치
고 싶은 마음에 일본으로 다시 돌아왔지만, 그곳도 모든 대학들이 휴교한
상태였다.

실의에 찬 박태준은 고국으로 다시 돌아와 직장을 알아보았으나, 자신이
전공한 공학기술을 쓸 수 있는 직장을 찾을 수가 없었다. 일제는 식민통치

를 하면서 한반도 남쪽엔 농업을, 북쪽엔 공업을 집중배치하였기 때문에 기계공학을 활용할 수 있는 직장이 남쪽에는 없었던 것이었다.

박태준은 국방경비대가 창설되자 군인의 길을 선택했다. 1948년 5월 5일 육군사관학교 6기생으로 입학한 그는 고된 훈련을 받으면서 전술학, 지형학, 독도법, 화기훈련, 총검술, 행군과 숙영, 그리고 국사와 영어를 포함한 교양과목을 공부했다. 육군사관학교에서 박태준은 처음으로 당시 교관이었던 박정희 소령을 만났다. 그리고 그들의 만남은 거기에서 그치지 않았다. 십수 년이 지나 새로이 대통령으로 당선된 박정희는 일본과의 국교 정상화 문제를 안심하고 맡길 수 있는 사람을 물색하다가 제자였던 그를 다시 찾게 된 것이었다.

비행기가 도쿄 상공을 날자 박태준은 시가지를 내려다보면서 과거 회상에서 벗어났다. 그는 곧 자기가 맡은 임무를 다시 한 번 상기했다.

야스오카 선생과의 만남

박태준은 일본에 도착하자 야스오카 마사아쓰(安岡正篤) 선생을 만나기 위해 그의 사무실을 찾아갔다. 야스오카 선생은 여러 권의 훌륭한 저서를 낸 일본의 저명한 양명학자였다. 박태준은 국가재건최고회의 비서실장 시절 야스오카 선생이 보낸 야기 노부오를 만난 적이 있었다. 야스오카 선생의 제자인 야기는 제2차 세계대전 말기 전라도 지사를 지낸 인물로서, 한국문화와 한국인의 반일감정을 잘 알고 있는 사람이었다.

야스오카 선생의 뜻에 따라 한국을 방문한 야기 노부오를 처음 만났을 때, 그는 한일관계에 대해 유감을 표시했다.

"저희 일본인들이 과거의 뿌리 깊은 적개심을 덮어두고 용서해 달라는 부탁을 한국인들에게 어떻게 감히 할 수 있겠습니까? 불가능하겠지요. 하지만 야스오카 선생은 이제야말로 진정한 이해와 협조를 바탕으로 적대감을 종식시키고 양국 관계를 개선할 때라고 말씀하셨습니다. 또한 야스오카 선생은 한국과 중국, 그리고 일본 등 3국이 치열한 국제경쟁에서 살아남는 유일한 길은 서로 협조하는 길밖에 없다고 강조하셨습니다."

한국에 머무는 동안 야기 노부오는 한국에 대해 진정으로 사죄하는 태도를 여러 번 표시했다. 그는 한일관계 개선을 위해 여러 가지 방법으로 노력해 왔으며, 한일문화협회를 만들기도 했다. 박태준을 감동시킨 것은 그가 겸손한 마음으로 일제의 잔인한 식민통치를 사죄하였다는 점이었다. 일본에서 존경받는 인물이 그러한 표현을 써가며 사죄하는 것을 박태준은 일찍이 본 적이 없었다.

야스오카 선생은 당시 일본 지성인들의 양식을 대표하는 학자로서 그들의 정신적 지주였다. 그의 철학과 사고는 일본 내에서 명성이 높았다. 그는 과거 일본이 한국에 저지른 만행을 진심으로 통탄했다. 그리고 정부에서 권하는 일체의 공직을 사양하고 남은 여생을 한일관계 개선에 바치기로 한 사람이었다. 그는 한 번도 공직에 오른 적이 없었지만 일본의 학계, 정계, 재계의 저명인사들은 그를 무척 존경했다. 그는 1920년대부터 정책 세미나 및 훈련과정에서 고위공무원과 기업체 임원들을 대상으로 강연해 왔으며, 1945년 일왕의 무조건 항복을 촉구한 사람이었다. 또한 전후 초대 총리였던 사토 에이사쿠의 요청으로 그의 취임사를 작성한 사람이기도 했다.

야스오카 선생의 인간 철학은 일본 군국주의와는 정반대의 입장이었다. 제2차 세계대전이 끝나갈 무렵 대학생이었던 박태준은 히비야 공원 근처의 회관 건물에서 그의 강연을 들은 적이 있었다. 야스오카 선생은 당시 일본의 집권 엘리트들을 비판하고 지도자로서의 자질과 덕목이 무엇인지를 강연했다.

"리더십의 첫째 요건은 사욕을 버리는 것입니다. 그래야만 지식과 행동을 일치시킬 수 있습니다."

박태준은 야스오카 선생의 강연 요지를 아직도 생생히 기억하고 있었다. 그가 막후교섭이라는 임무를 맡게 되었을 때 야스오카 선생이 현명한 정부를 주창했다는 점, 일본의 정책 결정자들에게 미치는 그의 영향력이 막대하다는 점, 또한 그가 궁극적으로 원하는 것이 한일 양국의 관계개선과 친선이라는 점을 곰곰이 생각해 보았다. 그는 야스오카 선생이 자신의 임무 수행에 커다란 도움이 되리라고 여겼다.

박태준은 한국을 떠나기 전에 야기 노부오를 통해 일본에 도착하는 대로 야스오카 선생을 만나보고 싶다는 편지를 보냈었다. 그리고 곧 자기 사무실로 찾아오라는 회답을 받았다. 깨끗하게 잘 정돈된 야스오카 선생의 사무실은 따뜻한 분위기를 풍기고 있었다.

"어서 오시오, 박태준 장군. 기다리고 있었습니다. 도쿄에 오신 것을 환영합니다."

자그마한 체구의 야스오카 선생이 박태준을 맞이했다. 의례적인 인사말이 오고 간 후에 야스오카 선생이 분명한 어조로 말했다.

"박태준 장군, 우리는 양국 관계를 개선시켜야 합니다. 이는 곧 우리의 사명입니다. 지금이 바로 그때입니다."

"야스오카 선생님, 이렇게 직접 만나뵙게 되어 영광입니다. 저 역시 선생님의 의견에 전적으로 동의합니다."

박태준은 자신의 임무를 설명하고 박정희 대통령의 인사말을 전했다. 야스오카 선생은 그 자리에서 박태준이 면담하려 하는 인사들을 만날 수 있도록 주선하겠다고 약속했다. 그는 야스오카 선생의 소개가 있으면 일이 보다 수월해지리라는 것을 잘 알고 있었다. 박태준은 야스오카 선생과의 면담이 성공적이었음을 그의 제자인 야기 노부오를 통해 전해들었다.

"저희 선생님께서 박장군님을 보고 흡사 거대한 무쇠 덩어리가 앞에 앉아 있는 것 같다고 말씀하셨습니다. '불과 서른 예닐곱밖에 안 되었는데, 과연 오오모노(大物)야'라고 박장군님을 칭찬하셨습니다."

박태준은 그 말을 들으며 내심 무척 기뻤다. 박대통령의 의지에 따라 막후교섭을 하기도 전에 일본에서 가장 뛰어난 정신적 지도자 중의 한 사람으로부터 격려와 호응을 받아 마음이 든든했다. 박태준은 일본의 북단인 홋카이도에서 남단인 큐슈까지 전국을 다니면서 시장과 지사, 국회의원, 지식인층과 산업계 지도급 인사 등을 만나 자신의 사명을 이해시키고 협조를 당부했다.

일본에서 박태준이 만났던 인사들은 정계, 관계, 재계를 이끌어가는 영향력있는 사람들이었다. 그들은 박태준의 출신과 배경을 조사하고 조심스럽게 그의 개성과 태도, 그리고 여러 상황에서 나타날 수 있는 그의 취약점들을 분석평가했다. 그들을 만나면서 박태준은 자신의 나이가 어린 점이 매우 조심스러웠다. 연장자를 존중하는 사회에서는 젊음이 오히려 성숙하지 못한 것으로 비쳐질 수 있었기 때문이다. 그는 자신의 행동이나 처신이 곧 바로 자신뿐만 아니라 한국 정부의 신뢰도에 영향을 미친다는 것을 잘 알았다. 또한 박태준은 일본에서의 행동이 일본 경시청에 낱낱이 보고되고 그것이 바로 한국인의 신뢰도를 측정하는 기준으로 활용된다는 것도 알았다. 극도의 긴장된 생활 속에서 그는 언제나 몸과 마음을 가다듬었다. 호텔 안에서도 그는 한순간도 자세를 흐트리지 않고 지냈으며, 누구를 만나든 철저하게 예의범절을 갖추었다.

한편 한국에서는 박대통령이 지적한 사태가 현실로 다가오고 있었다. 박태준이 청구권 보상 협상에 필요한 기초작업에 동분서주하고 있을 때 한국에서는 한일국교 정상화를 반대하는 시위가 격렬하게 일어나고 있었다. 야당 정치인과 학생들, 그리고 신문방송은 정부가 일본과 비밀협상을 하고 있다고 강력하게 비난했다. 격렬한 시위가 전국적으로 퍼지자 1964년 6월 3일 계엄령이 선포되었다. 박태준은 정부의 진정한 뜻을 이해하지 못하는 국민들을 보고 좌절감과 실의에 빠졌다. '내가 맡은 사명이 진정 할 만한 가치가 있는 것일까? 조국의 발전에 얼마만큼 도움이 될 수 있는 것일까? 내가 사명을 완수하게 되면 역사는 이것을 정당하게 평가해 줄 것인가? 후세의 비평가들은 나의 행동을 어떻게 평가할 것인가?'

박태준은 자기 사명이 옳다는 것을 믿어 의심치 않았다. 사실 한국의 제반 사정은 한일회담 타결을 더욱 더 요구하고 있었다. 국교 정상화가 가져올 수 있는 경제적 원조와 국제사회로부터의 인정이 더욱 필요했던 시기였다. 국제사회 속에서 성장하기 위해서는 한일국교 정상화가 필수적이었다. 게다가 국가재정 상태가 위급했기 때문에 한국은 과거 압제자에 대한 적대감과 증오심을 나타낼 만한 여유가 없었다. 일본을 상대로 청구권자금을 확정해서 경제재건에 필요한 자금을 확보하는 것이 보다 중요했다.

1965년 6월, 박정희 대통령은 한일협정에 최종 서명을 했다. 청구권자금은 무상원조 3억 달러, 공공차관 2억 달러, 상업차관 3억 달러로 확정되었다. 또한 한국의 경제 및 국제 관계의 기반을 넓히는 데 도움이 될 수 있는 재원 마련에도 일본은 적극 동참할 것을 약속했다.

박태준은 10개월에 걸친 대장정의 임무를 마치고 귀국했다. 그는 어려운 환경 속에서도 중요한 사명을 성공리에 완수했다는 기쁨에 젖어 오랜만에 깊은 잠에 빠져들었다.

제 5 장

대한중석을 살리다

"철강업계에 종사하는 대부분의 사람들은 새로운 것을
시도하기보다는 오래된 것을 따라가기에 급급하다.
그러나 박태준 회장은 항상 용기와 열정을 갖고
창조적인 아이디어를 실천하여 왔다."

– 윌리엄 T. 호간 신부, 포담 대학교 산업연구소 소장

1964년 9월, 일본에서 성공적으로 임무를 마치고 귀국한 박태준은 커다란 성취감 속에서 가족들과 한가로운 시간을 보내고 있었다. 그러나 얼마 되지 않아 그는 회의에 빠져들었다. 혈기왕성한 학생들이 서울 시청과 공공건물 앞에서 한일국교 정상화에 격렬하게 반대하였고, 이로 인해 시내 교통은 이루 말할 수 없이 혼잡했다. 신문에서는 연일 대일청구권 협정을 강도높게 비난했고, 동아일보는 한일국교 정상화를 '매국'으로, 중앙일보는 '선조의 고통을 잊은 반역행위'라는 식으로 매도에 열을 올렸다.

박태준의 심정은 매우 착잡했다. 일제 36년 동안 동포들이 당했던 고통과 아픔은 충분히 이해하고도 남음이 있었지만, 이제는 치욕스런 과거에서 벗어나 국가 경제를 일으켜세워야 할 때가 아닌가. 그는 국민들이 감정을 자제하고 한일국교 정상화를 통해 얻은 자금으로 경제 발전을 도모하기를

간절히 원하고 있었다.

그는 다시 미국으로 건너가 경제학을 공부하기로 결심했다. 지난번 미국 유학을 백지화시킨 적이 있었던 그는 들뜬 마음으로 아내에게 유학계획을 설명했다. 그러나 아내는 시무룩했다. 미국 유학이 남편에게는 커다란 기회가 되겠지만 가족에게는 적어도 3년 이상 헤어져 살아야 한다는 것을 뜻하고 있기 때문이었다. 1956년 결혼 이후 이들 부부는 남편의 군복무와 공직생활 때문에 함께 지낸 시간이 거의 없을 정도로 떨어져 살아왔다. 박태준의 부인 장옥자 여사는 이화여대 정치외교학과를 졸업한 재원이었다. 그녀는 결혼 후 가정에 충실하기 위해 유망한 직업을 포기하고 남편과 아이들 뒷바라지에 온갖 정성을 기울였다. 그녀는 곧 남편의 뜻을 이해하고 그의 미국 유학계획을 받아들였다.

대한중석을 맡다

그해 12월 초, 박태준은 청와대로부터 전갈을 받았다. 그는 대통령이 다시 일본으로 보내려고 부르는 것이 아닌지 염려스러웠다. 일본에서의 막후교섭은 성공적이었지만, 한일협정에 공식적으로 서명하기까지는 아직도 해결해야 할 난제가 많이 남아 있었다.

다음날 청와대로 들어간 그는 바로 대통령 집무실로 안내되었다.

"각하, 그동안 안녕하셨습니까?"

박대통령은 손짓으로 그를 반갑게 맞이했다. 대통령의 얼굴은 그날 따라 긴장감이 없이 매우 편안해 보였고, 평소에는 좀처럼 볼 수 없었던 미소가 얼굴에 가득했다.

"임자, 요즈음 어떻게 지내고 있나. 부인과 애들은 잘 있나?"

"예, 각하 덕분에 모두 잘 지내고 있습니다. 그리고 저는 미국으로 유학 갈 준비를 하고 있습니다. 내년 1월 초 시애틀로 가서 봄학기부터 워싱턴 대학에 다닐 계획입니다. 이번에는 그동안 하고 싶었던 공부를 실컷 할 작정입니다."

박태준은 대통령의 따뜻한 격려를 기대하면서 유학계획을 말했다. 대통령은 창문 쪽으로 걸어가면서 껄껄 웃었다.

"임자는 항상 내 곁에서 멀어지려고만 하는데 왜 그래? 이리 앉아서 나하고 얘기 좀 하지."

대통령은 가볍게 웃으면서 그에게 앉을 것을 권했다.

"미국으로 공부하러 가는 것은 훌륭한 생각이야. 언젠가는 나라 발전에 큰 도움이 되겠지. 그러나 임자도 알다시피 우리나라는 지금 할 일이 너무 많아. 이 나라가 경제적 기틀을 확고하게 다질 때까지 미국 유학을 1, 2년 연기할 수 없겠나? 임자의 능력이 꼭 필요한 일거리가 하나 있는데 말이야."

박대통령은 커다란 탁자를 사이에 두고 본론을 꺼냈다. 박태준은 차라리 대통령을 직접 만나지 말고 곧바로 미국으로 떠났으면 하는 마음이 굴뚝 같았다. 그는 몸을 뒤척거리면서 실망하는 기색을 보이지 않으려고 시선을 아래로 내리깔았다. 박대통령은 그를 주시하면서 말을 계속 이어갔다.

"임자도 알다시피 나라의 기반이 아직도 튼튼하지 못하네. 민간기업들은 여전히 구멍가게 수준이고 국영기업들은 적자투성이니 정말 큰일이야. 국영기업 경영자들은 아직도 국가재정이나 축내고 있으니 어떻게 해야 좋을

지 막막하기만 하네."

박태준은 어떻게 이 자리를 벗어날까 궁리하면서 조용히 듣기만 했다.

"임자도 대한중석에 대해서 어느 정도 알고 있겠지?"

박태준은 대한중석에 대해 잘 알고 있었다. 경북 달성광산과 강원도 상동 광산을 합해 일제가 1934년 설립한 고바야시 광업주식회사가 대한중석의 전신이었다. 해방 이후 정부가 인수하여 1949년 10월 대한중석 광업주식 회사로 이름을 바꾼 대표적인 국영기업이었다. 상공부가 직접 운영해 왔으며 그 당시 대표적 수출품인 중석을 독점 생산하는 회사였다. 당시 대한중석의 수출액은 연간 1천만 달러에서 1천5백만 달러로 총수출액의 약 30%나 차지하는 매우 중요한 기간산업체였고, 또한 최고의 직장으로서 각광받고 있었다. 그러나 각종 이권 개입으로 인해 대한중석은 신문지상에 자주 오르내렸고, 경영 부실로 적자를 면치 못하고 있었다.

"대한중석은 우리나라의 수출을 주도하고 있는 대표적인 국영기업체인데 만성적자라니, 이게 말이나 되는 소리야?"

"그렇습니다, 각하!"

박태준은 주저없이 동조했다. 여느 개도국과 마찬가지로 공업화가 부진했던 한국은 기계장비, 원자재, 생활필수품 등 거의 모든 공산품을 해외로부터 수입했기 때문에 달러가 절대적으로 필요했다. 그래서 수출산업의 성장이 국가 경제의 핵심이었다.

"대한중석이 계속해서 적자를 내는 것은 우리 경제의 귀중한 자원이 빠져나가는 것이나 다름없어. 반드시 흑자를 내야 돼…. 나는 또다시 임자가 필요하네. 임자가 대한중석을 맡아주어야겠어."

박태준은 대통령의 갑작스러운 제안에 흠칫 놀랐다. 박대통령은 가볍게 결정내릴 분이 아니었다. 가능하면 모든 상황을 고려하고 자문까지 얻은 뒤 이러한 최종결정을 내렸을 것이다. 당황한 박태준이 머뭇거리자 박대통령은 다시 한 번 촉구했다.

"임자가 맡아서 바로잡아주게."

박태준은 어렵게 말을 꺼냈다.

"각하, 저는 국가재건최고회의 상공담당 최고위원으로 일하면서 제1차 경제개발 5개년 계획 작성에 관여해 본 일이 고작이고, 더구나 회사를 맡아서 운영해 본 적은 전혀 없습니다. 경험과 지식도 없이 대한중석과 같이 커다란 회사를 맡아 운영한다는 것은 예삿일이 아닙니다. 경험이 풍부한 정부관료들과 장군들, 그리고 기업가들도 많이 있는데요."

박대통령이 껄껄 웃었다.

"임자 맘을 내 잘 알지. 임자를 언제나 막다른 골목으로 몰아넣고 제대로 봐주지도 못해서 미안하네. 하지만 임자는 어떻게 해서든지 항상 어려움을 헤치고 나오는 근성이 있지 않은가. 한번 더 나를 도와주게나."

당시 대한중석처럼 커다란 국영기업체의 사장은 전임총리나 전역한 군수뇌부가 차지하고 있었다. 실제로 명성이 자자했던 모공군참모총장이 대한중석 사장을 역임한 적도 있었다.

박태준은 대통령이 이미 결정을 끝낸 사실을 깨달았다. 더구나 그는 이 나라의 대통령일 뿐만 아니라 자신의 육사선생이기도 했고 대선배였다. 대통령의 부탁을 거절할 수는 없었다. 박대통령의 얼굴은 커다란 짐을 덜었다는 듯이 편안해 보였다.

박태준은 대한중석의 사장이 될 경우 직면하게 될 어려움이 무엇인지 생각했다. 그가 나름대로 알고 있는 국영기업의 특징과 행태를 고려해 볼 때 자신이 맡게 될 임무가 만만치 않다는 것을 깨달았다. 하지만 박태준은 대통령의 요청을 받아들이기로 마음을 굳혔다.

"각하, 과거에 대한중석에서 일어났던 중석불 사건이며 기타 불미스러운 커미션 스캔들에 대해서 어느 정도 알고 계시리라 믿습니다. 그리고 왜 그런 일이 발생했는지도 알고 계실 것입니다."

박대통령은 머리를 끄덕이며 담배연기를 내뱉었다.

"각하께서 이것 한 가지만 약속해 주신다면 제가 대한중석을 맡아 책임지고 경영하겠습니다. 정부나 당을 포함해서 어느 누구도 절대로 회사 경영에 간섭하지 못하도록 약속해 주신다면 반드시 경영정상화를 이룩해서 각하의 뜻에 어긋나지 않도록 하겠습니다."

박태준은 비장한 각오로 자신의 결심을 말했다. 박대통령은 환하게 웃으면서 머리를 끄덕였다.

"그럴 줄 알았지. 내 결정을 따라주어서 고맙네. 임자에게 완전히 일임하겠네."

박대통령은 그가 대한중석을 살려낼 것이라고 믿었다. 그때 대통령의 입장에서는 그가 대한중석의 경영을 정상화시켜 주기만 한다면 어떠한 요구 조건도 받아들일 작정이었다.

대통령 집무실을 나온 후 박태준은 새로 맡은 임무를 생각하고 계획하느라 정신이 없었다. 비록 미국 유학의 꿈이 깨져버리기는 했지만, 조국이 또다시 자신을 부른 것에 대해 감사하면서 가슴 뿌듯함을 느꼈다. 또한 헤어지기를 내심 언짢아했던 아내가 이 소식을 듣고 기뻐할 것이라는 생각에 그는 마음이 홀가분했다.

1965년 1월, 정식으로 대한중석 사장에 취임한 박태준은 나라를 지키는 군인정신을 가지고 회사 경영에 임했다. 서울에 있는 그의 집에는 군인시절의 좌우명인 '짧은 인생을 영원조국에'라는 표어를 걸어놓고 대한중석을 반드시 정상화시켜 경제 발전에 공헌하겠다는 각오를 다졌다. 그는 국가와 국민의 재산인 대한중석을 잘 맡아 관리하는 것이야말로 국민과의 신성한 약속을 지키는 일이라고 생각했던 것이다.

그는 일련의 확고한 경영원칙을 수립했다. 그의 경영철학에는 사람과 돈이 경영의 핵심이라는 사고방식이 밑바탕에 깔려 있다. 그래서 공정하고 정확한 인사관리와 면밀하고 계획적인 자금관리를 그 무엇과도 타협할 수 없는 경영원칙으로 삼았다.

공정한 인사관리

당시 한국을 대표하는 기업들은 거의 대부분 국영기업이었다. 민간 기업들은 아직 자본을 제대로 축적하지 못했기 때문에 자본 집약적인 공공사업, 광업, 무역업, 정유와 화학, 비료사업 등에 참여할 수가 없었다. 정부와 기업이 아직도 명확하게 분리되지 못한 상태였다.

당시에는 정부 고위관료가 국영기업들의 인사에 막대한 영향력을 미쳤다. 인사의 공정성이 당사자의 능력보다는 영향력있는 정부 관리나 정치인들의 청탁에 의해 좌우되는 경우가 비일비재했다. 많은 국영 기업들은 이러한 외부 인사청탁으로 인해 자격 미달인 사람을 고용 또는 승진시켜서 경영이 부실한 경우가 많았다.

박태준 사장은 대한중석에 취임한 첫날 전임직원을 강당에 모아놓고 폭탄과도 같은 인사정책을 발표했다. 강당으로 들어선 박태준은 연단으로 걸어가서 자신을 간략히 소개한 다음 회사 경영방침을 설명하기 시작했다. 만성적인 적자기업을 흑자기업으로 돌려놓기 위하여 종전의 잘못된 관행을 과감하게 타파하고 회사를 과학적으로 경영하겠다는 의지를 피력했다. 그리고 임직원들이 새롭게 각오를 다지고 회사 발전에 헌신해 줄 것을 부탁했다.

"앞으로 우리 회사의 인사는 예외없이 공정을 기할 것이며, 능력에 따라 승진과 보상을 결정할 것입니다. 외부 청탁인사는 절대로 용납하지 않을 것입니다."

박태준은 몇 마디 훈시를 더 한 다음 강당을 떠났다. 임직원들은 그의 취임사를 놓고 수군수군 떠들었다. 신임사장 혼자 수년에 걸쳐 형성된 대한중석의 전통과 기업문화를 그렇게 쉽게 변화시킬 수 있으리라고 믿는 직원들은 거의 없었다. 직원들은 약관 38살에 165센티미터 단신인 그가 대한중석을 변화시킬 것이라고 믿지 않았다. 아직도 몇몇 직원은 앞으로 무엇보다 필요한 것은 보다 강력한 연줄이라고 단언했다.

박태준의 인사정책은 곧바로 도전을 받았다. 그 다음날 청와대 고위 비서관이 어느 간부직원의 승진을 잘 부탁한다는 메모쪽지를 보내왔다. 그는 당장 인사위원회를 소집하여 당사자의 고과를 객관적이고 공정하게 평가하도록 지시했다. 하지만 그 간부직원을 평가한 결과 그 동안의 고과가 별로 좋지 않았기 때문에 인사위원회는 승진 대신 권고사직을 제안했다.

결과가 예상외로 엉뚱하게 나오자 그 간부직원은 박태준에게 인사위원회 결정이 부당하다고 주장했다.

"이번 처사는 관례에 벗어납니다. 재고해 주십시오."

그 간부는 청와대의 후원자가 자신을 감싸줄 것이라고 믿고 항의했다. 박태준은 매우 화가 나서 그를 마구 야단쳤다.

"어떻게 당신이 그렇게 창피한 일을 할 수 있소? 당신은 오히려 외부 인사청탁을 근절하고 회사의 경영원칙을 지켜야 할 위치에 있는 사람 아니오? 그런데 그런 잘못을 저질러놓고도 반성은커녕 오히려 잘났다고 내 앞에서 떠드는 것이오? 당신은 어떤지 모르겠지만 나는 이 회사의 장래에 목숨을 걸었단 말이오. 회사 운영이 잘못돼서 적자가 계속되면 당신이 책임지겠소?"

그는 터질 듯한 감정을 가슴 속으로 애써 눌렀다.

"기업이 왜 망하는지 아시오? 바로 당신처럼 능력도 없는 사람이 빽과 연줄을 믿고 일을 제대로 하지 않기 때문이오. 그러면서도 외부 힘을 빌어 중요한 자리를 차지하려 하다니, 정신차리시오."

간부직원은 얼굴이 벌겋게 달아오르더니 한 마디도 대꾸하지 못했다.

"어서 가서 당신이 해야 할 일이나 똑바로 하시오. 제대로 일을 해야 대우를 하든지 말든지 할 것 아니오. 내가 말한 것을 그 잘난 후원자에게 가서 똑바로 전하시오."

그 사건이 벌어지고 며칠 되지 않아 박태준은 갖은 협박과 중상모략에 시달려야 했다. 정보기관으로부터 사무실 책상 서랍과 파일박스까지 낱낱이 조사당하는 수모를 겪는가 하면, 몇 개월 동안 끊임없는 중상모략이 이어졌다. 그러나 박태준은 아랑곳하지 않고 취임 때 약속했던 원리원칙을 꿋꿋하게 지켜나갔다. 임직원들은 박태준이 외부 압력을 저지하는 데 성공하자, 누구나 열심히 일하면 보상받을 수 있다는 믿음을 갖게 되었다. 그러나 그것은 결코 쉬운 일이 아니었다.

박태준은 혈연, 학연, 지연 등과 같은 배경, 친인척 등용 등의 관행들 때문에 정직하게 일하는 직원들의 사기가 떨어진다는 점을 알고 있었다. 바로 이것이 결국 회사 경영을 악화시키는 요인이었다. 특별한 배경과 연줄이 없는 직원들은 정실인사에 분노해서 회사 일에 최선을 다하지 않았고 충성심도 보이지 않았다. 더구나 관리자들은 종업원들을 공정하고 합리적으로 다루려고 하기보다는 외부 영향력을 빌어 관리하려는 바람직스럽지 못한 정신을 가지고 있었다.

박태준은 소신을 갖고 자기가 정한 원칙을 그대로 실천에 옮겨나갔다. 그가 과거 관행을 타파하고 공정한 인사정책을 실시해 나가자 직원들의 태도가 점점 변하기 시작했다. 정실인사로 인해 사기가 저하된 다른 국영기업의 직원들과 달리 대한중석의 직원들은 능력에 따라 승진과 보상이 이루어진다는 것을 믿고 열심히 일에 몰두했다.

박태준 사장은 대한중석을 경영하면서 모든 임직원은 지위고하를 막론하고 능력에 따라 내부 승진시킨다는 인사원칙을 확립했다. 직원들은 정해진 인사규정에 따라 누구에게나 공정하게 승진 기회가 주어질 것이며, 자격 미달의 외부인사가 낙하산식으로 밀고 내려오는 일은 없어질 것이라고 기대했다. 학연과 지연을 철저히 배제하고 공정하게 인사정책을 시행

함으로써 직원들의 충성심뿐만 아니라 직원들 상호 간의 신뢰감을 형성하도록 노력했다. 박태준은 인사위원회에서 자신의 인사원칙을 다음과 같이 설명했다.

"부당한 인사관리는 유능한 직원의 사기를 꺾는 제일 나쁜 요인입니다. 최상의 인재를 발굴하고 그의 능력을 최대한 발휘할 수 있도록 하기 위해서는 무엇보다도 공정한 인사관리가 중요합니다. 그래야만 회사의 능률이 제고될 수 있는 것입니다. 훌륭한 일꾼으로서 충분한 대우를 받고 있다고 직원들이 느낄 때 그들은 회사정책과 관리자의 지시를 기꺼이 따르게 될 것입니다."

사명의식을 가져라

박태준은 사명감이야말로 직원들에게 가장 중요한 것이라고 생각했다. 그는 리더십만 확고하다면 직원들의 사명감을 높일 수 있다고 믿고 전직원들에게 자신들의 업무가 회사뿐만 아니라 국가 경제에도 매우 중요하다는 인식을 심어주었다. 그는 강당에 임직원들을 모아놓고 다음과 같이 훈시했다.

"우리의 목적은 국가적인 사명감으로 굳게 뭉쳐 우리 앞에 놓인 과업을 기필코 달성하는 것입니다. 우리는 인간 의지가 얼마만큼 강한지를 확인하고 마음만 먹으면 어떠한 일도 성취할 수 있다는 것을 우리 국민들에게 보여줍시다. 사명감을 갖고 성실하게 근무함으로써 세계 만방에 우리 대한민국 국민의 저력을 보여줍시다."

또한 그는 직원들에게 그들이 일하고 있는 대한중석이 국민들의 회사라는 점을 상기시켰다.

"우리는 단순히 돈 때문에 일하는 것이 아닙니다. 나라를 위해서 일하는 공복(公僕)이기 때문에 자부심을 갖고 최선을 다해야 합니다."

박태준은 직원 각자가 자신의 일이 매우 소중하다는 것을 깨달아야 이들의 헌신을 이끌어낼 수 있고, 그래야만 회사경영이 성공할 수 있다고 믿었다. 그는 관리직을 선호하고 일선 노동자를 멸시하는 구태의연한 정신상태를 고치기 위해 의식개혁 운동에 착수했다. 우선 관리자들에게 생산직 종업원들이 얼마만큼 회사 발전에 중요한지를 강조하고, 이들을 노골적으로 무시해 왔던 관리자들의 태도, 즉 사무직과 생산직을 차별하는 의식을 타파하기 위해 노력했다. 그는 현장으로 관리자들을 보내 현장에서 일하는 직원들과 이들이 하는 일들을 배우고 이해하도록 조치하고, 생산직 직원들이 자신의 업무에 자부심을 갖도록 몸소 생산현장에서 같이 어울려 일했다.

또한 그는 회사의 문제점을 철저하게 규명하는 한편 생산직 근로자들이 회사 성공에 가장 핵심적이고 중요한 요소라는 것을 강조했다. 그리고 직원 조회를 통하여 새로운 이데올로기를 전임직원들에게 주입시켜 나갔다. 박태준은 직원 조회에서 생산직 근로자들의 중요성에 대해 다음과 같이 강조했다.

"우리나라 역사를 뒤돌아보면 국가 발전을 가로막는 부정적인 요소들이 대부분 조선시대에 뿌리내린 것을 알 수 있습니다. 양반들이 사농공상(士農工商)이라는 논리에 따라 생산활동에 종사하는 양민들을 경멸하고 쓸데없는 허례허식에 힘을 쏟은 결과 나라의 생산활동과 무역활동이 위축되었던 것입니다. 이러한 양반사회의 유습으로 우리나라 생산직 근로자들은 자신의 일에 비하감을 느끼고 최선을 다해 일하려 하지 않았습니다. 우리는 생산직 근로자들을 제대로 대우하고 그들에게 직업적인 자부심을 북돋아 주어야 합니다.

또한 무엇보다도 부지런해야 합니다. 그래야만 자신의 일에 대해 새로운 의욕이 생기고, 모든 일의 중추 역할을 하는 기술자와 기능공이 자부심을 가지고 일할 수 있어야 한다는 것을 깨닫게 됩니다. 저는 여러분이 옛날 관습과 규정에만 얽매여 구태의연하게 행동하지 말고 항상 새로운 것을 탐구하는 창조적인 일꾼이 되기를 바랍니다. 이것은 여러분 개개인의 발전과 자아실현에도 크게 도움이 될 것입니다."

박태준은 또한 협동정신의 중요성을 강조하면서 조직의 일원으로서 맡은 바 임무를 충실하게 해줄 것을 임직원들에게 요구했다.

"단결과 협동이야말로 우리가 필요로 하는 것입니다. 잘못하면 조직은 공통의 기본목적을 달성하기 위해 일치단결하는 집단이 아니라 이질적인 요소들의 단순한 모임으로 쉽게 변할 수 있습니다. 호혜정신에 뿌리를 둔 상호협조야말로 단기간 내에 조직의 능률을 향상시키고 업무를 정상화시키는 데 절대적으로 필요합니다. 독선적인 태도를 버리고 상대편의 의견을 경청하면서 진지한 설득을 통해 상대방의 동의를 이끌어낼 때 진정으로 서로 도울 수 있는 것입니다."

박태준은 종업원이 자부심을 갖기 위해 필요한 조건이 무엇인가를 다음과 같이 관리자들에게 충고했다.

"사람들은 스스로 원대한 목표를 세우고 그것을 성취하기 위해 열심히 일할 때 만족감을 느낍니다. 임직원들은 첫째로 자신의 일에 대해 자부심을 가져야 하며, 둘째로 동료와의 일체감을 느껴야 합니다. 모든 임직원들은 협동과 단결을 바탕으로 최선을 다함으로써 회사 전체의 발전과 성장에 공헌해 주기를 부탁드립니다.”

종업원은 회사의 가장 중요한 자산

박태준은 사업의 성공과 실패는 무엇보다 종업원의 정신적이고 육체적인 건강과 개인적인 헌신에 달려 있다고 믿었다. 관리자는 종업원의 욕구가 무엇인지를 파악해야 하며, 종업원의 복지 향상을 통해 좋은 작업태도를 이끌어내면 회사 가치가 상승할 것이라는 것이 평소 그의 지론이었다. 그는 종업원들이 잘 먹지 못하거나 또는 가족에 대해서 걱정하기 시작하면 자신의 업무에 전념할 수 없다는 것을 잘 알고 있었다. 또한 관리자가 종업원들이 무엇을 원하는지 이해하지 못하고 이들 욕구를 제대로 충족시켜 주지 못하면 조직의 목표를 달성하기가 어렵다고 생각했다. 이 때문에 관리자는 종업원을 동반자로서 인정하고 대우해야 한다고 주장했다.

　대한중석 사장에 취임한 지 얼마 되지 않아서 박태준은 서울에서 직선거리로 160킬로미터 떨어진 상동광산 현장을 방문했다. 그곳의 작업환경을 직접 살펴보고 왜 회사가 만성적인 적자에 허덕이는지 실마리를 찾고자 했다. 광산현장에 도착했을 때 그는 우선 그 외형에 놀라움을 감추지 못했다. 세계 제일의 중석광산답게 상동광산은 웅장함을 자랑하고 있었으며, 그에 걸맞는 설비를 갖추고 있었다. 중석을 실은 화차가 검은 산 속에서 나오자

인부들이 부지런히 하역을 했으며, 작업자들이 따라가지 못할 정도로 기계들이 빠르게 돌아가고 있었다. 그러나 그는 인부들의 표정이나 감독자의 모습에서 이곳 삶이 고달프고 지루하다는 것을 금방 발견할 수 있었다.

박태준은 작업환경을 손수 점검하기 위해 막장까지 직접 내려가 보고, 산자락에 있는 직원사택도 둘러보았다. 사택은 일제시대에 지어진 건물로 해방 이후 전혀 손질을 하지 않았기 때문에 얼핏 보기에도 헛간이나 축사 같은 느낌이 들 정도로 상태가 아주 엉망이었다. 예상한 대로 종업원의 복지는 뒷전으로 밀려나 있었던 것이다.

사택 앞을 흐르고 있는 맑고 차가운 개울가 바위에서 몇몇 아낙네들이 빨래를 하고 있었다. 위쪽에서는 저녁 반찬으로 쓸 푸성귀를 씻고 있었다. 박태준은 광부 부인들에게 가까이 다가가 부드럽게 말을 건넸다.

"안녕들 하십니까? 저는 새로 부임한 사장인데 건의하시고 싶은 말씀이 있으면 무엇이든 말씀해 주십시오."

광부 부인들은 너무 수줍기도 했고 말해 보았자 별 소용도 없을 것 같아 신임사장을 힐끗 바라보고는 아무 말도 하지 않았다. 무엇을 해주었으면 좋겠느냐고 거듭 재촉하자 나이가 지긋한 부인이 망설이듯 입을 열었다.

"사택에 빈대약 좀 쳐주세요."

그녀는 사장 얼굴을 똑바로 보지도 못하고 시선을 발밑으로 떨어트린 채 겨우 말했다.

"빈대약이요?"

빈대약보다는 훨씬 큰 부탁을 기대했던 박태준은 실망해서 재차 물었다. 그러자 이번에는 젊은 아낙네가 용기를 내어서 대답했다.

"빈대가 하도 많아서 식구들이 밤잠을 제대로 못 이루고 있어요."

그녀는 박태준의 얼굴을 흘끗 보더니 내심 괜히 말했다는 표정을 지었다. 광산촌에서 돌아온 그는 곧바로 사무실에 들어가 관리국장을 불렀다. 그리고 책망하듯 지시했다.

"관리국장의 업무가 도대체 뭐요? 적어도 내 상식으로 볼 때 사택에 거주하는 직원 가족들이 어느 정도는 살 수 있게 사택관리를 해주고 손질해 주는 것이 아니오. 빈대 때문에 직원들이 밤잠을 설친다면 어떻게 회사 일을 제대로 할 수 있겠소? 어서 해지기 전에 DDT를 구해서 사택에 뿌리도록 하시오."

관리책임자인 김국장은 머뭇거리면서 대답했다.

"하지만 사장님, 예산이 책정되지 않아서 어렵습니다. 더구나 DDT는 시중에 없어서 암시장에서 구해야 하는데 그 값이 엄청나고, 또한 회사 규정상 암시장 구입은 그 절차가 매우 복잡합니다."

"국장, 여러 말 할 것 없이 당장 사택에 DDT를 뿌리도록 하시오. 그리고 사택을 새로 짓는 데 필요한 예산과 절차를 알아보고 내게 보고해 주시오."

"사장님, 안 됩니다."

눈이 휘둥그래진 김국장이 손을 내저었다.

"우리 회사는 수년 동안 적자를 면치 못했기 때문에 매달 직원들에게 제때에 봉급을 주는 것만도 다행입니다."

박태준은 다시 한 번 단호하게 지시했다.

"회사 경영은 내가 책임질 터이니, 김국장은 당장 계획을 세워서 사택을 새로 지을 궁리나 하시오."

"사장님, 회사 자금 문제도 생각해 주십시오."

"지금 당장 직원사택을 지을 계획을 시작하겠소, 아니면 사표를 쓰겠소? 이 자리에서 결정하시오."

최후통첩과도 같은 사장의 지시를 거부하지 못하고 관리국장은 마지못해 짓겠다고 말했다. 회사가 운영하는 병원과 상동중학교도 사택과 마찬가지로 운영상태가 엉망이었다. 종업원 복지후생은 우선순위에서 맨 밑바닥을 기고 있었다.

박태준은 병원과 학교에 필요한 기자재뿐만 아니라 유능한 의사와 훌륭한 선생님을 모셔오도록 지시했다. 이제부터는 종업원 후생복지가 무엇보다도 가장 중요한 회사 방침으로 바뀌게 된 것이었다.

서울 본사로 돌아온 박태준은 상동광산 책임자인 차경호 상무를 사장실로 불러놓고 다그쳤다.

"차상무, 이제부터 상동광산에 있는 사택에서 사는 것이 어때요?"

차상무는 영문을 몰라 말문이 막혔고, 이마에 땀을 흘리면서 차렷자세로 서 있었다.

"상동광산에 가본 적이 있소, 없소?"

박태준의 다그치는 말에 차상무는 겨우 대답했다.

"사장님, 아직 한 번도 가보지 못했습니다. 이 직책을 맡은 지 2년도 채 안 됐고, 본사 일이 너무 바빠 내려가볼 시간이 없었습니다."

"회사의 가장 중요한 자산이 상동광산에 있는데, 그래 당신은 그저 편안히 사무실만 지키고 있었단 말이오? 지금 당장 짐을 꾸려서 상동광산 현장으로 내려가시오. 직원들이 어떤 환경에서 일하고 있는지도 모르면서 어떻게 광산이 돌아가는지 알 수 있단 말이오?"

차상무는 땀을 닦으며 말없이 사장실을 나왔다. 박태준은 관리자와 종업원들을 융화시켜서 이들 간의 의사소통이 원활해지도록 할 작정이었다. 한국에서는 지위가 높아질수록 관리자들이 현장종업원들과 동떨어지기 마련이기 때문이다. 하지만 이러한 정신자세를 바꾸는 일은 쉽지 않을 것 같았다.

경영관리의 체계화

박태준 사장은 대한중석에 부임한 지 몇 주일도 안돼서 회사가 주먹구구식으로 운영되고 있다는 것을 깨달았다. 관리자들은 일상적이고 반복적인 일에 매달려 장기계획과 같이 중요한 문제에 대해서는 소홀히 하고 있었다. 충분한 정보도 시간도 없이 중요한 의사결정이 어림짐작으로 대충 결정되는 분위기였다. 장기적인 비전 아래 충분한 자료와 분석을 바탕으로 의사결정을 하는 그의 스타일과는 전혀 달랐다.

이러한 문제점을 바로잡고 분위기를 쇄신하기 위해 박태준은 즉각 대한중석의 관리방식을 완전히 뜯어고쳐 체계화시켜 나갔다. 임원과 상급관리자들은 필요한 정보와 자료를 모으고 분석하는 한편 원점에서부터 업무를 파악하기 시작했다. 수개월에 걸쳐 관리상의 허점이 없는지, 또는 느슨한 점이 없는지 각각의 업무절차와 수행과정을 면밀하게 검토하고 분석해 나갔다.

어느 정도 자료와 정보가 축적되자 박태준은 일상적인 업무와 전략적인 업무를 분리하고 그 절차를 표준화했다. 또한 미육군부관학교 유학시절 습득한 최신 관리기법을 도입했다. 이 기법들은 여러 가지 자원과 활동을 가장 효율적으로 처리할 수 있는 최신 경영기법이었다. 이 기법을 활용해 재고를 최소화하고 생산계획과 운송계획이 동시에 작성되었다. 그는 고장으로 인한 광산의 주기적인 가동정지를 방지하기 위해 표준 정비계획을 마련했다. 또한 노동생산성 측정지표를 개발하여 종업원당 최소생산량을 확정했다. 그리고 핵심경로 분석기법과 재고 최소화기법을 도입해 효율을 증대시키고 비용을 줄여 나갔다.

무엇보다도 박태준은 적시에 의사결정을 내릴 수 있는 관리 회계제도를 정착시켰다. 당시만 해도 기업들은 복식부기도 제대로 활용하지 못하여 주판으로 계산하고 손으로 회계장부를 작성해 일 년에 한 번 보고하는 것이 고작이었다. 그러나 새로운 제도를 도입하여 시행한 결과 매달 회계보고가 가능해졌고, 이를 바탕으로 보다 유용한 경영계획을 수립할 수 있었다. 새로운 제도가 정착되자 임원들은 일상적인 업무에 대한 의사결정권을 중간관리자에게 위임하고 반복적이고 사소한 업무에서 벗어나 전략과 기획업무에 더욱 집중할 수 있게 되었다.

박태준은 기회가 있을 때마다 자신이 종사하고 있는 사업의 특성을 이해해야만 전략적인 의사결정을 올바르게 내릴 수 있다고 강조했다. 광업의 경우 광물자원의 특성과 지질학적인 조건이 사업 특성을 결정하는 핵심요소라 할 수 있다. 박태준은 중석의 매장분포도를 조사해 장기적인 전략을 수립했다.

상동광산에는 두 종류의 중석이 매장되어 있었다. 상동광산의 특성을 보면 지표면에서 가까운 광상엔 중석 함유율이 1%나 되는 고품위 광석이 매장되어 있는 반면, 땅속 깊은 곳에 있는 광상엔 중석 함유율이 0.3%에 불과한 저품위 광석이 매장되어 있었다. 그래서 이전부터 수익성이 좋은 지표면만을 채굴하고 있었다.

박태준은 회사의 장기적인 수익성을 높이기 위해 새로운 채굴 전략을 세웠다. 고품위 광석과 저품위 광석을 혼합하여 함유율 0.6%~0.7%의 분말을 만들어 파는 것이었다. 그 결과 0.3%의 저품위 광석을 사장시키지 않게 되었다. 그리고 회사 수익성이 좋아지자 지표면 부근의 고품위 광석은 경영이 어려울 때 채굴키로 하고, 깊이 묻혀 있는 광상부터 채굴했다.

총체적인 경영관

1960년대 초반 한국 기업들은 관리 책임에 대한 의식이 희박했다. 관리 책임은 보통 개인보다는 집단에 귀속되어 있었으며, 이론의 여지가 많은 쟁점은 말썽거리가 되지 않도록 덮어두는 것이 일반적이었다. 하지만 박태준은 관리자들이 직접 현장으로 내려가서 문제점을 보고 토론에 부쳐 해결책을 제시해 주기를 바랐다.

이와 같은 형태로 관리방식을 변화시키기 위해 박태준은 미육군부관학교 연수시절에 배웠던 성과급제도를 포함해 새로운 경영방식과 기법을 점진적으로 도입했다. 이에 따라 각 부서 및 개인별로 명확하게 목표를 설정하고 분기별로 목표 대비 성과를 측정했다. 또한 관리자들은 자기가 맡은 부서의 업무를 완벽하게 파악해 상부로 보고하도록 했다.

또한 그는 관리자라면 총체적인 경영관을 가져야 한다고 강조했다. 전통적으로 관리자들은 부서 이기주의 때문에 회사 전체의 이해관계를 소홀히 하는 경향이 다분했다. 그는 관리자들이 시야를 넓혀 회사 전체의 입장에서 생각하고 모든 부서들이 서로 긴밀하게 협력해야 한다고 수시로 강조했다. 생산, 마케팅, 회계 및 재무부서 등은 부서 입장만 내세우지 말고 회사 전체의 입장에서 서로 협조하도록 했다. 모든 부서들이 관련 부서의 업무를 잘 파악해 유기체적으로 협력함으로써 회사 전체가 마치 한 부서처럼 운영되도록 했다. 이는 시장의 변화에 잘 적응하기 위한 것이었다.

과거 회사들은 부서의 수를 늘리면서 비대해졌고 그 결과 예산낭비와 관료주의 폐단을 키우는 부서 이기주의가 보다 심화되었다. 그러나 박태준은 관련된 유사 부서들을 과감하게 통폐합하여 경영합리화를 도모하고 관리비용을 줄여나갔다.

현장중시경영

박태준은 몇 달 동안 회사를 경영해 본 결과, 관리자들이 현장에 가서 직접 확인하지 않고 사무실에 앉아 서류로만 확인하는 잘못된 관행을 알게 되었다. 관리자들은 현장에서 실제로 무슨 일이 어떻게 돌아가고 있는지에 대해서는 별로 관심이 없었다. 적어도 몇 개월에 한 번 이상 광산지역을 직접 둘러보았던 그는 관리자들도 자신과 같이 현장을 중시하고 직접 점검하도록 지시했다.

"회사의 경영 성과는 결국 현장에 있는 종업원들에게 달려 있습니다. 여러분들은 그들이 무엇을 생각하고 무엇을 바라는지 파악해야 합니다. 쓸데없는 보고서나 작성하지 말고 현장에 나가서 실제적으로 우리 회사가 어떻게 돌아가고 있는지 눈으로 직접 확인해 보시오. 사무실에 앉아서 궁리만 하지 말고 현장에 가서 되도록 많이 배우도록 하시오."

지금까지 대한중석의 관리자들은 종업원들의 의견을 무시하고 무조건 복종하라고 윽박질러 왔다. 종업원이 지시를 따르지 않고 자기 의견을 고집하면 고분고분하지 않다고 해고하는 경우도 있을 정도였다. 그러나 박태준은 스스로 마음을 열고 종업원의 제안을 받아들임으로써 이러한 잘못된 관행을 고쳐나갔다. 그는 지위고하를 막론하고 종업원의 의견을 경청하였으며, 특히 현장 근로자들이 찾아오는 것을 좋아했다. 사장의 행동을 지켜본 관리자들은 종업원들을 대하는 태도를 고치게 되었고, 예전과 달리 그들을 대하는 태도가 겸손해졌다.

얼마 지나지 않아 종업원이나 임직원들은 신임사장을 존경하고 신뢰했다. 박태준은 광산의 막장 근로자로부터 임원에 이르기까지 모든 임직원들은 누구나 회사발전에 기여한다고 믿었다. 임직원마다 각자 맡은 역할이 다르지만, 이들 노력이 함께 뭉쳐서 회사는 활기차게 움직여나갔다. 종업원을 회사의 가장 중요한 자산으로 여기고 이들의 의견을 소중하게 받아들이는 사고방식은 양반의식에 젖어 있던 당시 다른 회사들의 사고방식과 달랐다. 이와 같이 급격한 기업문화의 변화를 통해 대한중석은 사내 의사소통, 과학적인 관리, 책임의식 등을 함양시켜 나갔다.

결국 박태준은 현장에 적합한 의사결정을 내리기 위해 생산 관련 부서들을 서울 본사에서 광산현장으로 내려보냈다. 이런 조치에 대해 많은 간부들이 반대했고 일부는 지방근무가 체면을 깎는다며 회사를 그만두기도 했다. 그러나 박태준은 현장은 회사의 생명줄로서 관리자는 모름지기 현장을 제대로 파악해야 한다는 자신의 경영철학을 그대로 밀고 나갔다.

주도적인 경영환경관리

일반적으로 외부 환경은 회사의 성패에 커다란 영향을 미친다. 특히 정부가 회사 경영에 막강한 영향을 미치는 한국 기업의 경우에는 더욱 그러하다. 예를 들어 정부와의 관계가 좋게 유지되면 각종 일들이 빠르고 원만하게 해결될 수 있다. 하지만 그 대가는 결코 싼 것이 아니었다.

기업과 정부의 얽히고 설킨 관계가 기업 경영의 가장 큰 골칫거리였다. 기업가들은 공연히 화를 입지 않도록 힘 있는 정부관료, 정치인 그리고 은행가들의 비위를 맞추었다. 그러나 박태준은 이 문제에 대해 전혀 다른 방식으로 접근했다. 기존의 사업방식 시스템이 문제가 된다면 그것을 근본부터 바꾸어야 한다는 것이 그의 생각이었다. 박태준의 생각과 달리 대부분의 관리자들은 문제점이 명백한데도 기존 시스템을 바꿀 힘이 없다고 보고 안주하려는 경향이 컸다.

박태준이 대한중석 사장으로 취임했을 때, 기존 시스템을 그대로 받아들인다는 것은 막강한 영향력을 가진 정치인과 정부관료들의 비위를 맞추기 위해 이들의 요청을 들어주는 것을 의미했다. 이러한 관행이 회사의 잠재적인 이익과 효율성을 얼마나 저해하는지 잘 알고 있는 박태준은 부패구조를 용인하면서까지 중요한 기업체를 운영하지는 않겠다고 결심했다. 그는 장래를 내다보고 정치인이나 정부관료들이 회사 경영에 간섭하지 못하도록 박정희 대통령을 설득했다. 그러고 나서 대한중석을 정상화시키는 임무를 맡았던 것이다. 정상화를 이룩하기 위해서는 외부 사람의 영향력이 아니라 자신이 직접 회사를 경영할 수 있어야 했기 때문이었다.

최고경영자의 솔선수범

박태준은 모든 일에 있어서 군인의 규율과 기업가의 창조성을 결합했다. 그가 대한중석에서 끼친 가장 큰 영향 중의 하나는 최선을 다하고 있는 자신의 모습이었다. 이를 바탕으로 그는 종업원들에게 최선을 다하라고 요구했다.

'솔선수범'이 박태준 사장의 주요 모토였다. 그는 '회사의 명성에 누가 될 일은 절대로 하지 마라'라는 말을 누차 강조했다. 그는 자신뿐만 아니라 주위의 모든 사람들에게 우수성, 성실성, 완벽성을 요구하였고 또한 100% 이상의 노력을 촉구했다.

대한중석의 관리자들에게는 두 가지 선택밖에 없었다. 절대적인 헌신을 요구하는 그의 경영 스타일을 따르든가 아니면 회사에 사표를 쓰든가 둘 중 하나였다. 그러나 경영혁신에 대한 그의 열정과 성실함에 이끌려 대부분의 관리자들은 그를 따랐다.

1년이 지난 어느 날, 회사 창립기념식장에서 박태준은 다음과 같이 훈시했다.

"회사의 성공 여부는 여러분과 저의 어깨에 달려 있습니다. 개인적인 사정이나 지위고하를 막론하고 일에 대한 여러분의 긍지와 열정이 절대적으로 필요합니다. 우리나라와 우리 회사를 오랫동안 좀먹어왔던 부정부패에 물들지 않도록 항상 조심하고 바르게 살아가야 합니다."

임직원들은 그가 부하들에게 능력 이상을 요구하는 엄격한 사람이지만 회사 발전을 위해 몰두하는 점은 인정했다. 그는 누가 의견을 제시했든간에 항상 새로운 아이디어를 좋아했으며 진지하게 경청했다. 그러나 회사 정책이 일단 정해지면 전심전력을 다해 일을 끝내는 스타일이었다.

부임 초기에 대한중석의 임직원들은 대부분 신임사장의 경영합리화 노력에 마지못해 따라가면서 그가 주창하는 신경영에 대해 방관하는 태도를 보였다. 그는 관리자 한 사람 한 사람에게 자기의 관점이 무엇인가를 보라고 말하면서 문제를 제대로 분석하고 파악하지 못한 경우에는 질문을 여러 차례 던졌다. 이러한 질문을 통해 그는 관리자들이 회사가 안고 있는 문제점들을 해결할 수 있는 방안을 스스로 찾게 하거나 새로운 해결방안을 개발하도록 지도했다. 임직원들은 자신이 제안한 대로 문제점들이 해결되자 경영합리화 과정에 보다 적극적으로 동참하게 되었다. 이러한 적극적인 경영철학 덕분에 임직원들은 방관자적인 태도를 바꾸고 대한중석을 목표 지향적이고 능률적인 기업으로 바꾸어 나갔으며, 1년 내에 적자를 흑자로 돌려놓았던 것이다.

대한중석의 사장으로서 부임한 첫해에 박태준이 이룩한 경영성과는 당시 한국에서는 일종의 경영혁명으로 간주되었다. 즉 만성적자였던 대한중석이 1년 안에 경영정상화를 이룩하자 관계자들은 커다란 관심을 표명했다.

'비결이 무엇일까? 어떻게 해냈을까? 그들의 관리방식은 무엇일까?'

사실 대답은 간단했다. 박태준 사장은 정확한 의사결정 체계, 공정한 인사제도, 종업원 복지후생제도 등을 도입하고 정착시켜 임직원들이 열정과 최선을 다해 일할 수 있도록 도와주었을 뿐이었던 것이다.

제 6 장

제철보국을 향한 집념

'내가 가지고 있는 것은 목숨뿐이다. 각하와 나라를
위한 일이라면 목숨을 바쳐서라도 기필코
제철소를 세워야 한다. 제철소 건설에 내 인생을 걸자.'

오늘날 철은 어디에서나 사용되고 있는 가장 중요한 소재로 연장, 철도, 무기, 기계장비, 선박, 자동차, 건축자재, 파이프 등에 광범위하게 쓰이고 있다. 따라서 제철소는 바로 국력의 상징이라고 할 수 있다. 이러한 연유로 2차대전 이후 식민지로부터 벗어난 신생 독립국들은 자립의 상징으로서 제철소 건설을 시도했다. 박태준은 철의 중요성에 대해 다음과 같이 말한 적이 있다.

"독립하고 나면 개도국들은 우선 국기를 만들고, 수도에 공항을 세우고, 그다음에는 반드시 제철소를 지으려고 합니다."

그러나 대부분의 개도국들이 제철소 건설에 실패하였으며, 한국도 마찬가지로 여러 번 시도했으나 무위에 그치고 말았다.

초기의 제철소 건설 시도

1910년 국권피탈 당시 한국에는 근대적인 제철소가 없었다. 괭이, 호미, 낫, 쇠못 등과 같은 농기구를 벼르던 대장간에서 조금씩 산화철을 만들었을 뿐이었다.

일제의 후원 아래 1920년대 초 철광석과 유연탄이 풍부하게 매장된 만주 가까이에 있는 항구도시 청진과 나진에서 연산 5만 톤의 조강을 생산하기 시작했던 일본 철강회사들은 꾸준히 생산량을 증대시킨 결과 1943년에는 연산 55만 톤 이상을 생산하기에 이르렀다. 하지만 상당한 생산 물량에도 불구하고 낡은 기술을 가진 구식 설비였다. 반면 남한에는 저급철을 생산하는 몇 개의 조그마한 구식 설비만이 있었고, 생산량도 연산 5천 톤에 불과했다. 더군다나 한국전쟁으로 인해 남한에서는 철강을 거의 생산하지 못했으며, 생산능력도 1954년 당시 3천 톤으로 저하되었다.

미국의 원조로 철강생산량이 증가하여 1957년 2만 2천 톤, 1960년 6만 5천 톤까지 증가했으나 국내 소비량을 쫓아가지는 못했다. 당시 철강은 연산 1~3만 톤의 소규모로 생산되고 있었고, 못과 철사 등 원시적인 철강제품들만 만들어내고 있었다. 이처럼 생산능력이 부족한 상태에서 내수에 맞추어 철강 수입량이 늘어나자 한국의 해외 철강 의존도는 점점 높아만 갔다.

공업화가 가속화된 제1차 경제개발 5개년 계획 기간 동안 국내 생산량은 약 20만 톤으로 늘어났으나 철강 소비량은 약 50만 톤으로 증가했다. 이에 따라 수요의 60%인 약 30만 톤을 수입에 의존하지 않을 수 없었고, 그 때문에 현대적인 제철소를 세우기 위해 전력을 기울였던 것이다.

한국 정부는 1958년까지 중간 규모의 제철소를 세우기 위해 여러 번 시도하였으나 모두가 자금부족, 기술부족 및 지도력 부재 등의 요인으로 실패했다. 1958년부터 1967년 사이에 현대적인 종합제철소를 세우려는 본격적인 시도가 세 번 더 있었으나 이 또한 흐지부지되고 말았다.

이러한 시도 중의 하나는 박정희 대통령이 추진한 것이었다. 그는 대통령에 취임하자마자 곧 제1차 경제개발 5개년 계획(1962~1966)의 핵심 사업의 하나로서 종합제철소 건설 사업을 확정했다. 연산 22만 톤 규모의 제철소를 외자 3,200만 달러와 내자 2,300만 달러를 동원하여 건설하려는 계획이었다. 내자는 5.16 혁명 후 제정된 '부정축재자 처리법'에 따라 환수한 자금으로 충당하고자 했다.

1962년 2월 한국 정부는 제1차 경제개발 5개년 계획에 따라 제철공장, 화학 및 시멘트공장, 정유공장 등이 들어설 울산공단 기공식을 거행했다. 제철소는 1962년 착공해서 1966년에 완공시킬 계획이었다.

한국의 외자유치위원회는 차관을 조달하기 위해 우선 한국전쟁 당시 유엔군 사령관이었던 제임스 밴 플리트 장군이 이끌고 내한한 미국경제사절단과 제철소 건설 프로젝트를 협의했다. 한국 정부는 28명으로 구성된 사절단과의 교섭이 잘 진행되어 이들과 외자 8천만 달러, 내자 2,300만 달러가 소요되는 종합제철소를 짓기로 가계약을 맺었다. 그 후 얼마 안 있어 서독의 경제사절단이 미국이 손을 뗄 경우 대신 자기들이 협력하겠다는 언질을 주었다.

그러나 순조로운 출발에도 불구하고 제철소 건설 프로젝트는 더 이상 진척되지 않았다. 당시로서는 엄청난 내자조달이 뜻대로 되지 않았을 뿐만 아니라 굳게 믿었던 서독과 미국마저도 한국의 종합제철소 사업이 경제적 타당성이 없다는 이유로 차관 제공을 거부했다. 결국 울산제철소의 꿈은 거의 실현될 듯하더니 사막의 신기루처럼 사라져 버리고 말았다. 당시 한국은 아직도 너무나 가난하고 정치 군사적 위험이 높았기 때문에 제철소 건설에 필요한 막대한 자금을 국제 사회로부터 조달할 수 없었던 것이다.

계속되는 좌절

1964년 11월 초, 장기영 부총리는 박대통령에게 한 가지 현안을 보고하기 위해 마음을 굳게 먹고 있었다. 제1차 경제개발 5개년 계획의 핵심 사업이었던 제철소 건설 프로젝트를 제2차 경제개발 5개년 계획으로 연기할 수밖에 없다는 보고였다. 장부총리는 대국민 약속을 지키지 못한 것 때문에 몹시 언짢아할 대통령의 모습을 애써 지우려는 듯이 일부러 씩씩하게 대통령 집무실로 들어섰다.

"어서 오시오, 부총리. 경제수석을 통해 이미 보고받았소. 무슨 대책이라도 있어야 할 것 아니오?"

박대통령의 음성은 착 가라앉아 있었다.

"죄송합니다. 각하, 지금으로서는 제철소 건설계획을 1967년에 시작되는 제2차 경제개발 5개년 계획으로 미룰 수밖에 달리 도리가 없습니다."

장기영 부총리는 머리를 숙인 채 보고하면서 대통령의 눈치를 살폈다.

"제철소가 없으면 우리나라가 계속해서 공업화를 추진해 나가기가 매우 어려운 줄 잘 알지 않습니까? 하루빨리 자립경제 기반을 구축하기 위해서는 제철소를 반드시 건설해야 합니다. 다른 방도가 없겠소?"

부총리는 대답 대신 머리를 가로저었다.

"그렇다면 국민들이 우리 정부를 어떻게 생각할 것 같소? 제1차 경제개발 5개년 계획기간 동안 제철소를 짓겠다고 국민 앞에서 약속했는데 말이오. 내가 국가재건최고회의 의장 시절 국민 앞에서 반드시 제철소를 건설하겠다고 한 말을 기억하시오? 그런데 이제 와서 제철소 계획을 연기한다면 국민들이 어떻게 정부 계획을 믿고 따라오겠소? 해낼 수 없다면 애당초 꺼내지도 말았어야지요. 우리 국민뿐만 아니라 미국과 일본 등 외국들이 우리를 어떻게 보겠소?"

군사쿠데타를 통해 정권을 잡았던 박정희 대통령은 자신의 행위를 정당화하기 위해 경제발전에 모든 힘을 쏟고 있었다.

"부총리, 정 그렇다면 제철소 프로젝트는 제2차 경제개발 5개년 계획으로 연기하도록 합시다. 이번에는 무슨 일이 있더라도 성공시켜야 합니다. 차질이 없도록 하고 특히 차관 도입에 만전을 기하도록 하시오."

박대통령은 국민과의 약속을 어길 수는 없으며, 또한 정부의 권위를 떨어트릴 수도 없다고 분명한 어조로 말했다.

"명심하겠습니다, 각하. 연말 이전에 상세한 계획을 세워 보고드리겠습니다."

그들은 제철소 프로젝트를 제2차 경제개발 5개년 계획으로 연기하기로 했다. 대통령의 양해를 얻은 장기영 부총리는 한숨을 돌렸다.

"나는 부총리가 이 계획을 직접 맡아 차질 없이 수행해 줄 것으로 믿습니다. 물론 쉬운 일이 아니라는 것은 잘 압니다. 자! 다시 한 번 해봅시다."

1964년 12월 4일 아침, 경제부처 장관들이 2층에 있는 경제기획원 부총리 장기영 사무실로 속속 들어오고 있었다. 상공부장관, 재무부장관, 대통령 경제수석, 경제기획원 차관 등과 보좌관들이었다. 부총리는 모두 도착하자 목소리를 가다듬고 회의를 주재했다.

"자, 그러면 제102차 경제장관회의를 시작하겠습니다. 주요 안건은 제철소 프로젝트 건입니다. 외국으로부터 건설 차관을 얻어보려고 우리 나름대로 최선을 다했지만, 기대했던 미국과 서독이 경제성이 불투명하다는 이유로 거절했습니다. 각하의 실망이 이만저만이 아니었습니다."

그들은 또한 제2차 경제개발계획 기간 중에 제철소를 건설하기 위한 상세한 전략을 수립하고 다음과 같은 점을 강조했다. 첫째, 연산 100만 톤 규모의 종합제철소를 2단계로 나누어 4년 안에 건설한다. 둘째, 경제성과 품질을 우선적으로 고려하여 건설한다. 셋째, 해외 원료를 수입하여 사용하는 것을 전제로 한다. 넷째, 제철소 입지는 수입 원료의 원활한 하역을 고려해 양호한 항구시설이 있는 지역 중에서 선정한다. 다섯째, 인천에 있는 기존 제철 설비들은 국내 원료만을 사용하고 점차 그 규모를 확대시켜 나가기로 한다. 여섯째, 이상의 내용이 기술적 경제적으로 타당한지 검토키 위해 대한금속학회에 자문을 의뢰한다.

공업화가 본격화되면서 철강수요가 연평균 23% 이상씩 증가하고 앞으로 수년 동안 매년 50만 톤 이상의 철강을 수입해야 되기 때문에 한국 정부는 종합제철소 건설계획에 한층 박차를 가했다. 그리고 보다 중요한 이유는 북한의 철강생산량이 주는 심리적인 위협이었다. 당시 북한은 연간 200만 톤 이상의 철강을 생산하였고, 본래의 생산 목적이 무기를 제조하는 데 있었기 때문이었다. 북한 조강생산량의 10%에 불과했던 한국은 커다란 위협 속에서 종합제철소 건설에 총력을 기울이지 않을 수 없었다.

제철소 건설을 향한 집념

1965년 초 어느 날, 박태준 사장은 박정희 대통령에게 대한중석의 향후 성장 방향을 보고하고 있었다. 그 자리에서 박대통령은 제1차 경제개발 5개년 계획의 성과에 대해 담소하면서 시멘트와 비료공장, 발전소와 정유공장 등은 계획한 대로 건설되고 있으나, 제철소 건설계획만은 수포로 돌아갔다면서 못내 아쉬워했다.

"임자도 알다시피 나는 종합제철소 건설계획을 제1차 경제개발 5개년 계획의 최우선사업으로 정하고 심혈을 기울여왔어. 그런데 계획이 아무리 훌륭해도 나라에 돈이 없는 데야 어쩌겠나. 그림의 떡일 뿐이야. 외국은 우리를 믿지 못하겠다는 거야. 아무리 그래도 내 기필코 보란 듯이 제철소를 지어서 그들의 콧대를 꺾어놓고 말 테야. 임자, 어디 좋은 생각이 있으면 말해 봐."

카랑카랑하던 대통령의 목소리가 어딘지 모르게 풀이 죽어 있었다.

"철강이 부족하면 경제개발계획이 제대로 굴러가지 않아. 국토개발이 한창이어서 철강소비가 급증하고 있는데 말이야. 이것 참 큰일이지 않은가?"

"각하 말씀대로 우리나라 경제가 순조롭게 발전하려면 꼭 우리 손으로 철강을 만들어야 합니다. 철강은 모든 산업에 반드시 필요한 핵심 소재입니다. 철도, 도로, 항만을 건설하는 데뿐만 아니라 수도를 놓고 공장을 짓는 데에도 들어갑니다."

"맞아, 4년 전 제1차 경제개발 5개년 계획이 시작된 이래 우리나라 철
강수요가 두 배나 증가했고, 1966년에 가면 45만 톤 이상을 수입해야 돼.
1966년 국내 생산량은 고작 21만 톤으로 전망되는데, 수입이 생산보다 훨
씬 많으니 제2차 경제개발 5개년 계획 기간에는 철강수요가 얼마나 더 늘
어날지 한번 생각해 보게. 철강을 자급하지 않고서는 국가 경제를 바로세
울 수 없어."

제1차 경제개발 5개년 계획을 강력하게 추진한 결과 한국 경제는 1962년
4%, 1963년 9.3%, 1964년 9%, 1965년 8%씩 성장했으며 1966년에는 11%
이상 성장할 것으로 전망되고 있었다. 수출은 3,200만 달러에서 2억 5천만
달러로 급증했다. 반면 무역수지 적자는 계속 늘어나 대외지급 능력을 나
타내는 외환보유고는 바닥이 날 정도였고, 물가상승률은 통제하기 어려울
정도로 매우 높았다. 하지만 향후 경제 발전은 확실해 보였다.

"각하, 기름과 철은 현대 산업을 발전시키는 원동력입니다. 기름이야 어
쩔 수 없다지만 철은 우리 손으로 만들어낼 수도 있을 것 같습니다."

박태준은 목소리를 가다듬고 대통령을 위로했다.

"가능할까? 제철소만 있다면 낙후된 경제에서 하루빨리 벗어날 수 있겠
는데… 국운이라는 것이 따로 있는 모양이지. 일본은 제2차 세계대전에서
지고도 전후에 기적처럼 경제를 살려냈는데 말이야."

"일본은 명치유신으로 근대화에 눈을 뜨고 난 다음 과감하게 서구 문물
을 받아들였습니다. 1880년대에 이미 근대적인 제철소를 세웠고 여기서 나
온 철로 기계장비, 제조설비, 군수품과 무기를 직접 만들어서 부강한 산업

국가가 되었던 것입니다."

"일본은 벌써 엄청난 철을 만들고 있지! 그 철을 가지고 저렇게 눈부신 공업화를 이룩한 것이 아니겠는가? 배후에 어떤 인물이 있었기에 가능했을까? 전후 일본에서 제철소를 가장 잘 지은 사람이 누군지 임자는 알고 있나?"

박태준은 대통령을 바라보며 말했다.

"전후 세워진 제철소로서는 가와사키가 단연 으뜸입니다. 니시야마 야타로 사장의 집념이 그 제철소를 세웠다고 들었습니다만…."

박대통령은 눈을 감고 생각에 잠기더니 천천히 입을 열었다.

"내 생각엔 말이야, 우리보다 공업화에 앞섰다고 해서 일본을 단순히 따라만 갈 것이 아니라 무언가 배워야 하지 않겠나? 어떻게 일본이 성공하게 됐는지 그들의 경험과 방식을 철저하게 연구해야 하고, 또한 계속해서 우리 나름대로의 방안도 강구해야 돼. 임자가 일본통이니까 니시야마 사장을 우리나라로 불러올 수 없겠나?"

일본 철강산업의 초창기는 1900년 이전으로 거슬러 올라가는데 당시 연간 조강생산량이 1천 톤에 불과할 정도로 아주 보잘 것이 없었다. 그 당시 미국은 100만 톤 이상을, 영국과 독일은 각각 500만 톤과 600만 톤을 생산하고 있었다. 그러나 근대화에 박차를 가하게 되자 일본의 생산량은 1931년 200만 톤, 1937년 만주전쟁 당시는 580만 톤으로 정점에 달했고 패전 후 1945년에는 200만 톤으로 줄어들었다.

일본 철강산업은 1950년 당시 연산 500만 톤으로 종전 수준을 회복하더니 1955년에는 950만 톤을 생산하기에 이르렀고, 1960년에는 드디어 2,200

만 톤을 돌파하여 세계적인 철강생산국의 반열에 오르게 되었다.

"각하, 니시야마 사장을 초청하여 자문을 구하는 일은 그리 어렵지 않을 것입니다. 그보다도 우선 제철소 건설계획이 무산되는 원인을 규명하는 것이 급선무라고 봅니다. 문제가 무엇인지 정확히 규명하면 해결방안은 저절로 나올 것입니다."

"바로 그거야."

박대통령은 맞장구를 쳤다.

"철강업은 거액의 고정자본이 들어가기 때문에 장기적인 안목을 가지고 투자해야 성공할 수 있다고 봅니다. 종합제철소는 용광로, 전로, 압연기, 용수와 전기, 항만시설, 막대한 원료 등 수많은 장비와 공장으로 구성되어 있기 때문에 소규모로 건설해서는 성공하기 어렵습니다."

"우리가 종합제철소 건설계획을 세울 때마다 모든 사항을 고려하느라고 온힘을 기울였지만, 아직도 성공하지 못했네. 항상 돈이 너무 많이 들어서 문제가 되었지. 우리처럼 힘없고 가난한 나라가 어떻게 그처럼 많은 돈을 한꺼번에 마련할 수 있단 말인가?"

"필요한 자본을 확보하기 위해서는 선진국에 기댈 수밖에 없습니다. 쉬운 일이 아닙니다."

"그렇다면 규모를 줄일 수밖에 없지 않겠나?"

박대통령은 답답해서 한숨을 지었다.

"하지만 각하, 먼 장래를 생각해 볼 때 대규모로 건설하는 것이 절대적으로 필요하다고 생각됩니다. 건설비가 엄청나더라도 대규모 종합제철소를 세우는 것이 나라에 이득이 될 것으로 보입니다. 지금 당장은 돈도 시간도 많이 들어 어렵겠지만, 결국은 훨씬 경제적일 것입니다. 이것은 우리나라의 장래와 관련된 문제로 보다 멀리 생각하는 것이 좋을 것 같습니다."

"임자 말이 옳아. 심사숙고해서 이 일을 진척시킬 수 있는 방안을 강구해 보세. 그리고 니시야마 사장을 우리나라로 모셔와서 우리를 도와줄 수 있는지 한번 알아보게."

"예, 각하."

박태준은 머리를 숙였다.

"나는 곧 미국을 순방할 계획이네. 거기서 제철소 몇 군데를 둘러보고 우리의 제철소 건설계획에 대해 미정부 관계자와 철강사 대표들과 이야기를 나눌 생각이네."

"좋은 생각이십니다. 각하가 직접 말씀하시면 그들을 충분히 설득해서 도움을 받으실 수 있을 것입니다."

"글쎄, 지금까지의 예를 봐서는 큰 기대를 하지 않네만…."

박대통령의 얼굴에 절망감이 스쳐 지나갔다. 박태준은 박대통령이 일이 잘 안 풀릴 때 초조해하던 모습, 주변 사람이 잘못하거나 잘못된 일이 일어났을 때 며칠 동안 말도 하지 않을 정도로 화를 내던 모습 등을 가까이에서 지켜보았다. 그러나 대통령이 이처럼 절망에 빠진 모습은 본 적이 없었다.

박태준은 대통령의 얼굴을 바라보면서 '물에 빠진 사람은 지푸라기라도 잡는다'는 속담이 떠올랐다. 고뇌와 절망에 빠진 대통령의 모습을 보자 그는 대통령의 심정이 어떠한지 짐작할 수 있었다. 그의 가슴속에서 뜨거운 눈물이 흘러내렸다.

박태준의 심정은 대통령처럼 착잡했다. 그는 미육군부관학교 시절에 보았던 미국처럼 조국이 풍요로워지기를 늘 소망해 왔다. 그러기 위해서는 무엇보다도 철이 필요했다. 그는 제철소를 건설하는 돈을 마련할 수 있는 일이라면 무슨 짓이라도 할 수 있을 것 같았다.

'내가 가지고 있는 것은 목숨뿐이다. 각하와 나라를 위한 일이라면 목숨을 바쳐서라도 기필코 제철소를 세워야지. 여기에 내 인생을 걸자.'

박태준의 결의는 한층 굳어졌다.

철강외교가 시작되다

1965년 5월, 박정희 대통령은 존슨 미대통령의 초청으로 워싱턴을 방문했다. 미국의 대베트남전쟁을 지지하기 위해 국군 2천 명을 파월키로 한 박대통령의 약속에 대한 보답이었다. 이 기회에 박대통령은 제2차 경제개발 5개년 계획을 달성하는 데 필요한 원조를 조기에 확정하고자 했다. 또한 필요하다면 더 많은 한국군을 월남에 파병할 복안도 가지고 있었다. 물론 월남파병은 경제적인 목적 이외에도 한국전쟁 때 자유를 지키기 위해 싸웠던 3만 명의 미군 희생에 대한 보답의 의미도 있었고, 공산주의 침략으로부터 자유진영을 수호한다는 의미도 있었다.

색종이 가루가 휘날리는 장엄한 카퍼레이드 속에서 뉴욕 시민들로부터 열렬한 환영을 받고 난 후 박대통령은 존슨 대통령의 따뜻한 영접을 받았다. 미언론들 또한 그를 경쟁적으로 취재하기에 바빴다. 미국에서 박대통령의 이미지는 더 이상 군사쿠데타로 정권을 잡은 독재자가 아니라 목숨을 걸고 자유민주진영을 지키는 수호자로 탈바꿈했다. 또한 미국 국민들로부터는 고질적인 부정부패를 단호하게 추방하고 경제 건설에 열정을 쏟는 한국의 신생 지도자로서 인정받았다. 존슨 미대통령은 이러한 그를 신뢰했고 이들 간의 관계는 보다 돈독해졌다.

워싱턴 순방외교로 박정희 대통령은 국제적인 인물로 인정받게 되었으며, 국내에서 그의 권위는 한층 높아졌다. 역사적으로 볼 때 군사독재자의 워싱턴 방문은 환영받지 못했다. 미언론들은 독재자들의 방미를 비판하여 이들을 궁지에 몰아넣는 경향이 있었다. 그러나 뉴욕에서의 열렬한 카퍼레이드와 따뜻한 환영행사는 박대통령을 인정한 셈이었다. 언론들도 그를 미국의 우방이 되어 공산주의에 맞서 자유민주주의를 지키는 수호자로서, 그리고 가난을 타파하고 경제자립을 이룩하려는 강력한 지도자로서 묘사했다.

방미 마지막 일정 중에 박대통령은 조국에 절대적으로 필요한 종합제철소를 건설할 수 있는지 알아보기 위하여 피츠버그 철강공업지대를 비공식 방문했다. 피츠버그는 1965년 당시 세계 철강공업의 중심지로서 펜실베이니아 주에 있었으며, 당시 철강산업을 지배하고 있었던 카네기, 모간, 멜론 등의 세계적인 철강 대기업들이 이곳에 자리잡고 있었다. 이 거대한 도시를 가로질러 흐르는 알레그니 강과 모노가헬라 강 유역에 있는 항구들은 철강 원자재와 완제품을 실어나르는 바지선과 화물선으로 온종일 시끌벅적거렸다. 제철소의 공장 굴뚝들은 철강산업의 번영을 입증이라도 하듯이 끊임없이 연기를 뿜어내고 있었다. 철강공장들은 24시간 가동되고 있으며, 철강으로 번 돈들이 여기저기서 그 위력을 발휘하고 있었다. 당시 세계적인 철강 경기의 지속적인 호황으로 철강회사들은 큰돈을 벌었으며, 노동자들은 세계 최고 수준의 임금을 받고 있었다. 연간 1억 1천만 톤 이상을 생산하면서 번영을 구가하고 있었던 피츠버그는 그 당시 세계 철강공업의 메카였던 것이다.

박정희 대통령은 피츠버그의 광경에 놀라움을 금치 못하면서 거대한 종합제철소를 직접 살펴보았다. 미국 철강업계의 지도자들을 만나 그들의 의견을 듣고 물어보기도 하면서 마음속으로는 조국에도 저런 제철소를 건설해야겠다는 결의를 한층 굳혔다.

1965년 5월 26일, 박대통령은 백악관의 주선으로 세계적인 철강 엔지니어링 업체인 코퍼스의 프레드 포이 회장을 만났다. 피츠버그에 본사가 있는 코퍼스는 국제적으로 잘 알려진 제철소 설비공급업체였다. 박대통령은 포이 회장과 점심을 같이하면서 한국이 종합제철소를 건설하는 데 필요한 자금과 기술을 제공해 줄 수 있는 국제 컨소시엄을 결성해 보지 않겠느냐고 물었다.

"포이 회장, 앞으로 한국의 경제발전은 종합제철소를 가지느냐의 여부에 달려 있다고 해도 과언이 아닙니다. 그래서 이전부터 국제차관을 도입해 제철소를 건설하려고 여러 번 시도해 보았으나 번번이 무산되고 말았습니다. 회장께서 적극 도와주시면 감사하겠습니다."

박대통령은 담담하게 이야기를 풀어나갔다. 제철소를 짓는 데 필요한 국제차관을 얻지 못해 고민도 많이 하고 절망도 했지만, 가급적 말을 아껴가면서 한 나라 대통령으로서의 위엄을 지키려고 애썼다.

"대통령 각하, 종합제철소는 장기적인 투자로서 막대한 자금이 필요합니다. 단시일 내에 될 수 있는 사업이 아니기 때문에 업계와 국제 금융기관 사람들을 만나 그들의 의견을 타진해 보겠습니다. 한 가지 알아두셔야 할 것은, 50만 톤 규모나 되는 제철소 프로젝트를 착수하기 위해서는 국제적인 컨소시엄을 결성해야만 합니다. 왜냐하면 종합제철소 건설에 필요한 막대한 자금을 단독으로 조달할 수 있는 개도국은 없기 때문입니다."

"그렇다면 한국이 국제차관단을 구성하는 데 회장께서 도와주시면 고맙겠소."

"대통령 각하, 어려운 일이지만 한번 해보겠습니다."

포이 회장은 몇 가지 전제를 달며 국제차관단을 구성해 보겠다고 말했다.

이에 고무된 박대통령은 출국할 때보다도 훨씬 가벼운 마음으로 귀국했다. 포이 회장은 신뢰성있는 사람으로 보였고, 그 어느 때보다도 종합제철소를 건설할 가능성이 높아보였다.

귀국하자마자 박대통령은 박태준 사장을 불렀다. 박태준은 대통령의 얼굴이 열의로 가득한 것을 알 수 있었다.

"후진국이라는 오명을 벗어던지기 위해서라도 반드시 철강업을 육성해야 되겠네. 가와사키 제철소의 니시야마 사장을 어서 모셔오도록 하게. 지금 당장 제철소 건설계획을 세워야겠어."

장기영 부총리는 박대통령이 귀국한 지 얼마 되지 않아 국회 본회의장에서 박대통령의 메시지를 전하고 제철소 건설 프로젝트에 대한 국회의원들의 지지를 호소했다.

"우리나라가 예속 경제를 벗어나 경제성장을 가속화하기 위해서는 무엇보다도 하루빨리 철강을 생산하는 길밖에 없습니다. 존경하는 국회의원 여러분, 철강재를 수입하느라 외화의 대부분을 쓰는 바람에 우리 경제의 숨통이 막힐 지경입니다. 건설자금을 확보하지 못해 지금까지 종합제철소를 건설하려는 우리의 노력이 번번이 실패해 온 것은 사실입니다만, 정부는 어떠한 어려움이 있더라도 제철소 건설계획을 추진해 나갈 것입니다. 제선, 제강, 압연과정으로 이루어진 종합제철소를 기필코 건설할 것입니다."

장기영 부총리의 목소리에 다부진 힘이 들어 있었다.

"대통령 각하의 의지는 분명하며, 저희들은 항상 각하의 뜻을 받들어나 갈 것입니다."

부총리가 연단을 내려오자 우뢰와 같은 박수 소리가 국회 본회의장을 가득 메웠다.

니시야마 사장의 방한

박대통령의 요청에 따라 포이 회장이 국제 컨소시엄 구성을 서두르고 있는 동안 박태준은 니시야마 사장을 초청하기 위해 분주하게 움직이고 있었다. 니시야마 사장에게 매우 조심스럽게 초청 의사를 전했지만, 그가 와 줄지 걱정이었다.

훗날 박태준은 다음과 같이 비서에게 그 어려움을 털어놓은 적이 있었다.

"한국에 와서 제철소건설에 필요한 조언을 해달라고 니시야마 사장을 설득하는 것은 쉽지 않았지…. 일본이나 가와사키 제철소의 입장에서 볼 때 우리에게 원하는 대가가 무엇이었을까? 그들은 유리한 입장에 있었고 일부러 우리를 도와줄 이유가 없었지."

"그가 오지 않겠다고 하면 어쩌실 작정이었나요?"

비서가 물었다.

"최선을 다할 뿐이지. 어려움이 있을 줄 짐작했지만 그렇다고 내게 주어진 임무를 게을리할 수는 없지. 조국의 부름에는 언제든지 달려갈 의무가 우리한테는 있는 거야."

1965년 6월 4일, 박태준은 다시 한 번 야스오카 선생의 사무실로 찾아가 니시야마 사장의 방한을 성사시키는 데 필요한 조언을 구했다.

"나는 니시야마 사장에게 당신이 처한 상황을 설명해서 도와드릴 수 있습니다. 하지만 니시야마 사장은 철강산업계 대표들뿐만 아니라 일본 정부로부터 양해를 구해야 할 것으로 압니다. 그는 일본에서 손꼽히는 기업가니까요. 아시겠지만 사적인 방문이라고 해도 그의 입장에서 볼 때 방한은 정부차원 또는 산업차원에서의 공식방문의 뜻이 담겨 있지요. 그래서 한국 고위층의 공식초청장이 필요할 것 같습니다."

"그것은 박대통령의 초청장을 의미합니까?"

"그렇습니다. 박대통령의 공식초청이 있다면 니시야마 사장이 일본 정부나 업계 대표들을 설득하기가 한결 쉽겠지요."

"하지만 각하의 초청을 받고서도 일본 정부의 양해를 구하지 못해 거절하게 된다면 박대통령과 한국으로서는 커다란 낭패가 되지 않을까요?"

박태준이 불안한 듯이 말했다.

"압니다. 그러니 매우 신중하게 처리해야 합니다. 가능하면 막후에서 비공식적으로 이 일을 진행시켜야 할 것입니다. 나는 니시야마 사장과 잘 알고 지내는 일본 정부 관계자들을 접촉할 테니 당신은 대통령 비서실과 이야기해 보시죠."

야스오카 선생은 미소를 띠면서 정중하게 말했다. 당시 한일관계는 매우 불안정한 상태였기 때문에 상대국의 산업계 주요인사를 초청하는 것은 매우 드문 일이었다.

1965년 6월 23일, 야스오카 선생의 노력 덕분으로 박대통령의 초청이 있은 지 3주 후 가와사키 제철소의 니시야마 사장이 서울에 도착했다. 공항에서 곧바로 청와대로 직행한 그는 박대통령으로부터 따뜻한 영접을 받았다.

"니시야마 사장, 한국에 오신 것을 환영합니다."

박대통령은 환한 얼굴로 그를 맞이했다.

"각하, 초청해 주셔서 감사합니다. 한국의 경제발전과 제철소 건설에 큰 뜻을 품고 계시는 각하께 조금이나마 도움이 된다면, 저로서는 커다란 영광입니다."

니시야마 사장은 공손하게 머리를 숙였다. 그는 박대통령이 신문지상에서 보는 것보다 훨씬 젊은 반면 덜 차갑다는 인상을 받았다. 그리고 무엇이든지 결심하면 쉽게 포기하지 않을 듯한 표정을 지녔다고 생각했다.

"편히 앉으시죠."

박대통령은 니시야마 사장에게 마주보는 자리를 권했다. 그 자리에 박태준, 국무총리, 경제기획원장관 등이 배석했으며, 그들은 한국 전통의 홍삼차를 마시면서 환담을 나누었다. 주로 일본 철강산업의 동향과 니시야마 사장이 이룩한 업적과 공헌 등에 대한 이야기들이었다. 오찬을 하고 난 후 대화의 주제는 자연스럽게 한국의 경제발전과 종합제철소 건설계획으로 모아졌다.

다음날 박태준은 제철소 입지로 거론되어 왔던 인천, 울산, 포항 등 5개

지역으로 니시야마 사장을 안내했다. 방문할 때마다 니시야마 사장은 각 지역의 입지 타당성을 상세하게 거론했고, 박태준은 묵묵히 들으면서 나름대로 관찰 분석한 자신의 의견과 비교해 보았다. 박태준은 각 지역의 지형과 특징을 면밀하게 살펴보면서 제철소 입지에 대한 지식과 안목을 쌓아갔다.

답사를 마친 뒤 박태준과 니시야마 사장은 동래온천에 여장을 풀고 박대통령에게 브리핑할 보고서를 함께 만들기로 하였다. 그러나 여장을 푼 첫날밤에 일본에서 니시야마 사장을 찾는 급한 전화가 걸려왔다. 통화를 마친 니시야마 사장의 안색이 굳어졌다.

"예, 알겠습니다. 곧 귀국하는 비행기편을 예약하겠습니다."

그는 수화기를 천천히 내려놓더니 박태준을 향해 쓰러지듯이 털썩 앉았다.

"죄송합니다만 내일 아침 일본으로 돌아가야겠습니다, 박사장님. 고로 이치로 대신께서 작고하셨다는 연락이 왔습니다. 그분은 저와는 동향이고 늘 형제처럼 지낸 사이였습니다. 곧바로 귀국해 장례식에 참석하는 것이 저의 도리라고 생각합니다."

니시야마 사장이 착 가라앉은 목소리로 말했다. 그날 밤늦도록 니시야마 사장은 슬픈 감정을 감춘 채 박태준과 마주앉아 한국 철강산업의 미래에 대해 의견을 나누었다.

"한국이 후진국에서 벗어나려면 반드시 제철소를 건설해야 합니다. 현재의 국민소득 수준으로는 매우 어렵겠지만, 철강산업을 육성하지 않으면 안 됩니다."

박태준은 제철소 건설이 절대적으로 필요하다는 니시야마 사장의 확고한 신념에 전적으로 동감하면서 머리를 끄덕였다. 니시야마와 같은 철강전문가가 제철소의 필요성을 재삼 강조하는 것을 보고 박태준은 또한 대통령의 신념이 틀리지 않았다는 것을 알게 되었다.

"결국 한국은 국내 철광석만으로는 절대 부족할 것이기 때문에 외국산 철광석에 의존해야 합니다. 그 의미는 대형 화물선을 이용하여 외국에서 철광석을 들여와야 한다는 것이며, 이 선박들이 자유롭게 드나들 수 있는 항만시설을 갖추거나 또는 만들 수 있는 해안지역에 제철소를 지어야 한다는 것이지요."

박태준은 그들이 방문한 장소를 하나씩 떠올리면서 항만시설을 기준으로 각 지역의 입지조건을 비교해 보았다. 그는 벌써 마음속으로 적당한 장소를 물색하기 시작했다. 니시야마 사장은 감정을 가라앉히고 느리게 말을 이어갔다.

"그리고 또 하나 중요한 점은 제철소 규모에 관한 것입니다. 한국 정부에서는 30만 톤 규모부터 시작할 계획이라고 들었습니다만, 세계적인 추세로 보아 적어도 100만 톤부터 시작하는 것이 경제성이 있다고 봅니다."

박태준은 그의 지적에 놀랐다. 정부 관계자나 기업가들은 100만 톤 생산 규모는 꿈도 꾸지 못했다. 모든 사람들이 생산 규모를 30만 톤에서 60만 톤으로도 만족하고 있었기 때문이었다.

그러나 박태준은 철강수요추세를 분석하고 나서 '제철소 규모가 모든 사람이 주장하고 있는 것보다 커야 되지 않을까'라고 생각해 본 적이 있었다. 당시 연간 수입 규모는 35만 톤에서 40만 톤 수준이었고, 또한 매년 수입량이 가파르게 증가하고 있기 때문이었다. 계획대로 제철소 건설 1단계가 1972년 또는 1973년에 끝날 경우 한국은 매년 100만 톤 이상의 철강이 필요할 것이 확실했다. 그는 가까운 장래에 500만 톤 규모의 제철소가 필요할 것이라고 전망한 적도 있었다. 하지만 박태준은 이런 자신의 생각을 홀로 마음 깊은 곳에 묻어두고 있었다. 60만 톤 규모의 제철소 건설 자금도 확보하기 어려운 판에 100만 톤 규모가 적당하다는 말은 감히 꺼내지도 못했던 것이다.

철강산업의 흐름을 꿰뚫고 있는 니시야마 사장이 자신의 예측과 같이 100만 톤 규모가 적절하다고 말하는 것을 보고 박태준은 대통령에게 건의할 방향에 대해 자신이 생겼다. 그리고 내심 생각했다.

'중요한 일을 하고자 할 때에는 장기적인 관점에서 그 결과를 고려해야 한다. 그렇지 않으면 일을 다시 할 수밖에 없는 사태가 올 것이고, 비용과 시간이 훨씬 더 많이 들어갈 것이다.'

며칠 후 박태준은 니시야마 사장의 평가를 바탕으로 상세한 보고서를 작성해 박대통령에게 브리핑했다. 박대통령은 그가 작성한 보고서를 자세하게 들여다보더니 잠시 동안 깊은 생각에 빠졌다.

"박사장, 대한중석의 경영을 정상화해서 흑자를 낸 사람은 임자뿐이야. 이제부터는 제철소를 건설하는 일로 나를 좀 도와주게. 계획단계부터 참여해서 차질 없이 진행되도록 해주게."

"각하, 저에게는 언제나 황무지 같은 일만 주시면서 살아남으라고 하십니까?"

박태준은 가볍게 농담을 하면서도 제철소 건설에 대한 막중한 책임감을 느꼈다.

"아, 그런가? 임자는 늘 도전 속에서 자라왔지 않은가? 그리고 해외출장 갈 때마다 제철소를 견학한다고 들었는데, 임자 마음은 이미 철강에 사로잡혀 있는 것이 아닌가?"

박대통령은 웃으면서 말했다.

"나는 누가 뭐래도 임자의 능력과 뚝심을 알고 있지. 만성적자에 허덕이던 대한중석을 1년 만에 순이익 12억 원의 회사로 만들어놓은 사람이 바로 임자 아닌가? 골칫거리인 대한중석을 완전히 새로운 회사로 만들어놓았으니, 제철소 건설 프로젝트도 잘 해나갈 것으로 믿네."

박태준은 회사로 돌아오는 즉시 박대통령이 지시한 임무를 진행시켜 나갔다. 다음날 대한중석 부설 금속연료종합연구소 소장을 불러 조속한 시일 내에 종합제철소 예비 건설계획을 작성해서 매주 진행상황을 보고하라고 엄명을 내렸다.

1965년 9월, 박태준 사장은 대통령의 재가를 얻어 사업타당성 조사를 할수 있는 철강조사단을 파견해 달라는 공식 요청서를 일본 정부에 전달했다. 일본철강연맹, 해외기술협력단, 6대 고로사의 전문가로 구성된 10명의 일본 철강조사단이 내한했다. 이들 조사단은 3주 동안에 걸쳐 기술 및 경제적 타당성을 심층분석한 다음 박태준 사장에게 보고서를 제출했다.

일본조사단의 평가와 더불어 한국 정부는 세계은행(IBRD)에게 똑같은 내용의 과제를 의뢰했다. 이러한 타당성 연구들은 제철소 건설 프로젝트의 중요한 기초자료가 되었다. 이제 한국 정부는 종합제철소 꿈을 달성하는 첫 길목에 들어서게 된 것이다.

제 7 장

포항제철의 태동

"우리는 모두 한 배에 탄 공동운명체입니다. 여러분의
행동 하나하나가 바로 포항제철을 대표하는
것이라 생각하고 항상 최선을 다해 주기 바랍니다."

당시 한국 정부는 지속적인 경제성장의 결과로 자신감을 갖게 되었고 경제를 낙관하는 견해가 지배적이었다. 경제개발계획의 효과가 나타나면서 1966년 경제성장률은 10%가 넘을 것으로 추정되었으며, 국민들은 점점 더 박정희 정권을 신뢰했다. 국제차관을 얻지 못해 제철소 건설계획이 제2차 경제개발 5개년 계획(1967~1971)까지 연기됐지만, 정부는 1966년 초 제철소가 들어설 부지에 대한 기초공사를 서두르기 시작했다. 1966년이야말로 한국 정부가 종합제철소 건설을 위한 차관 협상을 시작하기에 가장 좋은 시기였다.

KISA(대한국제제철차관단) 발족

1966년 7월 21일, 일본조사단의 보고서와 세계은행의 보고서를 상세하게 분석한 경제기획원은 한국에 종합제철소를 세우기 위한 국제 컨소시엄에 참가해 달라는 내용의 공문을 8개의 세계적인 철강회사에 발송했다. 이들은 미국의 코퍼스, 블로녹스, 웨스팅하우스와 서독의 데마그, 지멘스, 그리고 일본의 야하타 제철, 히다치 조선, 미쓰비시 전기 등이었다.

공문은 종합제철소 건설계획에 대해 정부가 갖고 있는 청사진을 일목요연하게 제시한 것으로서, 연산 100만 톤 규모의 제철소를 2단계로 나누어 짓겠다는 내용이었다. 제1단계는 50만 톤 규모로 1966년에 시작하고, 제2단계는 1970년에 시작하는 건설계획으로서 총건설자금 1억 6,250만 달러 중 2,350만 달러는 내자로 충당하고 나머지 1억 3,900만 달러는 외자로 충당한다는 것이었다. 또한 미국 코퍼스 회사의 포이 회장이 주도해 1966년 9월 15일까지 국제 컨소시엄을 정식으로 결성할 것이며, 가능하면 세계은행 차관을 신청할 것이라는 내용도 포함되어 있었다.

포이 회장은 컨소시엄을 구성하기 위해 여러 번 시도했으나 별다른 성과도 없이 계획된 예정일을 넘겼다. 10월이 되자 포이 회장은 참가 예정인 철강업체들에게 직접 전화를 걸어 컨소시엄 결성을 위한 회의를 하자고 요청했다. 그러나 일본 철강회사들은 뜻밖에도 컨소시엄 구성에 미온적인 태도를 보이더니 현재의 한국 경제상황을 고려해 볼 때 제철소는 시기상조라고 주장하면서 컨소시엄 참가에 부정적인 뜻을 나타냈다. 포이 회장과 다른 회사들이 계속 컨소시엄에 참가할 것을 종용하자 일본 기업들은 공식적으로 불참하겠다는 뜻을 밝혀왔다.

한국 정부는 일본 철강회사들의 불참 의사를 이해하기가 어려웠다. 철강 조사단을 한국에 파견해 고무적인 보고서까지 작성했던 그들이 아니었던 가? 훗날 밝혀진 바와 같이 일본은 한국의 종합제철소 건설 프로젝트에 주 도적인 역할을 하고자 했으나, 미국 중심으로 프로젝트가 돌아가는 데 회 의를 느끼고 있었다. 일본의 불참이 확실해지자 경제기획원은 포이 회장에 게 일본을 대체할 만한 국가를 물색해서 참가 의향을 타진해 보라고 촉구 했다. 얼마 후 영국과 이탈리아가 호의적인 반응을 보였다.

1966년 12월 10일, 피츠버그에서 4개국 7개사가 모여 첫 번째 공식 회의 를 개최하고 KISA(Korean International Steel Association)를 정식 발족시 켰다. 첫 모임에서 KISA는 제1단계 공사의 건설비용, 자금조달 방법, KISA 의 대표 등 3가지 안건을 토의했다. KISA는 제1단계 공사자금을 총 1억 2,500만 달러로 추정하고 그중 2,500만 달러는 내자로, 나머지 1억 달러는 국제차관으로 충당하기로 합의했다. 또한 포이 회장을 KISA 대표로 선정하 고 일본 철강회사들을 KISA에 합류하도록 설득하였으나 소용이 없었다.

KISA는 1967년 1월과 3월에 다시 모여 계획을 보다 구체화시키는 한편 프랑스의 엔시드를 참가시키고 소요자금 조달계획을 확정했다. 즉 국제차 관 조달 몫 중에서 미국이 30%, 서독이 30%, 이탈리아가 20%, 그리고 영국 이 20%를 분담하기로 결정한 것이다.

3월 회의가 끝나자마자 KISA를 대표해 코퍼스는 일단의 기술자와 전문 가를 한국으로 파견하여 종합제철소 프로젝트의 타당성을 심층적으로 조 사분석했다. 이들의 분석을 바탕으로 KISA는 1967년 4월 6일 한국 정부에 예비제안서를 제출했다. 주요 내용은 제철소를 2단계로 나누어 건설하되 첫 단계 50만 톤 규모의 제철소는 1억 5천만 달러의 공사비용이 예상된다는 것이었다. 첫 번째 추정치보다 2,500만 달러가 더 많았다.

한국 정부는 KISA의 예상추정비용이 지난번 일본조사단의 추정치보다 너무 높아 깜짝 놀랐다. 한 번에 100만 톤 규모의 제철소를 지을 경우 일본 조사단이 추정한 총비용은 1억 8,700만 달러로서 그중 2,500만 달러를 내자로 충당한다는 것이었다. 2단계로 나누어 제철소를 건설하는 데 따르는 추가비용을 감안하더라도 KISA의 견적은 약 35%나 비싼 것이었다. 경제기획원은 일본의 타당성 조사 보고서를 토대로 제1단계 건설비용을 1억 달러로 계산하고 내자 1천만 달러, 외자 9천만 달러를 동원할 예정이었다.

사실상 KISA의 건설 예정 가격이 너무 비쌌던 것은 몇 개월 후 UNDP(국제연합개발)가 실시한 타당성 조사 결과에서도 확인되었다. UNDP는 100만 톤 규모의 제철소를 두 단계가 아닌 한 단계로 건설할 경우 총비용의 30~35%를 절감할 수 있다는 점을 지적했다.

건설비 이외에도 KISA가 제출한 예비제안서에는 미흡한 점이 많았다. 국제차관에 대한 내용이 구체적으로 명기되어 있지 않았을 뿐만 아니라 성능보장, 제품계획, 건설계획과 설계, 기술제공, 장비구매 등에 대한 책임과 절차가 자세하게 기술되어 있지 않았다. 그래서 경제기획원은 예비제안서가 불충분하다고 판단하고 기본계약을 체결하기 위해서는 검토할 시간이 필요하다는 내용의 공문을 KISA측에 전했다.

대한중석을 실수요자로 선정

8월 초 박정희 대통령은 KISA와의 실무협상 총책임자인 황병태 경제기획원 경제협력국장으로부터 진척상황을 보고받았다. 그 자리에서 정부는 피츠버그에서 있을 KISA와의 협상을 어떻게 이끌어 나갈지 최종적으로 결정하고자 했다.

박대통령은 브리핑을 받는 동안 어떤 기관에 종합제철소 프로젝트를 맡기는 것이 좋을지 배석한 경제부처장관들에게 의견을 물었다. 지금까지는 정부가 전면에 나서서 협상을 주도해 왔으나, 실제적으로 공사가 시작되면 민간기업이 프로젝트를 맡아 책임지고 추진해야 한다는 것이 대통령의 생각이었다.

"내 생각에 제철소 건은 대한중석에 맡겼으면 좋겠는데, 여러분들 생각은 어떻소?"

박대통령은 배석한 장관들을 둘러보면서 의견을 구했다. 그러나 어느 장관도 선뜻 의견을 내지 않았다.

"재정이 빈약한 정부가 건설 재원을 마련하는 데는 어려운 점이 많습니다. 반면에 대한중석은 2년 반 동안 박태준 사장이 경영을 잘한 결과 재무상태가 매우 건실해졌습니다. 막대한 자금이 축적되어 있는 것으로 아는데, 이 자금을 잘 이용하면 종합제철소 건설에 필요한 자금 확보에 큰 문제가 없을 것으로 압니다. 더구나 박사장은 이 프로젝트에 필요한 리더십과 뛰어난 경영능력을 가지고 있습니다. 또한 대한중석에는 그동안 박사장이 축적한 경험과 전문지식을 두루 갖춘 훌륭한 관리자와 기술자가 많아 이 프로젝트를 수행해 나가는 데 커다란 도움이 될 것입니다."

배석한 장관들은 머리를 끄덕이면서 대통령의 의견에 동감을 표시했다.

"박사장은 일본 철강산업에 대해서도 잘 알고 있으며, 가와사키 제철의 니시아마 사장을 비롯해 일본 철강업계 전문가들과의 교분도 두텁다고 들었습니다. 여러분들도 알다시피 그는 본인의 부탁으로 이미 제철소에 대한 연구와 예비건설계획을 검토하여 왔습니다. 이런 점들을 고려해 볼 때 박태준 사장보다 더 나은 사람은 없다고 봅니다. 여러분은 어떻게 생각하십니까?"

박대통령이 박태준을 선택한 가장 중요한 이유는 그가 뛰어난 능력과 강한 추진력을 지니고 있기 때문이었다. 수년 동안 그를 측근에 두고 일을 시켜본 결과 박대통령은 박태준이라면 반드시 종합제철소를 완성시킬 수 있을 것이라고 믿었다. 그날 참석한 대부분의 장관들도 박태준이 종합제철소 프로젝트를 완수할 적임자임을 믿어 의심치 않았다.

런던으로 날아온 전보

1967년 9월 5일, 런던 메탈 마켓 센터에서 중석판매 협상을 한창 진행하고 있던 박태준 사장은 고국으로부터 한 통의 전문을 받았다. 그것은 장기영 부총리의 지시 내용을 대한중석의 고준식 전무가 받아 정리해서 띄운 전보였다. 그 내용은 다음과 같았다.

'대한중석이 종합제철소 건설 사업의 책임자로 선정되었음. 박태준 사장은 종합제철 건설추진위원회 위원장으로 내정되었음. 이 전문을 받는 대로 즉시 귀국 바람.'

전보문에는 세 가지의 주요 내용이 실려 있었다. 첫째, 대한중석은 외국 차관 협상과 교섭 문제를 관장한다. 둘째, 정부 보유 주식에 대한 배당은 제철소 건설 프로젝트에 전용키로 한다. 셋째, 대한중석이 종합제철소 건설 자금의 내자 충당분을 충분히 조달하지 못할 경우에는 나머지를 정부의 재정자금에서 충당키로 한다.

박태준은 전보 내용에 대해 깊이 숙고한 다음 비서에게 말했다.

"대한중석이 실수요자로 선정되었다는 것은 종합제철소 건설의 모든 책임을 진다는 의미가 돼. 조금이라도 일이 잘못되면 우리가 모두 책임져야 할 것이야."

박태준은 의자에 깊숙이 몸을 기대고 깊은 한숨을 쉬었다. 그는 종합제철소 추진위원장에 임명된 것을 기뻐할 수만은 없었다. 대통령은 또다시 불가능한 과업을 맡긴 것이었다. 그는 실수요자 선정 과정에 정치적 음모가 내재되어 있다는 것을 어렴풋이 느꼈다. 자신의 위원장 내정을 지지했던 몇몇 사람들이 자기의 뛰어난 능력 때문만이 아니라 다른 이유에서 찬성했다는 것을 짐작했다. 사실 그 당시 많은 사람들은 제철소 건설 프로젝트를 누가 맡든 실패할 것으로 생각했다. 꼿꼿한 그의 성격과 원리원칙을 따지는 그의 태도로 말미암아 박태준을 싫어했던 많은 사람들은 그가 제철소 프로젝트를 추진하다가 실패하기를 은근히 바라고 있었는지도 몰랐다.

박태준은 이제 막 마흔이 되는 나이였다. 공자가 불혹(不惑)이라 일컬었던 나이 마흔에 제철소 건설 프로젝트를 맡게 된 것은 우연의 일치라고 할 수 있다. 그는 우연의 일치를 좋은 징조로 여기고 운명이 자기를 선택해서 이 일을 맡긴 것이라고 생각했다.

'좋다, 너희들이 내게 불가능한 일을 맡기는 것이라면 목숨을 걸고 성사시키겠다. 그래서 나라면 불가능한 일도 가능케 할 수 있다는 것을 똑똑히 보여주겠다.'

박태준은 앞으로 부닥쳐야 할 문제들을 직시하기 시작했다. 지금까지 풀리지 않고 있는 자금조달 문제뿐만 아니라 기술적인 문제와 정치적인 문제들도 산적해 있었다. 그 당시 대부분의 국제금융기관들은 한국 경제가 매우 취약하기 때문에 대규모 종합제철소 건설은 시기상조라는 판단을 내리고 있었다. 그렇기 때문에 프로젝트 추진에 필요한 자금과 기술 확보가 점점 더 어려워지고 있었다.

그는 그 자리에서 고전무에게 회신을 보냈다.

'정부가 제시한 내용대로라면 그 일을 맡겠음. 그러나 당장 귀국은 불가능함.'

박태준은 대한중석을 대표해 중석을 판매하고자 런던에 나와 있었다. 중석 구입을 희망하는 국가들과 협상을 하고 있는 중이었기 때문에 대한중석의 내년도 판매계획을 아직 확정지을 수 없었다. 또한 귀국하기 전에 사장으로서 결정해야 할 일이 많았기에 그는 9월 30일이 되어서야 귀국할 수 있었다.

KISA와의 합의각서 체결

장기영 부총리는 눈코 뜰 새 없이 바빴다. 1967년 9월 25일, 코퍼스의 샌드빅 부사장과 세 명의 KISA 대표들이 기본계약서 수정 초안을 가지고 협상

제철소 건설 기본계약 체결을 위해 한국에 온 KISA 대표단과 한국 대표단의 회의 장면

하러 한국에 왔다. 수정 초안에 따르면 1억 3,070만 달러를 투자해 제1단계로 연산 60만 톤 규모의 종합제철소를 건설하되, 한국은 3,500만 달러를 투자하고 나머지 9,570만 달러는 국제차관을 통해 조달한다는 것이었다. 생산 규모는 처음에 제시한 것보다 20%나 늘어난 반면 건설비용은 약 20% 줄어들었고 1972년 9월에 제1단계 공사를 완료한다는 내용이었다.

계약서 수정 초안과 함께 샌드빅 부사장은 세계은행 보고서를 가져왔다. 보고서는 한국 정부가 종합제철소를 건설할 때 유의해야 할 내용들을 담고 있었다.

첫째, 두 단계로 건설할 것. 둘째, 계약 수행을 위해 국제적인 컨설턴트를 고용할 것. 셋째, 최근에 제철소를 지은 터키, 브라질, 인도 등을 견학할 것. 넷째, 제철소의 가동 초기에 원활한 운영을 위해 외부기관과 관리용역 계약을 맺을 것.

경제기획원은 만족스러운 것은 아니었지만 원안보다 조건이 많이 좋아진 수정 초안에 다소 고무되었다. 그러나 KISA의 수정 초안은 자금조달의 원천, 규모 및 조달 시기에 대해 아직도 명확하지가 않았다. 즉 외부 자금 조달이 잘 안 될 경우 KISA는 아무런 책임 없이 계약을 해약할 수도 있다는 조항이 삽입되어 있었다. 경제기획원은 가능하면 외국정부와 국제금융기관이 제철소 건설에 필요한 자금을 지원하지 않을 경우 8개 참가회사가 책임을 지고 소요자금을 조달한다는 보장을 받고 싶어 했다. 이외에도 KISA 초안에는 불분명한 조항들이 있어서 그들이 빠져나갈 구멍이 많았다. 경제기획원은 일부 조항에 대해 불만족스러웠지만, 전반적인 추진상황을 고려해 볼 때 일단 기본계약에 대한 합의각서를 체결한 다음 자세한 사항은 후에 거론하는 것이 좋겠다는 생각이었다. 1967년 9월 28일, 드디어 KISA와 한국 협상대표는 기본계약서의 합의각서에 서명했다.

유럽에서 귀국한 박태준은 3일 앞으로 다가온 포항 종합제철소 건설 기공식을 앞두고 온 나라가 들떠 있다는 것을 실감했다. 그는 김포공항에 내리자마자 곧바로 장기영 부총리실로 불려갔다. 부총리는 만면에 웃음을 짓고 박태준에게 축하의 말을 건넨 후 자신이 서명한 KISA와의 합의각서에 서명하라고 펜을 건네주었다.

"종합제철 건설추진위원장으로 임명되었으니 어서 여기에 서명하시오, 박사장."

박태준은 계약서를 한 번 훑어본 뒤에 부총리를 쳐다보았다.

"죄송합니다. 서명하기가 곤란합니다. 저는 아직 정식발령을 받지도 않은데다 법률전문가와 합의각서를 검토하지 못했기 때문에 서명할 수 없습니다."

부총리는 예상치 못한 사태에 어안이 벙벙했다. 당황한 그는 얼굴이 벌개지면서 펜을 쥔 손을 부르르 떨었다. 그러나 박태준은 아랑곳하지 않고 똑바로 서서 자신의 뜻을 전달했다.

"저는 이 일에 목숨을 걸겠다고 맹세했고 어떠한 일이 있더라도 원칙을 지키기로 굳게 결심했습니다. 정식임명되고 계약서를 철저하게 검토한 다음 서명하겠습니다."

"박사장, 기공식이 3일 앞으로 다가왔습니다. 기공식 행사는 예정대로 진행시켜야 되지 않겠습니까? 건설추진위원장의 자격으로 여기에 서명하시고 합의각서는 기공식이 끝난 다음 천천히 검토하시는 것이 어떻소?"

화가 난 부총리가 그에게 서명하라고 재촉했다.

"아닙니다. 제철소 건설은 온 국민이 염원해 왔던 숙원 사업입니다. 그리고 조국이 나를 믿고 맡긴 사업인 만큼 목숨을 바쳐서라도 그 믿음에 보답하지 않으면 안 됩니다. 일은 확실하게 해야 합니다. 위원장이라는 자리는 내용도 보지 않고 서명하고 도장이나 찍는 자리가 아닙니다. 이 일은 매우 중요하고, 저는 제철소 건설과 관련된 모든 문제를 책임져야 할 위치에 있습니다. 합의각서를 세밀히 검토한 뒤에 결정하겠습니다."

박태준의 태도는 완강했다. 장기영 부총리는 그를 내보내자마자 즉시 박대통령에게 달려갔다. 그의 마음을 움직일 수 있는 사람은 박대통령뿐이라고 생각했기 때문이었다.

박태준은 장기간의 여행으로 피곤했지만 기본계약서 합의각서 사본을 들고 미국 변호사 자격증이 있는 김홍한 변호사를 찾아갔다. 그는 합의각서가 완벽하기를 바랐다. 김변호사는 박태준과 함께 합의각서의 모든 조항들을 일일이 살펴본 다음 법률적 검토 의견을 제시했다.

"박사장님, KISA와의 합의각서에는 몇 가지 치명적인 문제점이 있습니다. 가장 큰 문제는 건설자금에 관한 조항입니다. 합의각서에는 8개 회사가 협력한다고만 되어 있지, 각 회사가 언제 얼마만큼의 자금을 투자하고 어떻게 책임을 질 것인지에 대해서는 구체적으로 명시되어 있지 않습니다."

박태준은 눈살을 찌푸렸다.

"도대체 정부는 이런 문제점들이 있다는 사실을 알고서도 어떻게 합의각서에 서명했다는 말이오?"

"아마 정부가 할 수 있는 최선의 협상 결과였을 것입니다."

"우리 정부로서도 상대방에게 책임을 물을 수 있는 서면보장이 필요할 텐데. 내가 보기에 이것은 계약서라고 하기가 어려운 것 같소."

"박사장님의 생각대로 국제금융기관들이 이 프로젝트에 책임지고 자금을 지원하겠다는 약속이 있으면 얼마나 좋겠습니까?"

"계약서란 쌍방간에 책임 소재를 명확하게 기술한 것이라고 나는 알고 있소. 그런데 이 각서는 아무리 보아도 재원 조달과 관련된 KISA의 책임 소재가 명확하지 않은 것 같군요."

"그렇습니다, 박사장님. 그런 점에서 이 각서에는 KISA의 회원사들이 계약위반에 걸리지 않고서도 얼마든지 빠져나갈 수 있는 허점이 많습니다."

박태준은 김변호사의 사무실을 나오면서 매우 답답하고 우울했다. 이렇게 작성된 합의 각서는 그의 원칙상 용납될 수 없는 것이었다.

그로부터 이틀 후 장기영 부총리가 그에게 직접 전화를 걸었다.

"박사장, 내일이 기공식이오. 종합제철소 건설추진위원회 위원장 자격으로 참석해 주시오."

부총리는 지난번 사건으로 마음이 상했는지 무뚝뚝하게 말했다. 박태준은 입장이 난처했다.

"죄송합니다. 저는 아직 합의각서에 서명하지도 않았고 또한 정식으로 임명받지도 않았습니다. 저는 기공식에 참석하지 않겠습니다."

박태준은 그의 심기를 또다시 건드리지 않도록 조심스럽게 말했다. 전화선 저쪽에 있는 상대방의 침묵이 무겁게 느껴졌다. 박태준은 온 국민의 열망이 담긴 종합제철소가 실질적인 보장도 하나 없이 기공식만 성대하게 치르는 것은 명백히 잘못됐다고 생각했다.

"박사장, 이러지 마시오. 대통령께서 기대하고 계시는데 실망시켜서는 안 됩니다."

부총리는 짤막하게 말하더니 전화를 끊었다.

그날 오후 박태준은 청와대로 불려갔다. 집무실에 들어가자 화가 난 대통령은 그에게 맞은편 의자에 앉으라고 손짓했다.

"무슨 일이야?"

박대통령이 그를 보자마자 나무랐다.

"나는 임자가 제철소 프로젝트를 잘 이끌어갈 것이라고 생각했는데 기공식에 참석하지 않겠다고 그랬다며, 왜 그래? 정부가 매우 중요한 프로젝트라서 심혈을 기울이고 있다는 것을 뻔히 알면서 왜 반기를 드는 건가?"

박대통령은 격한 감정을 애써 누르면서 그의 마음을 바꿔보려고 했다.

"이것 봐, 임자, 너무 까다롭게 굴지 마. 그렇게 해서 적을 많이 만들면 맡은 일을 제대로 끝낼 수 없잖아. 복잡하게 생각할 것 없이 내일 당장 포항으로 내려가서 기공식을 원만하게 끝마치고 올라오도록 하게."

박태준은 대통령에게 어디서부터 어떻게 설명해야 할지 난감했다.

"각하 말씀대로 무조건 포항으로 내려가 기공식에 참석하는 것은 제 원칙을 지키는 것보다 훨씬 쉬운 일입니다. 또한 다른 사람들과도 별다른 마찰 없이 원활하게 지낼 수 있는 좋은 방법이기도 합니다. 그렇게 되면 인심도 잃지 않고 뒤에서 손가락질도 당하지 않겠지요. 하지만 그렇게 해서는 각하께서 저를 믿고 이 일을 맡기실 때 바라던 바를 이룰 수가 없습니다."

박대통령은 박태준이 무슨 생각을 하고 있는지 궁금했다.

"그래, 어디 한번 임자 생각을 설명해 보게."

"저는 합의각서의 문제점을 끄집어내 남을 헐뜯을 생각은 전혀 없습니다. 더구나 남이 해놓은 일을 깎아내리거나 공연히 트집을 잡으려는 것도 아닙니다. 그러나 첫 출발부터 이렇게 일이 허술하게 진행되어서야 어떻게 제철소를 제대로 지을 수 있겠습니까?"

그는 매우 조심스럽게 합의각서의 허점들을 지적했다. 박대통령은 그가 제기한 문제점들을 주의깊게 듣더니 믿기 어렵다는 듯이 말했다.

"계약서를 내가 한번 훑어볼 테니 놓고 가게나."

박대통령은 계약서를 받아들고 박태준을 내보냈다. 청와대를 나온 그는 누가 다치지나 않을까 하고 마음이 매우 무겁고 심란했다.

10월 3일 포항에서는 기공식이 성대하게 열리고 있었다. 내외귀빈들로 가득한 식장에는 경제기획원장관을 비롯하여 건설부장관, 상공부장관, 재무부장관 등의 정부각료가 대거 참석했다. 한편에는 코퍼스의 샌드빅 부사장을 비롯한 KISA의 대표단, 전력회사, 건설회사, 무역회사 등의 임직원들도 참석해 성황을 이루고 있었다. 경남도지사가 귀빈들을 소개했다. 그러나 정작 참석해야 할 박태준 건설추진위원장의 모습은 보이지 않았다. 장기영 부총리가 목소리를 가다듬고 감격스러운 듯이 치사를 하기 시작했다.

"한반도에 하늘과 땅이 열린 지 4,300년 만에 우리는 마침내 선진국들의 도움을 받아 종합제철소를 건설하게 되었습니다. 제2차 경제개발 5개년 계획의 성패가 이 제철소 건설에 달려 있는 만큼 강철같이 굳센 책임감과 철석 같은 단결로 우리의 과업을 성취해 나갑시다."

부총리의 치사가 끝나자 기공식장은 흥겨운 한마당이 되었다. 아름다운 전통한복을 입은 여인네들이 국악에 맞추어 부채춤을 추는가 하면 알록달록한 색동저고리를 입은 남정네가 흥겨운 농악에 맞추어 머리를 좌우로 흔들어대고 있었다.

포항 기공식장으로 가는 도중에 장기영 부총리는 자신의 해임 소식을 들었다. 후임으로 임명된 박충훈 상공부장관이 앞으로 종합제철소에 관한 전반적인 일을 주도하게 되었다. 처음부터 KISA와 기본계약 협상을 벌여온 경제기획원은 종합제철소 관련 업무를 대한중석에 이관하는 한편 최종 서명 단계에서는 경제기획원의 승인을 받도록 했다. 이 시점부터 박태준은 종합제철소 프로젝트를 실질적으로 관리 운영하는 책임자가 된 것이다.

장기영 부총리는 박태준이 너무 고지식하다고 생각했겠지만, 합의각서에 서명하지 않은 그의 뜻은 보다 깊은 데 있었다. 박태준은 자신의 원칙인 철저함과 완벽함을 계속 지켜왔던 것이며, 대통령이 자신에게 맡긴 임무는 신중하게 처리해야 한다는 소신을 지킨 것이었다. 그는 남이 주는 정보나 의견에 따라 결재를 하고, 자리나 지키는 명색뿐인 위원장 역할은 절대로 하지 않고 싶었다.

계약서 조건들을 생각할수록 박태준의 실망감은 커져 갔다. 그는 합의각서의 내용과 조건에 불만을 표시하고 외국차관의 도입을 KISA측이 보장해 주기를 원했다. KISA 회원국이 못 하면 KISA를 구성하고 있는 각 회원사가 책임지고 건설차관을 조달해 주기를 바랐다. 그러나 그들은 대금 회수가 확실치 않은 나라에 차관을 책임지고 조달하겠다는 약속을 하지 않았다. 박태준은 합의각서에 쓰여진 대로 기본계약을 체결하지 말고 우리의 조건을 강력하게 밀어붙여서 이를 관철시켜야 한다고 주장했다.

공사규모를 놓고 논쟁이 벌어지다

1967년 11월 8일, 기공식이 끝난 지 한 달 후 박태준은 청와대에서 종합제철 건설추진위원회 위원장으로 공식 임명되었다. 종합제철 건설추진위원회는 12명의 정부관료, 학자 및 민간인 대표들로 다시 구성되었다. 추진위원회는 정부 부처간의 업무 조정과 외부 자금의 원활한 조달에 대해 자문을 하고 경제기획원장관에게 보고하는 기능을 갖추었다.

이틀 후 박태준은 곧바로 첫 실무회의를 소집하여 종합제철소 건설에 필요한 인프라 건설 규모와 정부가 지원하는 예산 규모에 대해서 논의했다. 제철소를 제대로 세우고 가동하기 위해서는 항구, 운송 및 에너지 공급 설비 등과 같이 매우 다양한 시설들이 필요했다. 어느 누구도 이런 엄청난 인프라 시설을 제대로 파악할 수 없었다.

박태준 위원장은 정부 사업이라는 것이 일반적으로 정해진 예산 내에

1967년 11월 10일 열린 종합
제철 건설 추진위원회의 첫
모임

서 단기적으로 이루어지기 때문에 공무원들이 자신의 입장을 지키기 위해 단일 프로젝트에 대규모 예산을 배정하지 않으려 한다는 것을 잘 알고 있었다. 추진위원회의 중요한 임무는 이러한 관료주의의 폐해를 최소화하고, 장기적인 차원에서 제철소 프로젝트를 지원하도록 정부를 설득하는 것이었다.

11월 10일 첫 실무회의에서 항만시설 규모를 놓고 격렬한 논쟁이 벌어졌다. 건설부는 항만 규모를 5만 톤급 선박이 접안할 수 있도록 건설하고 나중에 증설이 필요하면 8만 톤 또는 10만 톤급 시설규모로 점차 늘려가자고 주장했다.

세계 각국의 제철소를 조사 연구한 박태준으로서는 5만 톤 규모의 항만시설은 너무 협소할 뿐만 아니라 시작부터 항만 규모가 작으면 제철소 규모도 크게 뻗어나갈 수 없고, 무엇보다도 경제성장에 지장을 초래할 수 있다는 점을 들어 건설부의 제안에 즉각 반대했다.

"국운을 걸고 시작하는 제철소 건설입니다. 보다 긴 안목을 가지고 우리나라의 미래를 바라보아야 하지 않겠습니까? 외국의 철광석을 수입해 철강재를 만들어 내수만 충당할 것이 아니라 해외수출도 계획하고 있는 차제에 5만 톤 규모의 항만시설은 몇 달 안 가서 적체현상을 빚고 말 것입니다. 따라서 항만시설은 10만 톤 이상의 선박이 접안할 수 있으며, 앞으로 25만 톤급 선박이 들어올 수 있는 규모로 확장이 가능하도록 건설하지 않으면 안 됩니다."

"일리가 있는 줄 압니다만 그것은 먼 미래의 일이지요. 현재의 제철소 규모를 감안할 때 그렇게 큰 항만시설은 필요치 않아요. 필요해지면 그때 가서 항만시설을 늘려도 늦지 않습니다."

박태준은 건설부장관의 주장을 이해하면서도 계획단계부터 소심한 태도를 보여왔던 다른 공무원들과 마찬가지로 장관의 주장도 제철소 프로젝트의 성공 가능성에 대한 회의에서 비롯된 것이 아닌지 의구심이 났다. 정부의 고위관료들은 아직도 경제성장의 견인차가 될 종합제철소 건설 프로젝트에 대한 비전을 공유하지 못하고 있었다.

"나중에 항만시설을 확장하게 되면 준설하는 데만 막대한 추가비용이 들 뿐만 아니라 제철소 공장 가동을 멈춰야 할지도 모릅니다. 이 공사는 제2차 경제개발 5개년 계획의 핵심사업으로서 만반의 준비를 갖추고 시작해야 합니다."

한국 정부의 계획에 따르면 제2차 경제개발 5개년 계획의 핵심사업은 제선, 제강, 압연 등의 일관작업을 할 수 있는 대규모 종합제철소의 완공이었다. 한편 박태준은 철강산업을 수입대체산업이 아닌 수출산업으로 육성시켜 수입대체뿐만 아니라 전 세계로 철강을 수출하겠다는 꿈을 가지고 있었다. 그는 제철소를 짓기도 전에 세계 철강시장에서 경쟁할 꿈부터 꾸고 있었던 것이다. 품질을 향상하고 비용을 절감하면 한국도 경쟁력있는 철강 수출국이 될 수 있다는 것을 그는 자신했다.

'세계 철강시장에 발을 들여놓기 위해서는 제철소가 규모의 경제를 갖고 효율적으로 운영되지 않으면 안 된다. 대규모 설비, 최신기술, 막대한 양의 원료를 취급할 수 있는 항만시설 등을 갖추어야 하는 것은 필수적이다. 그런데 건설부는 항만시설 규모를 현재의 제철소 크기에 따라 소규모로 계획하고 있지 않은가?'

하지만 장기적으로는 일본과, 나아가서는 미국과도 경쟁할 수 있는 세계 수준급의 제철소를 만들겠다는 박태준의 비전을 추진위원회는 잘 이해하지 못했다.

"이것은 건국 이후 가장 큰 건설공사가 될 것입니다."

박태준 위원장은 계속해서 자신의 논리를 피력해 나갔다.

"모든 힘을 쏟아부어 기필코 완수해야 할 사업입니다. 우리나라의 경제성장 속도가 빨라질수록 제철소 확장은 시급히 해결해야 할 현안 문제로 떠오를 것입니다. 따라서 항만 규모는 향후 확장을 대비해 가능한 한 크게 잡아야 합니다."

결국 추진위원들은 박태준 위원장의 뜻을 이해하고 그의 의견을 따랐다.

    제1차 실무회의가 끝난 후 회의 내용을 보고받은 박대통령은 관계 부처 장관들을 모아놓고 종합제철소 건설에 대한 자신의 각오를 피력하며 전력을 다해 박태준 위원장을 지원해 줄 것을 지시했다. 그리고 이러한 취지를 담은 '종합제철건설 일반지침'이 관계자들에게 배포되었다.

반발하는 민간주주들

정부가 대한중석을 선정해 제철소 건설 프로젝트를 맡긴 이유는 건설 총책임자로서 박태준만 한 적임자가 없었기 때문이었다. 또한 소요 내자를 대한중석의 잉여자금으로부터 조달하고자 한 이유도 있었다. 그러나 대한중석의 민간주주들은 '이익 잉여금을 포함한 대한중석의 보유자금을 종합제철 건설 자금으로 사용한다'는 정부의 투자방침에 크게 반발했다. 이러한 방침은 대주주인 정부의 횡포라면서 먼저 주주총회를 열어 종합제철사업을 현재의 사업 항목에 추가할 것인지의 여부부터 물어야 한다고 주장했다.

    박태준은 민간주주들의 우려와 그들이 처한 입장을 잘 이해하고 있었다. 종합제철사업은 근본적으로 위험성이 높은 사업이었다. 이를 대한중석의 신규사업으로 추가시키든지 아니면 대한중석이 보유자금을 출자하여 종합제철을 별개의 기업체로 설립하든지간에 종합제철사업은 대한중석의 수익성을 크게 악화시킬 수 있었다. 박태준이 대한중석을 경영하기 전까지 만성적인 적자로 인해 종종 배당을 받지 못했던 민간주주들은 경영정상화로 사내에 축적된 잉여자금에 큰 관심을 가지고 있었다. 잉여자금을 정부가 어떻게 처분하는가에 대해 그들은 매우 걱정하고 있던 것이었다.

민간주주들의 입장을 고려하기 위해 박태준은 새로운 대안을 제시했다. 종합제철사업을 별개의 사업으로 분리하여 추진하되 새로운 회사가 설립될 때까지만 대한중석이 종합제철 건설 업무를 대행한다는 것이었다. 그는 민간주주들의 긴급총회에 참석해서 위험을 최소화할 수 있는 새로운 안을 설명하고 그들을 설득했다. 박태준의 제안은 받아들여졌고, 제철소 프로젝트 관련 업무는 대한중석의 신사업 개발부에서 전담하게 되었다.

회사의 설립형태

박태준은 종합제철회사 설립 형태를 두고 신설회사를 상법상의 주식회사로 할 것인지 아니면 특별법에 의한 국영기업체로 할 것인지 고심했다. 이것은 매우 중요한 의미를 가진 의사결정이었다. 왜냐하면 회사의 형태가 경영통제, 의사결정, 정부간섭, 효율성, 동기부여, 성장정책, 세금혜택, 자금조달, 배당정책 등의 관리운영에 커다란 영향을 미치고 뿐만 아니라 회사 설립시 형태를 잘못 선택하면 문제점이 끝없이 나타날 수도 있기 때문이었다.

국영기업체의 형태는 국회로부터 감사와 통제를 받기 때문에 관리운영이 관료적이고 복잡한 반면 정부로부터 재정지원과 조세감면 등의 혜택을 받을 수 있다. 재정적인 혜택을 받을 수는 있지만 경영 효율성과 국제경쟁력 측면에서는 불리한 것이다.

민간기업의 형태는 막대한 자금을 장기간에 걸쳐 조달하기가 사실상 불가능하다는 단점이 있다. 그러나 경영 효율성 측면에서는 커다란 장점을 가지고 있다. 국제시장에서 경쟁하기 위해서는 효율적인 경영을 할 수 있는 민간기업의 형태가 유리하다. 경쟁력이 높은 세계적인 철강업체로 성공하기 위해서는 시장상황과 경쟁에 빠르게 대처할 수 있는 민간기업의 형태가 바람직하다. 즉 신설회사를 민간기업의 형태로 설립하면 자율적이고 독립적인 의사결정 체제를 갖출 수 있어 경영에 만전을 기할 수 있는 것이다.

박태준은 대한중석을 경영하는 과정에서 관료주의와 정부 간섭으로 인해 국영기업체가 겪어야 했던 어려움을 절실히 느꼈기 때문에 신설회사는 민간기업의 유연성을 갖추어야 한다고 생각했다. 그는 이미 국영기업체가 정치적인 영향과 연줄뿐만 아니라 힘 있는 정부관료들로부터 수많은 간섭을 받는다는 것을 직접 체험했었다.

국제금융기관 또한 같은 이유로 국영기업체 형태를 불신하고 있었다. 이들은 국영기업체가 효율적으로 운영될 수 있을지, 그리고 수익을 낼 수 있을지 의심했다. 원리금 상환 여부와 관료주의 폐해에 대해서도 염려하고 있었다. 특히 한국에 대해서는 현정부가 쿠데타를 통해서 권력을 잡았기 때문에 생기는 정치적 위험에도 우려를 표명하고 있었다.

두 가지의 설립 형태를 놓고 장단점을 잘 비교해 본 결과 박태준은 이들의 장점만을 결합한 제3의 회사 형태를 생각해 내고 박대통령의 재가를 받기로 했다. 새로 설립되는 종합제철회사는 상법상 민간기업의 형태로 설립하되 재원 마련을 위해 정부가 대부분의 지분을 인수하는 방식이었다. 그렇게 하면 회사의 일상적인 관리에 대해 정부의 직접적인 간섭과 통제를 벗어날 수 있을 뿐만 아니라 관료주의가 만연하리라는 인상도 지울 수 있었다.

박태준이 제시한 회사 설립 방안은 매우 생소했기 때문에 정부관리들이 즉각 반대를 하고 나섰다. 정부가 통제할 수 없는 민간기업을 설립하는데 정부 돈을 써서는 안 된다는 것이 그들의 주장이었다. 박태준은 대통령에게 종합제철소 건설계획이 성공하기 위해서는 경영의 자율성과 조직의 기동성이 반드시 필요하다고 역설했다. 대통령은 박태준의 주장을 지지했고, 신설회사는 상법상 주식회사 형태로 설립되어 완전한 자율권을 보장받을 수 있었다.

신설회사의 이름은 '고려종합제철', '한국종합제철', '포항종합제철' 등 세 개 안 가운데 공장 소재지의 지명을 따라 박대통령이 '포항종합제철'로 정했다.

"이름을 거창하게 짓는다고 해서 성공하는 건 아니야."

박대통령은 실질이 보다 중요하다는 뜻으로 그와 같이 결정했다.

포항종합제철의 창립

한국 정부는 1968년 3월 6일, 포항종합제철주식회사 설립을 위한 발기인대회를 개최하고 회사 정관안을 확정했다. 3주일이 지난 4월 1일을 길일로 선택해서 역사적인 창립식을 거행했다. 아침 9시 30분 서울 유네스코 회관 3층에 자리잡은 포항종합제철 본사 사무실에서는 박충훈 부총리가 내외귀빈을 영접하고, 박태준이 손수 가려 뽑은 38명의 창설요원들이 참석한 채 창립식이 거행되었다. 이날 취임사를 통해 박태준은 귀빈들 앞에서 약속했다.

"우리는 최선의 노력을 경주하여 최소의 경비로 세계에서 가장 훌륭한

포항종합제철주식회사의 창립식 (1968. 4. 1.)

제철소를 건설할 것입니다."

　그날 오후 늦게 박태준은 첫 번째 포항제철 직원회의를 개최했다. 한국에서 최고의 인재들만을 모았다고 확신한 그는 제조, 판매, 회계 및 재무 등의 분야에서 뛰어난 기량을 지닌 38명의 창설요원들을 선발했다. 그는 이들을 일일이 면담하고 충성심, 인내심, 성실성, 정직성 등의 성품과 신체적인 건강을 기준으로 선발했다. 이는 직원들이 무엇보다도 좋은 성품을 갖추어야 한다는 생각과 종합제철소 건설에 따른 힘든 일을 견디기 위해서는 건강이 필수적이라는 생각 때문이었다. 대한중석에서도 뛰어난 임직원들이 박태준을 따라 자리를 옮겼는데, 그들은 대부분 재무, 공정관리, 기획부문에서 일하고 있던 직원들이었다. 기술직은 일류 공과대학 출신들이 철강 관련업체에서 근무한 경험을 가진 직원들을 선발했다.

그날부터 박태준은 회사의 기풍을 만들어갔다. '제철보국' 정신을 거듭 강조하면서 직원들에게 철강산업을 일으켜 경제자립을 성취하자고 호소했다. 창립요원들의 어깨 위에 포항제철과 한국의 장래가 달려 있다고 역설하면서 항상 근면성실하고 자기를 희생할 줄 알아야 한다고 강조했다.

박태준은 직원들에게 대한중석에서 했던 것처럼 공정하게 인사정책을 펴나가겠다고 공언했다. 직원들과 같이 회사 자산을 효율적이고 철저하게 경영하여 관리상의 허점을 없애나갈 것이며 성실과 정직을 바탕으로 회사를 운영하겠다고 선언했다. 박태준은 특히 단결을 강조했다.

"우리는 모두 한 배에 탄 공동운명체입니다. 서로 돕지 않는다면 배가 가라앉을지도 모릅니다. 하지만 모두 힘을 합쳐 노력한다면 우리 앞에 닥친 문제점들을 효과적이고 효율적으로 해결해 나갈 수 있다는 것을 깊이 명심해 주기 바랍니다. 모두가 우리를 주시하고 있습니다. 우리는 철강산업에서 세계적인 기업이 될 것이고, 그렇게 되면 여러분은 세계적으로 주목을 받게 될 것입니다. 여러분의 행동 하나하나가 바로 포항제철을 대표하는 것이라 생각하고 항상 성실하게 노력합시다. 무엇보다 회사와 동료의 명성에 누가 되지 않도록 확실히 행동해야 합니다."

제 8 장

영일만의 결의

'목숨을 걸자. 실패하면 우리 모두
사무소에서 똑바로 걸어나와
우향우 한 다음 동해바다에 몸을 던지는 거다.'

박정희 대통령은 6년 만에 1인당 국민소득을 80달러에서 160달러로 2배나 늘린 경제적 치적을 바탕으로 재선에 성공했다. 1967년 7월 1일부터 두 번째 임기를 시작한 대통령으로서의 권위는 확고부동했다. 그러나 3선을 금지하는 헌법조항에 따라 이번이 그의 마지막 임기였다.

대다수의 국민들은 박대통령을 지지했으나, 많은 지식인들은 그가 군사쿠데타로 정권을 잡은 군인 출신이라는 점 때문에 매우 싫어했다. 당시 박정권을 지지하거나 동조하는 대학교수들은 어용교수로 낙인 찍혔고, 운동권 학생들은 이들의 수업을 공공연하게 거부했다. 경제개발이라는 미명하에 독재정치가 정당화되었고 언론통제가 매우 심했다. 정부 요직은 예비역 군장성들이 차지했고, 정치인들에 대한 사찰은 점점 더 심해졌다. 노동운동은 크게 탄압을 받았으며, 표현 및 결사의 자유를 비롯해 개인의 기본권이 제한되었다. 중앙정보부는 무소불위의 권력을 갖고 야당과 재야인사를 감시하는 한편 좌익운동을 무자비하게 탄압했다. 특히 북한의 무력도발이나 남침 위협으로 인해 국가안보가 최우선이 되는 시기였고, 반공을 국시로 삼고 있었기 때문에 레드 콤플렉스의 위력은 대단했다.

한편 박정희 정권 초기에 사라졌던 부정부패와 파벌주의 등 각종 비리가 주범만 바뀌었을 뿐 다시 증가하고 있었다. 전직 군장성들의 비리가 많아졌으며, 경제성장으로 인해 오히려 규모만 커진 꼴이 되었다. 한편에서는 사회간접자본을 건설하고 수출 주도의 자립경제를 이룩하려는 피나는 노력이 펼쳐지고 있는 반면, 다른 한편에서는 고질적이고도 광범위한 부정부패가 활개를 치고 있었다.

포항을 공장입지로 선정하다

종합제철소 프로젝트는 제2차 경제개발 5개년 계획의 4대 핵심과제 중 하나였다. 당시 KISA측과 기본계약 합의각서를 체결한 상태임에도 불구하고 외자조달은 여전히 불투명했다. 그러나 정부는 우선적으로 입지를 선정하고 부지조성 공사부터 시작해야 한다는 강박관념에 사로잡혀 있었다.

종합제철소는 다른 사업에 비해 규모가 크고 복합적인 사업이라 입지선정이 매우 까다로웠다. 중요한 입지선정 기준은 충분한 부지면적, 거대한 고로를 충분히 지탱할 수 있는 단단한 지질, 원료와 완제품을 수송하는 선박들이 자유롭게 접안할 수 있는 항만시설, 적절한 도로와 철도 등을 갖춘 육상 교통망, 풍부한 전력과 용수 등이었다.

이 외에도 부지매입과 정지작업 그리고 인프라 시설을 건설하는 데 소요되는 비용을 고려해야 했다. 또한 충분한 인력을 공급할 수 있으며 교육기관과 주거시설을 갖추고 있는 배후 도시, 시장과의 수송거리 및 국토의 균형적인 개발도 중요한 고려 요인이었다.

특히 제철소의 가장 중요한 입지선정 기준은 항만시설의 개발 가능성이었다. 더구나 한국에는 철광석과 유연탄 등 철강 제조에 필요한 기초원료가 거의 매장되어 있지 않아 대형 전용선이 정박할 수 있는 항만시설이 무엇보다도 중요했다.

1965년과 1967년 사이 광범위한 입지조사가 세 번이나 거듭되었다. 제1차 경제개발 5개년 계획에서는 울산공단지역에 제철소를 세우려는 시도가 있었다. 그러나 종합제철소 건설계획이 제2차 경제개발 5개년 계획기간으로 연기되고 제철소 규모도 늘어나 울산공단은 대규모로 계획된 종합제철소가 들어서기에는 그 면적이 너무 협소했다. 따라서 1967년 울산공단은 입지후보 대상 지역에서 제외되었다.

1965년 내한한 일본 철강조사단은 삼천포, 울산의 염포, 마산 등을 제철소 입지 적격지로 추천했으나 입지선정 작업은 KISA가 결성된 후 본격적으로 시작되었다. 1967년 2월 한국에 온 미국 코퍼스의 기술진들은 30일에 걸쳐 인천, 마산, 포항, 부산, 삼천포, 울산 등을 답사한 결과 최종적으로 삼천포와 울산을 가장 유력한 후보지로 추천했다.

또한 경제기획원의 입지조사 팀은 1967년 4월, 18개 지역을 후보지로 선정했다. 동해안의 삼척, 묵호, 월포, 포항, 울산, 남해안의 부산, 진해, 마산, 삼천포, 여수, 보성, 서해안의 목포, 군산, 장항, 아산, 인천 등이 후보지로 떠올랐다.

후보지역의 주민과 관청은 자기 고장에 종합제철소를 짓기 위해 경쟁적으로 유치운동을 벌였다. 당시 한국의 도시들은 대부분이 가난하고 공업시설도 없었던 터라 이 18개 지역들은 종합제철소를 유치함으로써 지역발전과 더불어 소득증대를 도모하고자 했다. 새로운 공업단지가 들어서면 공업발전뿐만 아니라 많은 사람들과 자금이 유입되고 새로운 일자리들이 생기며, 개발에 따른 땅값 상승이 기대되었기 때문에 유치경쟁은 치열할 수밖에 없었다. 각 후보지역마다 그 지역 출신 국회의원과 서울에 있는 고향사람들을 동원해 대정부 로비 활동을 전개하는 한편 청와대와 경제기획원에 탄원서를 수없이 제출했다.

공교롭게도 제철소 입지선정 과정이 그해 4월의 제6대 대통령선거와 5월의 제7대 국회의원선거와 같은 시기에 이루어져 국회의원 후보들은 반드시 종합제철소를 유치하겠다는 공약을 내걸고 선거운동을 할 정도였다. 경제기획원은 1965년 일본조사단과 1967년 코퍼스가 추천했던 삼천포가 항만조건이 가장 좋았기 때문에 제일 유력한 지역으로 보았다.

정부는 1967년 6월 연산 3백만 톤 규모로 제철소를 확장할 수 있도록 입지조건을 새로이 정했다. 300만 평의 공장부지, 25만 톤의 일일용수, 13만 킬로와트의 발전설비(공장 내에 9만 킬로와트 용량의 자가발전소 포함), 그리고 연장 250미터의 접안시설 등을 입지조건으로 다시 정하고 이를 기준으로 최적 입지선정 작업에 들어갔다.

월포, 포항, 삼천포, 울산, 보성 등 5개 지역이 이 조건에 따라 가능성 있는 후보지로 선정되었다. 건설부는 한국종합기술개발공사와 공동으로 이

〈도표 1〉 후보 지역별 지원시설 추정 투자비 내역 (단위 : 억 원)

	월포	포항	울산	삼천포	보성
부지조성	6,180	2,446	2,998	6,146	3,857
공업용수	3,393	3,269	불가	3,104	2,374
항만	8,670	8,330	불가	7,110	8,520
전력	539	248	불가	165	115
합계	18,782	14,293	불가	16,525	14,866

들 5개 지역을 집중조사하고 각 후보지에 대한 소요 경비를 추정했다. 최종 선정 단계에서는 건설비가 가장 중요한 입지결정 기준이었다.

〈도표 1〉에서 보는 바와 같이 포항의 지원시설 건설비가 가장 낮은 것으로 나타나 1967년 6월 24일 경제장관회의에서 포항을 종합제철 후보지로 정하고 2년여를 끌어왔던 입지선정 과정을 끝마쳤다. 7월 7일 월간 경제동향을 보고하는 자리에서 박대통령은 공식적으로 선언했다.

"포항이 우리나라 최대의 제철소 부지로 선정되었습니다. 포항의 장래 성공을 위해 축하합시다!"

포항 시민들과 영일 군민들은 성대한 잔치를 베풀고 자축했으며, 종합제철 유치를 공약으로 내걸고 당선된 포항의 김장섭 국회의원은 그 덕분에 정치적 인기가 한층 높아졌다. 반면 유치에 확신을 가졌던 삼천포 시민들은 크게 실망했고, 공화당 중진 김용순 의원은 공약을 지키지 못하게 되자 지역 주민들에게 크게 사죄했다.

"저는 유감스럽게도 종합제철소를 유치하겠다는 공약을 지키지 못해 거짓말을 한 셈이 되었습니다. 여러분들의 성원에 보답하지 못해 죄송합니다. 사죄의 뜻으로 삭발하겠습니다."

김의원이 공개적으로 삭발을 하자 삼천포 시민들은 감명을 받고 그를 다시 지지했다.

포항은 예로부터 농어업에 기반을 둔 평화스러운 해안마을로서 동해안을 따라 은빛 모래사장이 아름답게 펼쳐진 곳이었다. 해안과 가까운 곳에는 오래된 소나무숲이 있어서 풍광이 매우 좋고, 마을 주위에는 형산강이 흐르고 있었다.

포항에서 80리 정도 떨어진 곳에 위치한 천년 고도(古都) 경주는 불국사로 유명한 관광지이며, 각종 문화재뿐만 아니라 금속제 장신구가 많이 출토되어서 옛날부터 제련과 주조기술이 발달했던 곳임을 알 수 있다. 이런 복합적인 연유로 인해 포항 지역에 과거와 미래를 연결하는 의미로 현대식 제련기술을 가진 포항제철이 세워지는 계기가 되었다.

포항 주민들은 포항에 종합제철소가 들어서게 된 것은 옛날부터 이미 정해진 일이었다고 믿고 있다. 수백 년 전부터 포항 지역에는 다음과 같은 예언시 한 수가 전해져 내려오고 있었다.

竹生魚龍沙	어룡사에 대나무가 나면
可活萬人地	수만명이 살 만한 땅이 된다
西器東天來	서양 문명이 동쪽으로 올 때
回望無沙場	돌아보니 모래밭이 없어졌더라

이 시는 조선시대의 유명한 풍수가였던 이성지가 이 지방을 둘러보고 읊었다고 전해진다. 새로운 제철소가 들어서는 장소는 이 지방 사람들이 '어룡사'라고 불러온 백사장 일대로서, 제철소가 완공된 후 하늘 높이 솟아 있는 공장 굴뚝을 보고 노인네들은 '대나무가 난다'라는 예언이 적중했다고 감탄했다.

　1950년 여름, 포항은 한국전쟁 당시 가장 길고도 치열했던 전투가 벌어졌던 곳이었다. 포항시 북쪽을 점령한 인민군과 남쪽을 점령한 미 해병대는 형산강을 사이에 두고 결사적으로 대치하고 있었으며, 미해군의 미주리 항공모함이 영일만에 정박해서는 수도 없이 포격을 가하고 있었다. 인민군은 남쪽으로 밀고 내려가 마지막으로 남은 부산을 점령하고자 한 반면 유엔군은 부산을 사수하기 위해 포항에서 인민군의 남하를 저지하려고

제철소가 들어서기 전의 공장부지. 당시엔 갈대밭과 모래사장으로 뒤덮인 한적한 촌락이었다.

결사항전을 하고 있었다. 그래서 포항에서는 그야말로 사생결단의 전투가 벌어졌다.

"그렇게 치열했던 전투는 난생 처음이었습니다."

전쟁 당시 열한 살의 나이로 포항에서 태어나 살고 있었던 포철의 한 임원이 당시의 상황을 회상했다.

"유엔군과 인민군이 매일 폭탄을 쏟아붓는 바람에 잠을 잘 수가 없었습니다. 우리 주민들은 꼼짝없이 갇혀 오도가도 못 했고, 아군이나 인민군 모두 강을 차지할 수 없을 정도로 막상막하의 전투가 계속되었습니다."

3개월간의 참호전으로 인해 양측에서 수천 명의 군인들이 전사했고, 특히 고등학교에 재학 중이었던 어린 학도지원병들이 대부분 훈련도 제대로 받지 못한 채 포항 전투에 투입되어 희생되었다. 포항 주민들 역시 많이 희생되어서 포항에는 전쟁고아가 유달리 많았다. 1950년 9월 15일 맥아더 장군의 인천상륙작전이 성공하자 보급로를 차단당한 인민군들은 퇴각하기 시작했고, 곧이어 포항 지역은 수복되었다.

그로부터 수십년이 지난 1988년 어느 날, 미국 버지니아 주 출신의 존 워너 상원의원이 포항제철소를 방문하게 되었다. 그 자리에서 그는 포항 전투에 직접 참전했던 미해병대원이었다고 밝히면서, 세계적인 웅대한 제철소가 격전지에 들어선 것을 보고 매우 놀라워했다.

"너무나 처절한 전투였기 때문에 두고두고 기억에 남아 있지요. 그런데 당시 폐허와 같던 전쟁터에 초현대적인 제철소가 들어서다니… 정말 놀랍습니다."

그는 현대적인 공장들이 사택, 경기장, 레크레이션 시설, 음악당, 학교, 영빈관 등의 아름다운 건물로 빙 둘러싸인 채 빛나고 있고, 건물과 건물 사이 사이로 정원과 공원들이 깔끔하게 들어서 있는 광경을 바라보고 매우 감격했다. 그의 눈에는 이곳이 세계에서 세 번째로 큰 제철소라기보다는 오히려 연구소처럼 보였다.

포항주민의 이주

제철소와 연관 산업시설이 들어설 약 250만 평의 부지는 대부분 사유지였다. 정부는 부지매입 작업이 끝나자 곧바로 철거작업에 들어갔다. 지역 주민들은 이주 보상을 받고 조상대대로 살아온 정든 가옥을 둔 채 떠나야 했다. 또한 채소밭, 묘지, 사당, 절, 성당, 학교 및 관청들도 모두 철거되었다. 포항 지역의 주민들과 이들의 사회적인 관계는 조국의 근대화를 위해 희생당

제철소가 들어서기 위해서는 가옥을 철거당하고 고향을 떠나야만 하는 주민들의 아픔이 있었다.

할 수밖에 없었으며, 이들의 인내와 희생이 있었기에 포항종합제철은 탄생할 수 있었다.

토지나 가옥의 보상에 이어 철거작업이 시작되자, 800세대에 이르는 주민들은 정든 고향을 떠나 새로운 지역으로 이주했다. 박태준 사장과 직원들은 이들에게 위로와 감사의 말을 전했다. 일부 주민들은 자기들이 키웠던 나무와 꽃들을 손수 파내 직원들에게 건네주기도 했다.

"새로 들어설 공장 구내에 심어서 정성껏 키워주세요. 훌륭한 제철소를 지어서 우리나라를 크게 발전시켜 달라는 저희들의 자그마한 정성입니다."

주민들 대부분의 협조에도 불구하고 철거작업에는 많은 문제점이 노출되었다. 토지나 가옥 보상금을 놓고 어렵고 힘든 협상이 벌어졌고, 철거작업시 발생하는 소음과 진동 때문에 인근 지역 주민들의 불평이 대단했다. 80가구 남짓한 주민들은 철거에 반대하고 더 많은 보상을 요구하면서 법적인 소송을 제기하기도 했다. 1967년 내내 시끄러웠던 보상문제는 부지 조성 작업을 본격적으로 시작하기로 되어 있는 1968년 7월까지도 마무리 짓지 못했다.

포항 지역이 제철소 입지로 선정되자 투기꾼들이 몰려들어 1년 사이에 무려 5배에서 10배까지 땅값이 올라갔다. 정부는 어느 정도의 땅값 상승을 예상했지만 이렇게까지 급등할 줄은 몰랐다. 토지 값을 공정하게 산정하기 위해 정부는 지가심사위원회를 구성하고 이들이 산정한 값에 따라 토지와 가옥을 매입하기 시작했다. 위원회는 5개 지방은행, 경북도청과 군청의 행정관료, 명망있는 주민대표로 구성되었다. 1967년 5월에 시작된 부지매입은 1968년 5월 말에 끝날 때까지 일 년 이상이나 걸렸다. 경북도청은 포철로부터 나중에 상환받기로 하고 100억 원의 지방공채를 발행해 약 230만평의 토지와 함께 800여 채의 가옥, 수녀원, 교회, 공동묘지 등을 매입했다.

가장 어려웠던 문제는 2,270여 기의 공동묘지를 이장하는 것이었다. 조상의 묘를 훼손하는 것은 불효막심한 일이다. 우리나라 사람들은 조상을 잘 모시면 집안이 두루 평안하고 번성할 수 있지만, 조상을 잘못 모시면 집안에 우환이 든다고 믿어왔기 때문에 이장을 하지 않는 것이 한국의 전통적인 풍습이었다. 그래서 일부 노인들은 끝까지 이장할 수 없다고 버티면서 묘지 위에 벌렁 누워 "차라리 나를 죽여라" 하고 항의하는 경우까지 있었다. 이장해야 되는 공동묘지 중에는 당시 이성수 국회의원의 조상묘지도 있었다. 그는 포항으로 종합제철소를 유치하기 위해 발 벗고 나섰던 사람들 중의 하나였다. 묘지이장 문제로 부지 조성 사업이 난관에 부딪치자 그는 고향으로 내려와서 전통적인 제사 의식을 엄숙히 치르고 정부에서 마련해 준 곳으로 조상의 묘를 이장했다. 그는 이장 후에 마을사람들을 설득했다.

"새로운 조국을 건설하기 위해서는 이쯤해서 물러서는 것이 국민 된 도리입니다. 국가발전을 위해서 조상의 묘지를 이장해야 한다면 그에 따라야 합니다. 조상님도 나라를 위하는 일이라고 하면 우리의 마음을 알아주실 것입니다."

지역 주민들은 마음이 내키지 않았으나 그의 말을 듣고 이장을 서둘렀다.

또 하나 해결해야 할 문제가 있었다. 수녀 160명을 비롯하여 700명 가량의 고아와 노인들을 보살피고 있는 예수성심수녀회 수녀원이 건설부지 한 가운데에 있었다. 이들은 완강하게 수녀원 철거를 반대하며 청와대까지 찾아가 토지수용대상에서 수녀원을 제외해 달라고 진정했다.

포철 간부들이 여러 방법을 동원해 설득했지만 허사였다. 보고를 받은 박태준은 직접 부딪쳐보기로 결심하고 1969년 1월 수녀원을 방문했다. 그는 프랑스 출신의 길 수다니슬라오 지도신부와 박마리아 왕 총장수녀를 직접 찾아가 종합제철소 건설계획과 수녀원 이전계획에 대해 자세하게 설명했다.

　"길신부님, 그리고 박수녀님, 그동안 진작 찾아뵙지 못해 죄송합니다. 제철소가 세워질 수 있도록 도와주십시오."

　"박사장님, 이곳은 신성한 땅으로서 그동안 저희가 온갖 정성을 다하여 주님께 예배드리던 곳입니다. 게다가 저희가 보살펴주어야 할 어린애들을 이곳에서 쫓아낼 수는 없습니다."

　"저희들도 총장수녀님과 마찬가지로 고아들을 도와주고 싶습니다. 그래서 정부당국에서도 다른 곳에 새로이 고아원을 마련해서 이주할 수 있도록 최선의 노력을 다하고 있습니다. 저희 포철에서도 이주 및 정착비용을 좀 더 보태드릴 용의가 있습니다."

　"돈만의 문제가 아닙니다, 박사장님. 저희 모두가 이곳에 정들었고 숲 속에서 놀고 있는 저 애들은 이곳을 고향처럼 여기고 있어요. 저희 나름대로 이곳에서 행복하게 살아왔습니다."

　"총장수녀님, 장래를 내다보면 저기 뛰노는 애들에게도 제철소가 큰 도움이 될 것입니다. 아이들도 자라서 어른이 되고 가족을 갖게 되면 생활을 보장해 줄 수 있는 직장을 가져야 되겠지요. 지금은 우리나라가 너무 가난해서 외국으로부터 원조나 도움을 받아야 하지만 언제까지나 그럴 수는 없습니다. 하루빨리 공업화를 이룩해 우리나라 경제를 자립시켜 나가지 않으면 안 됩니다. 우리 자손들이 직장을 가질 수 있도록 우리 경제를 발전시켜야 합니다."

"사장님의 생각이 옳을지도 모르겠군요."

총장수녀는 고개를 끄덕이며 동감의 뜻을 표시했다.

"수녀님께서 불쌍한 애들을 돌보시느라 국가 경제에 대해서는 깊이 생각해 본 적이 없을 줄 압니다만, 경제력이 커지려면 철강이 절대적으로 필요합니다. 철강은 그야말로 국력입니다. 총장수녀님, 제철소를 짓는 것과 수녀님이 고아들을 돌보는 것은 결코 다른 일이 아닙니다. 우리 모두 아기들을 잘 키워서 건장한 어른으로 만드는 일을 하고 있습니다. 수녀님은 애들을, 저는 우리나라 경제를 잘 키워서 자립할 수 있도록 도와주는 일을 하고 있는 것입니다. 부디 정부의 이주정책을 다시 한 번 고려해 주시기 바랍니다."

박태준은 박수녀와 길신부로부터 이전문제를 재고해 보고 연락해주겠다는 약속을 받고 회사로 돌아왔다. 결국 그의 설득에 따라 수녀원은 보다 좋은 시설을 갖춘 지역으로 이사를 가게 되었고, 포철은 정착비 보조 명목으로 2천만 원을 추가 지급함으로써 수녀원 이주문제는 해결되었다.

한편 철거대상 마을 한가운데에 당산나무 한 그루가 우뚝 서 있었다. 옛날부터 마을사람들은 이 고목을 신성시하고 마을을 지키는 수호신으로 받들어왔다. 그래서 이 고목을 자르거나 훼손하는 자는 누구를 막론하고 목숨을 잃을 것이라고 전해져 왔다. 작업인부들 중 누구도 손을 대려 하지 않아 일 년 넘게 조성공사가 진행되었음에도 불구하고 이 고목은 공사현장 한복판에 그대로 서 있었다. 어느 날 한 용감한 불도저 기사가 조명식 현장소장을 찾아왔다.

"당산나무를 제거할 사람을 찾고 있다고 들었습니다만."

"맞아. 자네가 한번 해보겠나?"

현장소장은 누군가가 이 일을 해주기를 바라고 있던 참이었다.

"글쎄요, 보통 때 같으면 하지 않았을 것입니다. 하지만 우리가 하고 있는 공사가 국가적으로 중요한 일이라는 것을 알고 있기 때문에 용기를 냈습니다."

"이거 매우 반가운 소리구먼. 회사를 위해 나서는 자네 용기를 가상히 여겨 특별 보너스를 주도록 하겠네."

"고맙습니다. 하지만 한 가지 조건이 있습니다. 이 일에 대해 식구들은 모

조국 근대화의 의지에 밀려나는 당산고목

두 결사반대하고 있습니다. 미신을 믿는 것은 아니지만 혹시 나중에 무슨 일이라도 생기면 식구들은 누가 책임지느냐고 야단들입니다. 제 한몸이야 상관없습니다만 가족을 책임진 가장의 입장에서 회사가 이것만은 보장해 주셔야 하겠습니다. 당산나무를 제거한 후에 제가 벌을 받아 혹시라도 죽게 되면 회사가 저희 가족을 평생 돌보아주겠다는 약속이 필요합니다."

현장소장은 사내의 얼굴을 유심히 살펴보면서 그가 정말로 용감하다고 생각했다. 당시 마을사람들뿐만 아니라 인부들까지도 미신과 전설을 믿고 있는 분위기였다. 공업화를 통해 나라를 부강하게 만들겠다는 비전보다 당산나무 귀신이 이들에게는 더 영향력이 컸다.

현장소장은 그 사내와 악수를 하면서 말했다.

"용기가 가상하구먼. 내가 개인적으로 약속하지. 혹시라도 당산나무를 제거하다가 잘못되면 내가 자네 가족을 책임지고 보살펴주겠네."

불도저 기사는 씩 웃더니 당산나무를 제거하러 나갔다. 당산나무를 제거한 후에도 그는 아무런 해를 입지 않았고, 계속해서 몇 년 동안 건설현장에서 열심히 일했다.

또 다른 철거대상 마을에는 533가구가 살고 있었다. 대부분 스스로 이주했으나, 107가구가 이주를 거부하고 추가보상을 요구했다. 주민들은 매일 군청 앞에 나가 연좌농성을 벌였으며, 부지공사가 시작되는 1968년 7월 15일까지도 시위를 계속했다. 영일군청은 하는 수 없이 강제철거에 들어갔다. 보상을 받고 난 후에도 주민들은 밤낮으로 격렬한 시위를 벌였고, 심지어는 작업 중이던 철거반원들에게 폭력을 휘두르기도 했다.

"우리들의 삶의 터전을 부당하게 빼앗지 마라! 조상 대대로 살아온 집과 땅을 빼앗고 강제로 내쫓지 마라! 정부는 각성하라! 정당한 보상 없이는 절대로 물러서지 않겠다!"

영일군청은 철거작업을 수행하는 데 커다란 어려움을 겪었다. 특히 막무가내로 철거에 대항하고 있는 지역 주민들을 통제할 수가 없었다. 인원이 턱없이 부족했기 때문이었다. 어느 날 밤에는 술에 취한 마을 젊은이들이 포철 현장사무소로 찾아와 직원들에게 마구 낫을 휘둘러대면서 불태워 버리겠다고 위협하는 사태까지 발생했다. 위험을 느낀 직원들은 당국에 신변 보호를 요청했고 낮에는 파출소 경찰들이, 밤에는 해병대 1개 분대가 파견 나와 현장사무소를 지켜줄 정도였다.

어떤 여자는 자기 집이 철거되는 것을 보고 화가 머리 끝까지 나서 280리나 떨어진 대구 경북도청까지 달려가 담당공무원에게 거칠게 항의하는 소동을 벌였다. 그녀는 당시 공업단지 조성 담당자인 유명화 지역계획 과장의 멱살을 움켜잡고 악담과 저주를 퍼부었다.

"이 죽일 놈아! 내 집을 없애고도 네가 온전할 줄 아느냐?"

격무에 시달렸던 유과장은 커다란 충격을 받아 쓰러졌고, 그날 밤 유명을 달리하고 말았다. 철거작업을 지휘감독하느라고 쌓였던 과로에다가 그 여자로부터 입에 담지 못할 욕을 듣게 되자 쇼크를 받고 심장마비를 일으켰던 것이다. 한편 미신을 믿었던 마을사람들은 포항의 토지귀신을 놀라게 했기 때문에 그가 벌을 받은 것이라고 수군거렸다.

초창기의 조직

포철의 시작은 보잘 것이 없었다. 총자본금 140억 원 중에서 제1차 수권
자본금은 8억 원으로 하되 최초 불입자본금은 4억 원으로 정하고 재무부
가 3억 원(75%), 대한중석이 1억 원(25%)을 불입하고 3월 18일 설립등기
를 마쳤다.

　창설 당시 박태준은 포철 조직을 8개부서와 사장 직속의 2개실로 구성

〈도표 2〉 39명의 포철 창설요원 명단

구분	성명	직위	구분	성명	직위
임원	박태준	사장	2급	신현욱	기획관리부 차장
	윤동석	전무이사		현영환	총무부 차장
	고준식	전무이사		이문상	총무부 차장
	김규원	상무이사		홍건유	업무부 차장
	정재봉	상무이사		이원희	업무부 차장
	이홍종	상무이사		장경환	생산 및 훈련부차장
	이종열	상무이사		이건배	건설부 전기담당
	김창기	상임감사		최병억	외국계약부 외국계약담당
				육완식	건설부 건설담당
1급	황경로	기획관리부장	3급	여상환	기획관리부 조직규정담당
	배환식	총무부장		조정완	기술부 제선담당
	노중렬	외국계약부장		권태협	기술부 제선담당
	안병화	업무부장		신광식	기술부 제강담당
	류석기	기술부장		박준민	기술부 압연담당
	김완주	생산 및 훈련부장		안덕주	기술부 공장수송담당
	최주선	조사역실 조사역		이영식	건설부 토건담당
	곽증	비서실장		문인식	건설부 기계담당
	이상수	기술부차장		지영학	비서부 비서
	김명환	포항건설본부 차장		도재한	총무부 서무담당
	이관희	조사역실 조사역			
	백덕현	포항건설본부 차장			

했다. 창설요원들은 확고한 사명감과 비전을 가진 인재들로서 포철 발전의 중추가 되었다.

박태준은 필자와의 인터뷰에서 포철의 성공을 이 창설요원들의 공적으로 돌렸다.

"그들의 헌신과 경영능력, 인화단결이 아니었더라면 오늘날의 포철은 없었을 것입니다. 혼자서는 도저히 할 수 없는 일이었지요. 큰일을 하려면 주위에 훌륭한 일꾼들이 많아야 하고, 이들이 리더의 비전에 따라 굳게 뭉칠 수 있어야만 합니다. 저는 이들이 자랑스럽습니다. 우리나라는 이들에게 큰 빚을 진 셈이지요."

건설공사의 산실, 롬멜하우스

육완식 공사부장은 1백만 원을 들고 포항으로 내려가 현재 제1열연공장 가열로와 제1분과공장 사이의 언덕에 60평짜리 2층 목조건물을 지었다. 이것이 포철 최초의 건물이었다. 한 달도 채 안 되어 완공된 이 가건물은 포항종합건설본부로 사용되었으며 6월 1일부터는 포항사무소로 개칭되었다. 그리고 나중에는 '롬멜하우스'라고 불렸다.

지금도 롬멜하우스는 홍보관 뒤뜰 언덕 위에 그대로 서 있다. 제철소 구내 중심지에 있었던 것을 이곳으로 옮겨와 포철 임직원들에게 당시의 감회를 새롭게 되새겨주고 있다. 그것은 창업 초기에 세워진 최초의 건물일 뿐만 아니라 박정희 대통령과 박태준이 건설 진척 상황을 토론하던 회의 장소로서 이용된, 매우 유서 깊은 건물이다.

1968년 7월 8일 박종태 초대 소장이 부임하면서 본격적인 현장업무가 시작되었다. 은빛 백사장과 소나무숲은 황량한 벌판으로 변해 갔으며, 허허벌판에서 모래바람과 먼지를 뒤집어쓰고 고생하는 현장 사원들은 마치 사막전에 참전한 병사처럼 보였다.

　흡사 사막전과 같은 이미지 때문에 그 건설사무소는 제2차 세계대전 중 '사막의 여우'라고 알려진 저 유명한 독일의 야전사령관 에드윈 롬멜의 이름을 따서 '롬멜하우스'라는 별명으로 불리게 되었다.

　1969년 봄, 건설 중장비들이 대거 현장에 투입되자 그 별명은 더 실감이 났다. 공사부지는 전쟁터처럼 보였고 건설 중장비나 기계는 중무장한 탱크나 군용차량 같았다.

포항제철 건설 공사의 산실이었던 일명 '롬멜 하우스'에서
당면 문제를 숙의중인 박태준 사장과 안병화 부장, 박종태 소장(왼쪽부터)

낮의 롬멜하우스는 모든 건설공사의 지휘사령탑이었고, 또한 공사 진척도를 점검하기 위해 정기적으로 현장을 찾아오는 국내외 방문객들을 영접하는 장소로 이용되었다. 밤의 롬멜하우스는 먼지투성이의 피곤한 직원들이 책상이나 탁자 위 또는 구석구석에서 새우잠을 청하는 숙소로 이용되었다. 그곳은 마치 고향집같이 느껴졌고, 이곳에서 한솥밥을 먹으며 우애가 싹텄다. 직원들은 일과 생활, 숙식뿐만 아니라 사랑하는 가족들과 헤어져 사는 아픔도 같이하면서 동고동락했던 것이다.

실패하면 우향우

1968년 11월 12일 아침 8시가 조금 지나서 박태준 사장은 포항의 박종태 소장으로부터 다급한 전화를 받았다.

"대통령 각하께서 오늘 아침 11시에 포항 건설현장을 방문하신다는 연락을 방금 전해들었습니다."

박소장은 당황한 목소리로 알려왔다. 박대통령은 포항 해병부대의 경계 태세를 점검하고 장병들의 사기를 북돋고 가는 길에 포항 건설현장에 들러 진척상황을 보고 싶어 불시에 방문한 것이었다.

그 당시 포철은 국가원수를 영접하기에는 초라한 롬멜하우스밖에 없었고, 4킬로미터에 걸친 황량한 벌판으로 방치되어 있었다. 박태준은 경황이 없는 박소장을 진정시킨 다음 몇 가지 사항을 지시했다.

"우선 각하께 브리핑할 내용을 차트로 준비하고, 각하께서 타신 헬기가 먼지에 휩싸이지 않고 안전하게 착륙할 수 있도록 평지에 물을 뿌리고 H자를 크게 만들어 표시하시오."

현장 직원들은 롬멜하우스의 지붕을 올릴 때 깨진 슬레이트 조각들을 이어서 급히 H자를 만들어 표시했다.

당시 서울과 포항간에는 국내 항공선이 없었다. 박태준은 급히 수도권 부대로 달려가 그들의 도움으로 경비행기인 세스나기를 타고 한 시간 내에 포항 해병부대에 도착할 수 있었고, 곧바로 건설사무소로 직행했다.

박태준이 회의 준비를 하고 있는 도중에 대통령의 헬기 소리가 들렸다. 롬멜하우스 밖에 모래바람과 먼지가 일어나 선뜻 내리지 못하던 헬기는 여러 번의 시도 끝에 무사히 착륙했다.

"어서 오십시오, 각하!"

박태준이 재빨리 대통령을 모시고 건설사무소 2층에 있는 브리핑실로 안내했다. 그는 즉시 차트를 가리키면서 브리핑을 시작했다.

"KISA 회원국은 또다시 핑계를 대고 자금조달 문제를 지연시키고 있으며, 세계은행은 제철소 건설을 연기하라고 촉구하고 있습니다. 인프라 건설을 위한 내자가 거의 바닥을 보이고 있어서 전도가 불투명합니다."

브리핑이 끝났으나 박대통령은 여전히 침묵을 지키고 있었다.

"보고 끝났습니다, 각하."

"응, 그래."

박대통령은 차트를 무심하게 쳐다보더니 바깥 난간으로 걸어나갔다. 대통령은 두 손으로 나무난간을 잡고 앞으로 몸을 내밀어 황량한 벌판을 시름에 잠긴 듯이 쳐다보았다. 아름다운 백사장과 조용한 해변마을이 모래바람으로 뒤덮인 벌판으로 변했고, 수녀원과 고아원도 폐허로 변해 있었다.

박대통령과 박태준의 얼굴로 사정없이 모래바람이 날아들었다. 대통령은 눈을 비비면서 머리를 흔들어대더니 조용히 탄식했다.

"이거 남의 집 다 헐어놓고 제철소가 정말로 되기는 되는 거야? 제철소가 그만 한 희생과 불행을 치를 만한 값어치가 있는 거야?"

박대통령의 이 말은 박태준의 마음속 깊이 새겨졌고 그의 등골에서는 식은땀이 흘러내렸다. 종합제철소 건설에 대한 박대통령의 집념을 잘 알고 있는 그로서는 지금 이 순간의 대통령 심정을 이해할 만했다. 부지조성 공사를 하느라고 800여 채의 농가를 헐어내고 묘지들을 이장했지만, 정작 KISA로부터는 아직도 자금을 제공하겠다는 확답이 없었다. 종합제철소를 건설하겠다는 정부 계획은 지난 10년 동안 여러 번 실패했는데, 포철마저 실패한다면 조상 대대로 살던 터전을 등질 수밖에 없었던 사람들의 고통과 혼

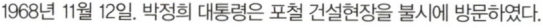
1968년 11월 12일. 박정희 대통령은 포철 건설현장을 불시에 방문하였다.

란은 무엇으로 보상한단 말인가?

박태준은 제철소 건설에만 몰두하다 보니 다른 측면에서 나타나는 부정적인 면들은 미처 보지 못했다. 철거대상 주민들이 보상을 받아 이주를 했고, 수녀원과 고아원에는 나름대로 배려를 했지만, 이들이 겪어야 했던 정신적 피해와 아픔에 대해서는 보상할 수 없지 않은가? 그는 박대통령이 느끼고 있는 슬픔을 이해할 수 있었다.

박태준은 그날 이후 취미생활과 오락을 모두 끊었다. 무슨 일이 있어도 제철소 건설을 성공시켜야만 했다. 그는 평소 즐겨왔던 술과 골프 등을 그만두고 반드시 종합제철소를 건설해 내고야 말겠다는 각오를 새롭게 다졌다.

'목숨을 걸자. 실패하면 우리 모두 사무소에서 똑바로 걸어나와 우향우한 다음 동해바다에 몸을 던지는 거다. 아니지, 절대로 실패할 수는 없지.'

그는 자신의 목숨을 바쳐서라도 제철소 건설 프로젝트를 기필코 완수해 내겠다고 단단히 결심했다.

그는 그날 밤 '우향우' 결심을 바탕으로 제철소 프로젝트에 대한 각오를 새롭게 다졌다. 실패할 수도 없고, 실패하지도 않을 것이다. 이제 되돌아갈 길은 없다. 그는 국민을 위해 반드시 성공해야겠다고 마음먹었다.

몇 달이 지난 후 '우향우 정신'의 의미는 새롭게 더해져, 모든 건설요원들에게 어려움을 극복하고 힘을 주는 의지로 변했다. 모든 포철 직원들이 '우향우'를 외치게 되었던 것이다. 박태준은 훗날 직원들에게 종종 다음과 같이 말하곤 했다.

"이 건설사업은 조상의 고귀한 피의 대가로 시작된 것이다. 실패하면 몇몇 사람의 사임으로 끝날 문제가 아니고 우리 모두 '우향우' 해서 동해바다에 몸을 던지는 거야.”

포철 임직원들은 어렵고 힘들 때마다 '우향우'를 외치곤 했다. 결국 이 구호는 포철의 전통과 정신을 상징하는 말이 되었다.

바둑의 황제 조치훈 9단은 '목숨을 걸고 바둑을 둔다'고 말한 적이 있다. 박태준은 종합제철소 건설계획에 대해 가졌던 자신의 심정이 바로 그랬다고 훗날 회고했다.

“철은 곧 국가다. 제철소가 성공하면 나라가 부강해질 것이요, 실패하면 가난해질 것이다. 그러므로 철은 곧 나의 목숨이다!”

계속되는 건설공사

제철소에 들어갈 초현대식 장비와 기자재를 운반하기 위해서는 대규모 항구와 폭넓은 포장도로가 절대적으로 필요했다. 300톤이나 되는 기자재를 포항제철소로 가져오려면 부산과 포항 사이에 있는 다리들 중 적어도 3개 이상을 뜯어 고쳐야 했기 때문에 항만을 새로이 건설하는 것이 경제적이었다.

건설부가 1968년 5월 25일 착공한 항만건설은 방파제와 호안 등을 축조하는 것으로서 여름 내내 활발하게 진행되었다. 이와 더불어 10만~15만 톤급 화물선이 정박할 수 있도록 3~4킬로미터에 걸친 해저를 계속 준설했고, 이들을 이용해 해안을 메워나갔다. 10킬로미터나 되는 안벽이 축조되었고, 12만 평의 매립지를 확보할 수 있었다.

도로포장, 부지정리 및 배관공사 등의 토목공사도 예정대로 진행되었다.

공업용 전력설비공사는 한국전력의 감독하에 차질 없이 진척되었다. 철거 주민들의 이주가 계속되었고 공장부지 200만 평은 모래벌판으로 변했다. 그런데도 제철소가 들어설 부지는 여전히 황무지처럼 보였다.

어느 날 이한림 건설부장관이 불시에 포항 사무소를 방문했다. 박종태 소장의 안내에 따라 직접 건설현장을 둘러본 장관은 어이가 없다는 듯이 말했다.

"아니, 제철소를 짓는 게 아니라 비행장을 건설하고 있는 거 아니오?"

황량한 벌판에서 폭 20미터에서 40미터의 넓은 도로를 자동차를 타고 달려보면 누구라도 그와 같은 이야기를 했을 것이다. 제철소를 눈으로 직접 보지 않고서는 제철소 규모가 얼마나 큰지 상상이 가지 않는다. 200만 평에 이르는 포항제철소 공장부지는 웬만한 국제공항보다 훨씬 컸다.

모래바람이 휘몰아치는 포항 부지공사 현장

또 한 번은 새로 부임한 주원 건설부장관이 시찰하러 온 적이 있었는데, 그는 동해의 바닷바람을 타고 날아오는 모래먼지를 보고 깜짝 놀랐다. 장관 일행은 재빨리 손으로 눈과 얼굴을 가렸지만 몹시 괴로워했다. 당황한 주장관은 윙윙거리는 바람 속에서 소리 쳤다.

"이런 일이 자주 발생합니까?"

"예, 거의 매일 이렇지요."

안내하고 있던 현장소장이 대답했다.

"그렇다면 건설인부들은 어떻게 견디고 있나요?"

주장관은 벌개진 눈을 비벼대면서 소리쳤다.

"만주벌판에는 태양을 가릴 정도로 무서운 황색 먼지구름이 있다더니, 포항의 모래먼지 구름도 정말 대단하구먼. 현장근로자들 모두에게 지금 당장 보안경을 지급하고 반드시 착용토록 하시오."

이 일로 현장직원들은 보안경을 착용하게 되어 포항 지역을 강타하는 모래먼지와 바람으로부터 어느 정도 눈을 보호할 수 있었다.

제철소 건설은 그야말로 좌절과 절망으로 가득한 전투와도 같아서 현장직원들은 때때로 힘겹게 자연과 싸워야 했다. 항만공사를 시작하면서 바닷물을 가두기 위해 임시로 쌓아놓은 모래제방은 바람이 세차게 불 때마다 높이와 두께가 달라질 정도였다. 종종 모래제방은 하루에도 몇 번씩 바닷물로 씻겨나가거나, 어떤 때는 무너져서 수십만 톤의 물이 공사현장을 덮치곤 했다. 흙과 모래가 다시 바다로 흘러가버려 항만공사를 엉망으로 만들기도 했다.

처음부터 근무했던 포철 직원들은 이러한 초창기 시절을 '포철의 선사시대'라고 부른다. 오늘날까지도 포철의 '왕고참'들은 신입직원들이 들어오면 초창기 시절의 이야기와 역경을 자랑스럽게 들려주곤 한다. 신입직원들은 지루한 줄도 모르고 수십 번이나 듣고 또 들으면서 인내와 역경으로 점철된 이야기에 사로잡히곤 한다. 한 세대에서 다음 세대로 내려가면서 이들은 함께 역사를 만들고, 동지애를 느끼고, 애사심을 키우는 것이다. 이런 식으로 포철정신은 면면히 이어져 왔고, 결정적인 순간이 되면 굳게 뭉쳐 엄청난 힘을 발휘할 수 있었다.

종업원들이 우선이다

건설 초창기에 포철 직원들은 롬멜하우스 안에서 책상이나 탁자, 심지어는 마루바닥 위에서 건물 틈 사이로 스며드는 차가운 바닷바람을 막기 위해 군대모포로 몸을 둘둘 감고 잠을 청하곤 했다. 또한 시내 여인숙에 방을 몇 개 빌려서 합숙하기도 했으나, 언제까지나 그런 악조건에서 지낼 수는 없었다.

공장부지 매수 업무가 일단락되고 부지정리 공사가 본격화되면서 포철은 우선 대규모 건설공사에 투입될 인원들을 대거 채용하기 시작했다. 그러나 직원수가 갑자기 급증하자 주택과 학교시설이 턱없이 모자라 심각한 문제로 대두되었다. 포철은 서울을 떠나 포항 현장에서 근무할 유능한 인재를 모집하는 데 상당한 애로를 겪었다. 또한 포항으로 내려온 직원들의 경우에도 같이 따라온 부인과 자녀들은 불편한 지방의 생활환경 때문에 여간 고생이 아니었다.

일 년 사이에 포항 인구는 포철 직원의 대거 유입으로 40%나 급증했으며, 주택과 학교에 대한 수요가 폭발적으로 늘어났다. 1968년 포항시의 주택보급률은 60%에도 못 미쳤고 초등학교 교실의 학생수용 능력은 50%도 되지 못했다. 학교는 2부제 수업을 실시했으나 일시적인 방편에 불과했다. 콩나물시루 같은 교실에서 많은 아이들이 책상도 걸상도 없이 수업을 받아야 했다.

주택과 학교시설이 크게 부족하자 포철 직원들과 가족들의 생활은 매우 불편했다. 오래지 않아 인사부장은 주거 및 교육시설이 부족해 대도시로 떠나는 이직자가 증가하고 있다고 보고했다.

하늘에서 내려다 본 준설작업 현장. 준설 파이프에서 물이 뿜어져 나오고 있다.

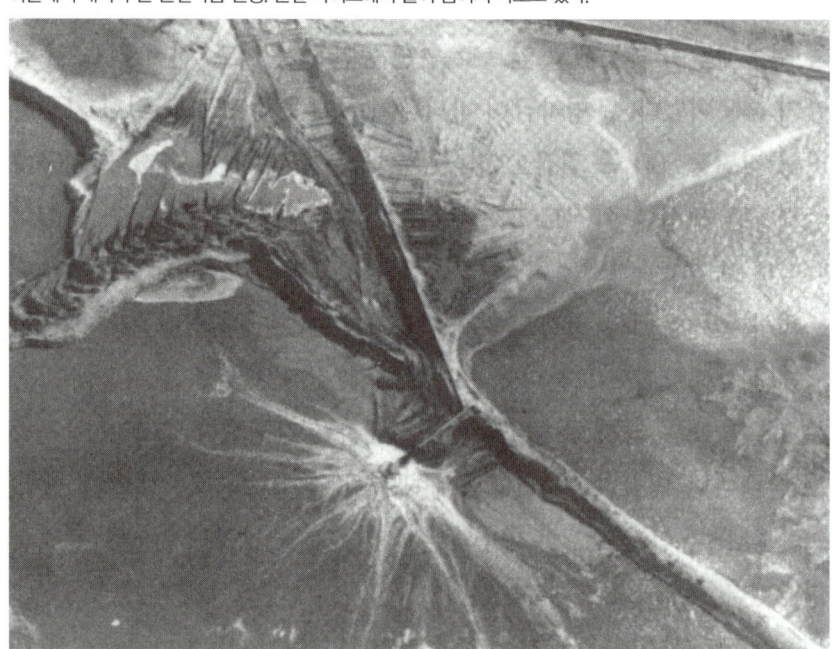

박태준은 자신이 직접 이 문제를 해결하기로 했다. '회사가 성공하려면 직원들부터 보살펴라'는 자신의 경영철학을 실천해 왔던 그는 여전히 이 정책을 밀고 나가려 했으나, 한 가지 어려운 점이 있었다. 바로 재정 문제였다. 당시 회사재정은 빠듯했고 수년 동안은 수익도 전혀 없을 것 같았다. 운영자금이 바닥나자 주택문제 해결을 위한 자금은커녕 직원들에게 줄 월급도 없어서 회사는 큰 곤경에 빠졌다. 더구나 국제차관 교섭은 아직도 지지부진하여 자금을 확보할 수 있는 길이 막막해 보였다.

회사자금이 거의 고갈되자 종업원들에게 제때 봉급을 줄 수 없는 사태가 발생할지도 모른다는 우려가 커져 갔다. 박태준은 서울에 있는 주요 은행들을 직접 찾아다니며 신용대출을 간청했다. 그러나 방문하는 은행마다 담보가 없기 때문에 대출이 불가능하다는 대답만 했다. 그는 착잡한 심정으로 마지막 남은 한일은행을 방문해 하진수 행장을 면담했다.

하행장의 사무실은 넓고 호화스러워 보였다. 사무실 한가운데에 티크재로 만든 대형책상이 있었고, 그 위에는 두 대의 전화기와 몇 개의 홀더가 놓여 있었다. 책상 뒤에는 유리문 달린 책장이 두 개 있고, 그 안에 한국은행 통계연감, 미국 MIT 대학의 저명한 경제학자 폴 사무엘슨 교수의 경제원론, 챈들러 교수의 화폐금융론 등을 비롯해 미국, 일본 등에서 발간된 금융론과 경영론 관련 서적들이 가지런히 꽂혀 있었다.

롬멜하우스와 하행장의 사무실은 마치 밤과 낮처럼 전혀 달랐다. 롬멜하우스에는 좋은 책상, 푹신한 의자, 번쩍거리는 마루 등이 아닌 임시 변통의 책상, 3개의 나무의자, 거친 합판바닥과 벽만이 있었다. 하행장의 으리으리한 사무실을 보자 박태준은 고생이 막심한 직원들에게 봉급조차 주기 어려운 자신의 처지가 더욱 비참하게 느껴졌다. 그는 이렇게 궁색한 입장에 놓인 자신이 몹시 싫었으며 다시는 이런 처지에 빠지지 않겠다고 결심했다.

"박사장님, 포철은 잘돼 갑니까?"

하진수 행장이 말문을 열었다.

"그럼요. 거국적으로 지원받고 있는데 어떻게 안될 수가 있겠습니까?"

박태준은 자신있게 대답하고 하행장에게 장래 계획과 지금까지의 진척 상황을 열심히 설명했다. 그러고 나서 하행장을 방문한 이유를 말했다.

"행장님, 제가 오늘 이렇게 불쑥 찾아뵙게 된 것은 다급하고 어려운 부탁을 하기 위해섭니다. 저희 포철은 앞으로 우리나라를 대표하는 기업으로 성장할 것으로 확신합니다만 현재 국제차관이 확정되지 않아서 운영자금이 매우 부족한 형편입니다."

하행장은 조용히 머리를 끄덕였다.

"부지조성 공사가 계획대로 잘 진행되고 있으니 국제차관 문제가 마무리되면 곧바로 공장건설에 착수할 계획입니다. 그래서 직원도 많이 고용했는데, 지금은 투자 규모가 워낙 커서 자금이 부족한 형편입니다. 행장님께서 도와주셨으면 합니다."

그는 간절한 심정으로 하행장의 얼굴을 쳐다보았다.

"담보가 없기 때문에 규정상 대출할 수가 없습니다. 하지만 박사장님의 열의를 보니 포철은 틀림없이 성공할 것 같습니다. 이번 경우에는 예외 적용을 해서 20억 원을 대출해 드리겠습니다. 지금까지 이런 식으로 대출한 적이 없습니다만 이번만은 특별히 봐드리지요. 이렇게 박사장님을 돕게 되어서 정말 기쁩니다. 부탁드리고 싶은 것은 반드시 성공하셔서 우리 손으로 철강을 생산하게 해달라는 것입니다. 박사장님께서는 반드시 해내리라 믿습니다."

하행장은 그를 응시하면서 신용대출을 약속했다. 박태준은 구세주를 만난 심정으로 하행장과 굳게 악수했다.

"정말로 감사합니다. 행장님의 호의에 꼭 보답하겠습니다."

한일은행의 신용대출로 포철은 숨통이 트였고 직원들에게도 제때 월급을 지급할 수 있었다. 이런 인연으로 한일은행은 오늘날까지도 포철의 주거래은행이 되었다.

박태준은 직원주택을 곧바로 짓고 싶었으나 회사의 자금 사정이 넉넉지 못하고 국제차관 도입도 불투명하였기 때문에 망설여졌다. 며칠 동안 고심한 끝에 그는 직원주택을 짓겠다는 당초 계획을 그대로 밀고 나가기로 결심하고 정부 당국과 금융기관을 설득하기 시작했다. 항상 종업원들을 우선해야 한다는 것이 그의 생각이었고, 이들의 주거생활이 안정되어야만 사업도 제대로 커나갈 수 있다고 믿었다.

박태준은 직원주택의 공급을 임대주택이 아닌 자가주택 방식으로 택하고 '내집마련' 제도를 만들었다. 직원주택단지 내에서 자기 집을 갖기 원하는 직원들에게 회사는 장기저리의 대출을 포함하여 좋은 조건을 제시했다. 소유권을 갖게 되면 직원주택 거주자들은 자신들의 집에 애착을 느끼고 집을 잘 관리할 뿐만 아니라, 집이 있음으로 해서 다른 생각을 품지 않고 장래를 위해 보다 열심히 일할 것으로 믿었다.

이런 제도는 당시 한국 사정으로 볼 때 매우 진보적인 것이었다. 실업이 만연했기 때문에 직장만 있으면 행복했던 시절이었고, 종업원 복지에 투자

한다는 것은 쓸데없는 낭비라고 생각되던 때였다. 대부분의 회사들이 직원 주택제도를 도입하지 않았고 그나마 직원주택이 있는 경우에도 관리가 엉 망이었다. 전반적인 사회분위기가 이러했음에도 불구하고 박태준은 종업 원들을 보살피는 것이 가장 중요한 투자라는 자신의 신념을 밀고 나갔다. 그는 경영진과 종업원 사이에 좋은 관계가 확립되어야만 종업원들의 최선 을 기대할 수 있다고 믿었다. 이러한 그의 신념과 행동은 당시 많은 경제학 자들에게는 신선한 충격이었다. 그러나 일부 사람들은 그의 신념을 비꼬기 만 하고 동감하지 않았다.

직원주택을 짓기로 결심하자 그는 당시 만연했던 부동산투기를 우려해 조속한 시일 내에 주택단지를 조성할 장소를 선정하고자 했다. 출퇴근 거 리, 단지규모, 주거 및 자연환경, 학교위치, 교통편, 각종 사회간접자본 및 비용 등을 고려해 직접 적당한 장소를 물색한 끝에 포항 효자지구를 선정했 다. 당시 효자지구는 쓸모없는 야산으로 일부에는 공동묘지가 있어서 투기 바람이 거의 일지 않았던 곳이었다. 아무리 약삭빠른 투기꾼이라 해도 오래 된 공동묘지가 있는 야산에다가 자기 돈을 투자하는 경우는 없었다.

박태준은 몇몇 직원들이 옛날 공동묘지에 주택을 짓는 것을 꺼림칙하게 여기자 그들을 점잖게 타일렀다.

"우리나라에 양지바른 야산치고 묘지 없는 곳이 있던가? 더구나 우리나라 사람들은 항상 명당을 찾아 죽은 사람을 묻지 않나. 이곳은 명당자리가 틀림 없어. 내 생각에는 조상들이 우리의 뜻을 이해하고 지켜주실 것 같네."

1968년 9월 10일 포철은 1억 3,700만 원에 효자지구 20만 평을 매입했 다. 박태준은 잡음이 생기지 않도록 자신이 신중하게 부지매입 거래를 처

독신 사원들을 위한 숙소건설 현장에서 작업 지시를 하고 있는 박태준 사장

리했지만, 여러 곳에서 그에게 비난을 퍼붓기 시작했다. 정부 관료들은 공장지을 돈도 아직 확정되지 않은 이 시기에 직원주택부터 짓는다고 못마땅해 했으며 언론들은 포철이 제철소보다는 땅투기에 관심이 많다고 매도했다. 어떤 사람들은 심지어 그의 인격까지도 모욕했다. 그해 국정감사에서 한해주 국회의원은 그를 불러 세워놓고 호되게 질책했다.

"박사장은 나랏돈을 갖고 땅투기를 하는 것 아니오?"

그러나 박태준은 종업원들의 주거안정이 유능한 인재들을 끌어들이고 장기근속을 유도하는 데 필수적임을 굳게 믿고 그대로 직원주택 사업을 강행했다. 온갖 비난에도 아랑곳하지 않고 그는 직원주택과 함께 외국 귀빈용 숙소들을 계속 지어나갔다.

여러 해에 걸친 공사로 포철의 직원주택단지가 완성되자 아시아 여러 나라에서는 이것을 주택개발 사업의 모델로 삼았다. 주택단지를 둘러본 방문객들은 그의 선견지명을 칭찬하면서 '스위스의 휴양지' 또는 '별천지' 같다고 감탄했다.

1991년 8월 포철을 방문한 구 소련연방의 외교아카데미 부원장이 직원주택단지를 둘러보고 다음과 같이 감탄했다.

"제철소에 아주 가깝게 있으면서도 주택단지가 이렇게 깨끗하고 쾌적할 수 있다니 정말 놀랐습니다. 바로 이것이야말로 우리 소련 인민들이 레닌 동지 이래로 꿈꾸어 왔던 이상입니다."

박태준의 선견지명 덕분으로 회사는 눈에 보이지 않은 커다란 이익을 얻었다. 주택문제가 해결되자 포철은 대도시에서 멀리 떨어져 있음에도 불구하고 뛰어난 인재들을 끌어모을 수 있었던 것이다. 회사가 실행한 '내집 마련' 제도는 직원들에게 드높은 자부심과 애사심을 고취시켰으며 회사가 안정되었다는 인식을 심어주었다. 또한 가정생활이 안정되면서 마음이 든든해진 직원들은 회사자산과 공장시설을 아끼게 되었고 회사가 자기들을 돌보고 있다는 느낌을 받았다. 그 덕분에 회사를 자기 집처럼 생각하게 되었고 생산성 증가, 결근률 저하, 애사심 함양 등의 효과들이 나타나기 시작했다.

포철의 양호한 노사관계는 주택, 교육, 스포츠 및 여가시설 등과 같이 좋은 근무환경을 회사가 먼저 제공하고자 했던 회사방침의 직접적인 결과였고, 결국 노사 양측이 모두 승자가 되는 바람직한 거래였던 것이다.

연수부터 시작

박태준은 항상 회사의 장기적인 이익을 고려했다. 포철의 성공요인 중의 하나는 그가 일찍이 시행한 연수 프로그램이었다. 1968년 4월 포철이 창립되고 KISA와의 국제차관 협상이 진행되고 있을 때, 그는 포철 기술자들이 일본 철강회사에서 기술을 습득할 수 있도록 연수 프로그램을 계획하고 일본 철강연맹에 협력해 줄 것을 요청했다. 그는 일본 철강산업이 이룩한 성취를 존경하고 이들로부터 가능하면 많이 배우려고 했다.

1968년 11월, 포철은 9명의 직원을 한 달 동안 가와사키 제철소에 파견하여 연수시켰고, 또 다른 6명은 3개월 동안 후지 제철소로 연수를 보냈다. 곧이어 1969년 4월에는 14명이 뒤따라갔다. 포철의 창설요원들 중에서 용광로나 제철소를 본 직원들이 거의 없었기 때문에 그는 해외연수를 통해 부족한 국내 기술을 향상시켜야 한다고 주장했다. 박태준은 일본으로 떠나는 기술연수생들을 불러놓고 다음과 같이 강조했다.

"여러분은 연수기간 동안 연수규정에 어긋난다 할지라도 무슨 수를 쓰든 일본 철강기술에 대해 하나도 빼놓지 말고 모두 배워와야 됩니다. 포철을 키워줄 기술들을 머릿속에 듬뿍 담아오시오."

포철 연수생들은 그의 지시에 따라 최선을 다해 공장설계, 자재관리, 원가절감, 제품개선 및 생산성 향상 등에 관한 자료들을 수집했다. 연수를 끝내고 귀국하자 연수생들은 포철 내부연수 프로그램을 작성하고 자신들이 새로이 습득한 지식과 기술들을 동료들에게 가르쳐주었다. 그 결과 회사 전체적으로 정보연계 사슬이 형성되어 학습능력이 놀랄 만큼 신장되었다. 일

직원들에게 직접 강의를 하는 박태준 사장

본에서 가져온 자료, 기술사양서, 기타 정보들은 포철 연수자료와 작업 매뉴얼로 번역되어 사용되었다.

1968년 10월 24일, 포철은 자금이 부족했음에도 불구하고 연수원을 짓기 시작해 1969년 1월 15일 공기를 앞당겨 완공했다. 회사의 장래를 위해 교육이 지극히 중요하다는 것을 확신한 그는 무엇보다도 먼저 연수원을 설립했던 것이다.

포항 제1기공사가 마무리된 1972년까지 포철은 600명에 달하는 인원들을 일본, 호주, 서독 및 기타 국가로 보내 철저하게 기술연수를 시켰으며, 5백만 달러에 이르는 해외연수 비용을 지출했다. 박태준은 그만 한 가치가 충분히 있다고 생각했다. 연수비용보다 훨씬 많은 투자효과를 가져왔기 때문이었다.

박태준 사장의 강도높은 연수 프로그램을 제대로 알 리 없었던 KISA는 제철소를 운영하기 위해서는 가동 초기 몇 년 동안 외국 전문 기술자와 운영계약을 맺고 공장관리와 직원교육을 맡기라고 정부에 제안했다. 그러나 그는 이 제안을 탐탁지 않게 여기고 한국 기술자들이 처음부터 직접 공장을 가동운영하기를 원했다. 그래서 제철소를 운영하는 데 필요한 기술들을 습득하기 위해서 직원들을 일본으로 연수보냈다. 이는 당시 미국 철강업체가 세계시장을 주도하고 있기는 했지만 일본은 최신식 설비와 공정, 가장 뛰어난 종업원들, 첨단 철강기술개발 등의 강점을 지니고 있었기 때문이었다. 기업의 성공 여부는 포철직원들이 얼마나 빨리 기존의 기술을 습득하고 새로운 기술을 배워 적용시키느냐에 달려 있다는 것이 그의 생각이었다.

직원연수에 대한 박태준의 열정은 대단했다. 연수에 대한 최고경영자의 관심이 회사 성공에 결정적으로 작용한다고 믿은 그는 직접 연수 프로그램 작성에 간여했다. 그리고 회사경영, 경영철학, 국가 경제에서의 철강의 역할, 건설관리, 인격도야, 기업윤리, 자재관리, 생산성 향상, 팀워크, 애국심, 규율과 헌신 등에 대해 종업원들에게 강의했다. 또한 그런 강의를 통해서 그는 선진기술의 응용, 과학적인 의사결정 및 일체화된 기업문화 창조 등이 중요하다는 것을 강조했다. 그의 강의 핵심은 언제나 '제철보국'이었다. 뛰어난 기량과 열정을 가진 종업원들을 양성하고자 했던 다른 기업들은 포철의 직원연수를 보면서 종업원 훈련의 중요성에 눈을 뜨게 되었고 앞다투어 포철의 연수 프로그램을 모델로 삼았다.

지속되는 KISA와의 협상

1968년 내내 포철 직원들은 1만여 페이지에 이르는 장비구매 리스트를 포함해 KISA 예비계약서를 평가하느라고 여념이 없었다. 포철의 관리자들과 기술자들은 평가업무를 감당할 만한 전문적인 지식과 경험이 부족했기 때문에 종합제철 건설추진위원회는 일본의 철강자문용역단을 고용했다. 자문용역단은 후지제철, 야하타제철, 니혼강관 등 3개업체의 기술자들로 구성되었다. 한국은 미국, 서독, 영국, 프랑스, 이탈리아, 호주 등 10개국에게도 용역의뢰서를 보낸 결과 영국, 서독, 호주, 일본 등 4개국으로부터 용역 제안서를 받았고 그중에서 일본을 선정했다. 일본이 현대적인 제철소를 짓는 데 최신 경험을 갖고 있는데다 일본과 제철소를 짓는 환경이 유사했기 때문이었다. 또한 양국 사이에 어느 나라보다도 의사소통이 용이하다는 점도 일본을 선정하게 된 이유 중 하나였다.

이와 더불어 한국은 1968년 12월 미국의 바텔 연구소와도 용역계약을 체결했다. 바텔을 선정한 목적은 KISA와 일본 자문단간에 설계와 설비문제를 놓고 의견이 상충하는 일이 발생했을 때 이를 중재하고 제3자의 입장에서 한국에 객관적인 검토 내용을 알려주는 데 있었다. 포철처럼 거대한 프로젝트인 경우에는 제안서를 객관적으로 평가하기 위해 2개 이상의 외부 전문가집단을 고용하는 것이 일반적인 관례였다.

포철 기술자들과 자문단은 KISA가 보내온 일반기술계획서와 장비구매 리스트를 검토하느라고 1968년 여름 내내 고생했다. 땀과 모래로 뒤범벅이 된 채 모기에 물려가면서 기술자들은 세밀하게 서류를 살펴 나갔고 모든 내용들을 상세하게 검토했다. 또한 기술사양서를 체크하고 가격산정 내역을 검토하였으며, 성능 보장의 적정성을 조사했다.

서류를 검토한 포철 기술자들은 계약서 내용들 중에서 수정해야 할 부분들을 많이 발견했다. 제철소 생산 규모를 50만 톤에서 60만 톤으로 재협상하면서 보다 효과적으로 철을 생산하기 위해 고로의 설계와 공장배치를 변경했다. 즉 연산 60만 톤의 생산능력을 원활하게 달성하기 위해서는 예비계약서에 있는 70여 개 이상의 항목들을 재협상 또는 조정해야만 했고, 성능보장과 비용절감을 위해서 20개 이상의 항목들을 추가 변경해야만 했다. 이에 따라 전체 프로젝트 비용이 상향조정되었다. 1968년 11월 5일 설비, 생산능력 및 장비에 대한 추가협정을 체결했으나 몇몇 항목들은 아직 협상이 끝나지 않은 상태였다. 주로 계약기간 동안 적용되는 물가상승률, 성능보장, KISA와 한국의 책임한계 등에 관한 항목들이었다.

부지조성 공사는 순조롭게 진행되고 있었고 일반기술계획서와 장비구매리스트의 구체적인 내용까지 성공적으로 타결되었다. 포철은 차관협정만 마무리되면 1969년 1월 이전에라도 공장건설을 시작할 준비가 되어 있었다. 이제 한국은 제철국가로 가는 길목에 들어서게 되었다. 그러나 국제차관이라는 한 가지 장애물이 남아 있었다. 차관협상에 별다른 진전이 없자 정부관료들을 비롯한 박태준의 걱정은 쌓여만 갔다.

제 9 장

거절

'제철소 프로젝트는 실패 직전에 와 있다.
그런데 나에게는 회사를 구해낼 방법이 없는가.
나는 대통령 각하와 온 국민을 실망시킬 수밖에 없단 말인가?'

제철소가 계획대로 1972년 완공되기 위해서는 늦어도 1969년 1월부터 건설공사가 시작돼야만 했다. 그러나 제철소 착공에 절대적으로 필요한 국제차관이 아직도 해결되지 못한 상태였다. KISA측과 계속해서 협의했지만 국제차관 협상은 뚜렷한 성과 없이 지지부진했고 이에 따라 포철의 불안감은 점점 커져만 갔다.

KISA와 체결한 예비계약서에 따르면 제철소 건설에 필요한 차관을 확보하기 위해 한국 정부와 KISA가 함께 노력하기로 되어 있었다. KISA 회원사의 지원하에 한국 정부가 차관을 확보하는 방식이었다. KISA 회원사들의 역할은 사실상 제철소 건설에 필요한 기자재를 팔고 컨설팅 서비스를 제공하는 한편 한국 정부의 차관조달을 지원하는 데 불과했다. 법적으로 명백하게 KISA 회원사를 구속하는 조항이 예비계약서 어디에도 없었다.

본래 한국 정부는 미국 정부를 직접 상대하여 차관을 도입하고자 했다. 하지만 1년여에 걸친 KISA와의 지루한 협상이 진행되는 도중에 미국 정부의 차관 공여 절차가 변경되었다. 개정된 절차에 따라 한국은 코퍼스, 웨스팅하우스, 블로녹스 등의 미국 회사로부터 기자재를 구매하기 위해 미정부가 아닌 미수출입은행에 프로젝트 파이낸싱을 신청하게 되었다. 새로운 규정하에서 설비구입 자금은 상업차관으로 분류되었기 때문에 공공차관보다 심사과정이 훨씬 까다로워졌다.

　1968년 11월 한국 정부는 실망스러운 소식을 접하게 되었다. 미국 수출입은행의 의뢰로 한국 정부의 차관요청을 심사한 세계은행이 '한국 경제 동향 보고서'라는 제목하에 종합제철소 프로젝트의 경제적 타당성에 커다란 의문을 제기했다. 국제수지 문제 때문에 원리금 상환이 어려울 것이라는 결론이었다. 이어서 보고서는 자본 집약적이고 기술 집약적인 종합제철소 프로젝트보다는 기계장비산업에 프로젝트의 우선순위를 두어야 한다고 강조했다.

　과거 몇 년 동안 상당한 발전을 이룩하긴 했지만 한국 경제는 아직도 취약한 상태였다. 저임노동력이라는 경쟁우위를 바탕으로 수출 주도의 경제성장을 도모하고 있는 한편 막대한 양의 기계장비와 원자재, 기술을 수입해야만 했다. 당시 수출산업은 미미한 수준이어서 외화를 충분히 벌어들일 수 없었다. 경제여건이 나아지고 있었지만 세계적인 금융기관에서 연구하고 있는 경제분석가의 판단에 영향을 줄 수 있는 정도는 아니었다.

　미국으로부터 차관도입이 불투명해지자 한국 정부는 서유럽으로 차관선을 돌렸다. 우선 외교채널을 통하여 차관문제를 상의한 다음 곧바로 현지금융기관과 접촉했으나 결과는 신통치 않았다. 그때까지 KISA와 세계은행 그리고 미국 수출입은행과의 차관조달 협상을 정부 관리에 맡겨놓은 채 박태준은 포항에서 공장부지 조성공사에만 전념하고 있었다. 그러나 차관도입이 여의치 않자 그는 1969년 1월 말 피츠버그로 가서 KISA 대표들을 방문하고 차관을 확보할 수 있는 보장을 받고자 했다.

정문도 경제기획원차관보와 포철의 정재봉 KISA 담당상무는 그보다 먼저 피츠버그에 도착해 있었고 포철의 안병화 업무부장과 노중렬 외자계약부장도 기자재에 관한 실무협상을 위해 미리 도착해 있었다. 피츠버그에서 협상을 끝낸 후 두 그룹은 워싱턴으로 가서 세계은행과 미국 수출입은행을 대상으로 각각 한국의 경제 현황과 프로젝트 타당성을 설명하고 이들을 설득할 예정이었다.

피츠버그로 떠나가기 전날 박태준 사장은 좋지 않은 소식을 전해 들었다. KISA의 대표인 코퍼스의 포이 회장이 한국 협상팀에게 다음과 같은 말을 전했기 때문이었다.

"유감입니다만, 이제 저희보다는 당신들이 직접 나서서 세계은행을 설득하는 것이 좋을 것 같습니다. 저희는 한국의 경제상황과 프로젝트의 타당성을 알리는 데 있어서 전면에 나서지 않을 뿐더러 또한 더 이상 차관조달 문제에 대해 관여하지 않기로 결정했습니다."

그 말을 들은 사람들은 모두 어안이 벙벙했다. 거의 2년간에 걸친 작업 끝에 KISA가 포기한 것처럼 보였기 때문이었다.

KISA가 등을 돌렸다는 소식을 접한 박태준은 손수 피츠버그로 가서 담판을 지은 뒤 워싱턴에 있는 세계은행과 미수출입은행 관계자들을 설득할 작정이었다. 이 일을 위해 믿음직한 통역자가 필요했던 그는 당시 홋카이도의 후지 제철소에서 연수를 받고 있던 최주선 부장을 불렀다. 최주선은 즉각 비행기를 타고 도쿄로 왔다. 도쿄에서 합류한 이들은 3일을 기다려 미국 입국비자를 받은 다음 1969년 1월 31일 드디어 미국행 비행기에 몸을 싣고 피츠버그를 향해 출발했다. 박태준은 미국에 도착하자마자 지체 없이 코퍼스 본사로 달려갔다. 먼저 도착한 한국 협상팀과 합류한 뒤 이틀 동안 포이 회장과 KISA 회원사 대표들을 만나고 프로젝트 건설자금 지원을 약속해 달라고 설득했다.

또한 KISA 회원사들을 따로따로 만나서 한국의 경제상황과 종합제철소의 중요성을 설명하고 설득하는 과정을 되풀이했다. 회의는 하루 종일 이어졌다. 미국 철강산업의 역사가 숨 쉬고 있는 듀케인 클럽에서 박태준은 쉬지 않고 한국에 건설자금을 지원해 달라고 KISA 대표들에 대한 로비활동을 맹렬하게 전개해 나갔다. KISA가 지원하면 세계은행이 한국에 차관을 승인해 줄 것이라는 견해를 피력했다. 그러나 포이 회장은 세계은행의 보고서를 인용하면서 제철소 프로젝트의 경제적 타당성이 희박하다고 주장했다. 메시지의 내용은 분명했다. 세계는 한국의 종합제철소 프로젝트가 타당하다고 믿지 않는 것이다. 오랜 대화 끝에 포이 회장은 박태준에게 KISA는 프로젝트 건설자금을 지원하지 않겠다고 말했다.

계약서에 명시된 조항이 없었기 때문에 사실상 KISA 회원사들은 자금지원에 대한 법적 책임이 없었다. 하지만 포철의 입장에서 보면 KISA는 타당성 분석과 예비계약서 체결 등의 과정에서 차관조달에 협조하겠다는 당초의 약속을 지켜야 할 도의적인 책임이 있었다. 이러한 KISA측의 행동은 온

당한 거래관계와 정면으로 배치되는 것이었다. 당시 한국은 법적인 보장이 없는 상태에서 KISA와 맺은 예비계약서에 따라 이들이 자본과 기술을 지원해 줄 것이라고 믿고 초대형 프로젝트를 시작했던 것이었다. 이는 동서양 간 사업문화의 차이에서 기인한 것이었고, 더구나 한국이 국제사업에 대한 경험이 부족한 탓에 발생한 잘못이었다.

박태준은 커다란 배신감을 느꼈다. KISA 회원사 대표들이 처음에는 훌륭한 신사처럼 보였으나 나중에 알고 보니 실리를 위해서는 자신들의 명예를 쉽게 버릴 정도로 철저하게 이해타산만을 추구하는 속물에 불과하다고 내심 생각했다.

'10월에 체결한 예비계약서에서 가장 좋은 조건의 차관을 얻을 수 있도록 지원한다고 약속한 것은 KISA가 아니었던가? 지금에 와서 KISA가 차관 도입에 필요한 지원까지도 거절할 정도로 마음을 갑자기 바꾼 이유가 무엇일까? 왜 하필이면 지금 그럴까? 최종계약서가 체결되지 않아 문서상으로는 어떻든간에 이들은 차관문제에 대해 도의적인 책임을 벗어날 수 없는 입장이야. 우리나라는 KISA와의 약속을 믿고 수백만 달러를 투자해 타당성 조사를 하고 제철소 부지를 조성했는데 이들이 어떻게 우리들을 외면할 수 있단 말인가? 이들은 분명 우리나라의 사정을 잘 알면서 예비계약서에 서명했고 우리나라의 경제여건은 사실 그때보다 훨씬 좋아지고 있지 않은가!'

또 한 번 지루하고도 성과없는 협상을 마치고 호텔로 돌아온 박태준과 최주선은 차관에 대한 희망이 사라지는 것을 보고 슬픔과 환멸을 느꼈다. 다음날 세계은행과 미국 수출입은행을 설득하기 위해 워싱턴으로 가기로 되어 있었지만 KISA가 포기한 마당에 이들이 한국의 차관신청을 승낙할 것이라고 기대하는 것은 불가능했다.

투숙하고 있는 듀케인 클럽은 우아하고 편안한 분위기를 갖고 있었지만 박태준은 잠을 청할 수가 없었다. 마음이 속상해 뒤척거리고 있던 그는 자정 무렵에 벌떡 일어났다. 박태준은 포이 회장이 듀케인 클럽에 머물고 있다는 것을 알고 최주선을 흔들어 깨웠다.

"최부장, 포이 회장에게 지금 당장 만나야겠다고 전화해!"

최주선은 시계를 보고 나서 곤란하다는 듯이 그를 바라보았다.

"사장님, 이 늦은 시각에 노인양반을 깨워 꼭 이리로 오라고 해야 합니까?"

"이대로 포기할 수는 없어! 돈푼깨나 있다고 신의를 저버리고 제멋대로 행동하는 사람들이잖아. 한 번 더 그를 만나서 KISA의 결정을 확인해야겠어. 다시 한 번 부딪쳐봐야지. 전화해서 30분 정도 만날 수 있는지 알아봐."

박태준이 분명하게 말했다. 최주선은 어쩔 수 없이 포이 회장이 묵고 있는 방으로 전화를 걸었다.

"회장님, 이렇게 늦은 시각에 전화드려서 정말 죄송합니다. 저희 사장님께서 꼭 한 번 만나뵙고 싶다고 하십니다."

최주선이 머뭇거리며 말했다.

"언제 말입니까?"

양치질을 이제 막 끝내고 잠자리에 들려던 포이 회장이 놀란 듯이 물었다.

"회장님, 가능하면 오늘 밤…."

"오늘 밤이라구요?"

포이 회장이 믿어지지 않는다는 듯이 되물었다.

"그렇습니다, 회장님."

"너무 늦은 시각인 것 같은데. 내일 워싱턴으로 떠나기 전에 아침 일찍 만나면 좋겠는데요."

"안 됩니다, 회장님. 오늘 밤 당장 만나야 합니다."

최주선은 자신의 요청이 커다란 결례인 줄 잘 알고 있었다.

"좋습니다. 내가 그리로 가지요."

포이 회장은 박태준이 느끼고 있을 좌절감을 생각하고 흔쾌히 승낙했다.

백발이 성성한 그는 정장차림을 하고 박태준이 묵고 있는 방으로 들어왔다.

"이렇게 늦은 시각에 시간을 내주셔서 대단히 감사합니다."

박태준은 그에게 감사의 마음을 전했다.

"박사장님, 하시고 싶은 말씀이 무엇입니까?"

포이 회장은 미심쩍다는 듯이 말했다.

"다른 나라들이 한국의 철강산업에 투자할 의향이 없다는 것은 이해할 수 있지만 미국까지도 그렇다는 것은 이해할 수 없습니다. 한국은 수많은 노력과 희생을 들여서 공산주의 확산을 막고 있으며 민주화와 현대화를 이룩해 나가고 있습니다. 또한 경제를 발전시켜 가난에서 벗어나려고 발버둥치는 아시아 개도국들의 모범이 되고 있습니다."

"박사장님, 이것은 사업상의 문제입니다. 세계은행의 보고서에 대해 들으셨지요? 경제적 타당성이 없는 프로젝트에 대해서는 지원할 수 없습니다. 이 점을 이해하셔야만 됩니다."

포이 회장이 담담하게 대답했다.

"그렇지만 우리가 지난번에 맺은 계약은 사실상 프로젝트를 지원하겠다는 약속이 아닙니까? 미국은 분명히 우리에게 도의적인 책임이 있습니다. 바람직한 방향으로 해결될 수 있도록 당신께서 다른 KISA 회원사 대표들을 설득해 주시기를 간곡하게 부탁드립니다."

박태준의 논리정연한 부탁에도 불구하고 포이 회장은 냉정하게 대답했다.

"당신이 실망하고 있다는 것은 충분히 이해할 수 있습니다만, 세계은행이 이 프로젝트에 경제성이 없다고 주장하는 데야 우리들이라고 별 수 있겠습니까?"

"하지만 회장님, 세계은행의 입장을 바꾸도록 하기 위해서는 KISA의 도움이 절대적으로 필요합니다. 우리를 지원하기 위해 결성된 KISA가 지금에 와서 우리에게 등을 돌리고 있습니다. 한국은 작고 가난한 나라지만 발전하기 위해 발버둥치고 있습니다. 미국과 같이 강력한 우방이 앞장서서 도와주지 않으면 어떻게 합니까?"

포이 회장이 변명하듯 말했다.

"세계은행이 곧 한국 경제에 대한 최종보고서를 발표할 것입니다. 그들의 견해는 예전과 달라지지 않았습니다. 즉 한국의 경제여건은 종합제철소와 같은 대규모 투자를 감당할 수 없다는 것이지요. 개인적으로는 한국을 도와드리고 싶지만 세계은행의 의견을 무시할 수 없는 형편입니다. 기회는 아직 남아 있으니까 워싱턴에 가서 최선을 다해 그들을 설득해 보시기 바랍니다."

박태준은 한 시간 이상 포이 회장을 붙들고 이야기했지만 그의 마음을 돌려놓지는 못했다. 더 이상 할 말이 없었다. KISA 회원국들은 종합제철소 프로젝트에 자금을 제공하지 않을 것이며, 또한 포철이 미국 수출입은행에 신청한 차관융자건에 대해서도 예전의 약속에도 불구하고 지원하지 않을 것이 확실했다.

포이 회장은 작별인사를 한 뒤 자기 방으로 돌아갔다. 참담한 앞날을 생각하면서 박태준은 희망을 잃은 채 어둠 속에서 허공을 바라보기만 했다. 그는 '강대국이 우리를 저버렸다'고 생각했다. 상심할 대로 상심한 그의 마음은 포항 건설현장으로 달려가고 있었다. 영일만의 아름다운 해안과 정든 집들이 부서지고 마을이 송두리째 뿌리 뽑히는 광경들이 떠올랐다. 또 지난 봄 포항 현장에서 외자조달이 안 되면 제철소 건설계획이 무산될지도 모를 상황에 직면했을 때 실망스러워하던 박정희 대통령의 얼굴이 떠올랐다.

'이렇게 끝낼 수는 없다. 내 인생을 걸었던 프로젝트인데. 결코 이렇게 끝나도록 내버려 두지는 않겠다.'

그는 손으로 머리를 몇 번이고 쓸어올리면서 다시 한 번 다짐했다.

KISA의 지원이 없다면 앞으로 세계은행과 미국 수출입은행 관계자를 만나봐야 소용이 없을 것이 뻔했다. 더 이상의 협상이나 회의는 시간낭비처럼 보였다. 다음날 아침 그는 앞으로 남은 일정을 취소하기로 결심하고 방에서 자고 있는 최주선을 깨웠다.

"최부장, 워싱턴 일정은 취소야!"

초췌해진 박태준이 말을 꺼냈다.

"포이 회장과 같이 세계적인 제철플랜트 제조업자가 대량의 장비를 팔아먹을 수 있는 절호의 기회가 있는데도 불구하고 미국 수출입은행과 세계은행 앞에서 우리를 보증하지 않는다면 도대체 어느 누가 우리를 믿고 돈을 빌려주겠는가? 세계은행이 우리 주장에 대해 콧방귀도 뀌지 않을 것이 뻔해. 그들은 한국이 너무 가난하고 불안정하다고 여기고 있어. 우리는 해낼 수 있다고 확신하고 있지만 그들은 우리 프로젝트가 성공할 수 있다고 믿지 않아."

"사장님, 대표단이 곧 워싱턴으로 갈 모양인데, 같이 가야 되는 것 아닙니까?"

최주선이 조심스럽게 물었다.

"이미 말했듯이 끝난 일이야. 대표단이나 가서 은행관계자들에게 설명하라고 해. 부질없는 일이야. 동업자가 도와주지 않겠다는데 은행인들 도와주겠어? 짐이나 싸서 우리나라로 돌아가자."

짐을 꾸리고 있을 때 포이 회장이 박태준의 방으로 들어왔다.

"박사장님, 워싱턴 일이 잘되기를 바랍니다. 더 이상 도와드리지 못해서 유감입니다."

포이 회장이 악수를 청하면서 말했다. 박태준이 정중하게 인사를 건넸다.

"감사합니다, 포이 회장님. 하지만 나는 워싱턴에 가지 않을 작정입니다. 우리 대표단이야 어쩔 수 없이 일정에 따라 가야 하지만 알다시피 의례적인 절차에 불과하잖아요. 나는 한국으로 돌아가서 다른 방도를 생각해 보겠습니다."

포이 회장이 그를 위로하려는 듯 말했다.

"박사장님, 우리 부사장 중의 한 분이 하와이 해변가에 괜찮은 콘도를 갖고 있습니다. 한국으로 돌아가시는 길에 그곳에서 잠깐 쉬었다 가시지요. 당신은 너무 지쳐 있어서 며칠 동안 휴식을 취하는 것이 좋을 것 같습니다.

제가 지금 당장 필요한 조치를 취해 놓겠습니다."

하루 평균 18시간 이상이나 일에 몰두해 왔던 박태준은 심신이 지칠 대로 지쳐 있었다. 포철을 맡은 이래 장기간 동안 가족과 떨어져 살아온 그는 잠시 조용하게 하와이에서 쉬면서 생각을 정리하고 싶었다. 어쩌면 포철을 살려낼 수 있는 방도를 생각해 낼지도 모를 일이었다. 그는 포이 회장의 제안을 고맙게 받아들였다.

박태준은 최주선과 함께 시카고행 비행기를 탔다. 그는 비행기 속에서 자신이 겪고 있는 현실과 포철의 미래를 걱정하면서 내내 굳은 표정으로 차창 밖을 쳐다보았다. 비행기 차창 밑으로 하얀 눈에 뒤덮인 겨울 산들이 을씨년스럽게 내려다보였다. 그는 잠을 청하기 위해 눈을 감았으나 잠이 오지 않았다. 또다시 제철소 건설에 실패할지도 모른다는 생각에 그는 걱정이 태산 같았고, 패배한 사람처럼 절망 속에서 깊은 한숨을 내쉬었다.

하와이로 향하는 비행기 속에서 그는 포철 사장으로서 회사를 보호하고 종업원의 복지를 증진시켜야 하는 책임과 그동안 겪었던 희생에 대해서 곰곰이 생각했다. 포항에 남아 있는 종업원들은 지금 한일은행의 긴급융자 덕택에 봉급을 받고 있는 실정이지만 얼마 지나지 않으면 이것마저도 바닥날 것이 분명했다. 어느 시중은행도 담보가 불확실한 상태에서는 융자를 해주지 않을 것이다. 세계은행으로부터 신용보증을 받아낼 수 없다면 더 이상의 융자는 불가능할 것이다. 그가 취할 수 있는 선택은 거의 없는 것 같았다. 비행기 아래 펼쳐져 있는 바다를 바라보던 박태준은 비참한 생각에 빠졌다.

'온 세상이 우리 프로젝트를 반대하고 있구나. 그들의 말이 맞을 수도 있겠지. 과연 경제적 측면에서 볼 때 프로젝트가 성공할 가능성이 전혀 없다

는 것이 사실일까?'

난생 처음 그의 신념이 크게 흔들리고 있었다. 그는 작년 내내 혼신을 다해 작업에 열중해 왔던 충성스런 회사 종업원들을 생각했고, 국가 경제의 장래를 위해 정든 집이 철거되는 것을 바라보면서 낯선 곳으로 떠나야 했던 노인들과 어린아이들을 떠올렸다. 그의 마음은 종이조각처럼 찢어지는 것 같았고 이를 달래기 위해 비행기 창문에다가 자기 이마를 툭툭 쳤다.

'제철소 프로젝트는 실패 직전에 와 있다. 그리고 회사는 곧 없어질 위기에 처해 있다. 그런데 나에게는 회사를 구해낼 방법이 없는가. 나는 대통령 각하와 온 국민을 실망시킬 수밖에 없단 말인가? 1억 달러… 어디서 1억 달러를 구한단 말인가?'

맥이 탁 풀린 채 창문 밖을 내다보면서 그는 어떻게 이런 사태까지 오게 되었는지 믿어지지 않았다. 그동안 KISA를 믿고 필요한 행동을 취해 왔고 대규모 제철소가 들어설 부지와 인프라 시설도 갖추기 시작했는데, 대체 무엇이 잘못 되었다는 말인가? 그는 또다시 머리가 아파오기 시작했다.

박태준이 하와이행 비행기를 타고 서부로 가고 있을 때 한국 대표단과 5명의 KISA 대표들은 코퍼스의 회사전용기를 타고 워싱턴으로 가고 있었다. 한국대표단에는 차관협상 대표인 정문도 차관보와 KISA 프로젝트의 재정 및 구매를 담당하고 있는 정재봉 상무가 있었다. 정차관은 세계은행과 미국 수출입은행 관계자 앞에서 한국의 경제상황과 프로젝트의 타당성에 대해서 발표할 예정이었다. KISA 대표들이 동행하고 있지만 어떠한 보증도 하지 않을 것이다. 한국은 혼자 힘으로 제철소 프로젝트를 지원해 달라고 세계은행을 설득할 수밖에 없었다. 한국이 미국 수출입은행으로부터 제철소 프로젝트에 대한 융자를 받기 위해서는 세계은행의 보증이 필요했지만 KISA의 지원이 없었기 때문에 필요한 보증을 받을 것 같지는 않았다. 모든 노력에도 불구하고 워싱턴 방문은 별다른 효과를 기대할 수 없는 일종의 요식행사에 불과했다.

피츠버그에서 회담이 끝난 직후 포이 회장은 한국대표단이 독자적으로 KISA 회원국 정부와 각각 차관조달 협상을 진행하는 것이 바람직하다고 권고하는 서한을 부총리에게 보냈다. 이로써 KISA 회원국들간에는 상당히 큰 의견 차이가 있어서 자체적으로 이를 조정할 수 없다는 것이 드러났다. 포이 회장의 권고에 따라 경제기획원 부총리는 한국에 주재하고 있는 미국, 영국, 프랑스, 이탈리아, 서독대사관에 각각 공문을 보내 제철소 프로젝트에 최우선적으로 융자해 주도록 자국정부를 설득해 달라고 요청했다. 프랑스만이 자기네 몫에 대해서는 프랑스 금융기관을 통해 융자할 의향이 있다는 호의적인 답변을 보내 왔다. 그러나 다른 국가들은 답변조차 하지 않아 한국 정부의 실망은 이만저만이 아니었다.

2월이 되자 KISA의 수석대표인 코퍼스의 아이컨 부사장이 나쁜 소식을 전해왔다. 서독과 영국이 포철 프로젝트에서 손을 떼겠다는 것이었다. 또한 서독과 미국이 앞장서서 융자를 반대하고 있다는 소문도 나돌았다. 그래서 한국 정부는 서둘러서 KISA 회원국에 대표단을 파견해 한국의 실정을 이해시키고 마지막 도움을 요청했다.

대표단은 빈손으로 돌아왔다. 미국 수출입은행은 프로젝트를 반대하는 당초의 입장을 완강하게 고수했고, 동백림 사건으로 태도가 돌변한 서독 정부는 한국의 융자신청을 대놓고 거절했다. 제철소 프로젝트는 이미 물 건너

세계은행(IBRD) 조사팀과 인사를 나누고 있는 박태준 사장

갔다고 판단한 대표단은 풀이 죽어 있었다. 마치 온 세상이 약속이라도 한 듯이 반대하고 있는 것 같았다.

1969년 3월 세계은행의 최종보고서가 발간되었다. 예상했던 대로 제철소 프로젝트는 경제적 타당성이 없다는 내용이었다. 세계은행은 보고서 속에서 한국은 차관의 원리금을 충분히 상환할 수 있을 만큼 경제상태나 국제수지가 건전하지 못하다고 지적하고, 철강산업보다 자본 및 기술 집약도가 낮은 기계산업을 육성해야 한다고 주장했다. 이것이 세계은행의 공식 견해였다.

전문가들은 제철소 프로젝트가 제너럴 일렉트릭이 주도하는 원자력 발전소 프로젝트에 밀려났다고 추측했다. 미국은행들은 제너럴 일렉트릭이 한국에 건설하는 원자력발전소에 자금을 지원하기로 이미 결정한 상태였다. 제철소 프로젝트는 너무 불확실하고 상환 위험이 크다고 세계적인 전문가들이 판단했던 것이다. 그러나 같은 시기에 세계은행은 브라질의 종합제철소 건설 프로젝트에 대해서는 그 타당성을 인정하는 등 이중잣대를 보여주기도 해서 한국의 관계자들을 실망시켰다. 물가상승률과 경제구조를 놓고 볼 때 한국 경제가 브라질보다 훨씬 발전 가능성이 높다는 것이 한국인들의 생각이었다.

1969년 4월 8일 미국 국제개발처(USAID)의 코스탄초 처장은 '포항종합제철사업의 확정 재무계획에 대한 분석'이 담긴 서류가 첨부된 편지를 박충훈 부총리 앞으로 보내왔다. 주요 내용은 세계은행이 내린 결론을 지지한다는 것이었다. 내용 중에는 포항종합제철소가 계획한 규모대로 공기 내에 건설되면 기존 제철소들에게 커다란 위협이 될지도 모른다는 우려가 들어 있었다. 그렇게 큰 규모의 제철소가 빠른 시일 내에 완공되면 기존 제철소의 지위와 확장계획에 위협적인 요소로 등장할 수도 있으며 세계 철강시장의 가격구조에 혼란을 초래할 수도 있다는 점을 지적했다. 미국 국제개발처는 같은 프로젝트를 계속 추진하기 위해 기존 제철소들의 공장가동률을 유지할 수 있도록 고철을 사용하는 전기로 방식을 도입하고 제선부분 대신 압연부분에 치중하도록 설계를 변경하는 것이 바람직하다는 견해를 피력했다. 진실은 명백해졌다! 기존의 세계 철강업자들이 포철 프로젝트에 위협을 느끼고 있었던 것이다! 비록 한국은 기술과 자금이 부족해서 경제적 타당성이 없다는 평계를 대고 있지만, 그들은 한국의 성장을 경계하고 위협이 될지도 모른다는 우려감을 나타내고 있었던 것이다.

한국 정부는 다른 자금원을 찾아보기 시작했다. 제3차 IECOK(대한국제

경제협의체) 연차총회가 1969년 4월 17일부터 18일까지 파리에서 개최되었다. IECOK는 한국의 경제개발을 돕기 위해 주요 서방 선진국과 일본으로 구성된 국제기구였으며, 파리총회는 세계은행의 아시아 담당이사인 굿맨이 주재했다. 포철 프로젝트에 대한 융자 가능성은 희박했지만 정부는 박충훈 부총리를 프랑스로 직접 보내 포철 프로젝트를 포함, 24개 프로젝트에 대한 금융지원을 공식적으로 요청했다. 융자신청 건수는 늘어났지만 총액은 전년보다 1억 6,300만 달러가 적은 5억 1,672만 달러였고 그중 가장 큰 이슈는 포철 프로젝트에 대한 융자신청이 받아들여질 것인가에 있었다. 세계은행은 1970년대에 한국이 차관 원금과 이자를 제대로 갚을 수 있을지 우려하면서 파리회의에서 또다시 포철 프로젝트의 경제적 타당성에 의문을 제기했다. 차관의 70%가 1970년대에 만기가 도래하기 때문에 한국의 외채 상환능력은 곧 한계에 도달한다는 것이었다. 세계은행의 견해를 듣고 난 IECOK회원국들은 포철 프로젝트의 융자에 대해 난색을 표명하고 이를 기각했다.

박충훈 부총리는 파리, 본, 워싱턴 등을 방문하여 포철 프로젝트를 지원해 달라고 마지막으로 설득했지만 소용이 없었다. 미국 수출입은행과의 회담에서는 이미 융자신청을 거절하기로 최종 결정했다는 통보만 받았다.

1969년 5월 7일 박충훈 부총리는 완전히 좌절감에 빠진 채 귀국했다. 언론과의 인터뷰에서 정부로서는 포철 프로젝트를 전면 재검토할지도 모른다고 발표했다. 포철 프로젝트가 백지화될 수도 있다는 점을 암시한 부총리의 회견은 또 한 번의 찬반논쟁에 불을 당겼다. 포항종합제철소 건설에 반대한 사람들은 1억 달러의 외자를 도입하는 문제뿐만 아니라 철강의 생산

단가가 너무 높을 수도 있다는 점을 제시하면서 수입하는 쪽이 보다 경제적이라고 주장했다. 그러나 찬성하는 사람들은 매년 철강수입 금액이 거의 1억 달러에 육박하고 있으므로 국내에 종합제철소를 가져야만 경제자립을 이룩할 수 있다고 주장했다. 오히려 정부가 포철 프로젝트를 보다 적극적으로 밀고 나가야 한다고 촉구했다. 물론 박태준에게는 이것보다 더 나은 격려가 없을 정도로 커다란 힘이 되었다.

제 10 장

피맺힌 돈

"각하! 저는 기필코 그 황량한 모래벌판 위에
현대식의 거대한 제철소를
세워놓고 말겠습니다. 저를 믿고 도와주십시오."

박태준 사장은 포이 회장의 제안대로 하와이 해변에 있는 콘도에서 며칠 묵기로 했다. 콘도는 와이키키 중심지인 힐튼 하와이언 빌리지 호텔 근처에 있었다. 힐튼 호텔은 미국의 유명한 대중 연속극 '하와이 눈동자'의 중심 무대였으며, 하와이 태생의 매력적인 목소리의 가수 돈 호가 노래를 불러 유명해진 곳이었다.

하와이에서 포철의 불투명한 장래를 바꾸어놓을 수 있는 묘안이 떠오르기를 희망하면서 박태준은 멍하니 발코니에 서서 바다를 바라다보았다. 그 앞에 펼쳐진 드넓은 푸른 바다 위에는 알록달록한 색깔의 요트들이 태평양의 미풍을 타고 떠다니고 있었다. 해변에는 야자수 나무들이 늘어서 있고, 일광욕과 파도타기를 즐기는 사람들로 북적거리고 있었다. 그러나 이렇게 아름다운 광경들도 그의 눈에는 잘 들어오지 않았다. 차관문제에 골몰해 있었던 그는 화창하고 따뜻한 햇살과 평온한 주변 환경에도 불구하고 마음이 편치 않았다.

박태준과 최주선은 휴가를 즐기는 사람들처럼 해변으로 나갔으나, 마음은 여전히 무거웠다. 회사가 엄청난 난관에 직면해 있다는 생각이 시종일관 박태준의 머릿속을 떠나지 않았다. 1967년 KISA와 체결한 가협정부터 피츠버그에서 KISA의 지원 포기에 이르기까지의 과정들이 마치 되풀이되는 악몽처럼 그의 머릿속에서 계속 맴돌고 있었다.

하와이 구상

"우리나라는 빈곤의 악순환에서 벗어날 수 없다는 말인가?"

그는 구름이 두둥실 떠 있는 하늘을 올려다보면서 한탄해 마지 않았다.

"약육강식이죠."

최주선이 어깨를 으쓱거리면서 중국 속담을 인용했다.

"기적이 일어나지 않는 한 우리나라는 가난 속에서 살아갈 수밖에 없는 운명인가 봐. 그런 기적이 일어나게 하는 방법은 없을까? 도대체 어떻게 해야 된다는 말인가?"

박태준은 주먹으로 모래사장을 내리치면서 씁쓸하게 말했다.

"목숨까지도 바칠 각오로 일해 왔는데. 무엇이 더 필요하다는 말인가? 대체 어디서 1억 달러를 구할 수 있을까? KISA는 고려해 볼 여지가 없는 상태고, 구미로부터도 더 이상 도움을 기대할 수 없는데. 우리가 도움을 청할 수 있는 나라가 어디 남아 있을까?"

하와이의 모래사장 위에 누워 두 눈을 감고 있는 그의 머릿속에 지난 수년간 겪었던 일들이 떠올랐다. 제철소를 짓겠다고 동분서주하던 일, 대한중석의 경영정상화를 위해 노심초사하던 일, 대일 청구권자금 협상을 위해 막후에서 사전 정지작업을 하던 일들이 스쳐지나갔다.

그때 갑자기 섬광처럼 기발한 아이디어가 떠올랐다. 그는 악몽에서 깨어난 것처럼 벌떡 일어났다.

"일본에서 돈을? 바로 그거야! 배상금 3억 달러 중에서 적어도 1억 달러가 아직 남아 있지 않은가."

박태준은 한일국교 정상화 협약에서 일본이 배상금으로 지불하기로 체결한 대일 청구권자금을 떠올렸다. 그는 흥분해서 모래사장 위를 껑충껑충 뛰었다.

"됐어, 최부장. 난관을 벗어날 수 있는 묘안이 생각났어."

최주선은 박태준의 갑작스러운 태도에 영문을 몰라 어리둥절했다.

한일국교 정상화의 막후교섭에 깊숙이 개입했던 박태준은 대일 청구권자금에 대해 잘 알고 있었다. 보통 '피맺힌 돈'으로 불려지는 이 청구권자금은 1966년부터 1975년까지 10년간에 걸쳐 균등분할로 무상 지급하는 3억 달러와 대외경제협력기금(OECF) 2억 달러를 포함하고 있었다. 대외경제협력기금은 거치기간 7년을 포함해 상환기간 20년의 장기차관으로 확정금리가 연 3.5%에 불과했다. 이에 비해 미국 수출입은행의 차관은 거치기간 2년을 포함해 상환기간 10년으로 확정금리가 연 6.2%나 되었다.

"하지만 우리가 그 돈을 쓸 수 있을까요? 이미 자금용도가 정해져 있는데요."

최주선은 아직도 이해가 가지 않는 듯 말을 더듬거렸다. 그의 말대로 대일 청구권자금은 농림수산업의 개발과 발전을 위해 쓰여지도록 국회에서 이미 법률로 정해져 있었다.

"잘 알고 있어. 하지만 그것은 제철소 프로젝트를 되살릴 돈이 필요하기 이전의 일이야. 그 돈을 포철을 위해 전용할 수 있는 방법이 있을 거야. 그 방법을 꼭 찾아내야 해. 배상금은 우리 선조들이 겪었던 고통의 대가로 주어진 것이야. 그 돈을 더 좋은 명분에 사용하는 것은 당연하잖아. 우리 프로젝트는 농업만큼이나 중요해. 농업이 쌀을 생산해서 국민을 먹이는 것과 같이 제철업은 철강을 생산해서 산업을 먹일 거야. 그것은 자립경제의 초석이 될 것이고 일본도 찬성하겠지. 우리나라의 경제발전을 위해 일본이 도와준 대표적인 상징이 될 날이 머지않아 올 거야."

마지못해 고개를 끄덕이던 최주선은 아직도 박태준의 기발한 아이디어를 믿지 못하는 눈치였다.

"우리 앞에는 밝은 미래가 있어! 반드시 제철소를 건설하고 말 거야!"

박태준은 갑자기 기운이 솟구쳤다. 그들은 지난 이틀 동안 콘도에 조용히 처박혀 거의 먹지도 자지도 못했었다. 박태준은 한바탕 웃고 나서 말했다.

"최부장, 무엇 좀 먹자! 배가 고파 죽겠어! 자, 어디 가서 축배라도 들어야지!"

저녁을 먹고 난 뒤 박태준은 짐을 꾸리기 시작했다. 어떤 일이든 즉각 처리하는 것이 그의 전형적인 업무 스타일이었다.

"어서 일본으로 가서 일을 진행시키자."

다시 일본으로 가다

1969년 2월 12일 택시를 타고 호놀룰루 국제공항에 도착한 박태준과 최주선은 아침 8시 45분 도쿄행 팬암 비행기 001편에 올랐다.

하와이 구상의 흥분이 어느 정도 가라앉자 박태준은 앞으로 수많은 난관을 헤쳐나가야 한다는 것을 깨달았다. 그의 운명, 포철의 운명, 그리고 한국 경제의 운명이 일본에서 그를 기다리고 있었다. 농어민 앞으로 이미 할당된 자금을 전용한다는 것은 쉬운 일이 아니었지만, 그것은 그가 반드시 해야 할 일종의 도박이었다.

박태준은 심사숙고했다. 우선 그는 일본 정부를 설득해 자기 아이디어에 대한 지지를 얻어야 했다. 아무리 청구권자금을 사용하고 싶어도 자금 공여자인 일본 정부의 허락이 없으면 한푼도 쓸 수 없기 때문이었다. 일본 정부의 지지를 얻기 위해서는 먼저 일본 철강산업의 지원을 받아야 했다. 일본 정부는 포철 프로젝트가 가능성이 있는 것인지, 그리고 자국 철강산업에 도움이 될 수 있는지에 대해 일본 철강업계에 자문을 구할 것이 틀림없었다. 박태준은 가방에서 종이 한 장을 꺼내 계획을 짜기 시작했다.

첫째, 일본 철강업계로부터 지지를 받을 것. 둘째, 청구권자금을 제철소 프로젝트로 전용시키도록 우리 정부를 설득할 것. 셋째, 일본 정부 관료와 국회의원들과의 비공식 접촉을 통해 청구권자금 전용에 대한 지지를 확보할 것. 넷째, 우리 정부가 전면에 나서서 일본 정부와 정식 협상을 벌이도록 촉구할 것.

그는 4단계의 과정을 훑어보았다. 간단한 것처럼 보였으나 쉬운 과제는 아니었다. 제1, 2, 3 단계는 모두 비공식적으로 처리할 필요가 있었으며, 정치적이고 경제적인 특수한 이해관계를 배후에서 조종하는 고도의 외교술이 요구되는 사안이었다.

처음에는 한국의 제철소 프로젝트를 지지했었던 일본 철강업체들은 KISA가 결성되자 얼마 안 되어 손을 뗐다. 그들의 이해를 구하기 위해서는 조심스럽게 접근하지 않으면 안 되었다. 일본 철강산업계의 지지가 없다면 일본 정부는 그의 구상을 거절할 것이 분명하기 때문이었다. 그러나 언젠가는 경쟁자가 될지도 모를 상황에서 한국의 철강 프로젝트를 지원하라고 어떻게 일본 철강산업계를 설득할 수 있을까?

박태준으로서는 재계의 명망가들인 일본 철강업계의 지도자들을 누군가의 적절한 소개가 없이는 만나볼 수가 없었다.

'누가 이런 재계인사들에게 나를 소개시켜 줄 수 있을까?'

그는 곧 양명학자인 야스오카 선생을 생각해 냈다. 야스오카 선생은 일본 정부의 고위관료들과 재계인사들로부터 존경받는 인물이었다. 야스오카 선생이야말로 그의 계획을 완벽하게 도와줄 수 있는 인물이었다.

한편 한국 정부를 설득하는 것도 보통 일이 아니었다. 우선 청구권자금을 받기로 되어 있는 농수산업부의 반대를 극복하지 않으면 안 되었다. 이 문제는 박정희 대통령이 직접 나서서 처리할 경우에는 성공할 수 있을 것이었다.

야스오카 선생의 소개

그날 오후 하네다 국제공항에 도착하자 최주선은 박태준에게 작별 인사를 하고 후지 제철소의 연수팀에 다시 합류하기 위해 홋카이도로 떠났다. 박태준은 도쿄 프린스 호텔에 여장을 푼 다음 목욕을 하고 야스오카 선생 사무실로 향했다. 그가 묵고 있는 호텔은 황궁 건너편에 위치해 있으며 근처에는 일본 철강업체들의 본사가 밀집해 있었다. 그는 다시 한 번 야스오카 선생을 찾아갔다.

"선생님, 그동안 안녕하신지요. 오랜만에 뵙겠습니다."

박태준은 완벽한 일본말로 공손히 머리숙여 예의를 표했다.

"박사장님, 매우 바쁘신 것 같군요!"

백발이 성성한 야스오카 선생은 그를 소파로 안내하면서 인사를 건넸다. 20년 이상 되는 나이 차이에도 불구하고 두 사람은 깊은 신뢰와 존경을 바탕으로 밀접한 관계를 유지하고 있었다.

"선생님, 저는 지금 막 피츠버그에서 돌아오는 길입니다. 국제 금융기관으로부터 제철소 프로젝트에 필요한 차관을 얻는 데 실패했습니다."

박태준은 단도직입적으로 말했다.

"정말입니까? 지난번 이야기로는 매우 순조롭게 진행되고 있는 것 같았는데요."

야스오카 선생은 눈썹을 찡그리면서 말했다.

"KISA는 한국 경제의 미래에 대해 확신을 갖지 못하고 있습니다. 우리가 제때 원리금을 갚아나갈 수 없다고 생각한 것 같습니다. 세계은행은 한국

자신을 전폭적으로 지원해 주었던 일본의 저명한 양명학자 야스오카 선생과 그의 제자 아기 노부오와 함께한 박태준 사장

의 종합제철소 프로젝트가 너무 위험이 크다는 의견을 제시했고 이에 대해 KISA 회원국들이 동조했습니다. 일 년 반 동안이나 같이 일하면서 차관조달에 협조하겠다고 가협정까지 체결해 놓고는 KISA가 이제 와서 발뺌하고 있습니다. 왜 그런지 도무지 알 수가 없습니다."

"그들이 당신을 잘 모르고 있군요."

야스오카 선생은 조용히 녹차를 마셨다. 박태준은 절로 한숨이 나왔다.

"그래서 저는 이 문제를 곰곰이 생각해 보았습니다. 한국이 제철소를 짓는 데 필요한 자금을 얻을 수 있는 방법이 딱 하나 남아 있습니다만…"

박태준은 잠시 말을 멈추고 야스오카 선생의 얼굴을 바라보았다. 야스오카 선생은 조용히 앉아 그의 다음 말을 기다렸다.

"일본의 도움이 필요합니다. 저는 한일 간에 남아 있는 청구권자금을 제철소 프로젝트로 전용해 사용하려는 구상을 가지고 왔습니다. 청구권자금이 1억 달러 이상 남아 있는 것으로 알고 있습니다. 물론 그 돈은 농림수산업 용도로 지정되었기 때문에 전용한다는 것은 쉬운 일이 아니지요. 하지만 이 돈이 없으면 제철소 프로젝트는 끝장입니다."

야스오카 선생이 그의 말을 주의 깊게 듣더니 머리를 끄덕였다.

"당신 말이 옳습니다. 철강은 한국에 지금 당장 필요한 것입니다."

야스오카 선생의 말에 고무된 박태준은 계속 말을 이어나갔다.

"청구권자금을 전용하기 위해서는 한국 정부뿐만 아니라 일본 정부의 승인이 있어야 합니다. 현행 협정에 따르면 10년에 걸쳐 균등지급하는 것으로 규정되어 있습니다. 제 생각에는 농어업으로부터 자금을 전용하는 동시에 지급기간을 앞당겼으면 합니다. 아마도 일본측은 반대할 것으로 생각됩니다."

"그렇겠지요. 어떻게 도와드리면 좋겠습니까?"

"일본 정부를 설득하기 위해서는 우선 일본 철강업계로부터 강력한 지지를 받아야 합니다. 저는 철강업계의 지도자들을 만나 그들의 지지를 호소할 작정입니다."

야스오카 선생은 환한 미소를 지으면서 말했다.

"내가 당신을 처음 만났을 때 당신을 두고 어떻게 평을 했는지 기억하십니까? 그때 나는 '흡사 내 앞에 거대한 무쇠 덩어리가 앉아 있는 것 같다'고 말했지요. 그 말에 걸맞는 일을 할 때가 왔군요."

야스오카 선생은 직접 일본 철강연맹의 회장이자 일본 최대 제철소인 야하타 제철소의 이나야마 요시히코 사장에게 전화를 걸었다.

"여보세요, 이나야마 사장님. 오랜만이군요. 지금 저의 사무실에 한국의

포항제철 박태준 사장님이 와 계십니다. 그는 당신의 충고와 지지가 필요
합니다. 한일 양국에 이익이 되는 좋은 구상을 가지고 있으니 가능하시다면
박태준 사장의 구상이 실현될 수 있는 방안을 찾아주셨으면 합니다."

야스오카 선생은 전화로 부탁을 했다. 상대편의 목소리가 전화선을 타
고 흘러나왔다.

"오늘 오후 박사장님을 저에게 보내주십시오. 선생님을 도와드리게 되
어 큰 영광입니다."

"감사합니다, 이나야마 사장님. 그리로 곧 가시라고 하지요."

야하타 제철소 본사는 불과 몇 블록밖에 떨어져 있지 않았다. 본사에 도
착한 박태준은 정중하게 영접을 받았고 곧 응접실로 안내되었다. 응접실에
는 편안한 느낌을 주는 가죽소파들이 티크재로 장식된 벽면을 따라 나란
히 놓여 있었고 짙푸른 색깔의 호화스러운 카펫이 깔려 있었다. 이나야마
사장이 응접실로 들어오자 박태준은 일어나 인사를 했다. 이나야마 사장이
따뜻하게 그를 맞아주었다.

"박사장님! 이렇게 뵙게 되어서 반갑습니다. 야스오카 선생님의 칭찬이
대단하셔서 꼭 만나뵙고 싶었습니다."

이나야마 사장은 미소를 지으면서 손을 내밀었다.

"이나야마 사장님, 만나뵙게 되어 영광입니다."

박태준은 정중히 인사하고 나서 이나야마 사장과 가벼운 이야기를 주고
받았다. 이나야마 사장은 야스오카 선생이 자신의 정신적 지주이며 덕망과
통찰력이 뛰어난 철학자라고 말했다.

박태준은 곧 이나야마 사장에게 마음이 끌렸다. 완고하고 긴장된 모습의

담소 중인 일본 야하타 제철소의 이나야마 사장과 박태준 사장

일본 경영자들과 달리 그는 가냘픈 모습에도 불구하고 위엄과 아량이 있어 보였다. 이나야마 사장은 박태준에게 소파에 앉으라고 권했다.

"박사장님, 우리가 어떻게 도울 수 있는지 말씀해 보시지요. 야스오카 선생님이 대충 말씀해 주셨습니다만, 보다 자세한 이야기를 듣고 싶습니다."

"바쁘신데도 불쑥 찾아온 저에게 이렇게 귀중한 시간을 내주셔서 뭐라고 감사의 말씀을 드려야 할지 모르겠습니다."

"박사장님, 귀국의 장래와 관계되는 중요한 임무를 가지고 오시지 않았습니까? 한국은 우리의 가장 가까운 이웃나라이니 당연히 도와 드리는 것이 도리이겠지요. 당신의 구상을 설명해 주십시오."

이나야마 사장은 그의 눈을 똑바로 쳐다보면서 말했다. 박태준은 이나야마 사장의 말에 감동을 받았다. 그는 일본 사람들이, 더구나 일본 재계를 이끌고 있는 사람이 이런 식으로 분명하게 말하는 것을 들은 적이 없었다.

박태준은 포철 프로젝트의 최근 상황에 대해 설명하면서 한국 경제를 비관적으로 본 세계은행의 보고서를 근거로 KISA가 국제자금을 조달하는 데 협력하지 않기로 했다는 것을 알려주었다.

"복잡한 국제 컨소시엄을 결성하지 않은 것이 오히려 다행인지도 모릅니다. 설사 건설자금을 확보할 수 있었다 할지라도 사고방식, 기술, 관리방식 등이 상이한 사람들과 함께 힘을 합쳐 제철소를 짓는다는 것은 매우 어렵고 복잡한 일입니다. 기술 협력은 고도의 정치성을 띠고 있기 때문입니다."

이나야마 사장이 아무렇지도 않은 듯 웃으면서 말했다.

"이나야마 사장님, 한국의 제철소 프로젝트는 지금 진퇴유곡에 빠져 있는 상태입니다. 지도 편달을 바랍니다."

박태준은 이나야마 사장의 표정을 살피고 나서 계속 말을 이어갔다.

"농림수산업 발전에 사용되도록 지정된 대일 청구권자금이 약 1억 달러 남아 있는데, 이 돈을 자립경제의 초석이 되는 종합제철소 건설 자금으로 전용하고자 합니다. 대일 청구권자금을 전용하기 위해서는 양국 정부의 동의를 얻어내야 되는데, 이를 위해서 일본 철강연맹이 저희를 도와주셨으면 합니다."

이나야마 사장은 잠시 생각하더니 진지한 표정으로 고개를 끄떡이면서 말했다.

"중도 폐기할 위기에 처해 있는 프로젝트를 구할 수 있는 좋은 구상을 가지고 오셨군요. 어렵고 복잡한 일이지만 상당히 좋은 생각입니다."

"일본철강연맹이 저희를 도와주실 수 있는지요?"

"박사장님, 저 혼자서 연맹 전체의 뜻을 대변할 수는 없습니다. 다른 분들과 상의해 보아야 합니다."

박태준은 또 한국이 제철소를 건설하는 데 필요한 기술을 일본이 지원할 수 있는지 타진해 보았다. 이나야마 사장은 관심을 표명하면서 은연중에 일본만 참여하는 방식이라면 괜찮겠다는 뜻을 내비쳤다.

"한국의 제철소가 일본의 설비, 기자재, 기술 등을 가지고 세워지면 양국 모두에 큰 이익이 될 것입니다. 우리는 서로를 잘 이해할 수 있는 위치에 있습니다. 지리적으로 가까울 뿐만 아니라 문화적으로도 공통점이 많기 때문에 의사소통에 따르는 문제점도 없고 사고방식도 유사하니까요."

박태준은 첫 만남부터 이나야마 사장이 포철 프로젝트에 적극적인 관심을 표명해서 매우 기뻤다. 또한 그가 과거 한일관계에 대해서 편견이 없고, 프로젝트 사정을 잘 이해해 준 점도 호감이 갔다. 그는 박태준의 구상이 실현 가능성이 높다고 여긴 것 같았다.

이나야마 사장이 염려한 것은 자금 사정이 아니었다. 그보다는 일본이 한국을 돕기로 할 경우 국제적인 관례를 무시해서 KISA 회원국들과 미묘한 정치적인 문제가 발생하지 않을까 염려하고 있었다. 일본이 처음부터 KISA 회원국에 참여하기를 거부했었기 때문에 일본과 구미 철강업계간에 갈등이 발생할 여지가 있었던 것이었다.

박태준 사장은 이나야마 사장의 성실성과 배려에 커다란 감명을 받았다. 그는 확실히 보통 사업가가 아니라 비전과 적극적인 태도를 가진 사업가임에 틀림없었다. 이나야마 사장과의 면담은 한 시간 이상 지속되었다.

"내일 시간이 있으면 제가 후지 제철소의 나가노 시게오 사장님을 만날 수 있도록 해드리겠습니다. 그분에게도 당신의 구상을 설명하는 게 좋을 것 같습니다. 나가노 사장님은 당신을 많이 도와줄 수 있는 위치에 있는 분이기도 합니다."

박태준이 자리에서 일어나 웃으면서 말했다.

"이나야마 사장님, 기꺼이 도와주시겠다니 정말 고맙습니다. 이 사실을 알면 박정희 대통령께서도 매우 기뻐하실 것입니다. 정말로 당신의 도움이 필요합니다."

"한국은 우리의 이웃입니다. 이웃나라를 돕는 것은 당연한 일이지요."

이나야마 사장의 답변에 그는 고마운 감정을 느꼈다.

"덕분에 용기가 생겼습니다. 포항제철의 밝은 미래가 다가오는 것 같습니다."

"그렇게 느끼신다니 저로서도 매우 기쁩니다. 앞으로도 종종 만나뵙고 싶습니다."

이나야마 사장은 싱긋 웃으면서 악수를 청했다.

도쿄 프린스 호텔로 돌아오는 길에 박태준은 안도감과 희망이 솟아나는 것을 억제할 수가 없었다. 고민과 실망으로 풀이 죽어 있었던 피츠버그에서와는 달리 그는 이나야마 사장의 격려와 지원으로 새로운 희망이 솟았다. 그는 너무 기뻐서 일본 주요 기업들의 본사가 있는 마루노치 거리를 수많은 인파를 헤치고 달리면서 소리라도 치고 싶은 심정이었다. 그는 박대통령과 함께 이 기쁨을 나누고 싶었다. 하지만 그것은 후지 제철소의 나가노 사장과의 면담을 끝내고 난 다음에야 가능한 일이었다.

호텔 방에 홀로 앉은 박태준은 마음속으로 이나야마 사장과의 면담 내용을 떠올렸다. 이나야마 사장의 통찰력, 해박한 지식, 국제 철강사회의 내부 사정에 대한 민감한 배려 등에 대해 깊은 감명을 받지 않을 수 없었다. 이와 더불어 이나야마 사장이 일본 경영자들에게서는 좀처럼 찾아볼 수 없는 솔직함과 결단성을 지니고 있었다는 점도 그를 놀라게 만들었다. 종합제철소 프로젝트에 대한 그의 신념은 더욱 굳건해졌다. 다음날 나가노 사장과의 면담도 잘 진행되었다.

"물론 한국은 종합제철소를 보유해야만 합니다."

나가노 사장이 호의적인 반응을 나타내면서 서슴없이 말했다.

"제철소 없이는 국가의 산업기반을 다질 수가 없습니다. 일본은 어떠한 방식으로든지 한국을 도와야 합니다. 그 첫 단계로 일본철강연맹은 포철 프로젝트에 대해 비공식적으로 타당성 분석을 할 수도 있습니다."

나가노 사장의 말은 약간 유보적인 것처럼 보였으나 진심인 것 같았다. 면담을 통해 크게 고무된 박태준은 일본 철강업계 거물들의 지원을 받을 수 있다는 것을 확신했다. 이제 그는 서울로 돌아가서 박정희 대통령에게 자신의 구상을 제시할 수 있다고 생각했다.

대일 청구권자금의 전용

박태준은 고국 땅에 도착하자마자 김학렬 경제 수석비서관을 만나기 위해 청와대로 향했다. 그는 경제수석에게 피츠버그 일이 성사되지 않았으며 KISA는 더 이상 기대할 것이 없다고 보고한 뒤 대일 청구권 자금을 전용하자는 자신의 아이디어를 설명했다. 일본을 방문했던 일이며 이나야마 사장과 나가노 사장 등이 보여준 호의에 대해서도 설명했다.

"결국 KISA는 더 이상 희망이 없다는 말씀이군요."

김수석은 크게 실망한 듯이 말했다.

"하지만 워싱턴에서 대표단이 돌아올 때까지 기다려봅시다. 새로운 소식을 가져올지도 모르니까요."

"시간낭비에 불과합니다. 우리에게 남아 있는 시간이 별로 없습니다."

박태준이 조바심을 내며 대답했다.

"선진국들의 농간 때문에 이미 10년이라는 세월을 낭비했습니다. 이제야말로 우리 스스로 희망찬 미래를 만들어나가야 할 때라고 봅니다. 더 이상 시간을 낭비하지 맙시다. 각하께서 결단을 내릴 수 있도록 제 구상을 보고해 주십시오."

그러나 김학렬 경제수석은 자기 주장을 굽히지 않고 심사가 뒤틀린 듯이 크게 소리쳤다.

"농림수산업에서 철강산업으로 대일 청구권자금을 전용하자는 아이디어는 사실상 실현이 불가능합니다. 국회의원의 80%가 농촌지역 출신으로 농업지원 정책을 강력히 지지하고 있습니다. 그들 몫으로 배정된 자금이 사라지는 것을 보고 그들이 가만히 앉아만 있을 것 같습니까?"

박태준은 불끈 화가 치밀어 올랐으나 곧 평정을 되찾고 그를 설득하기 시작했다.

"대일 청구권자금은 본래 취지가 우리의 경제발전을 위해 쓰도록 되어 있는 것입니다. 우리 농림수산업의 기계화도 그 발전의 일부이지요. 제철소를 세우면 트랙터와 경운기 같은 농기계를 우리 손으로 직접 만들 수 있습니다. 또한 조선소를 지어 어선을 건조할 수도 있습니다. 철강은 농수산업과 대체관계에 있는 것이 아니라 사실은 보완관계에 있습니다."

그러나 김수석은 그의 의견을 받아들이지 않았다.

"농어민들은 당신처럼 생각하지 않습니다. 박사장님, 각하께 보고하기에는 아직 시기상조입니다. 세계은행이 생각을 바꾸어 지원할지도 모르니까 좀더 기다려봅시다."

그는 김수석에게 자기의 구상을 확신시킬 수 없다는 것을 깨닫고 박대통령에게 직접 보고하기로 결심했다. 관례에 벗어나는 일이었으나 박대통령은 고맙게도 그를 맞아주었다.

그가 피츠버그의 일이 잘 안 됐다고 보고하자 박대통령은 대단히 실망한 얼굴로 창밖을 뚫어지게 바라보았다. 그의 보고는 계속되었다.

"저 역시 KISA에 대해서 정말 실망했습니다. 우리의 숙원사업인 제철소 건설계획이 사라진다는 생각에 비통한 마음으로 며칠 동안 제대로 잠도 자지 못했습니다. 그때 마침 한 가지 아이디어가 떠올랐습니다. 우리가 선조들이 흘린 피의 대가로 받는 청구권자금의 나머지를 제철소 건설사업으로 전용할 수 있다면 굳이 선진 외국에 기댈 필요가 없다는 생각이 들었습니다."

박대통령은 어리둥절해서 그를 쳐다보았다.

"각하, 놀라실 줄 알았습니다. 그러나 한번 생각해 보시기 바랍니다. 남아 있는 청구권자금만으로도 충분히 제철소를 지을 수 있습니다. 이번이 마지막 기회일지도 모릅니다. 청구권자금을 쓸 수 없다면 포항은 영원히 황무지로 남을 것입니다. 정부가 위험을 무릅쓰고 1억 달러를 지원해 준다면 맹세코 나머지 자금은 제가 책임지고 조달하겠습니다. 프로젝트를 잘 진행시켜서 기필코 성공해 보이겠습니다."

박대통령은 하와이 구상의 실현 가능성을 놓고 이리저리 궁리했다.

"저를 믿어주십시오. 저는 각하가 포항 현장을 방문했을 때 수많은 가옥들이 철거되는 광경을 보시고 얼마나 가슴 아파하셨는지 잘 알고 있습니다. 그러나 저는 기필코 그 황량한 모래벌판 위에 거대한 초현대식 제철소를 세워놓고 말겠습니다. 희망을 포기하지 마시고 저를 믿고 도와주십시오. 저를 믿으셨기 때문에 이렇게 막중한 임무를 맡기지 않으셨습니까? 제가 멋지게 제철소를 건설하리라는 것을 믿어주십시오."

박태준은 마치 친형에게 하듯 대통령에게 간청했다. 박대통령의 커다란 집무실에는 무거운 침묵이 감돌았다. 쥐 죽은 듯한 정적만이 흘렀고, 박대통령은 넋나간 사람처럼 깊은 사색에 잠겼다. 드디어 대통령의 얼굴에 미소가 감돌기 시작했다.

"임자답구먼. 끝없는 절망 속에서도 아이디어를 갖고 오다니. 임자의 하와이 구상은 정말 기가 막히네! 하지만 쉽지는 않을 거야. 처음에는 반대가 매우 심하겠지. 국회에서도 거세게 반대할 것이고. 그러나 나는 임자 편이네. 가장 중요하고 시급한 일에 최우선권을 주는 것이 당연하지. 그게 바로 제철소 프로젝트야."

그는 대통령에게 KISA의 지원 거부로 인해 느꼈던 울분을 토로했다.

"도대체 그들은 사업 윤리도 없는 사람들입니다. 그렇게 비윤리적인 행동을 하다니요! 우리는 그들만 믿어왔는데 말입니다."

"KISA를 욕하지 말게. 그들도 나름대로 이유가 있겠지. 그래서 하루빨리 국가 경제를 발전시켜 선진국의 원조로부터 벗어나자는 게 아닌가."

"하지만 그들은 도의도 저버리고…."

"도의적이든 아니든간에…."

박대통령이 그의 말을 끊었다.

"중요한 것은 돈이 있느냐 하는 것이지. 돈이 없다면 그렇게 한가한 생각을 해보았자 무슨 소용이 있겠나. 자, 모두 잊어버리고 다시 일이나 하세."

박대통령은 경제수석을 불러서 대일 청구권자금이 얼마나 남아 있는지 물었다. 경제수석은 약 8천만 달러가 남아 있다고 보고했다. 곧 박대통령의 명령이 떨어졌다.

"동결시키게. 박사장이 훌륭한 아이디어를 가지고 왔는데, 그 돈을 포철 프로젝트로 전용하자는 게야. 그렇게 되면 우리 경제에 대한 기여도가 몇 배나 높아지겠지. 자, 이 구상을 잘 살려보도록 하게."

경제수석은 못 믿겠다는 듯이 대통령을 바라보았다.

"우리 모두는 이 계획을 절대 비밀에 부쳐야 할 것이오. 청구권자금의 사용처에 대해서는 이미 일본과 협정이 맺어졌고 국회비준까지도 끝난 상태가 아니오. 물론 대통령령으로 새 용도를 지정할 수도 있겠지만 관련 당사자 모두를 설득해서 자발적으로 이 계획을 지지하게 할 수 있다면 성공 가능성은 한층 더 높아질 것이오. 국회동의는 내가 책임지고 받아내겠소."

박태준과 경제수석은 고개를 끄떡이며 대통령의 말에 동의했다.

"일본의 지지를 끌어내는 것은 임자 몫이야, 박사장. 이 협정은 기업 대 기업이 아니라 국가 대 국가 차원에서 성사되어야 하네. 어디 한 번 방법을 찾아보게."

박대통령은 그를 똑바로 쳐다보면서 싱긋 웃었다. 박태준도 만족한 듯이 웃었다. 박대통령은 일본을 설득하고 지지를 끌어내기 위해서는 막대한 노력과 협상기술이 요구되겠지만, 박태준이 잘 해낼 것이라고 믿었다.

하와이 구상은 그 후 몇 개월 동안 은밀하게 진행되어 나갔다. 박태준은 이나야마 사장과 나가노 사장을 통해 일본 철강업계 사람들과의 교제를 넓혀나갔다. 그는 3주 만에 일본철강연맹으로부터 일본 정부가 제철소 프로젝트로 청구권자금의 전용을 허락한다면 연맹도 한국의 제철소 건설을 도와주겠다는 내용의 통지를 받았다. 그리고 이나야마 사장은 6대 일본철강회사 중에서 어느 기업이 포철 프로젝트에 참여할 것인지를 개인적으로 알아봐주겠다고 약속했다.

한편 박정희 대통령은 세계은행의 보고서를 면밀히 검토해서 적절히 대응하고, 또한 제철소 프로젝트의 경제적 타당성과 한국의 외채상환 능력을 입증할 수 있는 객관적인 증거를 찾아내라고 내각에 엄중히 지시했다. 또한 포항의 부지공사를 계속하라고 명령했다. 이러한 조치들은 일본 정부를 움직이는 데 큰 도움이 되었으며, 국제사회에 대해 제철소를 짓겠다는 확고한 의지를 표명하는 계기가 되었다.

박태준의 청구권자금 전용 구상에 힘입은 한국 정부는 제철소 프로젝트를 추진해 나갔다. 6월 초 박대통령은 김학렬 경제수석을 경제기획원 장관 겸 부총리에 임명하고, 일본 정부와의 청구권자금 전용 협상을 준비하라고 지시했다. 박태준은 자신의 하와이 구상을 지지하도록 일본의 철강업계 고위층, 정부관료, 국회의원들을 설득하는 노력을 한층 강화했다.

제 11 장

설득의 힘

박태준의 강한 신념은 일본 정·재계인사의
마음을 움직였고, 제철소 프로젝트
자금을 확보하는 데 결정적인 역할을 했다.

한국 정부는 대일 청구권자금을 전용하여 종합제철소를 건설하기로 결정
했다. 그러나 비공식 접촉 결과, 일본 정부는 전용계획에 대해 부정적이었
다. 이미 청구권자금의 용도와 지급계획을 결정하여 1965년 한일 양국 정
부가 각각 국회 비준까지 받은 뒤였기 때문이다.

 그러나 박태준은 포기할 수 없었다. 지난 10년 동안 한국은 선진국으로
부터 제철소 건설에 필요한 자금과 기술을 얻기 위해 온힘을 기울여왔다.
이제 기댈 곳은 일본뿐이었다. 그는 주도면밀한 계획과 총체적인 외교적
노력을 동원해서라도 어떻게든 일본 정부의 입장을 바꾸도록 해야 한다고
마음먹었다.

 지난 수년 동안 한일 양국은 1년에 네 번씩 정기적으로 각료회담을 개
최해 왔었다. 한국 정부는 1969년 8월 하순에 개최하기로 예정된 제3차 한

일 각료회담에서 청구권자금 전용문제를 매듭짓는다는 목표를 세웠다. 만약 이 회담에서 전용문제가 타결되지 않으면 다음 각료회담까지 3개월 이상을 기다려야만 했다.

"우리는 어떻게 해서든지 일본 정부가 태도를 바꾸도록 해야만 돼. 무슨 좋은 방법이 없을까?"

박정희 대통령은 박태준에게 자신의 심정을 털어놓았다.

"각하, 우리의 힘만으로는 일본 정부를 설득시킬 수 없습니다. 하지만 일본 정부는 자국 산업계를 이끌어가는 인사들의 말이라면 들을 것입니다. 일본철강연맹이 우리 프로젝트를 지원하겠다고 약속해 준다면 일본 정부도 우리를 도울 것입니다."

"그렇지만 일본 철강업체 대표들을 다루는 것이 더 어렵지 않을까?"

박대통령의 얼굴표정이 몹시 굳어 있었다. 창문가에 꼼짝 않고 서 있던 대통령은 유리창을 툭툭 치면서 말했다.

"각료회담이 열리는 8월 말까지는 시간이 얼마 남지 않았는데 말이야."

"그렇습니다, 각하. 이번 기회를 놓치면 농어민을 중심으로 조직적인 반대운동이 일어날 수도 있습니다. 빨리 움직여야만 합니다. 시간이 늦어지면 정치적인 문제로 확산될지도 모릅니다."

"박사장, 많이 생각해 보았는데 아무래도 이 문제를 해결할 만한 사람은 임자밖에 없는 것 같아. 그러니 임자가 맡아주게."

박대통령이 그의 눈을 지그시 바라보았다.

"임자는 할 수 있어! 임자를 개인특사로 임명하겠으니 무슨 수를 써서라도 일본철강연맹 사람들을 설득해 봐."

박대통령은 말을 마치자 다소 긴장이 풀린 듯 미소를 지었다.

박태준은 일본 정부가 기업체에 대해서는 매우 민감하다는 것을 잘 알고 있었다. 그런 만큼 청구권자금 전용계획을 추진하기 위해서는 일본철강연맹의 강력한 지원 약속이 반드시 필요했다. 이제 문제는 3주 앞으로 다가온 한일 각료회담에 앞서 일본철강연맹으로부터 제철소 프로젝트에 기술을 지원하겠다는 약속을 받아내는 일이었다. 박태준은 대통령의 절대적인 신임을 영광으로 생각하면서도 한편으로는 무거운 책임감을 느꼈다. 청와대를 물러나오는 그의 마음은 매우 무거웠다.

일본을 설득하라

박태준은 급히 일본으로 떠났다. 그는 우선 일본 3대 제철소인 야하타 제철, 후지 제철, 니혼 강관으로부터 지원을 확보해야 한다고 생각했다. 그런 다음 이들의 지원을 바탕으로 일본철강연맹을 설득하여 포철 프로젝트의 지지를 받아내기로 계획을 세웠다. 이것이 일본 정부의 동의를 얻어내는 최선의 방법이라고 생각했다.

그는 또다시 도움을 청하기 위해 야스오카 선생을 찾아갔다.

"선생님! 한 번만 더 도와주십시오. 박대통령께서는 제철소를 짓기 위해 청구권자금을 전용하기로 결정했습니다. 그러기 위해서는 일본 정부의 동의가 필요합니다. 제 생각에 일본의 주요 철강회사들이 기술지원을 하겠다는 의지를 표명하면, 일본 정부도 우리의 제안을 받아들일 것으로 보입니다."

"기술지원이라….".

야스오카 선생은 나직이 중얼거리며 지그시 눈을 감았다.

"일본 철강기업들과 기술지원 계약을 공식적으로 체결하면 실질적인 문제가 해결되지 않을까요?"

생각에 잠겨 있던 야스오카 선생은 곧 야하타 제철소의 이나야마 사장에게 전화를 걸었다. 그리고 박태준의 계획과 의도를 자세히 설명했다.

"이나야마 사장님, 지금 박사장님이 중요한 임무를 가지고 이곳에 와 있습니다. 그가 당신을 한 번 더 뵙고 싶어합니다. 시간이 촉박한 문제인 것 같습니다. 바쁘신 줄 알면서도 감히 부탁드립니다."

"박사장님께 언제라도 좋으니 방문해 달라고 하십시오. 기꺼이 만나뵙겠습니다."

"감사합니다, 이나야마 사장님."

박태준은 이번에도 곧 이나야마 사장을 만날 수 있도록 해준 야스오카 선생의 능력에 매우 놀랐다. 원래 일본의 사업관행상 약속도 없이 고위경영층을 만난다는 것은 상상할 수도 없는 일이었다. 일본 경영자들은 외부인사를 만나기 전에 철저한 연구검토와 일련의 토의과정을 거친다. 특히 제철소 프로젝트와 같이 중요한 안건들은 여러 부서에서 합의를 이루어야 하므로 오랜 시간이 소요되는 일이었다. 그는 다시금 야스오카 선생이 받고 있는 존경과 영향력에 압도당하는 기분이 들었다.

박태준이 도착하자 이나야마 사장이 그를 반갑게 맞아주었다.

"박사장님, 다시 뵙게 되어 기쁩니다."

"이나야마 사장님, 오히려 제가 영광입니다."

박태준은 머리를 숙여 깍듯이 인사했다. 그는 이나야마 사장에게 제철소 부지공사 상황과 박대통령의 확고한 결심, 그리고 청구권자금 전용에 동의하도록 일본 정부를 설득하는 일 등을 보다 자세히 설명했다. 다행히도 이나야마 사장은 박태준에게 전적으로 지원하겠다고 약속했다.

"어떤 방법으로든지 도와드리겠습니다."

박태준은 그 뒤 며칠 동안 그 문제를 해결하기 위해 전력투구했다. 에티켓, 교양, 일본 재계인사들의 마음을 읽는 능력 등 모든 자질을 동원해 사람들을 만나 설득해 나갔다. 그는 일본 철강기업의 사장들과 일본철강연맹의 임원들을 만났다. 또한 그는 전임 대장성장관인 시바 사브로, 자민당 대외경제협력위원회 회장인 이치만다 히사토, 미쓰비시 상사 사장 등 수많은 정계 및 재계의 지도급 인사들도 만났다. 그의 목표는 일본의 정·재계인사들 사이에 포철 프로젝트에 대한 우호적인 분위기를 조성하는 것이었다. 그리고 그는 일주일도 채 안 되어 종합제철소를 짓는 데 필요한 지지를 끌어냈다.

박태준의 활동은 결실을 보기 시작했다. 일본의 3대 제철소들은 정부가 맺은 협정틀 안에서 기술을 제공하겠다고 합의했다. 그와 회동한 지 3일 만에 일본 3대 철강회사들은 기술지원단을 구성하기로 합의했다는 통보를 보내왔다. 이를 위해 일본철강연맹은 총회를 개최하고 포철 프로젝트에 대한 KISA 보고서와 한국의 철강수요 예측을 다시 검토했다. 일본 철강회사들 사이에는 박태준을 돕고자 하는 우호적인 분위기가 감돌았다.

박태준이 짧은 기간에 일본의 정·재계인사들과 면담하고 철강회사들로부터 청구권자금 전용 및 기술지원 약속을 받아낸 것은 참으로 놀라운 일이었다. 몇 가지는 일본의 관행에 벗어나는 일이었으나 외교적 수완과 교섭 기술 등을 바탕으로 이루어냈다.

박태준은 일본에서 성취했던 일들을 상기하면서 자신의 운명과 인연에 대해 생각했다. 어린시절 부모를 따라 일본에 갔던 일, 5.16 혁명 후 국교 정상화를 위해 일본과 막후교섭을 벌였던 일, 제철소 프로젝트를 성사시키기 위해 42살의 나이에 박대통령의 개인특사 자격으로 일본을 방문한 일 등을 떠올렸다. 박태준은 지금까지의 일들이 한국에 제철소를 건설하라는 자기 운명의 일부가 아닐까 하는 생각이 들었다. 또한 1964년부터 자신이 관여했던 대일 청구권자금 협상이 결국은 지금의 임무를 위해 미리 예정되었던 것일지도 모른다고 생각했다. 그는 자신의 운명이 한국에 종합제철소를 건설하는 것이라고 다시 한 번 되새기게 되었다.

일본 정부의 반대

박태준 사장이 막후에서 일본의 정·재계인사들을 설득하는 동안, 정문도 차관보는 실질적으로 일본 정부를 움직이는 막강한 관료들을 만나고 있었다. 그는 대장성과 외무성장관을 방문하여 한국 정부의 계획을 설명하고 협조를 구했다. 그리고 제철소를 짓기 위해 8천만 달러 내지 1억 달러 정도의 청구권자금이 필요하다고 설명했다.

그러나 이들의 집요한 로비에도 불구하고 일본 정부는 내부적으로 합의를 보지 못하고 있었다. 일본 철강업체들은 한국의 제철소 건설을 지원하겠다고 나섰으나 관료들은 쉽게 수락할 의향이 아니었다. 한국 정부의 청구권자금 조기상환 요청은 원래의 협정에도 어긋날 뿐 아니라 유사한 협정을 체결한 다른 나라들, 예를 들면 필리핀 등에도 좋지 않은 선례로 작용할 수 있다는 것이었다. 만일 다른 나라에서도 조기상환을 요청해 올 경우 재정적인 문제를 불러일으킬 수 있었다.

하지만 몇몇 고위관료들은 한국의 제철소 프로젝트를 적극적으로 지지했다. 청구권자금 전용을 지지하는 인사들 중 가장 저명한 사람은 외무성의 아이치 기이치 장관이었다. 그는 1969년 8월 15일 기자회견을 통해 외무성, 대장성, 통산성 관계자들이 여러 차례 합동회의를 한 결과 긍정적인 방향으로 검토가 이루어졌다고 발표했다. 또한 8월 22일 일본 각의에서 최종결정이 내려질 것이라는 점도 덧붙였다.

그러나 다른 부처 관료들은 아이치 장관의 발표가 성급했다고 논평했다. 아이치 장관의 기자회견 내용이 신문에 보도되자 오히라 마사요시 통산성 장관은 즉시 청구권자금 조기상환 가능성에 회의를 표시하면서 그의 의견을 공개적으로 반박했다. 오히라 장관은 프로젝트 융자문제는 아직 검토 단계에 있으며 최종결정을 내리기에는 시간이 좀더 필요하다는 성명을 발표했다.

오히라 장관을 무너트리다

일본 정부의 고위각료들 중에서 한국의 청구권자금 조기상환 요청을 가장 반대하고 나선 사람은 오히라 통산성장관이었다. 박태준은 그의 부정적인 성명 발표를 듣고 자신이 구축한 인맥 중 통산성 인맥이 가장 약하다는 것을 깨달았다. 일본은 전원 합의체의 의사결정 구조를 갖고 있었기 때문에 각료들 간에 의견이 조금만 달라도 한국 정부의 요청은 거부될 수밖에 없었다. 따라서 일본 정부 내에서도 가장 영향력있는 오히라 장관의 지지가 절대적으로 필요했다.

박태준은 오히라 장관을 만나 한국 정부의 계획을 타당성 있게 설명하며 설득했다. 그러나 그는 제철소 계획이 타당하지 않다는 자신의 주장만을 되풀이했다. 박태준은 청구권자금 전용이 양국에 이득이 된다는 점을 주지시키기 위해 노력했다. 야스오카 선생도 박태준의 심정을 알고 오히라 장관과의 직접 면담을 수차례나 주선해 주었다. 그러나 오히라 장관은 계속 냉담한 반응만 보일 뿐이었다.

"박사장님, 경제원칙에 의하면 산업화의 첫 단계는 농업 자립화입니다. 우선 농업 자립화가 이루어졌을 때, 이를 바탕으로 성숙한 시장경제가 들어서게 됩니다. 제철소를 세우는 것은 그다음 일이지요. 지금 한국은 농업에 투자할 때입니다. 농기계공장이나 비료공장을 세워서 농업을 발전시켜야만 합니다. 수익성도 보장되지 않는 제철소를 짓겠다고 밀어붙이는 것은 무리라고 볼 수밖에 없습니다. 그렇지 않나요?"

박태준은 전에도 이와 같은 견해를 들은 적이 있었다. 사실 이것은 개발도상국의 경제성장 정책에 대해 대부분의 경제학자들이 갖고 있는 일반적인 입장이었다.

"장관님 말씀도 일리가 있습니다. 하지만 일본이 중일전쟁 직후 야하타 제철소를 세운 사실을 알고 계시잖습니까? 그때에도 수익성이 주된 문제였습니까? 아닙니다. 전시상태였기 때문에 가장 중요한 기준은 국가안보였습니다."

박태준은 오히라 장관의 표정을 언뜻 살폈다.

"한국은 지금 휴전선을 경계로 한 준전시상태입니다. 북한은 소련으로부터 막대한 경제 및 군사원조를 받아 계속 군비를 확장하고 있습니다. 그들은 이미 남한보다 5배나 많은 철강을 생산해서 대규모로 무기를 만들고 있습니다. 자주국방은 한국이 직면한 최우선순위입니다. 한국의 안보가 튼튼해야만 일본도 공산주의 침략으로부터 안심할 수 있을 것입니다. 한국에 제철소를 짓는 것은 수익성뿐만 아니라 안보까지 고려한 일입니다."

박태준은 오히라 장관의 마음이 흔들리고 있음을 느꼈다. 그는 계속 말을 이었다.

"일본은 오늘날의 화폐가치로 1인당 GNP가 100달러 미만일 때 제철소를 짓기 시작했습니다. 한국의 1인당 GNP는 현재 200달러에 육박하고 있습니다. 왜 한국이 제철소 건설을 할 수 없다고 생각하시는 겁니까?"

박태준은 계속해서 한국의 1인당 철강소비량과 연평균 소비증가율, 제1차 및 2차 경제개발 5개년 계획의 괄목할 만한 성과 등을 설명했다. 그리고 일본 철강산업의 역사에 대한 해박한 지식을 바탕으로 일본의 과거 경험과 한국의 현실정을 비교해 가며 포철 프로젝트의 타당성을 역설했다.

드디어 박태준의 끈질긴 설득과 야스오카 선생의 영향력이 합쳐져서 결실을 맺었다. 오히라 장관이 마음을 바꾸어 한국의 제철소를 지원하겠다고 대답했다. 이야기가 끝나자 오히라 장관이 불쑥 한국과의 인연에 대해 말했다.

"박사장님, 사실은 제 아저씨가 포항에 사셨던 적이 있습니다. 경상북도 영일군 대송면에 있는 초등학교에서 교장으로 봉직했었지요."

"그렇습니까? 그곳이 바로 우리 공장이 들어설 자리입니다."

"아! 정말 재미있는 우연의 일치로군요."

두 사람은 껄껄 웃음을 터뜨렸다.

1969년 8월 22일, 일본철강연맹은 한국 제철소 건설 협력위원회를 구성했다. 8개 철강회사와 종합상사들로 이루어진 이 위원회는 소요 기자재의 선정뿐 아니라 설계 및 건설에 대한 기술을 지원하기 위한 것이었다.

다음날 박태준은 야하타 제철, 후지 제철, 니혼 강관 사장들이 공동으로 서명한 '포항종합제철소 계획에 대한 검토'라는 고무적인 내용의 보고서와 편지를 받았다. 그는 일본철강연맹의 이례적일 정도로 신속한 행동에 용기를 얻었다.

바로 그날, 일본 정부는 다가오는 한일 각료회담의 의제를 검토하기 위한 각의를 소집했다. 한국의 포철 프로젝트가 핵심적인 안건이었으며, 오히라 장관을 포함한 대부분의 각료들이 지지하는 상황이었다.

박태준은 안도의 숨을 내쉬었다. 그는 이나야마 사장이 다음과 같이 말했던 것을 떠올렸다.

"한국이 과거의 불행을 딛고 일어나 경제발전의 첫 단계인 종합제철소를 건설한다면, 일본은 당연히 협조를 해야 합니다. 일본의 과거 잘못으로 인해 한국 국민들이 겪었던 불행을 보상하기 위해서라도 포철 프로젝트가 잘 되도록 도와주어야 합니다."

박태준은 이나야마 사장이 대단한 용기를 가진 사람이라고 생각했다. 양국민 사이에 적대감과 긴장감이 흐르고 있음에도 그는 하나의 비전을 통해 화해의 손길을 보내왔던 것이다. 박태준은 일본의 지인(知人)들에게 새삼 고마움을 느꼈다.

박태준은 서둘러 한국으로 돌아왔다. 그리고 도착하자마자 김학렬 부총리에게 성공적으로 임무를 끝냈다고 보고했다.

문서로 만들어오시오!

박태준은 상황이 잘 돌아가고 있다고 생각했었다. 그러나 그 앞에는 극복해야 할 또 다른 난관이 버티고 있었다.

김학렬 부총리는 지극히 사무적인 태도로 말했다.

"일본 정부가 청구권자금 전용문제는 동의했지만 기술 협력에 대해서는 동의하지 않을 수도 있습니다. 일본 철강회사들이 기꺼이 기술지원을 하겠다는 문서를 받아오십시오. 일본 3대 철강회사 사장들의 서명이 담긴 문서가 있으면 각료회담에서 일본 정부를 설득하는 데 매우 유효할 것입니다."

"일본 철강회사 대표들의 의도는 분명히 기술지원까지 포함하는 것입니다. 문서를 요구한다는 것은 생각할 수도 없는 일입니다. 제 판단에는 언약만으로도 충분하다고 봅니다."

박태준은 부총리에게 항의하듯 말했다. 부총리의 요청은 일본의 사업관행상 예의를 벗어나는 일이었던 것이다.

"국가간의 관계란 그렇게 단순하지 않습니다. 이번 회담이 개최되기 전까지 기술지원도 하겠다는 문서를 만들어 3대 철강회사 사장들의 공동서명을 받아오십시오."

부총리는 박태준에게 냉정한 태도로 지시를 내렸다.

"겨우 4일밖에 남지 않았습니다."

박태준은 못 믿겠다는 듯이 말했다.

"물론 시간이 많지 않습니다."

"일본 철강회사 사장들은 우리 일을 끝내고 이미 시골별장으로 여름휴가를 떠났습니다. 저보고 별장까지 찾아가서 '당신네 말은 못 믿겠으니 문서로 만들어 서명해 주시오'라고 말하라는 것입니까?"

"박사장님, 일을 완벽하게 처리하기 위해서라면 그 정도 수고는 하실 수 있지 않습니까?"

"좋습니다, 조국이 원한다면 저는 어떠한 일이라도 합니다. 그것이 국가에 도움이 된다면 약속받은 바를 문서로 받아오지요."

박태준은 즉각 대답했다. 그는 여장도 풀지 못한 채 곧 다시 일본의 야하타 제철소 본사로 달려갔다. 그는 괴로운 심정으로 이나야마 사장에게 한국 정부의 입장을 설명하고 도움을 요청했다.

"박사장님께서 부탁하신 서류를 만들려면 저 말고도 나가노 사장과 아카사카 사장 서명이 필요합니다. 그분들도 기꺼이 서명할 것이 틀림없습니다. 하지만 그전에 우선 우리 정부의 내부 입장을 알아봐야 할 것 같습니다. 두 분 사장과 이야기를 나눈 다음 내일 연락드리도록 하지요."

이나야마 사장은 한국 정부의 요청에 깜짝 놀랐다는 듯이 낮은 목소리로 말했다.

박태준은 매우 난처했다. 그날 안으로 서명이 있는 문서를 확보해야 했다. 이나야마 사장의 입장은 충분히 이해가 되었다. 대외적으로 중요한 공

식문서는 유능한 전문가들과 정책담당자들의 토의를 거치고 또한 국가정
책 및 기업전략 차원에서 검토한 의견을 반영하는 것이 통상적인 절차였다.
일본의 사업관행상 이러한 과정은 보통 수주일에서 수개월까지 걸렸다. 하
지만 그럴 시간이 없었다.

"이나야마 사장님, 다시 한 번 부탁드립니다. 각료회담까지는 4일밖에 남
지 않았습니다. 세 분 사장님의 서명을 받아 오늘 돌아간다 해도 회담 준비
기간이 2, 3일밖에 안 됩니다. 시간이 없습니다."

박태준은 절망적인 목소리로 말했다.

"하여간 최선을 다해 보겠습니다. 다른 분들께 전화할 테니 대기실에서
기다려주십시오."

이나야마 사장은 노심초사하고 있는 박태준을 보고 조용히 말했다.

박태준은 이나야마 사장이 짧은 시간 내에 과연 그 일을 해낼 수 있을지
걱정스러웠다. 대기실에서 기다리는 동안 그는 매우 마음이 무거웠다. 지
금까지 부여받은 것 중 가장 어려운 일이었다. 이나야마 사장에게는 정말
면목이 없었다. 하지만 그로서는 다른 방법이 없었다.

"박사장님, 정말 다행입니다. 나가노 사장과 아카사카 사장이 마침 사무
실에 계십니다. 당신을 기다리고 있으니 어서 서두르십시오."

잠시 후 이나야마 사장이 종이 한 장을 들고 대기실로 나오며 밝은 목소
리로 말했다. 박태준은 벌떡 일어나 제대로 인사도 하지 못한 채 이나야마
사장실을 나왔다.

일본의 여름은 무척 더웠다. 그는 땀을 흘리며 서명을 받기 위해 부지런
히 뛰었다. 그리고 마지막 서명을 받고 호텔로 돌아오자마자 오후 5시에

출발하는 서울행 노스웨스트 오리엔트 항공기를 타기 위해 하네다 공항으로 달려갔다.

박태준은 곧 한일 각료회담을 준비하고 있던 김학렬 부총리를 방문했다. 그는 부총리의 지시를 완수했다는 자부심과 성취의 기쁨을 느끼며 문서를 들고 힘차게 들어섰다.

서류를 면밀히 검토하던 부총리의 얼굴이 굳어졌다. 그는 뚫어지게 문서를 바라보더니 한 자 한 자 또박또박 읽으며 말했다.

"서류에는 '1백만 톤 규모의 포항제철소 건설계획을 검토한 결과 일응(一應) 타당성이 있다고 판단되며, 추후 자세한 검토가…' 라는 구절이 있군요."

부총리는 마음에 들지 않는다는 듯이 코를 실룩이며 말을 이었다.

"일응 타당성이 있다고? 이게 안 좋아요. 일응 타당성이 있다, 일응…. 분명하지가 않아요. 여차하면 제철소 프로젝트에 대해 마음이 바뀔 수도 있다는 것으로 볼 수 있습니다. 이래서는 그들의 지원이 확실하다고 생각할 수 없습니다. '일응'을 빼고 '타당성이 있다'라고 쓰여진 문서를 가져오시오."

부총리는 그 구절이 포철 프로젝트에 대한 의구심을 불러일으키는 대목이라고 생각하는 것 같았다. 그는 '일응 타당성이 있다'라는 글귀를 '타당성이 있다'는 어구로 바꾸어야 한다고 고집했다. 박태준은 얼굴이 창백해졌다. 회담 날짜는 불과 이틀 후였다.

"부총리께서도 일본 사람들의 사고방식을 잘 아시잖습니까? 제 생각엔 일본 정부가 이 문서를 보고 명확하지 않다고 토를 달지는 않을 것 같습니다. 더구나 오늘이 24일 아닙니까? 회담은 26일에 열리는데 시간이 없습니다."

"이렇게 애매모호한 문서를 가지고 각료회담에 임하면 여러 가지 문제가 발생할 수 있습니다. 아직 하루가 남아 있으니 서둘러 고쳐오시오."

부총리는 문서의 내용 중에서 단어 하나만 빼면 되는 간단한 일로 생각하고 있었다. 그러나 그 일은 결코 쉬운 게 아니었다. 한 명도 아니고 무려 세 명의 주요 일본기업 사장들에게 서명을 받아야 하는 것이다. 그로서는 단어 하나를 놓고 따지는 부탁은 하고 싶지 않았다. 그러나 완벽한 문서를 만들기 위해서라면 어쩔 수 없다고 생각하며 다시 일본으로 떠났다.

또다시 서둘러야 했다. 일본에 도착하자마자 그는 이나야마 사장을 만나기 위해 연락을 취했다. 그러나 여름휴가가 한창이어서 이나야마 사장은 하코네에 있었고 나가노 사장은 고향으로, 아카사카 사장은 560킬로미터 떨어진 히로시마로 떠난 상태였다. 휴가 중인 사장들을 방해하게 되어 박태준은 몹시 난처했다. 그것은 일본의 통상적인 예의나 사업관행에도 어긋나는 행동이었다.

그는 이나야마 사장실로 갔다. 사장과 연락을 취해 달라고 비서에게 부탁했으나 정중히 거절당했다. 할 수 없이 후원자인 야스오카 선생에게 또다시 도움을 청할 수밖에 없었다. 그러나 야스오카 선생도 직접 이나야마 사장에게 전화하기가 난처한 모양이었다. 야스오카 선생은 이나야마 사장의 비서를 설득했다. 휴가에 방해가 되겠지만 시급한 문제이기 때문에 곧바로 연락을 취해야 한다고 힘주어 말했다. 서명을 받는 것도 지극히 어려운 일이었는데 어구를 고쳐달라는 요청까지 하고 있으니 그들이 어떤 반응을 보일지 예측할 수가 없었다. 이번에는 아무 소득 없이 귀국해야 할지도 몰랐다.

"귀찮게 해서 미안합니다. 하지만 한국 정부는 '일응 타당성이 있다'라는 말뜻을 보다 확실하게 해줄 것을 요청하고 있습니다. '일응'이라는 단어를 빼고 다시 작성해 주셨으면 합니다."

야스오카 선생의 부탁에도 불구하고 비서는 난처한 듯이 고개를 숙이고 있더니 잠시 뒤 휴양지에 있는 이나야마 사장에게 전화를 걸었다. 그리고 박태준이 찾아온 자초지종을 설명했다. 주의 깊게 듣고 있던 이나야마 사장이 즉각 비서에게 지시했다.

"박사장님이 원하는 대로 해드리게. 나가노 사장에게는 내가 전화할 테니 자네는 히로시마에 있는 아카사카 사장에게 전화해서 상황을 잘 말씀드리게."

이런 우여곡절을 겪은 끝에 문서는 다시 작성되었다. 박태준은 세 명 사장의 서명을 받기 위해 일일이 휴양지로 찾아갔다. 하루 반 만에 일이 끝

일본 철강업계와 통산성·외무성 대표들로 구성된 일본 조사단(사진)이
1969년 9월 17일부터 내한, 포철 건설현장 등을 답사하며 실태조사를 벌였다.

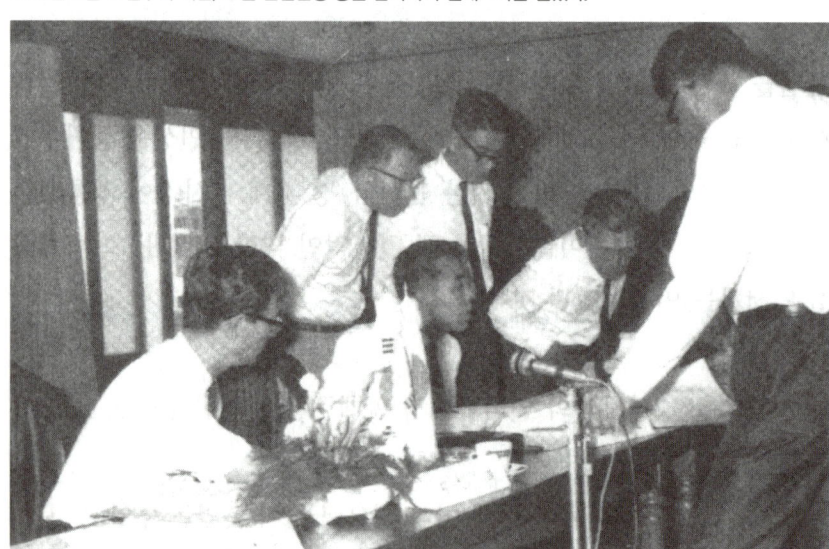

났다. 마지막 서명을 받아내고 그는 곧 서울로 출발했다. 심신이 지친 박태준은 야스오카 선생과 세 명의 사장에게 커다란 빚을 졌다는 생각을 지울 수가 없었다. 비행기가 서울에 도착할 때까지 머릿속에 그들의 얼굴이 맴돌고 있었다.

박태준을 보자 부총리는 대뜸 고친 서류를 보자고 했다.

"해냈소?"

"네, 여기 있습니다. 무척 힘들었습니다."

박태준은 의기양양하게 말하며 서류를 넘겨주었다. 몸은 녹초가 되었지만 마음은 매우 평안했다.

1969년 8월 26일 오후, 아카사카의 영빈관에서 제3차 한일 각료회담이 개최됐다. 김학렬 부총리가 중심이 된 한국 대표단은 외무부장관 최규하, 재무부장관 황종률, 농림부장관 조시형, 상공부장관 김정렴, 교통부장관 강수룡 등으로 조직됐다. 반대편 테이블에는 일본 정부 고위각료들이 앉아 있었다. 이들은 모두 수주일 전부터 박태준이 로비 활동을 폈던 인물들이었다. 수개월 전에 정해진 회담 의제에는 포항종합제철소 프로젝트가 상정되지 않았었으나 박태준의 맹렬한 로비에 힘입어 양국 정부는 이것을 공식 의제로 채택했다.

회담 이틀째 되는 날, 포항종합제철소 프로젝트가 의제로 상정되었다. 일본 정부는 원칙적으로 그 프로젝트에 대해 찬성하지만 일본 철강업계와 상의한 후 자세하게 검토하겠다고 주장했다. 바로 이 순간을 기다리고 있었던 부총리는 준비해 왔던 각서를 제시했다. 각서는 '1백만 톤 규모는 경제적 타당성이 있다'라는 요지 아래 일본의 3대 철강회사들이 협력하겠다는 내용이었다. 일본의 주요 철강회사들이 포철 프로젝트의 성공을 믿고 있는데 누가 반론을 제기할 수 있겠느냐고 부총리는 힘주어 지적했다.

박태준의 노고에 힘입어 결정적인 순간을 대비했던 김학렬 부총리의 외교적 승리였다. 회담 말미에 양국 정부는 각서에 서명했다. 다음날인 1969년 8월 28일 일본 정부는 포철 프로젝트를 지원하겠으며, 또한 서울로 대표단을 파견하여 최종합의서를 마무리짓겠다는 공동성명서를 발표했다.

한국 철강산업 역사상 매우 의미 있는 날이었다. 8월 29일 야하타 제철, 후지 제철, 니혼 강관의 사장들이 김학렬 부총리를 방문했다. 그 자리에서 일본의 기술협력 약속과 함께 포철 프로젝트에 대한 일본철강연맹의 검토 내용을 간략하게 설명했다.

청와대 내부에서는 박태준이 제철소 프로젝트 자금을 확보하는 데 중추적인 역할을 했음을 인정했다. 한일국교 정상화를 위해 사전 정지작업을 했던 1964년 이래 그는 일본을 수십 차례나 왕래했으며, 일본에 머무는 동안 정·재계인사들에게 강하고 호의적인 인상을 심어주었다. 그의 강한 신념, 그리고 일본 문화와 정·재계의 사정에 정통했던 점이 그들의 지원을 이끌어내는 데 결정적인 역할을 했다. 그는 시대를 앞서가는 인물이었다.

1995년 5월, 필자와의 인터뷰에서 박태준은 강렬한 눈빛으로 당시를 회고했다.

"돌이켜 생각할 때마다 대체 어디서 그런 힘이 솟았는지 알 수가 없습니다. 세 분 사장님의 서명을 받으려고 얼마나 뛰어다녔는지 모릅니다. 가족처럼 우리나라의 입장을 이해해 주시고 저를 도와주신 야스오카 선생님의 따뜻한 우정은 결코 잊지 못할 것입니다. 어려운 고비마다 선생님은 복잡하게 얽힌 문제들을 해결하는 데 도움을 주셨지요. 건설과정에서, 그리고 공장이 완공된 후에도 선생님은 항상 애써 주셨습니다.

또한 찌는 듯한 8월의 무더위 속에서도 일본 철강업계의 사장들에게 최선을 다해 우리나라의 입장을 설명해 주신 이나야마 사장님의 헌신적인 노력도 잊지 못할 것입니다. 그들이 아니었다면 종합제철소를 짓는 일에 결코 일본의 도움을 받을 수 없었을 것입니다. 오늘날 포철이 존재하게 된 것은 여러 사람들의 노력과 격려 덕분이지만, 그중에서도 단연코 박정희 대통령 각하, 야스오카 선생님, 그리고 이나야마 사장님의 도움이 제일 컸다고 생각합니다."

제 12 장

닻을 올리다

1969년 12월 3일 한일 양국의 고위관료와 기업인들이
포항종합제철 프로젝트의 기본협정에 서명했다.
희망과 기쁨이 가득찬 행사였다.

한일 각료회담이 끝난 지 채 한 달도 되지 않은 1969년 9월 17일, 제1차 일
본철강연맹 조사단이 서울에 도착했다. 이들은 포철 프로젝트의 기술과 설
비사양, 건설비용 등을 구체적으로 검토했다. 또한 9월 22일에는 제2차 조
사단이 이들과 합류하여 면밀한 조사작업을 벌이기 시작했다. 이제 일본이
라는 확실한 자본 및 기술제휴선이 있었기에 포철은 커다란 희망에 부풀
어 있었다. 박태준 사장은 종합제철소가 활기차게 가동하고 그곳에서 완
성된 철강제품이 선박에 실리는 장면을 상상해 보았다. 거의 10여 년에 걸
쳐 장애와 어려움을 이겨내고 이제 제철보국의 꿈을 이루기 위한 첫발을
내딛고 있었다.

한편 박태준은 한국과 KISA의 기본계약이 1969년 9월 2일자로 무효화
된다는 것을 통보받았고 이틀 후 계약종료를 인정했다. 그러나 세계 철강

업체들은 한일 간의 철강산업 협력에 기분이 상한 나머지 일본이 처음에는 KISA 참여를 거절하다가 갑자기 포철 프로젝트를 도맡게 된 데 대해 강한 불만을 표시했다.

일본은 국제 철강업계와의 관계를 고려해 세계은행이 포철을 지지하도록 많은 노력을 기울여왔다. 특히 한일각료회담 당시 일본의 후쿠다 대장성은 포철의 외자조달에 세계은행이 참여해 주기를 바란다는 공식입장을 천명하기도 했다. 이것은 세계은행이 자신들의 입장을 지지해 줄 것을 원한다는 뜻이었다. 중국의 속담대로 '장차 필요한 경우를 대비해 항아리를 깨지도 말고 배를 가라앉히지도 않는 것이 현명하다'고 할 수 있었다.

구미 철강업계에 대한 선의의 손짓으로 일본 정부는 세계은행에 포철 프로젝트의 사업 타당성을 재검토해 줄 것을 요청했다. 세계은행의 조사단 단장은 6개월 전에 한국 경제를 부정적으로 평가했던 자페였다. 1969년 10월, 자페와 베이그는 열흘에 걸쳐 포항을 방문해 포철 및 한국 정부 관계자와 인터뷰하고 103만 톤 규모로 수정된 포철 프로젝트를 재검토했다.

그 결과 세계은행 조사단은 생산 규모의 증가에도 불구하고 포철 프로젝트의 사업 타당성을 인정했다. 6개월 전에는 타당성이 없다고 평가하고 뚜렷한 이유도 없이 갑자기 의견을 바꾸었기 때문에 그들의 신뢰성에 의문이 제기되었다. 그동안 한국 경제는 실질적으로 변한 것이 없었고 또한 철강수요에 대한 추정치도 평가의견을 바꿀 만큼 증가하지 않았다. 그렇다면 세계은행은 왜 첫 번째 보고서에서 취했던 그들의 입장을 바꾸었을까?

또 하나의 의문이 남아 있었다. 일본 철강업체가 KISA에 참여하지 않은 진짜 이유는 무엇이었을까? 취약한 한국 경제 때문이라는 공식적인 이유는 몇 개월 후 이들이 포철 프로젝트를 지원한 것으로 보아 믿을 수 없었다. 사실 일본 철강업체들은 자신들이 포철 프로젝트를 주도해야 한다고 생각했지만 구미 회사들이 제멋대로 하자 그것을 못마땅하게 여긴 것이 진짜 이유라고 할 수 있었다. 더구나 상황이 아무리 좋아도 다국적 컨소시엄은 조직 관리가 어렵고 참가자들 사이의 다양한 의견을 조정하기가 힘들다고 생각해서 참가하지 않았던 것이다.

1969년 12월 닻을 올리다

1969년 12월 3일, 서울의 겨울 날씨는 따사로웠다. 거리에는 눈송이가 가볍게 흩날리고 있었다. 창문을 통해 이를 바라보던 김학렬 경제기획원 부총리는 곧 자기 사무실에서 있을 회의를 앞두고 첫눈이 내리는 것은 길조라고 생각했다. 잠시 후 가나야마 마사히데 주한 일본대사를 비롯한 한일 양국의 고위관료와 경영자들은 김부총리의 방에 모여 자금과 기술원조 내용이 포함된 포항종합제철 프로젝트의 기본협정에 서명했다. 희망과 기쁨이 가득찬 행사였다.

기본협정의 핵심 내용은 다음과 같다.

- 제철소의 규모, 설비구성 및 건설공정은 한국측이 계획한 연산 103만 톤에 준거하되 일본측이 필요하다고 생각하면 수정할 수 있다.
- 일본은 설비선정과 설치 및 공장설계에 필요한 기술을 제공하기로 한다.
- 일본은 대일 청구권자금을 제철소 건설로 전용하는 데 동의하며 3,080

만 달러의 무상공여와 일본대외경제 협력기금의 무이자 차관 4,290만 달러를 제공하기로 한다. 또한 일본수출입은행의 장기저리 연불금융 5천만 달러를 제공하기로 하며 총융자금액은 1억 2,370만 달러로 한다.

모든 사람들이 제철소의 착공을 간절히 기다려왔다. 한일 간 기본 협정의 체결로 포철 직원들의 사기가 올라가자 건설현장의 분위기가 급변했다. 이번에야말로 1973년 7월 완공을 목표로 제철소 건설을 시작할 수 있었기 때문이다. 이번 협정으로 박태준은 하와이 구상을 실현하게 되었으며, 박정희 대통령은 국민에게 약속한 대로 제2차 경제개발 5개년 계획을 달성할 수 있었다.

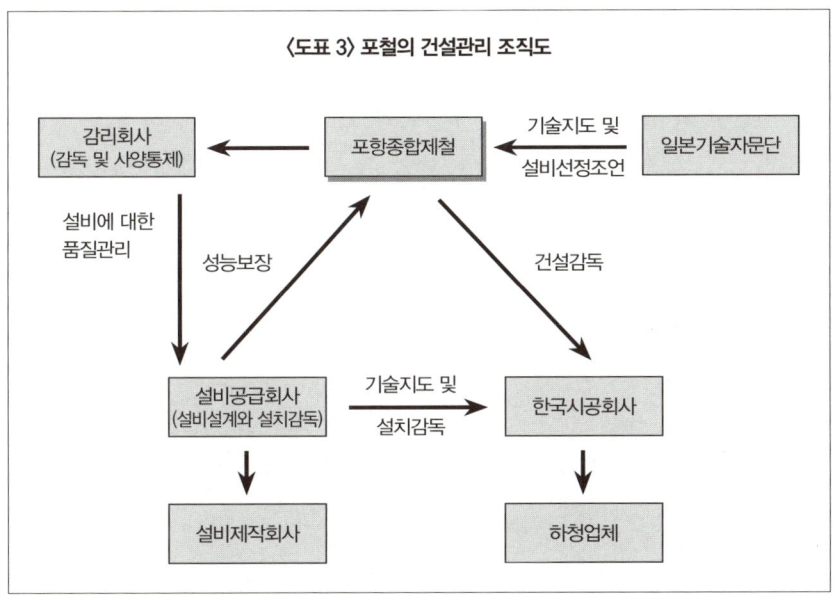

〈도표 3〉 포철의 건설관리 조직도

제1단계 건설공사

1969년 9월, 박태준 사장은 KISA와의 기본협정이 자동 폐기되자마자 곧 건설기획조정위원회를 설치해 본격적인 활동에 들어갔다. 그는 이 위원회를 통해 설계 및 공정 기획, 시공업체와의 계약업무 조정, 예산 통제, 설비구매 기획(입찰과 인도), 설비의 인도와 설치기획 등 여러 가지 사항들을 검토하기 시작했다.

그러나 포철은 한국 최초의 종합제철소 건설 프로젝트를 충분히 감당할 만한 공정관리 경험이 부족했다. 박태준은 결국 설비선정과 설치에 대한 감독업무를 일본 기술자문단에게 맡기기로 결정했다. 반면 부지조성, 공장건물 신축 및 국내 건설업체에 대한 감독업무는 포철이 직접 전담하기로 했다.

또한 건설과정이 너무나 복잡했기 때문에 이를 효율적으로 수행하기 위해 〈도표 3〉과 같이 조직계층을 3개 이상으로 하고 30개의 하부단위를 만들었다. 이로써 복잡한 건설조정 업무를 단순화시키고 부서 간 책임관계를 명확하게 나타냈다.

건설기획

종합제철소 건설은 자동차 조립공장, 섬유공장, 조선소 건설보다 훨씬 복잡하다. 특히 제철소의 원자재 및 완제품은 중량과 부피가 매우 무겁고 크기 때문이다. 이를 운반하기 위해서는 방대한 규모의 인프라도 함께 건설해야 할 뿐만 아니라 안전사고에도 특별히 신경을 써야 한다. 이런 이유로 제철소 건설은 여러 가지 공사를 동시에 추진하게 된다. 즉 부지선정과 조성공사, 지원설비 공사, 제철설비 선정과 주문, 기초공사와 제철설비 설치, 사양서 검토 및 성능시험 등과 같은 공사업무들을 동시다발적으로 추진하는 특성을 지니고 있다. 따라서 포항제철소 건설 관계자는 모두 이러한 복잡성에 압도당하지 않을 수 없었다.

박태준을 비롯한 포철 창립요원 중 제철소 건설과 운영 경험이 있는 사람은 한 명도 없었다. 단지 전문서적을 통해 고로 사진을 보았을 뿐이었다. 포철 관리자들은 처음으로 일본의 제철소를 방문해 거대한 고로와 제철설비들을 직접 보았을 때 '우리가 과연 이 일을 해낼 수 있을까? 어떻게 이처럼 방대하고 복잡한 공장을 건설할 수 있을까?' 하고 자문하지 않을 수 없었다.

노동자들, 정부관료들, 기술자들, 감독자들 중에서 오로지 박태준만이 어떤 일을 해야 되는지 정확하게 알고 있었다. 여러 해 동안 그는 이 일을 위해 구미 선진국의 제철소 건설과 운영방식을 직접 연구하고 관찰해 왔었다. 그래서 그는 프로젝트의 복잡성을 이해할 수 있었고, 전력투구하지 않으면 제철소 건설이 실패로 돌아갈 가능성도 크다는 것을 깨닫고 있었다.

포항종합제철소 건설은 한국 역사상 가장 큰 규모의 공사였으며 총 공사비가 인프라를 포함해 3억 달러에 이르고 있었다. 그중에는 1억 7,800만 달러의 설비도 포함되어 있었다. 이것은 건설 규모와 비용 때문에 굉장한 논란을 일으켰던 총연장 450킬로미터의 4차선 경부고속도로 건설공사 금액의 약 3배에 달하는 액수였다. 만약 한국 국민들이 포항종합제철소의 공사

금액과 방대한 규모를 생각했다면 경부고속도로의 경우와 마찬가지로 전국적인 반대 시위가 일어났을지 모른다.

포철의 건설방식 : 후방건설방식

종합제철소를 건설하는 방식은 크게 전방방식과 후방방식이 있다. 전방방식은 철이 만들어지는 과정과 같이 제선 - 제강 - 압연공장의 순으로 건설해 나간다. 이에 비해 후방방식은 국제 철강시장으로부터 반제품인 슬래브를 구입하여 완제품을 생산할 수 있도록 압연 - 제강 - 제선공장의 순으로 건설해 나간다.

1950~60년대에 건설한 다른 제철소들과 마찬가지로 포철도 후방방식에 따라 압연공장을 제일 먼저 건설하고 제강공장을 지은 다음 마지막으로 고로를 세웠다. 이와 같은 건설방식으로 신설회사도 고로의 완공과 관계없이 조기에 철강제품을 생산할 수 있었다.

포철도 우선적으로 압연공장을 건설하고 반제품인 슬래브를 압연 처리하여 완제품을 생산했고, 이것을 시장에 판매할 수 있었다. 이런 방법으로 포철은 한국의 철강 부족현상을 완화하는 데 기여했을 뿐만 아니라 조기에 수익을 낼 수도 있었다. 포철은 1970년 10월 공사를 시작하여 1972년 8월1일 후판공장을, 그리고 1972년 10월 31일 열연공장을 완공하고 나머지 공장들이 완공되기 일 년 전부터 이들을 가동할 계획이었다.

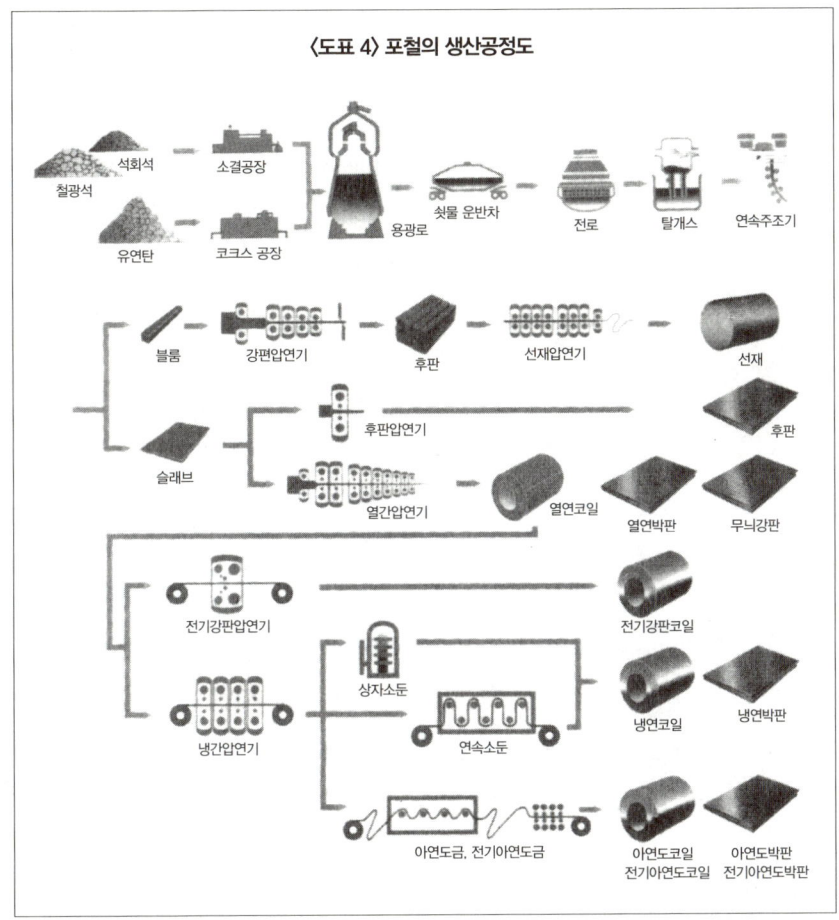

〈도표 4〉 포철의 생산공정도

철강제조공정

철강은 약 30여 개의 상이한 원재료를 가공하여 만든다. 그중 가장 중요한 원료는 철광석, 유연탄, 석회석이다. 1백만 톤의 철을 생산하기 위해서는 170만 톤의 철광석, 70만 톤의 유연탄, 30만 톤의 석회석이 필요하다.

원료의 사전처리공정	선철을 만드는 데 필요한 각각의 원료들을 고로에 장입하기 전에 사전처리하는 공정이다. 유연탄을 밀폐된 코크스로에 장입하고 공기를 차단한 상태에서 약 1,200도 내외의 고온으로 16시간 정도 건류하여 코크스를 만든다. 코크스는 고로 안에서 철광석을 녹이는 열원이며 철광석을 환원시키는 일산화탄소의 발생원이다. 철광석을 고로에 넣기 전에 잘게 부숴 불순물을 골라내고 이를 응축시켜 분광석을 만든다. 그다음 코크스, 석회석 및 분광 등의 철강원료들을 소결공장에 넣고 괴광을 만든다. 괴광은 고로 안에서 열풍과 최적 반응하기 위해 60% 이상의 철을 포함해야 하며 1/4 인치 내지 1인치 사이의 크기로 만들어야 한다.
제선공정	제철의 첫 번째 단계는 선철을 만드는 과정이다. 컨베이어 벨트를 이용하여 소결광과 코크스를 고로 꼭대기로 장입한다. 고로에서 섭씨 1,200도의 열풍이 소결광을 2,300도 이상 가열하면 코크스에 있던 일산화탄소가 소결광에 있던 산소와 결합하여 폐가스가 된다. 이때 용해된 선철은 밑으로 흘러내린다. 폐가스는 공기청정설비를 거쳐 먼지를 제거한 후 재생에너지로 각 공장에서 활용된다. 석회석은 철광석에 있던 비철 불순물과 결합해 슬래그로 분리되며 시멘트 원료나 비료원료 또는 매몰용으로 활용된다.
제강공정	선철을 정련하여 강철을 만드는 공정이다. 고로에서 만들어진 선철은 탄소가 많이 포함되어 있어 부러지기 쉽다. 제강공정에서는 전로 또는 전기로에 용선을 장입하여 탄소 함유율을 4.5%로 낮춘다. 전로에서는 고순도의 산소를 넣어 탄소, 망간, 인, 황 등을 산화 및 감소시킬 뿐만 아니라 필요한 원소를 첨가시켜 용강을 만든다. 전기로에서는 고철과 선철을 주된 원료로 강철을 만들며 용량은 대개 100톤 규모이다. 이곳에서 양질의 특수강을 만들 수 있으며 오늘날에는 신기술의 발달로 고순도의 특수강을 생산할 수 있게 되었다.
압연공정	제강공정에서 만들어진 용강을 조괴 - 분괴과정이나 연주공정을 거쳐 슬래브와 블룸 등의 반제품으로 변용하고 이를 최종제품의 특성에 맞게 압연, 단조 및 주조하는 제철의 마지막 공정이다. 슬래브는 압연과정을 거쳐 열연 또는 냉연제품이 되며 후판, 박판, 코일 등으로 최종가공된다. 블룸은 빌레트 과정을 거쳐 선재로 최종가공된다. 최종제품은 용도에 따라 선재, 박판, 후판, I-빔에서 스테인레스와 같은 표면처리 강판으로 가공된다.

철강은 자동차, 가전, 식기류, 가구 등 거의 모든 제품에 사용되며, 종합 제철소는 실보다 가는 철선에서부터 초고층건물에 쓰이는 두꺼운 빔에 이르기까지 매우 다양한 제품의 철을 생산한다.

포철의 거대한 규모

포항종합제철소는 22개의 대형건물로 구성된다. 이들 중에는 30층 정도의 높은 공장도 있고 길이가 1킬로미터인 것도 있으며 각각 많은 종류의 전용 설비를 갖추고 있다. 또한 포항종합제철소는 그 크기와 복잡성뿐만 아니라 두께 0.01밀리미터의 오차도 허용하지 않는 정밀함을 요구한다.

250만 평의 포철 부지 위에는 20개 이상의 많은 공장이 세워져 있다. 소결공장, 석회소성공장, 제선공장, 코크스공장, 주조공장, 제강공장, 빌레트공장, 열연공장, 후판공장, 블룸과 슬래브공장 등의 각종 공장설비들과 1,200여 평에 이르는 원료야적장 및 하역시설, 그리고 각종 지원설비로 이루어져 있다.

철강업계에는 '철을 먹어야 철을 낳는다'라는 말이 있다. 연산 1천만 톤의 생산능력을 가진 제철소를 건설하기 위해서는 1백만 톤 이상의 철이 필요하다. 특히 부지 기반을 다지는 강철 파일과 고로 표면을 둘러싸고 있는 두께 2~5센티미터의 철피 등은 매우 많은 철을 필요로 한다.

또한 고로 안에는 여러 층의 내화벽돌과 용선을 저장하는 노상이 있다. 노상에는 수평을 유지하기 위한 벽돌이 있으며 이것들은 콘크리트 패드 위에 쌓여 있다. 8~10층으로 쌓인 내화벽돌은 접합용 모르타르가 필요 없을 정도로 치밀하게 배열되어 있다. 이것의 전체 무게는 3만2천 톤이나 되며 섭씨 3천도 이상의 고온을 견딜 수 있도록 점토로 만든다. 작업자들이 고로 안에 내화벽돌을 쌓기 위해서는 직경 50센티미터밖에 안 되는 작은 환기통으로 기어 들어가야 한다.

포철의 고로는 매우 거대하다. 높이는 100미터가 넘으며 내부공사를 감독하기 위해 사다리를 오르내리는 데만 몇 시간이나 걸릴 정도다. 작업자들은 매일매일 고층빌딩의 꼭대기를 오르내리는 기분을 느껴야 했다.

인프라 설비

포철은 많은 인프라 설비를 필요로 했다. 그중 원료의 수입과 제품의 수출을 위해서는 무엇보다 항만과 철도가 중요했다. 특히 대부분의 원료들이 수입되었기 때문에 당시로서는 최대 규모인 10~15만 톤 규모의 선박이 접안할 수 있는 항만시설이 필요했다. 그러나 당시 포항에는 어촌에 맞는 작은 항만시설만 있어 방대한 규모의 항만을 새로 조성해야만 했다.

항만을 건설하기 위해서는 바다 밑 흙을 퍼내야 했다. 침니를 제거하고 수심을 깊게 하기 위한 준설작업 때문에 영일만에는 긴 파이프들이 설치되었다. 그 속을 통해 엄청난 양의 바닷물과 모래가 공장부지로 들어와 굴착장비들이 바닷속으로 떠밀려 들어가지 않도록 단단히 주의해야만 했다. 어느 때에는 가라앉은 장비들을 건져내기 위해 작업을 중단하는 경우도 있었다. 포철은 가마니포대를 쌓아 준설된 모래가 떠밀려 나가거나 부지조성 공사를 방해하지 않도록 했다. 준설된 모래는 총 1,370만 세제곱미터였고 그중에서 780만 세제곱미터가 부지조성 공사에 활용되었다.

포철은 한국 역사상 처음으로 5만 톤 벌크선이 접안할 수 있는 원료전용 부두를 건설하기 시작했다. 이것은 나중에 15만 톤 배가 접안할 수 있는 규모로 확장이 가능하게끔 설계되었다. 빈번한 폭풍과 엄청난 조수에도 불구하고 항만공사는 지속되었다.

매년 150만 톤 이상의 화물을 운반하기 위해 포철은 공장부지 내에 약 16킬로미터 연장의 철도를 부설했으며, 정부는 공장 인접 지역까지 고속도로와 철도를 연장하고 대형 화물차들이 다닐 수 있도록 교량 보강공사를 했다.

지원설비 중 없어서는 안 될 것이 용수였다. 철을 만드는 데 있어 물은 필수적이었다. 용수는 고로에 장입되는 원료를 처리하거나 압연단계의 철을 냉각할 때 또는 윤활유로 사용되었다. 제철소가 완성되면 매일 10만 톤의 용수를 사용하게 되며 또한 철강품질이 용수에 의해 좌우되므로 포철은 안정적으로 용수를 확보할 필요가 있었다.

1968년 4월 포철이 설립되기 전부터 산업용수를 확보하려는 프로젝트가 시작되었다. 인근 지역의 여러 가지 수원을 조사하고 난 후 형산강을 용수원으로 결정했다. 그러나 형산강은 관개시설을 통해 많은 양이 농업용수로 빠져나갔고 주기적인 가뭄이 들어 용수원으로는 적합하지 않았다. 건설부는 여러 방안을 검토한 끝에 용량 1,800만 세제곱미터 규모의 안계 저수지를 건설하기로 했다. 1968년 6월 15일 시작된 공사는 1971년 3월 완공되었다. 직경 1,100밀리미터의 파이프를 통해 저수지와 제철소를 연결한 결과 하루 13만 톤의 용수를 확보할 수 있었다.

공정관리

건설과정에는 수많은 난관이 있었지만 무엇보다도 대규모 건설 프로젝트의 시공관리 경험과 기술의 부족, 인력조달 문제, 대규모 건설공사에 필요한 인프라 정비문제 등이 현안으로 등장했다. 종합제철소를 구성하고 있는 다양하고 복잡한 공장설비들을 제때에 건설하기 위해 설비들의 선정과 설치, 자재구매와 관리, 인프라의 건설과 인력훈련 등을 동시다발적으로 진행해야만 했다. 이러한 설비들을 동시에 건설하여 비용절감과 공기단축을 도모하기 위해서는 효과적인 시공관리가 필요했다.

박태준은 복잡한 공정관리를 위해 1950년대 말 미육군부관학교 시절 공부한 PERT기법을 도입했다. PERT기법은 정해진 공기와 예산 내에서 효율적으로 프로젝트를 진행시키기 위한 공사의 실행계획이었다. 이는 공사일정이나 공기를 산출하는 데 안성맞춤이며 상호의존활동을 조정하는 데 적합한 기법이었다. 한국에는 처음 도입되는 공정관리 기법이었기에 박태준은 PERT기법과 관련된 서적과 참고자료들을 수집하는 한편 황경로 기획부장(나중에 박태준 회장의 뒤를 이어 제2대 포철 회장으로 취임)의 지도에 따라 이를 철저하게 연구하도록 관리자들에게 지시했다.

포철은 PERT기법을 도입하여 대규모 건설공사를 성공적으로 수행하였으며 그 결과 한국의 건설회사들이 앞다투어 이를 도입하여 사용했다. 박태준은 포철이 한국의 건설업체들에게 과학적인 공정관리 기법을 전파하고 '우리도 할 수 있다'는 자신감을 심어준 것에 대해 대단히 자랑스러워했다.

기술도입계약

1969년 12월 3일 한일 간 기본협정이 체결되자마자 박태준은 공기 38개월의 포항 제1기공사를 1973년 7월까지 완공하기 위해 전력투구했다. 한국은 종합제철소 건설 경험과 지식이 부족했기 때문에 설계와 엔지니어링, 설비 구입과 설치, 공정관리와 건설 엔지니어링, 품질검사와 교육훈련 등의 모든 분야에 걸쳐 기술과 노하우를 도입하고 축적할 필요가 있었다.

이에 따라 포철은 일본의 3대 철강회사인 야하타제철, 후지제철, 니혼강관으로부터 기술지원을 받았다. 일본 3대 철강회사들은 기술자문단을 조직해서 포철에 전문가들을 파견했다. 이들은 우선 포철의 사업 타당성을 총체적으로 검토한 다음 엔지니어링 디자인 분야를 검토했다. 1970년 3월 말 이들의 검토 결과가 나왔다.

포철은 일본 기술자문단에게 지나치게 의존하는 것을 우려해 이들의 작업 성과를 객관적으로 검토해 줄 평가단을 찾았다. 그리하여 1970년 4월 호주의 BHP에게 컨설팅을 의뢰했으며 이들은 일본 기술자문단이 제시한 설계와 엔지니어링, 가격과 성능보장을 기준으로 한 설비구매 평가내용과 설비선정 등을 검토했다. 그리고 일본 기술자문단과 BHP의 자문에 대해서는 한국과학기술원(원장 최형섭)이 계속 검토하고 평가했다. 외국의 6개 기업 및 단체들(ENGICO, OMIC, JMI, JIC, NKKK, DKKK)에게도 의뢰해 공급자에게 발주한 설비가 포철이 정한 사양과 품질기준에 적합한지를 평가하도록 했다.

2년간에 걸쳐 설치하게 되어 있는 1억 7천만 달러(오늘날의 화폐 가치로 10억 달러 이상)의 설비 수천 개를 경험이 부족한 신설회사가 효과적으로 구입한다는 것은 사실상 무모한 일이었다. 21개의 공장들은 서로 다른 공정을 갖고 있었기에 규모, 형태 및 사양 면에서도 제각각의 설비들이 설치됐다. 다양한 설비를 선정 및 발주하기 위해서는 성능, 품질, 내구성, 가격, 유지보수비, 성능보장 등의 여러 조건들을 따져봐야 했다. 포철이 세계적으로 경쟁력있는 철강제품을 생산하기 위해서는 여러 설비제작사의 사양과 가격조건을 면밀히 비교하고 검토하는 것이 필요했다.

또한 포철 프로젝트에는 많은 변수가 있었고, 설비 하나라도 잘못되면 제철소 건설이 실패할 수도 있는 위험을 안고 있었다. 포철은 성공적으로 제철소를 완공하기 위해 공급업자를 선정하고 지체 없이 계약을 체결하는 등 설비구매 절차를 신속하고 효과적으로 관리하지 않으면 안 되었다.

포철은 구매업무를 총괄적으로 조정하기 위해 기술타당성, 설치기획, 효과적인 관리, 설치작업 및 외자협상 등과 관련된 5명의 부장들로 구매위원회를 구성하고 김용각을 위원장으로 임명했다. 위원회의 업무는 다음 다섯 가지 조건하에 구매전략을 수립하고 실행하는 것이었다.

1. 총예산 1억 7,800만 달러의 범위 내에서 21개 공장과 시설에 들어가는 모든 설비를 구매하고 설치할 것
2. 최저가격으로 가장 최신의 설비를 구매할 것
3. 저렴한 유지비용으로 운영효율을 극대화할 것
4. 모든 설비에 대해 성능보장을 받아낼 것
5. 공장건설에 차질이 없도록 모든 설비의 구매, 인도 및 설치를 동시에 진행할 것

일본을 비롯한 세계의 주요 설비제작 및 공급업체의 대표들이 입찰에 대비하기 위해 포철 건설현장을 방문하여 공사 일정을 살펴보았다. 적극적으로 관심을 나타낸 업체들은 대부분 미쓰비시, 미쓰이, 이토츠, 스미토모와 같은 일본의 종합무역상사들이었다. 머잖아 수주전이 치열하게 벌어질 것이 틀림없었다.

1970년 여름 내내 포철의 설비구매단은 아리가 토시히코 단장이 이끄는 일본 기술자문단과 구매문제를 협의하기 위해 수차례 도쿄를 방문했다. 일본 기술자문단이 추천한 설비공급업체를 방문한 결과 포철의 구매단은 이

〈도표 5〉 포항 제1기공사의 설비구매 현황

설비명	공급업체	계약일자	FOB금액 (단위 : 천 달러)
원료처리설비	미쓰이	71년 5월 15일	6,440
제선설비	미쓰비시	71년 5월 27일	5,778
코크스설비	도멘	71년 6월 22일	13,987
소결공장설비	미쓰이	71년 3월 31일	15,046
제강/석회소성설비	이토츠	71년 4월 26일	14,682
산소공장설비	미쓰이	71년 1월 12일	3,880
가열로	미쓰비시	71년 5월 7일	15,600
빌레트설비	미쓰비시	71년 5월 27일	5,176
열연설비	미쓰비시	70년 9월 19일	36,648
압연설비(후판)	뵈스트	70년 6월 23일	24,345
전력설비	도멘	70년 11월 25일	12,050
가스/오일설비	도멘	71년 5월 20일	4,081
용수공급설비	미쓰이	71년 5월 15일	2,810
항만설비	마루베니	71년 1월 12일	3,613
공장운송네트워크	미쓰이	71년 11월 22일	1,817
공장철도시스템	미쓰이	71년 11월 22일	1,138
화물선	미쓰비시	72년 9월 28일	9,594
		합 계	177,651

업체들이 뛰어난 실적과 경험을 지닌데다 좋은 조건을 제시하고 있다는 것을 알고 자문단을 높이 평가하게 됐다.

포철은 치밀한 준비와 협상을 통해 수많은 구매계약들을 체결해 나갔다. 우선 슬래브를 구입하여 최종제품으로 가공하기 위해 압연공장 건설에 필요한 후판설비를 오스트리아의 푀스트와 2,434만 5천 달러에 계약했다. 다음으로 미쓰비시 상사와 3,664만 8천 달러의 열연설비 구매계약을 1970년 9월 체결했으며, 도멘과는 1,205만 달러의 전력설비 구매계약을 1970년 11월에 체결했다.

구매단과 일본 기술자문단의 열성적인 노력으로 포철은 공사일정에 맞추어 설비를 인수할 수 있도록 구매계약을 체결할 수 있었다. 공장설비들은 1972년 3월부터 포철 건설현장에 도착할 예정이었다. 〈도표 5〉에서 보는 바와 같이 총구매액은 1억 7,765만 1천 달러에 이르고 있으며, 푀스트가 공급하는 압연설비를 제외하고는 나머지를 모두 일본 공급업체들에게 발주했다. 미쓰비시가 5건, 미쓰이가 6건, 도멘이 3건, 그리고 이토츠와 마루베니가 각각 1건의 계약을 수주했다.

포철은 당시 국제 철강시장이 침체기에 있었기 때문에 좋은 품질의 설비를 비교적 저렴한 가격으로 구입할 수 있었다. 전 세계적으로 건설되는 제철소가 몇 개에 불과했기에 일본 종합상사와 설비제작업체들은 포철이 발주하는 대규모 설비들을 수주하기 위해 치열하게 경쟁했다. 포철은 유리한 협상위치를 이용하여 좋은 가격과 조건으로 설비를 구매할 수 있었다.

제 13 장

정치헌금과 관료주의

"끝내 당신은 우리와 당을 도와주지 않았소.
당신이 뭐 소통령이라도 된다는 거요?"
"별명을 붙이시려면 차라리 중통령이라고 불러주시오."

포철의 설비구매 과정은 대금지불 절차 문제로 상당히 복잡했다. 설비구입자금의 일부는 대일 청구권자금에서, 일부는 일본 정부가 보증한 상업차관에서 나오는 것이었다. 게다가 정부간 협정으로 포철이 청구권자금을 직접 사용할 수 없었기 때문에 문제가 더욱 복잡해졌다. 또한 상업차관에 의한 설비구매도 그 주체가 포철이 아니라 한국 정부였던 만큼 일일이 당국의 승인까지 받아야 했다.

포철은 이러한 체제로 정부기관인 주일 구매사무소 소장을 통해 구매계약을 체결해야 했다. 이 절차는 매우 복잡하고 시간낭비가 많아 설비공급업체와 효과적으로 협상을 진행할 수가 없었으며, 의사소통이 잘못되거나 지체되는 경우도 많았다. 포철이 면밀히 검토한 후 설비공급업체를 선정했는데도 주일 구매사무소가 설비의 성능을 믿을 수 없는 다른 업체로부터 구매하겠다고 주장하는 일도 흔히 있었다. 당연히 구매업무가 지체되기 일쑤였고, 포철 구매팀이 선정한 공급업자를 끝까지 고집하는 박태준에게 험담이 쏟아졌다.

특히 정치인의 개입이 심해지자 상황은 점점 더 어려워져 갔다. 정치인들은 공급업체로부터 상납과 리베이트를 받아내기 위해 압력을 가했다. 박태준은 진퇴양난에 빠진 느낌이었다. 일본의 설비공급업체 및 제작업체와 좋은 조건으로 협상하기가 갈수록 어려웠다. 그는 포철 건설계획에 막대한 지장이 초래될까 봐 노심초사했다.

박태준은 상황을 개선하기 위해 여러 가지 해결책을 강구해 보았지만 달리 방법이 없었다. 그는 구매절차에 대한 전권을 포철에 넘겨달라고 수차례 정부를 설득해 보기도 했으나 아무 소용 없었다. 마침내 그는 비장한 결심을 하고 임원회의에서 자신의 계획을 설명했다.

"여러분, 지금 정부관료들은 노골적으로 설비구매 과정에 개입하고 있습니다. 이 구매체제를 획기적으로 개선하지 않고서는 결코 제철소를 제때 완공할 수가 없습니다. 그리고 포철의 미래도 없습니다. 우리의 목표는 분명합니다. 우리는 국가의 번영을 위해 기필코 포철을 성공시켜야만 합니다. 그러므로 정치적 부패와 공기 차질을 가져오는 관료들의 부당한 개입으로부터 벗어날 방법을 찾아야 합니다. 그 일을 해줄 수 있는 사람은 오직 한 분뿐입니다."

박태준은 잠시 말을 끊고 굳은 얼굴로 주위를 한 차례 둘러본 뒤 덧붙였다.

"그분은 바로 대통령 각하입니다."

박태준은 이것이 서로 연관된 문제임을 알고 있었다. 정부 개입이 고착화되어 관료주의가 들어서면 공기 차질, 제철설비의 품질저하, 공사비용 초과 등의 문제가 발생할 게 틀림없었다.

"이제 각하께 도움을 요청하는 수밖에 달리 방법이 없습니다. 좋은 의견이 있으면 말씀해 주십시오."

그는 임원들을 둘러보았다. 회의실은 물을 끼얹은 듯 조용했다. 몇몇 임원들은 이 문제가 한 나라의 대통령까지 개입시킬 만큼 중요하다고는 생각하지 않았다. 공연히 고위관료들로부터 원성을 들을지도 모르는 일이었다. 그러나 아무도 입을 열지 않았다. 그들은 박태준이 이미 대통령과 면담하기로 결심했으며, 누구도 그의 고집을 꺾을 수는 없다는 것을 잘 알고 있었다.

포철을 구한 대통령의 '종이 마패'

1970년 2월 3일, 박태준은 대통령을 찾아갔다. 그동안 그는 줄곧 대통령에게 포철의 공사현황을 보고해 왔었다. 그는 이번 기회에 무거운 짐을 벗고 싶었다.

브리핑이 시작되자 박대통령은 곧 비서실장과 수석비서관들을 내보냈다. 박태준이 대통령에게 공사진척 상황을 보고하기 시작했다.

"임자, 더 이상 보고할 필요 없네."

대통령은 이미 박태준의 태도가 여느 때와 다른 것을 눈치챈 듯했다.

"완벽주의자인 임자가 잘 알아서 하고 있을 테지. 우리 서로 이야기나 나누세. 그래, 일은 순조롭게 되어가는 거야?"

"각하, 목숨을 걸고서라도 제철소를 제때 완공하겠습니다."

박태준이 단호하게 말했다.

"힘든 점은 없어?"

대통령은 그를 똑바로 쳐다보았다. 박태준은 복잡하고 비효율적인 구매 절차와 정치헌금 강요로 인해 일어나는 문제점을 어떻게 설명해야 할지 잠시 궁리했다. 대통령의 불 같은 성격 때문에 정치권에 큰 회오리가 일어날지도 모른다. 하지만 기한 내에 제철소를 완공하기 위해서는 대통령의 도움이 절대적으로 필요했다. 그는 조심스레 말문을 열었다.

"각하, 구매절차 때문에 공기 차질이 발생할까 봐 염려스럽습니다. 지금의 구매체제는 너무 복잡해서 공사가 제대로 진척되고 있지 않습니다. 구매 창구를 포철로 일원화해 주시고, 설비자금의 운영절차를 줄여주십시오."

"그래, 필요한 게 정확히 뭐야?"

"현행 구매절차에는 많은 당사자가 관련되어 있습니다. 그 때문에 쓸데없는 중복과 혼란이 많습니다."

박태준은 포철이 직면하고 있는 문제점들을 하나 하나 상세하게 설명했다.

"그러니까 정부의 간섭 없이 구매에 대한 재량권을 갖고 싶다는 말 아닌가? 임자, 지금 건의한 사항을 여기에 간략히 적어봐."

박대통령은 그에게 메모지를 건네주었다. 박태준은 경제장관회의 때 지시할 자료로 쓰려는가 보다 생각하면서 메모지에 자신이 원하는 바를 적어나갔다.

첫째, 포철은 적합하다고 여겨지는 설비공급업체를 정부의 간섭 없이 자유롭게 선정한다. 둘째, 설비구매와 대금지불 및 구매계약 등의 절차를 간소화한다. 그 밖에도 메모지에는 정치헌금과 정부 개입을 배제할 수 있게 해달라는 내용이 쓰여 있었다.

박태준은 공손한 태도로 대통령에게 메모지를 건네주었다. 대통령은 내용을 훑어본 다음 메모지 왼쪽 위에 서명해서 다시 돌려 주었다. 친필서명을 함으로써 대통령은 자신의 권한을 그에게 위임한 것이었다.

박정희 대통령의 친필서명과
박태준 사장의 건의문

박태준은 잠시 동안 당황스러운 표정으로 대통령을 바라보았다. 그는 국가재건최고회의 시절 비서실장으로 일할 때부터 지금까지 박대통령이 이런 식으로 재가하는 것을 본 적이 없었다. 대통령은 그의 당황한 얼굴을 보고 가볍게 웃었다.

"내 생각에 임자에게는 이게 필요할 것 같아."

박대통령이 자신의 서명을 가리켰다.

"내가 서명해 준 것은 임자가 어려울 때마다 나를 만나러 오기가 거북스러울 것 같아서야."

"감사합니다, 각하!"

박태준은 감격스러운 목소리로 말했다.

"빠듯한 예산으로 제철소를 건설하느라고 고생이 많을 텐데, 내가 임자를 도와줘야지. 소신대로 밀고 나가."

대통령은 따뜻하게 그를 격려했다.

박태준은 청와대를 나오면서 박대통령의 전폭적인 신임에 오히려 무거운 중압감을 느끼지 않을 수 없었다. 그는 최선의 의사결정을 내리겠다는 각오를 다시 한 번 새롭게 다지며 결코 대통령을 실망시키지 않겠다고 결심했다.

박태준이 백지위임장을 받았다는 소문이 돌자 충격을 받은 정부관료들은 노골적으로 불쾌감을 드러내며 그를 매도했다. 김학렬 부총리는 메모지를 보고 얼굴을 붉히면서 경제기획원 고위정책 모임에서 대통령의 재가내용을 설명하라고 다그치기도 했다.

정부관료와 정치인들은 대통령의 서명이 든 메모지를 '종이 마패'라고 불러 곧 유명해졌다. 그러나 실제로 그 메모지를 본 사람은 거의 없었다. 박태준은 제철소 프로젝트에 깊이 관련되어 있는 극소수의 사람들에게만 그것을 보여주었기 때문이었다.

구매절차가 간소화되긴 했지만 박태준은 여전히 리베이트나 상납을 통해 정치헌금을 내라는 압력을 받고 있었다. 그는 '종이 마패'를 언급하면서 이런 요구들을 묵살하거나 정중하게 거절했다. 그는 포철의 건설이 국가경제발전의 주춧돌이라고 생각했으며, 포철에 득이 되는 일은 국가에도 득이 된다고 굳게 믿었다.

그럼에도 불구하고 포철은 정치적 압력에서 벗어나기가 쉽지 않았다. 정치인들은 어떻게든 포철 프로젝트에 개입하려고 했으므로 그때마다 박태준은 포철을 위한 새로운 대처방식을 찾아야만 했다. 그는 분명 정치인들이 좋아하는 타입은 아니었다. 하지만 많은 기업인들은 용기 있게 정치헌금을 거절하는 그를 시기하는 한편 칭찬하기도 했다.

필자와의 인터뷰에서 박태준은 당시의 어려운 상황을 회상하며 이렇게 말했다.

"난제를 풀어야 할 결정적인 기회가 올 때마다 주저해서는 안 됩니다. 또 자신의 지위를 내놓을 각오를 하고서라도 밀어붙일 것은 밀어붙여야 합니다. 포철은 이런 결정적인 순간들을 몇 번이나 맞았었습니다. 그때 결단을 내리지 못했다면 오늘날의 포철은 없었을 것입니다."

박대통령의 서거 후에야 박태준은 그 유명한 '종이 마패'를 공개했다. 제철을 통해 나라를 굳건하게 키우려 했던 박대통령의 집념을 국민들에게 상기시키고 싶었던 것이다.

박태준이 자랑스럽게 말했다.

"진실의 순간이 왔을 때, 기꺼이 모든 것을 희생할 각오로 절대절명의 과제를 해결해야 합니다."

어느 누구의 청탁도 안 돼!

1969년 12월 어느 날, 조말수 비서실장이 박태준의 포항 사무실로 들어와 손을 앞으로 모은 채 머뭇머뭇 말을 이었다.

"사장님, 서울 사무소에 문제가 생겼습니다."

"뭐야, 사고라도 났나?"

박태준은 고개를 들고 비서실장을 쳐다보았다.

"사고가 난 건 아닙니다. 하지만 날마다 여기저기서 인사청탁과 납품업자를 도와달라는 전화가 오는 바람에 업무가 마비될 정도랍니다."

조실장은 망설이듯 말하며 박태준의 반응을 살폈다.

"누가 그런 짓을 해? 명단을 이리 주게. 이 일은 내게 맡겨두고 자네는 어서 일이나 하게."

박태준은 사무적인 태도로 말했다. 비서실장은 목소리를 가다듬은 뒤 말을 이었다.

"잘 알겠습니다. 하지만 이것만은 배려해 주셔야 할 것 같습니다."

그는 안주머니에서 편지를 꺼내 박태준의 책상 너머로 건넸다. 그것은 청와대의 실세인 박종규 실장의 편지였다. 사람들은 박대통령의 측근인 그에게 모두가 굽실거렸고, 그는 원하기만 하면 나는 새도 떨어뜨릴 만큼 막강한 권력을 휘두르고 있었다.

박태준은 건네받은 편지를 뜯어보지도 않고 쫙쫙 찢어서 쓰레기통에 집어넣었다. 비서실장은 깜짝 놀란 얼굴로 그를 쳐다보았다.

박태준은 분통이 터졌다.

"이 일은 내가 책임질 테니 나가 봐."

"하지만 사장님, 그 편지는 박종규 실장이 보낸 것입니다…."

조실장은 당황한 나머지 말을 더듬었다. 화가 난 박태준은 주먹으로 책상을 내리쳤다.

"KISA가 차관을 거절해서 포철의 장래가 불투명해졌을 때 그 사람들은 대체 어디서 무엇을 하고 있었던가? 그런데 이제 와서 이런 짓이나 하고 있어? 자금문제가 풀리고, 우리의 장래가 밝아 보이니까 벌떼처럼 몰려들고 있잖나!"

격앙된 그의 목소리가 사무실을 쩌렁쩌렁 울렸다.

"나는 대한중석을 맡았을 때부터 지금까지 납품이나 인사문제로 어떤 청탁도 받아들인 적이 없네. 자격도 없는 사람이나 납품업자가 회사에 발을 붙이게 되면, 그런 회사는 내부부터 썩어들어가서 결국 부실기업이 되고 말아. 이 말 명심해!"

박태준은 두려운 표정을 짓고 있는 비서실장을 매섭게 쏘아보았다. 조실장은 도망치듯 허겁지겁 사무실을 빠져나갔다.

그 일이 있고 난 후, 포철에서는 아무리 거절할 수 없는 청탁이 들어와도 아무도 감히 입을 열지 못했다. 하지만 박태준 자신은 줄곧 온갖 종류의 청탁과 압력에 시달려야만 했다. 청탁을 거절하는 것은 '내 뒤를 돌봐주면 나도 네 뒤를 돌봐주겠다'는 식으로 당시에 한국 사회에 만연했던 관행과 정면으로 배치되는 것이었다. 이런 연유로 인해 청탁을 거절당한 사람들은 박태준에게 앙심을 품고 기회만 오면 그를 궁지에 몰아넣으려고 했다. 숱한 중상모략에 시달려온 그로서는 포철에 피해가 가는 일이 없도록 조심하지 않을 수 없었다.

몇 년 후 박태준은 자랑스럽게 그때의 일을 회상했다.

"권력을 잡은 실세들의 청탁을 거절했기 때문에 나는 수십 번 곤경에 빠졌었습니다. 하지만 선조들이 흘린 고귀한 피의 대가로 세운 회사에 어떻게 자질이 부족한 사람들을 고용할 수 있겠습니까? 막강한 영향력을 가진 정부관료나 정치인들의 청탁을 거절하기란 몹시 어렵고 힘들었지만 어쩔 도리가 없었습니다. 무엇보다도 회사의 이익이 우선입니다. 청탁을 거절당한 사람들이야 화가 나서 나를 모함하고 입방아를 찧어댔지만, 나는 일체 무시하고 내 일만 해 나갔습니다. 이것이 포철의 책임을 맡은 사람으로서 내가 겪어야 했던 견디기 어려운 일들 중의 하나였습니다."

껄껄 웃으면서 그가 말을 덧붙였다.

"그래서 나는 화가 난 이들을 접대하느라 밤늦게까지 술을 마시면서 내 '허물'을 양해해 달라고 설득한 적도 한두 번이 아니었습니다."

'소통령'이라는 별명을 얻다

당시 한국에서는 정치헌금이 횡행했다. 특히 정부가 발주하는 공사에 대해서는 정부나 여당의 실세가 리베이트를 요구하는 것이 당연한 관례로 여겨질 정도였다.

1971년 4월 대통령선거가 다가오자 여당인 공화당의 김성곤 재정위원장은 박태준에게 상당한 규모의 정치헌금을 요구해 왔다. 도쿄에서 첫 번째 설비입찰이 실시되기 약 한 달 전, 김성곤은 박태준을 자신의 집으로 불렀다. 박태준이 도착했을 때 거실에는 50명도 넘는 사람들이 차례를 기다리고 있었다. 모두 여당에 정치헌금을 내기 위해 김위원장 집에 초대를 받은 사람들이었다. 재정위원장의 역할은 정치자금을 충분히 확보하여 다가오는 대통령선거와 국회의원선거에서 여당후보를 지원하는 것이었다.

당시 한국은 선거자금의 많고 적음에 따라 당락이 좌우되었다고 해도 과언이 아닐 정도로 금권선거가 기승을 부리고 있었다. 따라서 재정위원장은 기업인들에게 정부특혜를 알선해 주고 그 대가로 정치헌금을 거둬들였다. 김성곤을 만나러 온 많은 재계인사들은 정치헌금을 대가로 자신들이 원하는 정부 특혜를 얻기 위해 그곳에 모인 것이었다. 모든 것은 대가가 있기 마련이었다.

박태준은 김성곤의 방으로 안내를 받아 들어갔다. 가벼운 인사를 주고받은 뒤 김성곤이 말문을 열었다.

"박사장님, 각하께서 포철만은 정치헌금에서 예외라고 말씀하셨던 뜻은 저도 잘 알고 있습니다. 하지만 다가오는 선거를 생각해서 박사장께서도 정치자금을 내주셨으면 고맙겠습니다. 다음달 도쿄에서 포철의 설비입찰이 있다고 들었는데, 마루베니로 낙찰해 주십시오. 무슨 말인지 아시겠지요? 아시다시피 이번 선거는 어느 때보다도 우리 당이 유리한 상황입니다."

박태준이 얼굴을 찌푸렸다. 하지만 김성곤은 짐짓 친절하게 웃으며 말을 이었다.

"이것이 다가오는 대통령선거에서 우리 당을 돕는 일입니다."

박태준은 김성곤의 요구가 너무나 부당해서 기가 막혔다.

"포철은 어떤 정치자금 조성에도 관여하지 말라는 각하의 특별당부가 있었습니다. 제철소 프로젝트의 성공은 바로 이 점에 달려 있다고 봅니다. 위원장님, 만약 포철이 정치헌금 때문에 제대로 완공되지 못한다면, 그때 가서 책임은 누가 지는 겁니까?"

박태준은 단호하게 말을 받았다. 이번에는 김성곤 위원장이 얼굴을 찌푸렸다.

"박사장님, 자신과 회사를 생각해서라도 마루베니를 도와주십시오. 내 뜻을 따라주시리라 믿겠습니다."

"자격을 갖춘 응찰자 가운데 최저입찰자를 선정하는 것이 우리 회사의 방침입니다. 마루베니가 최저입찰자라면 당연히 낙찰되겠지요."

박태준은 되도록 정중하게 자신의 의도를 설명하려고 노력했다. 김성곤이 그를 똑바로 바라보며 말했다.

"박사장님 뜻은 저도 잘 알고 있습니다. 하지만 우리가 하고자 하는 일을 잘 이해하셔서 박사장님이 우리 일을 도와주실 수 있지 않소. 아무쪼록 도와주실 줄 믿습니다."

박태준은 더 이상 대화를 계속할 이유가 없다고 생각하고 냉담한 태도로 방을 나왔다.

몇 달 후 첫 번째 입찰 결과가 발표되었을 때 마루베니는 선정되지 않았다. 박태준은 즉각 호출을 받고 김성곤의 집으로 불려갔다.

"박사장님, 이번 입찰에서 마루베니가 낙찰을 받지 못했습니다. 하지만 다음 입찰에서는 꼭 마루베니를 도와주시기 바랍니다."

김성곤 위원장은 단호한 표정으로 말했다. 박태준은 왜 마루베니가 낙찰받지 못했는지 설명하려고 했다. 그러나 김성곤이 그의 말을 가로막았다.

"과거는 과거지요. 지난 일은 잊어버립시다. 설명할 필요 없습니다. 대신 다음에는 반드시 마루베니를 낙찰시켜 주십시오."

박태준은 냉정하려고 애썼으나 이미 말이 나와버리고 말았다.

"미쓰비시와 미쓰이를 비롯한 여러 일본 업체들이 응찰했고 계약은 당연히 최저입찰자에게로 돌아갔습니다. 마루베니의 입찰가는 최저입찰가보다 무려 20%나 높았습니다. 내가 특정 회사에 특혜를 줄 수 있는 방법은 없습니다. 그런 식으로 하다가는 지금의 빠듯한 예산으로 포철을 제대로 완공할 수 없습니다."

화가 난 김성곤이 비아냥거리듯이 박태준을 쳐다보았다.

"박사장님이 말하는 바를 내가 모르는 바 아닙니다. 그런데도 당신에게 도와달라고 부탁할 때에는 내게도 다 그럴 만한 이유가 있기 때문입니다. 각하가 선거에서 이기셔야만 나라도 발전하고 우리도 제자리를 지킬 수 있는 게 아니겠습니까? 그러니 다음번에는 무조건 마루베니를 밀어주십시오."

하지만 그 후로도 계속 마루베니는 번번이 입찰에서 떨어졌고, 박태준은 그때마다 김성곤의 집으로 불려갔다. 그는 무려 다섯 번이나 김성곤으로부터 마루베니에 특혜를 주라는 압력을 받았다. 그러나 마루베니의 응찰 가격은 항상 최저입찰가보다 20%나 높았으므로 달리 어쩔 도리가 없었다. 그는 김성곤의 끈질긴 압력에도 불구하고 결코 자신의 소신을 굽히지 않았다.

김성곤 재정위원장은 당시 한국 정계에서 가장 두려운 존재였다. 여당의 돈줄이었던 그는 재계에서도 막강한 영향력을 행사하고 있었다. 경제인들은 자신의 사업을 유지하기 위해서라도 그의 힘 앞에 굴복하지 않을 수 없었다. 박태준은 포철의 설비입찰이 모두 끝났을 때 또다시 그에게 불려갔다.

"안녕하시오, 박사장님. 마지막 설비입찰이 지난주에 끝났지요? 결국 한 번도 마루베니를 배려하지 않았더군요. 당신이 부르짖는 제철보국에 대해 내가 반대하는 것은 아니오. 그렇긴 해도 내 입장을 전혀 고려해 주지 않은 것은 너무 심하지 않소? 나도 당신만큼 애국자요. 우리 당이 계속해서 집권할 수 있도록 자금을 모아 우리 당 후보를 돕는 것이 내 일이지요. 방식은 다르지만 우리 두 사람 다 나라를 위해 같은 일을 하고 있는 겁니다. 나 역시 당신처럼 각하께 충성을 바치고 있습니다. 내 이익을 위해 정치자금을 모으는 것이 아니잖소? 지난 일 년 반 동안 내가 그렇게 부탁했는데도 당신은 끝까지 우리와 당을 도와주지 않았소. 당신이 소통령이라도 된다는 거요?"

"그런 별명을 붙이시려거든 소통령보다는 차라리 중통령이라고 불러주시오."

박태준은 웃음 띤 얼굴로 너그럽게 김성곤의 말을 받아넘겼다.

그 후 김성곤은 정치헌금 문제로 두 번 다시 박태준을 찾지 않았다. 그는 그 일 말고도 여러 차례 다른 권력자들로부터 간접적인 압력을 받곤 했으나, 아무도 정치헌금에 대한 그의 고집을 꺾을 수는 없었다. 그는 일단 정치헌금을 내기 시작하면 포철을 제대로 건설할 수 없다고 믿고 있었다. 김성곤 위원장이 기대하는 정치헌금 액수는 500만 달러가 넘었다. 그 헌금을 완강하게 거부하는 것은 당시 사정으로 볼 때 회사에 대한 사형선고나 마찬가지였다. 하지만 그는 단 한 푼의 돈도 내지 않고 위험한 곡예를 하듯 자신의 소신을 밀고 나갔다.

제 14 장

진실의 순간

"기적이란 거저 오는 것이 아닙니다. 종업원과 관리자들,
그리고 임원들 모두의 희생과 헌신의 결과이며,
기회가 왔을 때 최선을 다했기 때문입니다."

천둥 같은 폭발음이 퍼져나가면서 오색찬란한 연기가 영일만 위로 피어올랐다. 포항종합제철소의 착공식을 공식적으로 알리는 첫 번째 강철 파일이 힘차게 내리꽂혔다. 참석자들은 벌떡 일어나 탄성을 지르며 우뢰와 같은 박수를 쳤다. 1970년 4월 1일 오전 10시, 포항종합제철소 착공식장에는 많은 사람들이 모여 있었다. 그리고 귀빈석의 박정희 대통령 왼쪽에는 김학렬 부총리가, 오른쪽에는 박태준 사장이 서 있었다.

그 당시만 해도 이와 같이 장엄하고 웅대한 착공식은 없었다. 기껏해야 주빈들이 일렬로 늘어선 채 삽으로 모래를 퍼 던지는 것이 고작이었다. 하지만 박태준은 대통령의 끊임없는 성원에 조금이라도 보답하고자 색다른 착공식을 준비했다. 박태준이 처음으로 채택한 이와 같은 파일항타 방식은 이후 한국 기업들 사이에 급속히 유행하게 되었다.

박태준은 이날 역사적인 착공식을 맞아 '민족중흥의 기틀'이라는 제목으로 연설을 했다.

"포철은 한국 철강산업의 산실로 조국의 산업화를 이끌고 갈 것입니다. 또한 우리나라는 이제 철강을 수입하지 않고도 자동차를 만들고, 선박을 건조하며, 건설을 할 수 있게 될 것입니다."

그는 청중들에게 확신에 찬 어조로 강조했다.

그동안 냉담했던 언론들도 드디어 포철 프로젝트를 지지하는 쪽으로 돌아섰다. 동아일보는 1970년 4월 3일자 사설에서 '매년 8천만 달러 이상의 철강을 수입하는 우리나라의 입장에서 볼 때 종합제철소를 세우는 것은 당연하다. 1973년까지 포철을 완성하여 조국의 산업화에 기여해 주기를 바라마지 않는다'고 지지를 표명했다. 값비싼 제철소를 짓기보다는 철강을 수입하는 것이 경제적이라고 과거에 주장했던 언론들의 태도가 180도 바뀌어버린 것이다.

언론을 비롯한 국내 지식인들은 처음부터 시간과 돈의 낭비라고 비판하면서 종합제철소를 건설하는 데 부정적이었다. 그들은 한국이 자본도 기술도 관리 능력도 없기 때문에 포철과 같이 거대한 프로젝트를 제대로 완공할 수 있다고 믿지 않았다. 국민들도 우려하기는 마찬가지였다. 많은 사람들은 포철이 다른 개도국처럼 국가의 역량을 초과하는 일을 하다가 실패로 끝나게 될까 봐 걱정하고 있었다. 그들은 박태준의 리더십이 다른 개도국 기업가들과는 전혀 다르다는 것을 인식하지 못했던 것이다. 그러나 이러한 의구심도 포철의 착공식으로 사라지게 되었다.

1970년 4월 1일 포항제철 주설비 종합 착공식장에서 착공 버튼을
누르고 있는 박정희 대통령(가운데)과 박태준 사장, 김학렬 부총리(오른쪽)

주언라이(周恩來) 4원칙 파문

포항에서 착공식을 거행할 무렵 베트남에서는 전쟁이 한창이었다. 중국은 베트남 전쟁에서 미국을 돕는 한국과 대만에 대해 노골적으로 불만을 드러냈다. 이에 따라 중국 수상 주언라이는 4원칙을 발표하고 다음과 같이 행동하는 외국 기업과는 경제협력이나 거래를 단절하겠다고 선언했다.

1. 한국 또는 대만과 경제협력이나 거래 관계를 맺고 있는 기업
2. 한국이나 대만에 투자하는 기업
3. 베트남 전쟁에서 미국을 지원하는 무기를 제조하거나 판매하는 기업
4. 미국 기업이나 이들 기업의 자회사와 합작을 맺은 기업

당시 일본의 주요 기업들은 거대한 중국 시장에 진출하기 위해 치열하게 경쟁하고 있었다. 이런 점을 잘 알고 있었던 주언라이는 4원칙을 내세우며 한국 및 대만과 거래를 단절하라고 일본 기업에 압력을 가했다. 조바심이 난 중국은 실제로 1970년 5월 2일 미국 및 한국과의 거래를 이유로 스미토모 화학과 미쓰비시 중공업과의 경제협력 관계를 일방적으로 단절하기도 했다. 이것을 보고 일본의 주요 기업들은 중국의 요구에 굴복해 대만 및 한국과의 사업관계를 중단하기 시작했다. 대표적으로 미쓰비시와 미쓰이가 한국 및 대만과의 사업관계를 끊었고, 도요타 자동차도 한국과의 합작 사업에 대한 협상을 취소했다.

한편 박태준은 일본 기업들의 동태를 조심스럽게 지켜보고 있었다. 그는

특히 야하타 제철과 후지 제철의 합병을 통해 새롭게 탄생한 신일본제철의 반응을 주시하고 있었다. 그들이 굴복한다면 포철은 기술지원도 수백만 달러의 제철설비도 구입하지 못하게 될 처지였다. 야스오카 선생을 비롯한 친한(親韓) 인사들의 성원 아래 약 한 달간에 걸쳐 정부와 민간차원의 긴밀한 협상이 이루어졌다. 그 결과 신일본제철의 이나야마 사장은 기술지원이 무역거래도, 경제협력도 아니기 때문에 중국의 새 정책과는 무관하다고 발표했다. 그러나 중국은 이러한 신일본제철의 발표에도 불구하고 계속해서 포철과의 관계를 끊으라고 종용했다. 이나야마 사장은 이를 묵살한 채 포철을 계속 지원하겠다고 선언했다.

전통적으로 일본 기업들은 중국과 같이 거대한 나라를 상대할 때 이와 같은 방식으로 대응하지 않았다. 대부분의 인사들은 이나야마 사장이 좀더 시간을 두고 결정할 것으로 생각했었다. 그러나 결국 이례적이고 과감한 그의 결단으로 포철은 위기에서 벗어나게 되었다.

박태준과 한국 정부는 이나야마 사장이 보여준 불굴의 용기에 진심으로 고마워했다. 만약 이나야마 사장의 확고한 의지가 없었다면 오늘날 포철의 존재는 없었을지도 모른다.

박태준은 최근에 필자와 인터뷰를 하면서 다음과 같은 이나야마 사장의 말을 회상했다.

"민간기업의 일에 외국 정부가 간섭하게 해서는 안 됩니다. 기업은 사업상의 원칙을 준수해야만 합니다. 우리가 포철 프로젝트를 지원하기로 약속한 이상 이를 지키는 것은 당연합니다."

그는 이나야마 사장의 당시 결단을 이렇게 말했다.

"이나야마 사장님은 대단한 용기를 가진 분이었습니다. 모두들 중국의 압력에 굴복하고 있는 상황에서 자기 소신을 지키기란 매우 어려운 일이지요. 그분은 확고한 비전을 갖고 있었습니다. 정치적인 견해와 관계없이 소신을 지키는 사람은 언제나 성공하는 법입니다."

몇 년 후 이나야마 사장은 주언라이 수상의 절친한 친구가 되었고 중국 사상 최대 규모의 보산제철소를 건설할 때 이를 지원했다. 그는 개도국의 철강산업을 지원함으로써 이들 국민들이 보다 나은 삶을 누리기를 바랐던 것이다.

건설비상 제1호

포철은 후방건설방식에 따라 가장 먼저 열연공장을 건설하기로 했다. 1970년 10월 1일 착공해서 1972년 10월 31일 완공한다는 계획이었다. 공장 대지 1만 5천 평, 건물 넓이 1만 4천 평으로서 지상과 지하에 초중량 기계들과 설비들을 정밀하게 설치해야 했다. 기초공사에 사용된 콘크리트 총량만 해도 9만 6천 세제곱미터에 이를 정도로 거대한 공사였다. 열연공장에는 3,700만 달러(1968년 화폐가치)가 넘는 1만 4천 개 이상의 단위기계들이 설치될 계획이었다. 한국인들이 스스로 해낼 수 있으리라고는 꿈도 꾸지 못했던 거대한 프로젝트였다.

그러나 1971년 4월 콘크리트 기초공사가 시작된 지 3개월 만에 공기가 늦어지기 시작했다. 설계 지연과 건설업체의 자재, 인원, 장비 부족이 그 이유였다. 자재 대부분을 해외에서 수입할 수밖에 없었던데다 당시 포항에는 유능한 기능공들이 없었기 때문이었다. 목수, 용접공, 크레인 운전공 및 기타 중장비 기술자들을 대거 서울에서 모집했으나 포항은 서울과 멀리 떨어져 있어 이들을 데려오기가 매우 어려웠다.

국내 시공업체인 대림과 삼부토건은 1개월 정도 늦어진 공기를 만회할 수 있다고 했지만, 열연설비 공급업체였던 미쓰비시 상사는 공기 연장이 불가피하다고 주장했다. 박태준은 원료 장기구매 교섭을 위해 호주 출장을 가면서 그동안 늦어진 공기를 완전히 만회하라고 지시했다. 그리고 호주에서 귀국하는 도중 일본에 있는 미쓰비시 상사를 방문하여 설비공급 상황을 점검했다. 그곳에서 그는 우츠미 기요시 중공업 담당부장으로부터 열연공장 건설공정이 3개월 이상 지연되고 있다는 말을 들었다.

"박사장님, 3개월 이상 지연된 공기를 만회할 방법이 없습니다."

박태준의 얼굴이 하얗게 변했다. 우츠미 부장은 핏기가 가신 박태준의 얼굴을 바라보며 조용히 말했다.

"그래서 저희 회사의 공급계획도 재조정해야 될 것 같습니다. 현재 공사 진척도를 고려하지 않고 애초 계획했던 대로 설비를 인도하면 할 수 없이 특정 장소에 보관했다가 나중에 설치해야 합니다. 그렇게 되면 추가비용이 듭니다. 보관 장소에서 공사현장으로 설비를 옮기려면 대형 크레인을 동원해야 되니까요."

박태준은 깊이 생각한 다음 단호하게 말했다.

"우리는 계획대로 해낼 것입니다. 하루 26시간을 일해서라도 기필코 공기를 만회하겠습니다."

우츠미 부장이 껄껄 웃으며 말했다.

"그렇게 되면 기적이 일어나겠지요. 단순하게 될 일이 아닙니다. 공기를 만회할 방법이 없습니다."

"포철로서는 다른 수가 없습니다. 무슨 일이 있어도 공기를 만회하겠습니다. 우물쭈물 일하면서 지연된 공기를 만회하지 못하는 것은 모두 인간의 잘못입니다. 나는 이것을 절대로 용납할 수 없습니다. 이런 잘못을 그대로 둔다면 공기지연에 대한 이유는 끝이 없겠지요. 포철이 한다면 하는 것입니다."

우츠미 부장은 조용히 듣고만 있었다. 그의 오랜 경험에 비추어볼 때 순수한 의지만으로 해결될 문제가 아니라고 생각했다.

"우츠미 부장, 중요한 것은 내가 말한 바를 입증하는 겁니다. 그렇지 않으면 누가 내 말을 믿겠소. 안 그렇습니까?"

박태준은 확고한 어조로 말을 이어갔다.

"원래의 계획대로 설비를 인도해 주시오. 우츠미 부장, 내 말을 명심하시오. 공기를 반드시 만회시켜 놓겠소."

박태준은 공기지연의 원인이 무엇이든 상관하지 않았다. 첫 번째 공사가 늦어지면 연쇄적으로 다음 공사에 큰 영향을 미친다. 더구나 공기가 지연되면 생산원가가 올라가 가격경쟁에서 뒤처지게 된다.

곧바로 박태준은 한국으로 돌아와 포항 건설현장을 둘러보았다. 임직원들은 모두 풀이 죽어 있었다. 박태준은 정명식 토건부장(나중에 제3대 포철 회장으로 취임)과 심인보 건설공정실장을 불러 공정상황을 보고받았다. 실제로 계획보다 무려 3개월이나 지연되고 있었다.

"여러분, 정말 큰일 났습니다."

박태준은 수일 전에 호주의 연료공급업체와 한 약속을 떠올리며 말했다. 그는 호주의 공급업체와 반드시 공기를 맞추겠다고 호언장담하고서야 가까스로 장기공급계약을 체결할 수 있었다. 그런데 공사를 시작한 지 4개월 만에 3개월씩이나 공기가 지연되고 있으니 큰 문제가 아닐 수 없었다. 박태준은 정부장이 건네준 공사진도표를 면밀히 검토하더니 맨 위에 붉은 글씨로 '9월 – 하루 1,000세제곱미터'라고 썼다.

"9월에는 무조건 하루 1,000세제곱미터씩 콘크리트를 타설하시오."

박태준은 자신이 쓴 대로 지시를 내린 후 입을 다물었다. 정부장과 심실장 두 사람은 접시처럼 눈을 동그랗게 뜨고 그를 응시했다.

"하지만 지금까지는 하루 평균 250~300세제곱미터를 타설해 왔습니다.

포항제철 초기엔 모든 일이 전투와 다름 없었다. 공기를 단축시키기 위해 24시간 내내 철야근무가 강행되는가 하면, 수많은 감독과 인부들이 현장에서 새우잠을 잤다. 사진은 남편들을 돕기 위해 현장정리와 고철수집에 나선 임직원 부인들의 모습이다.

이렇게 많은 양을 어떻게 한단 말입니까? 세 배가 넘는 물량인데요."

정부장은 박태준의 결심을 바꿀 방법이 없다는 것을 알면서도 절망에 찬 목소리로 말했다.

"우리는 죽느냐, 사느냐의 갈림길에 서 있소. 지금은 비상사태요. 건설비상 말이오."

박태준은 소매를 걷어붙이면서 명령을 내렸다.

"이것은 공사가 아니라 전투요. 전장에 나선 이상 반드시 이겨야 합니다. 무조건 이번 전투목표를 달성하도록 하시오."

열연공장의 건설현장은 곧바로 전투장으로 변했다. 24시간 내내 일할 수 있도록 팀이 편성되었다. 1,000세제곱미터의 콘크리트를 타설하기 위해서는 트럭 100대분의 자갈과 500대분의 모래가 필요했다. 이것을 운반하기 위해 인근 지역의 레미콘을 모두 동원했고, 이것만으로도 충분하지 않아 리어카를 이용하기도 했다. 또한 조명탑을 세워 매일 밤마다 건설현장을 환히 밝혀놓았고, 감독자들은 레미콘 트럭 운전사들이 졸지 않도록 커피와 껌을 대접했다.

어느 비 오는 가을 밤 박태준은 트럭이 일렬로 길가에 서 있는 것을 발견했다. 맨 앞차를 들여다보니 피곤에 지친 운전기사가 세상모르게 자고 있었다. 트럭 행렬을 따라서 살펴보니 피곤에 지친 운전기사들이 운전대에 얼굴을 묻고 그대로 잠에 취해 있었다. 그는 기사들이 안쓰러웠지만 그들을 일일이 흔들어 깨웠고, 이들은 잠을 툭툭 털어버리고 일어나 다시 일했다.

간혹 억수 같은 비가 내려 인부들이 나오기 어려우면 차를 보내 이들을 일일이 데리고 왔다. 어느 때에는 선술집에 있는 인부들을 끌고 와야 할 때도 있었다. 그러나 박태준은 끝까지 밀고 나갔다. 몇 세제곱미터가 모자라 1일 책임량 1,000세제곱미터를 채우지 못한 감독들은 정기승급을 일시 중지시켰다.

박태준은 지휘봉을 휘두르며 레미콘 트럭의 작업을 감독했고, 비가 세차게 내리치는 날이면 판초 우의를 입고 이들과 함께 건설현장을 누볐다. 열악한 공사현장 때문에 희생도 뒤따랐다. 먼지와 모래가 눈에 들어가는 바람에 하루에도 수십 명이 진료소를 찾아왔다. 수많은 인부들은 현장에서 잠을 잤고 기진맥진한 트럭 운전사들은 주변 도로에 차를 세우고 운전석에서 잠을 자기도 했다. 그러나 이들은 현장에서 동고동락하는 박태준의 지시를 기꺼이 따랐다.

드디어 단기 속성공사는 결실을 맺었다. 24시간 돌관공사를 시작한 지 2개월이 지난 1971년 10월 31일 열연공장의 기초공사가 끝나고 건설비상은 해제되었다. 마지막 레미콘을 붓고 마무리를 끝냈을 때에는 누가 먼저랄 것도 없이 모든 인부들이 '만세' 하고 목청껏 소리 쳤다. 그들은 하루 24시간을 240시간으로 만들어 물불을 가리지 않고 일하여 공기지연을 만회했을 뿐만 아니라 전체 공기를 한 달이나 앞당겼다. 그들은 두 달 만에 3개월이나 지연된 공기를 만회했던 것이다.

피와 땀의 결정체

'건설비상'으로 나머지 공사의 작업속도도 빨라졌다. 박태준이 요청한 대로 열연설비가 인도되어 계획보다 2주일 빠르게 설치되었다. 그리고 1972

년 6월 20일 제1호 수송선인 카디널 서제릭 호가 제1차분 원료인 279톤의 슬래브와 493톤의 열연을 싣고 포항에 도착했다. 이어서 제2, 제3호 수송선이 2,868톤의 슬래브와 1,700톤의 열연을 운반했다. 이로써 포철은 공장 가동준비를 완료했다.

우선 후판공장이 맨 처음 완공되었다. 열연공장보다 늦은 1970년 10월 말에 착공했지만 1972년 7월 4일 예정보다 한 달 빠르게 완공되었다. 선박과 보일러 등의 제작에 사용되는 길이 22미터의 후판을 연산 33만 6천 톤 생산할 수 있는 공장으로, 오스트리아 푀스트에서 제작한 2,400만 달러의 설비를 설치했다. 첫 출하된 62톤의 후판은 호남정유로 인도되어 오일저장용 탱크 제작에 사용되었다.

그리고 1972년 10월 3일 계획보다 29일 앞당겨 연산 60만 톤 규모의 열연공장이 완공되었으며, 당시 막 증가하는 국내수요를 충당할 수 있었다. 바로 그날 박태준은 백색 안전모와 황색 포철제복 차림으로 왼손에는 지휘봉을, 오른손에는 30센티미터 길이의 흰색 붓을 들고 서 있었다. 첫 번째 열연 코일이 나오자 그는 그 위에 붓글씨를 써내려갔다. 열연 코일로부터 스팀 연기가 피어올랐고 '피와 땀의 결정체'라는 멋진 글귀가 새겨졌다. 포철은 첫 제품을 생산하고 나자 곧바로 생산과 병행해 나머지 건설공사를 맹렬하게 추진해 나갔다.

그 결과 두 개의 압연공장과 보수정비공장을 10월에 완공했고, 다른 19개 공장 건설이 순조롭게 진행되었다. 1972년 말 계획보다 빨리 80%의 공정이 이루어졌다. 박태준의 시기 선택은 적중했다. 후판공장을 완공하자마자 조선 붐에 힘입어 세계 철강수요가 급증했다. 포철은 서둘러 각국 제철

박태준 사장이 열연 코일 위에 '피와 땀의 결정체'라는 글씨를 쓰고 있다. (1972. 10. 3.)

소로부터 반제품인 슬래브를 확보했고 세계적으로 늘어나는 철강수요에 맞추어 후판을 공급할 수 있었다. 이로 인해 포철은 가동 첫해부터 이익을 내기 시작했다. 보다 중요한 것은 포철이 몇몇 핵심시장에 완제품을 공급하면서 주요 고객들을 만들고 이들과 밀접한 관계를 맺은 점이라고 볼 수 있다. 이런 관계는 생산량이 대폭 증가하고 제품이 다양해지자 커다란 도움이 되었다.

포철은 생산과 발맞추어 나머지 주요 공장들을 1971년부터 착공했다. 제강공장(1971년 4월), 블룸과 슬래브 공장(1971년 6월), 빌레트 공장(1971년 11월), 코크스 공장(1971년 8월), 원료처리시설(1971년 8월), 소결공장(1971년 10월), 하역시설(1971년 9월)을 비롯한 발전설비, 철도망, 창고, 사무실 등을 1971년부터 건설했다. 8개 이상의 주요 공장들을 동시에 건설했기 때문에 이 시기는 포철 역사상 가장 힘차게 뻗어가는 기간이었다고 할 수 있다. 하지만 생산설비들이 무척 크고 정밀했기 때문에 설치과정 중 예상치 못한 문제들이 수도 없이 발생하곤 했다.

1972년 여름 제강공장을 건설하기 위해 110톤 무게의 전로를 설치했다. 전로는 매우 무거웠기 때문에 이를 하역하기 위해서는 특수장비가 필요했다. 그러나 한국에서는 이를 구할 수 없어 외국의 특수전용선을 빌려 하역했고, 150톤급의 용량을 가진 오버헤드 크레인을 세우고서야 전로를 설치할 수 있었다. 예상치 못한 장애에도 불구하고 1973년 7월까지 제1기 공사를 완공한다는 목표는 반드시 달성해야 할 지상과제였다.

처음부터 똑바로 일을 하라

기초공사가 마무리되자 1972년 여름 제강공장을 세우기 위한 철구조물 공사가 시작되었다. 철구조물은 주먹만 한 크기의 대형 볼트로 서로 연결되었는데, 제대로 조여진 볼트는 윗부분이 떨어져나가게 되어 있었다.

어느 날 아침 박태준은 현장시찰을 하던 중 제강공장의 지붕이 완성된 것을 보고 90미터 높이의 철구조물 위로 올라갔다. 그런데 그의 눈에 몹시 거슬리는 것이 있었다. 볼트의 머리부분이 철구조물 위에 여기저기 그대로 남아 있었던 것이다. 이것은 철구조물들의 조임이 어딘가에서 느슨해졌기 때문으로, 만약 건물 골격이 이렇게 허술하다면 수천 톤이나 되는 설비와 기계들을 제대로 지탱할 수 없음을 의미했다.

박태준은 즉시 하자보수를 지원하고 있는 간부들을 불러들였다. 그리고 그들에게 24만 개에 달하는 모든 볼트들을 일일이 점검하고 흰 분필로 볼트의 머리가 그대로 나와 있는 부분을 표시하도록 시켰다. 이어 그는 서울사무소 간부에게 시공회사의 책임자를 곧장 현장으로 내려보내 표시한 부분을 완벽하게 보수하라고 지시했다. 바로 다음날, 시공회사 직원들이 보수작업을 시작해 표시된 모든 볼트들을 다시 조이거나 대체했다. 그 수가 무려 수백 개나 되었다. 박태준의 날카로운 눈이 없었더라면 공장이 완공되어 가동되자마자 커다란 사고가 발생했을 것이다. 수천 톤에 이르는 장비들이 반복해 움직이면서 공장 구조 전체가 느슨해지고 결국에는 붕괴되었을지도 모를 일이다.

"왜 회장님만 항상 그런 것을 발견해 내시는지 이유를 알 수 없었습니다."

박태준의 비서를 지냈고 나중에는 한국철강협회의 회장을 역임했던 송기오 회장이 말했다.

"그분은 섬뜩할 정도로 예리한 육감을 가지고 계신 것 같습니다."

박태준이 커다란 사고가 나기 전에 이런 문제를 사전에 집어낼 수 있었던 것은 포철로서는 큰 행운이었다고 할 수 있다. 이번 일을 통해 박태준이 포철 임직원들과 시공업체들에게 심어준 가장 큰 교훈은 다음과 같은 것이었다. '처음부터 똑바로 일을 하라. 그렇지 않으면 나중에 커다란 대가를 치르게 될 것이다.'

험난했던 원료구매 교섭과정

건설공사는 계획대로 진행되고 있었다. 매일같이 암반에 강철 파일을 박는 해머 소리가 울려퍼졌고 인부들은 콘크리트를 타설해 기반공사장 위에 부었다. 드디어 공장들이 하나 둘씩 허허벌판 위에 그 웅장한 모습을 드러냈다. 건설공사가 진행되던 1971년 여름은 무척이나 분주했다. 그 무렵 박태준은 공장건설뿐만 아니라 가동할 때를 대비해 미리 원료를 확보할 계획을 세워두고 있었다.

이미 포철은 제철소 완공 예정시기 2년 전부터 제품 생산에 필요한 원료들을 확보하기 위해 동분서주했다. 그중에서도 주원료인 철광석과 코크스용 유연탄을 확보하는 것이 무엇보다 중요했다. 1백만 톤의 철강제품을 만들기 위해서는 170만 톤이나 되는 철광석과 70만 톤의 코크스용 유연탄이 필요했지만 국내 부존량이 극히 적었기 때문에 수입하지 않을 수 없었다. 그러나 한국과 같은 개도국에서 더군다나 포철과 같은 신설회사가 이처럼 막대한 물량을 확보하기란 매우 어려운 일이었다.

박태준은 무슨 일이 있어도 원료를 확보해야만 했다. 안정적인 원료 확보야말로 제철소 경영의 사활이 걸려 있는 문제였다. 제철소가 정상가동되었을 때 원료를 제때 공급받지 못하면 제철소 자체가 유지될 수 없었다.

원료조달은 두 가지 문제가 관건이었다. 첫째는 생산에 필요한 양을 제때에 공급받을 수 있느냐의 문제이고, 둘째는 저렴한 가격으로 구입할 수 있느냐의 문제였다. 세계의 주요 철강업체들은 막대한 구매물량과 탄탄한 거래관계를 바탕으로 포철과 같은 신설기업들보다 유리한 조건으로 철강원료들을 확보하고 있었다. 포철이 경쟁력높은 철강제품을 생산하려면 일본 철강업체들과 동등하거나 유사한 가격과 조건으로 원료를 조달해야 했다.

오랜 생각 끝에 그는 세계의 주요 원료공급업체들과 직접 접촉하기로 했다. 하지만 일본의 대형 종합무역상사들은 자신들의 막강한 교섭력을 바탕으로 포철의 원료구매 대행을 독점하려고 했다.

"원료공급업체들이 한국처럼 준전시상태에 있는 국가의 신용장을 받아줄지 모르겠습니다."

미쓰비시 상사의 미야모토 한국 지점장이 고개를 갸웃거리며 박태준에게 말했다. 그는 답답하다는 듯 대안을 제시하고 나섰다.

"박사장님, 한국에는 아직 제철소가 없어서 직접 원료를 구할 수 없습니다. 철광석과 유연탄은 일반상품과 달라 쉽게 구할 수 있는 게 아니니까요. 소비량과 대금지불 능력을 100% 확신한 다음에야 공급업체는 주문을 받을 것입니다. 이러한 여건이 갖춰진 다음에야 공급업체들은 추가로 인력을 동원해 원료를 채굴할 것입니다. 그것은 시간도 많이 걸리고, 공급업체와도 좋은 관계가 형성되어 있지 않으면 안 됩니다. 위탁수수료를 지불하신다면 저희가 나서서 원료구매를 대행해 드리고 싶습니다."

미야모토 지점장의 말은 사업상 타당했고 논리적이었지만 박태준은 그대로 받아들일 수 없었다. 그는 다른 방법도 찾아보지 않고 수수료까지 주며 원료를 구입할 수는 없다고 생각했다. 그래서 직접 신일본제철의 쿠로사와 원료구매 담당부장을 만나 보다 좋은 조건으로 원료를 구매하고자 했다.

"우리가 필요한 건 1973년 6월에서 1974년 5월까지 1년분의 원료입니다. 신일본제철에서 구매하는 원료의 일부를 우리에게 되팔 수 없겠습니까?"

박태준은 정중하게 요청했다. 그렇지만 쿠로사와 부장의 대답은 성실하면서도 간단명료했다.

"저희 회사로서는 도와드리고 싶습니다만 다른 제철소들이 반대할 겁니다. 포철이 나중에는 경쟁상대가 될 수도 있으니까요."

신일본제철과의 협상이 무산되자마자 박태준은 노중렬 외자계약 담당부장이 이끄는 포철 대표단을 호주와 인도의 원료공급업체들에 보냈다. 호주와 인도는 일본 제철소들의 주원료공급원이었다. 이들은 하머스레이 철광

회사와 벨람비 석탄회사 등을 방문했으나 일본 종합무역상사들이 예견한 대로 별다른 성과를 거두지 못했다.

"귀사가 제철소를 성공적으로 건설할지 누가 압니까?"

호주의 벨람비 석탄회사 담당이사는 노부장에게 따지듯 물었다.

"설사 제철소를 완공한다 해도 세계시장에 팔 수 있는 제품을 만들어낸다고 누가 장담할 수 있습니까? 우리가 어떻게 당신들의 원료대금 지불능력을 믿겠습니까?"

노부장은 할 수 없이 포항으로 돌아와 박태준에게 이 사실을 보고했다.

"사장님, 문전박대만 당했습니다. 협상할 여지가 전혀 없었습니다."

상황이 이렇게 되자 박태준은 자신이 직접 나서기로 결심했다. 호주의 철광석과 유연탄은 품질이 우수하고 가격이 저렴했으며 특히 다른 공급처보다 가까웠기 때문에 운송비를 줄일 수 있었다. 박태준은 호주의 원료공급업체에 자신을 소개시켜 줄 수 있는 사람을 찾았다. 물색 끝에 그는 외교 경로를 통해 주한 호주대사와 접촉할 수 있었다. 호주대사는 다행히 포철 프로젝트와 박태준의 명성을 잘 알고 있었다.

박태준은 주한 호주대사의 주선을 통해 직접 포철의 원료구입 문제를 해결하고자 했다. 그러나 당시만 해도 국제사회는 한국을 거의 인정하지 않고 있었다. 고도의 엔지니어링 기술이 들어가는 포항제철소를 건설하고 있었지만, 포철에 대해서는 일본 이외의 지역에 알려진 바가 거의 없었다.

박태준은 협상이 어려울 것이라는 판단을 하고 가능한 한 상대방에게 믿음을 줄 수 있는 설득 자료를 최대한 준비했다. 포철이 지으려고 하는 제철공장들을 사진으로 보여주면 좋겠지만 당시는 기초공사가 한창 진행 중이어서 그야말로 황량하고 삭막하기만 했다. 박태준은 궁여지책으로 각 공장이 들어설 부지 위에 커다란 간판을 세우고 그 위에 영문자로 'BLAST FURNACE(제선공장)', 'STEEL-REFINING PLANT(제강공장)', 'HOT STRIP MILL(열연공장)'이라고 크게 쓴 후 사진을 찍었다. 그는 이 사진을 가지고 최대한 포철의 미래를 설명할 계획이었다.

1971년 7월 하순, 호주 정부는 박태준을 초청했고 원료공급업체들과의 회합도 주선해 주었다. 박태준과 주영석 원료부장은 광산소유주들을 만나 설명회를 가졌다. 준비해 간 슬라이드, 사진 앨범, 그리고 공사진척 상황을 담은 시청각 자료들을 하나하나 보여주면서 포철의 비전에 대해 자세히 설명했다. 박태준은 포철이 대단한 성공작이 될 것임을 이들에게 확신시키려고 했다. 그러나 광산 소유주들은 엉터리 약을 팔러 온 뜨내기 장사꾼처럼 그를 쳐다볼 뿐이었다.

"고철을 녹이는 전기로를 만듭니까?"

어느 광산소유주가 조롱하듯이 물었다.

"아니, 철공소를 짓고 있는 것 같은데."

다른 소유주도 비웃었다.

"아닙니다."

박태준은 비아냥거림에도 아랑곳하지 않고 미소를 지으면서 대답했다.

"우리는 연산 1백만 톤 규모의 종합제철소를 건설하고 있습니다."

그 대답을 듣고 많은 사람들이 큰 소리를 내며 웃었다. 뒷자리에 앉아 있던 사람이 일어나 진지한 표정으로 물었다.

"원료의 공급계약은 간단한 문제가 아닙니다. 광산을 개발하려면 철도,

컨베이어 벨트, 채굴장비 등을 새로 설치해야 합니다. 그뿐만이 아닙니다. 수송장비, 직원숙소, 용수공급 등도 새로 해야 합니다. 막대한 광산개발비와 시간이 필요합니다. 그렇기 때문에 당신의 말만 믿고 거금을 투자했다가 문제가 생기면 우리는 엄청난 손실을 입게 됩니다. 개도국의 제철소 건설은 툭하면 몇 년씩이나 지체됩니다. 포철이 터키나 브라질처럼 공기가 지연되지 않는다고 누가 보장합니까? 또 가동이 지연되면 당신네를 믿고 막대한 돈을 들여 캐놓은 철광석을 누가 사가겠습니까?"

이 말을 듣고 박태준은 일리가 있다면서 고개를 끄덕였다.

"저는 여러분이 걱정하는 바를 잘 알고 있습니다. 많은 광산주들이 이런 이유로 도산해 버린 것도 알고 있습니다. 제가 여기에 직접 온 것은 포철이 결코 여러분들을 실망시키지 않는다는 점을 확신시키기 위해서입니다. 우리들의 계획은 타당하기 때문에 결코 공기가 지연되지 않을 겁니다. 우리는 약속한 대로 원료를 가져갈 것이고 대금을 지불하기에 충분할 정도로 이익을 낼 겁니다. 믿어주시기 바랍니다."

박태준은 며칠 동안이나 설득했지만 광산주들은 귀도 기울이지 않았다. 그들은 이미 일본과 10~15년의 장기공급계약을 체결했기 때문에 포철과 거래하는 것에 흥미를 느끼지 못했다. 박태준은 절망감 속에서도 시드니 주재 한국대사관 직원들을 총동원하다시피 하여 협상을 이끌어나갔다. 그러나 그것도 별반 효과가 없었다.

마지막 수단으로 박태준은 준비해 간 육군소장 정복을 꺼냈다. 그는 예전에 영국 전통을 따르는 호주인들이 장군을 무척 존경한다는 말을 들은 적이 있었다. 또한 호주 한인협회도 미리 정복을 준비해 오라고 조언했었다.

그는 다시 한 번 광산주들을 만났다. 장군 정복 차림의 박태준이 나타나자 광산주들은 깜짝 놀랐다. 그들은 박태준의 얼굴과 어깨 위의 별들을 쳐다보면서 즉시 태도를 바꾸었다. 박태준 자신도 장군의 위엄과 신용이 이렇게까지 큰 줄 몰랐기에 내심 기뻐하면서도 어리둥절해했다. 그는 다시 한 번 진지하게 포철의 장래계획과 공사진도를 설명하고 태평양 지역의 상호협력과 공동번영의 필요성을 역설했다. 호주의 광산주들은 그의 말에 귀 기울이기 시작했다.

결국 박태준은 벨람비 석탄회사로부터 의향서를 받았다. 그 내용은 포철 가동 첫해에 필요한 원료의 공급에 원칙적으로 동의한다는 것이었다. 그러나 일은 여기서 끝나지 않았다.

설득의 해법

박태준은 흡족한 마음으로 귀국했다. 그러나 며칠 지나지 않아 새로운 문제가 발생했다. 구두약속과 달리 벨람비가 일본 철강업체에 대한 공급가보다 더 높은 가격을 요구해 온 것이었다. 박태준이 의문을 제기하자 벨람비는 이미 1억 톤의 철강을 생산하는 일본 제철소에 비해 포철의 규모는 1백만 톤에 불과하기 때문이라는 답변을 보내왔다.

박태준은 매우 화가 났다. 그들이 다시 일본에 공급하는 가격보다 약간 높은 수준의 가격을 제시해 왔지만 그는 만족할 수 없었다. 일본 철강업체들보다 1%라도 높게 지불하면 생산원가에 큰 영향을 미칠 수밖에 없으며, 일본보다 더 높은 가격을 지불했다는 불명예스러운 전례를 남기고 싶지도 않았다.

　그대로 계약서를 돌려보낸 박태준은 미국, 인도 및 기타 지역에서 원료를 공급받을 수 있는지 철저하게 조사했다. 이를 안 호주의 원료공급업체들은 거래처를 상실할지도 모른다며 조바심을 냈다. 그들은 박태준이 다른 공급원을 통해 원하는 가격의 원료를 확보할 수 있을 것으로 생각했다. 결국 이들은 물량에 관계없이 일본과 동일한 가격으로 원료를 공급하는 것에 합의했다.

　박태준은 매우 기뻤다. 포철이 세계 최대의 원료 구매국인 일본과 동일한 가격 조건으로 장기구매계약을 체결하는 데 성공했을 뿐만 아니라, 한국이 어느 나라와도 직접 거래할 수 있다는 점을 전 세계에 보여주었기 때문이었다. 당시 박태준이 이 점을 끝까지 고수한 덕분에 포철은 나중에 다른 원료공급업체들과도 유사한 조건으로 계약을 체결할 수 있었다.

　아울러 그의 전략으로 포철은 이중의 덕을 보았다. 포철이 공장을 가동한 지 넉 달도 지나지 않아 제1차 석유파동이 일어나면서 원료값이 폭등했고, 원료를 구입하는 것 자체가 불가능했다. 그러나 포철은 장기공급계약에 의해 이미 정해진 가격과 물량으로 원료를 확보할 수 있었다. 박태준은 공기 내에 공장을 완공하겠다는 약속을 지켰고 호주의 원료를 제시기에 인수해 갔다.

　그러나 박태준은 더욱 큰 문제에 부딪히게 되었다. 그것은 막대한 물량의 원료를 운반하는 문제였다. 그 당시 한국에는 포항항에 접안하기에 적합한 5만 톤급의 선박을 보유한 해운회사가 하나도 없었기 때문이었다. 더욱이 포철로서는 제철소 전용 화물선이 두 척은 있어야만 짧은 시간 안에 원료를 운반할 수 있었다.

그 문제를 해결하기 위해 박태준은 해운업계의 최고경영자들을 만났지만 뾰족한 방안이 없었다. 어느 해운회사도 그 정도 큰 선박을 보유하고 있지 않았고, 또 그만한 선박을 건조하거나 빌릴 만한 자금도 없었다. 은행으로부터 자금을 확보하려 해도 그들은 신용장이나 지급보증을 요구했다. 국내 은행들은 여전히 포철의 장래를 불투명하게 보고 있었다. 다행히 포철의 '적하보증' 덕분으로 한국 해운회사들은 외국 선주들로부터 배를 빌릴 수 있었다.

이런 문제들을 겪으며 박태준은 원료를 안정적으로 확보하는 일이 무엇보다도 중요하다는 것을 깨달았다. 그는 공급업자들의 변덕에 시달리지 않기 위해 직접 원료를 개발하고 수입할 계획을 세웠다. 또한 철광석과 유연탄을 비롯한 모든 필수원료의 공급원들을 일목요연하게 정리하고 난 다음 국내 공급처를 물색했다. 그러나 적절한 공급처를 찾을 수 없었기에 거의 대부분의 원료를 해외에서 수입해야 했다. 국내에서 공급받을 수 있었던 원료는 석회석과 내화벽돌뿐이었다.

그는 석회석 공급업체를 포항 공단으로 유치하기 위해 전담 부서를 만들었다. 그들은 적절한 업체를 선정하고 포항 공단에 자리잡도록 협상했다. 또한 그는 석회석 광산소유주와 채광권자들을 만나 미리 채광 투자를 해달라고 당부했다. 그러나 호주의 광산소유주들과 마찬가지로 이들 역시 포철의 성공에 회의적이었다. 결국 포철은 이들을 설득하기 위해 곧바로 상당한 규모의 석회석을 구입하겠다는 서면보증을 했다. 그럼에도 불구하고 국내 광산회사들은 제대로 투자를 하지 않아 가동 첫해에는 석회석을 수입하지 않을 수 없었다. 이것은 박태준이 제대로 설득하는 데 성공하지 못한 매우 드문 예가 되었다.

박태준의 거시적 안목을 의심했던 공급업체들은 그만 한 대가를 치렀다. 한 내화벽돌 제조업체는 포철의 성공에 확신을 갖지 못해 포항산업단지 내에 조그맣게 공장부지를 마련했는데, 몇 년 후 포철의 확장으로 내화벽돌 수요가 늘어나자 많은 돈을 들여서라도 부지를 넓혀야만 했다. 결국에는 동일한 두 개의 벽돌가마를 각각 멀리 떨어진 장소에 짓게 되어, 일반관리비가 늘어난 반면 생산효율성은 떨어지는 대가를 치러야만 했다.

진실의 순간

공장이 하나둘씩 세워지면서 점차 제 모습을 드러내던 포철은 고로의 거대한 기둥이 세워지자 그 위용을 한껏 뽐냈다. 거대한 고로는 종합제철소의 꽃이었다. 다른 공장들은 반제품을 갖고 완제품을 만드는 것에 불과하기에 고로에서 용선이 나오기 전까지는 종합제철소가 완공되었다고 할 수 없었다.

병 모양의 고로는 약 60~90미터나 하늘 높이 솟아 있기 때문에 몇십 킬로미터 밖에서도 금방 알아볼 수 있다. 멀리에서 가까이 다가갈수록 고로 몸체는 로켓 발사대를 연상시킨다. 쇠로 만든 대들보, 각종 철판들과 파이프, 배관시설들이 복잡하게 엉켜 있어 철광석을 뜨거운 액체상태의 용선으로 만들어내는 고로의 내부는 잘 들여다볼 수가 없다. 밖에서는 아무 일도 벌어지지 않는 것으로 보이지만 그 내부에는 강력한 가스의 작용으로 온도

1973년 6월 8일 오전 10시 30분 거행된 제 1 고로 화입식 장면.
박태준 사장과 이낙선 상공부장관이 화입봉을 고로에 밀어넣고 있다.

가 화씨 3천도까지 올라간다.

고로에 연료를 장입하는 장치는 지면에서 꼭대기까지 약 45도 각도로 기울어져 있다. 그 속에는 철광석, 코크스, 기타 부원료들을 고로에 운반하는 컨베이어 벨트가 설치되어 있다. 고로 본체 바로 옆에는 원통형 철구조물이 여러 개 서 있는데, 이 속에 고로에서 나오는 폐가스를 저장한다. 이들은 고로의 절반 높이 정도로 폐가스를 고로에 다시 내보내는 파이프와 도관들로 둘러싸여 있다.

포철 임직원들은 한국의 미래를 환하게 밝혀줄 상징인 고로 점화식을 준비했다. 햇빛을 이용하여 채화한 원화를 갖고 고로를 점화하려는 계획이었다.

1973년 6월 7일 점화식 바로 전날 포철 임직원들은 행정사무실 주변에 있는 광장으로 모여들었다. 모든 사람들이 원화 채화식을 볼 수 있도록 특별히 원화로를 만들어 나무단상 위에 고정시켰다. 박태준은 단상에 올라서서 돋보기를 들었다. 햇빛의 초점을 채화봉 끝에 모으자 가느다란 연기가 피어올랐다. 그는 채화봉을 원화로에 갖다대어 불을 당겼다. 다가오는 화입식을 기대하면서 그의 마음은 흥분으로 터질 듯했다.

다음날 아침 밤새도록 타고 있던 원화로에서 불을 받은 봉송주자가 채화봉을 들고 3.2킬로미터를 달려 박태준과 이낙선 상공부장관이 기다리고 있는 고로주상 위로 올라갔다. 사람들은 흥분에 젖어 고로가 점화되기만을 손꼽아 기다렸다. 두 사람은 길이 1.8미터의 화입봉에 불을 당긴 후 고로 주변에 있는 풍구 속으로 들이밀었다. 이어서 고로 공장장이 고로의 공식 점화를 알리는 종을 크게 울렸다. 송풍이 개시되고 고로 안에 2,725본의 침목을 쌓아 만든 불쏘시개에 불이 붙었다. 1973년 6월 8일 오전 10시 30분, 제철소를 착공한 지 38개월 19일 만이었다.

철광석을 녹여 쇳물을 만들기에 적합한 화씨 2,300도까지 고로가 가열되려면 보통 19시간에서 21시간이 걸린다. 박태준은 다음날 아침 7시경에 첫 쇳물이 흘러나올 것으로 기대했다. 그날 밤 포철 임직원들은 너나할 것 없이 첫 아이의 출산을 기다리는 식구들처럼 잠을 이루지 못하고 초조하게 시간을 보냈다.

만의 하나 건설과정에 잘못이 있었다면 고로가 충분히 가열되지 못해 황금색의 쇳물 대신 걸쭉한 물엿 같은 쇳물이 나오게 된다. 그럴 경우 대대적인 고로 청소작업을 해야 하기 때문에 제철소 프로젝트는 사실상 실패한 것이 된다. 그것은 간단한 문제가 아니었다. 고로의 옆구리를 모두 뜯어내고 고로 벽의 굳어진 쇳덩어리를 산소용접기로 녹여 일일이 떼어내야 한다. 이렇게 고로를 청소하고 복구하는 데에는 짧게는 수개월에서 길게는 일 년 정도의 시간이 걸린다. 이런 불상사는 개도국에서 건설하는 고로뿐만 아니라 미국과 일본 등의 선진국에서도 가끔 발생하는 일이었다. 포철 임직원들은 마음을 졸이고 초조하게 시간을 세면서 기다리고 있었다.

이튿날 새벽 5시 30분경, 수백 명의 임직원들이 역사적인 순간을 고대하며 고로의 주상으로 몰려들었다. 박태준 사장은 정각 오전 7시에 고로의 주상 위로 올라갔다. 그의 가슴은 쿵쿵 뛰었다. 모래바람이 휘날리고 폭풍우가 몰아치던 옛날 포항의 황무지, KISA의 차관 거절로 인한 위기, 건설비상 등의 과거 일들이 주마등처럼 그의 뇌리를 스쳐갔다. 순간 그는 자기 자신을 잃어버린 듯했다.

7시 30분 고로의 구멍이 펑 하고 뚫리자 모두들 출선구를 뚫어지게 바라보았다. 고로 내부에서 첫 굉음이 울렸다. 오렌지색 섬광이 쇳물 구멍에서 허공으로 3~4미터 치솟는 듯하더니 그 불꽃이 서서히 사라졌다. 그리고 천천히 용암같이 벌겋고 뜨거운 쇳물이 흘러나왔다.

"와, 드디어 나왔다. 만세! 만세!"

누군가가 외쳤고, 모두들 목청이 터져라고 만세를 부르며 팔을 치켜들었다.

찬란한 불똥이 허공으로 휘날렸고 시뻘겋고 뜨거운 쇳물이 도랑으로 힘차게 쏟아져 내렸다. 포철 임직원들에게는 금보다 소중한 쇳물이었다.

한 달이 지난 1973년 7월 3일, 포항 제1기 설비종합 준공식이 거행되었다. 그날 오전 10시 박정희 대통령 내외를 비롯한 국내외 고위층 인사들과 함께 3천 명 이상의 사람들이 모여 포항 제1기공사 완공을 경축했다. 애국가 연주가 끝나자 박태준은 연단 마이크 앞으로 엄숙하게 다가갔다. 그는 상기된 목소리로 박정희 대통령과 모든 사람들의 성원에 우선 감사를 표했다. 그리고 조국의 근대화를 위해 신명을 다 바쳐 일하겠다고 약속했다. 포항 제1기설비의 성공적인 완공에 이어 곧바로 포항 제2기설비공사에 착공함으로써 조강기준 연산 260만 톤 생산체제를 갖추겠다고 선언했다. 포항 제2기공사가 완

화입식이 거행된 후 21시간 만인 6월 9일 오전 7시 30분
고로의 출선구에서 펑 하는 굉음이 나며 오렌지색 섬광이 치솟는 장면

공되면 포철의 국제경쟁력은 한층 강화될 것이라는 점도 강조했다.

다음으로 박정희 대통령이 연단에 올라섰다. 그의 목소리는 기쁨으로 충만해 있었고, 준공식에 모인 수천 명의 청중 앞에서 어느 때보다도 힘차게 치사를 했다.

"3년 전 어느 봄날, 본인은 김학렬 전부총리 그리고 박태준 사장과 함께 기공식 버튼을 눌렀습니다. 그로부터 3년 3개월이 지난 오늘 황무지와 다름없던 모래벌판 위에 그야말로 초현대식 종합제철소가 우뚝 들어선 것을 보니 감개무량하지 않을 수 없습니다."

이어서 그는 치열한 전투와도 같았던 공사현장에서 포철 임직원들이 겪어야 했던 노고를 치하했다.

"그렇습니다. 3년하고 3개월 동안에 겪었던 하루하루가 모두 여러분들에게는 힘들고 지루했던 전투였습니다."

카랑카랑한 대통령의 목소리가 더운 여름 하늘 아래 펼쳐진 포항 종합운동장으로 퍼져나갔다. 자신들이 치렀던 전투에 대통령이 아낌없는 치사를 하자 임직원들은 가슴이 뭉클해졌다. 잠도 자지 않고 강행한 24시간 돌관공사, 눈을 뜰 수 없을 정도로 심하게 부는 모래와 먼지바람, 살을 에는 듯한 차디찬 겨울바람 등이 새삼스럽게 뇌리를 스쳐갔다. 그것은 모든 임직원들이 힘을 합쳐 이룩한 영웅담이었다.

박대통령은 끝으로 일본 기술고문들, 설비공급업체, 시공업체들을 포함하여 포철 건설에 참여했던 모든 사람들에게 깊은 감사를 표한 후 식장에서 바로 산업훈장을 수여했다.

한편 경향신문은 사설을 통해 박태준 사장과 포철 임직원들의 업적을 기렸다.

'1973년 7월 3일은 우리나라 중공업의 기초를 다진 포항제철의 임직원들을 기념하기 위해 오랫동안 기억되어야 할 날이다. 수많은 역경에도 불구하고 현대적인 종합제철소를 세운 이들의 추진력에 경의를 표한다. 그들은 기술과 자본의 부족, 국내외의 거센 반대에도 불구하고 기어코 해냈다. 이들이 보여준 용기와 각오와 노고, 그리고 조국 근대화에 대한 기여는 정당하게 평가받아야 한다.'

이것이야말로 박태준이 그토록 염원했던 진실의 순간이었다.

포철의 기적은 한국의 기적이었다

포항 제1기 공사는 한국 역사상 가장 큰 공사였을 뿐만 아니라 1970년대 초반 당시 세계에서 가장 큰 제철소 프로젝트였다. 3천 5백 만의 인원과 7만 6천 일분의 건설장비가 동원됐고 8만 2천 개 이상의 기계들이 공장 내에 설치되었다. 약 50만 세제곱미터의 콘크리트가 타설되었고 2만 7천 개 이상의 콘크리트 파일과 2만 8천 개의 강철 파일들이 땅에 박혔다.

보다 놀라운 것은 포철의 주요 건설공사들이 계획보다 평균 2개월 이상 앞당겨 준공되었다는 점이다. 특히 보일러 설치공사는 무려 3개월이나 공기를 단축했다. 그 결과 포철은 제1기 설비의 공기를 단축한 세계 최초의 종합제철소라는 영예를 안았다. 박태준 사장의 '건설비상'이 발동되지 않았더라면 전체 공기가 크게 지연되고 그 결과 공사비용이 초과되었을 것이다.

무엇보다도 중요한 것은 기적과 같은 반전으로 인해 포철 임직원들이 '우리도 해낼 수 있다'라는 자신감을 얻게 되었고 전체 공기를 단축할 수 있도록 스스로를 독려해 나갔다는 점이다. 종업원들의 이와 같은 자세는 일본 기술자문단을 깜짝 놀라게 만들었다. 아리가 토시히코는 박태준이 연출한 기적에 깜짝 놀랐다고 자신의 심경을 털어놓았다.

"한국 노동자들에 대한 제 인식은 박태준 회장님이 연출한 기적으로 완전히 바뀌었습니다."

제철소 건설에서 공기가 하루라도 지체되면 막대한 손실이 발생하지만 반대로 하루라도 앞당기면 총비용이 절감되어 경쟁우위를 확보할 수 있다. 공기단축으로 인해 포철은 총 공사비의 약 3%에 해당하는 5백만 달러의 건설비를 절약했고 그 결과 생산비 절감과 국제경쟁력에서 우위에 설 수 있었다. 이를 두고 국제 철강사회는 '포철의 기적'이라 불렀고, 무명의 박태준에게 커다란 관심을 갖게 되었다. 그러나 박태준은 달리 생각하고 있었다.

"기적이란 거저 오는 것이 아닙니다. 종업원과 관리자들, 그리고 임원들 모두의 희생과 헌신의 결과이며, 기회가 왔을 때 최선을 다했기 때문입니다."

기적을 회상하며

1994년 8월, 필자는 미쓰비시 종합상사에 근무했던 우쯔미를 비롯해 당시 포철 프로젝트에 관계했던 8명의 일본 기술자와 설비공급업체 간부들을 만났다. 이들 역시 포철의 기적에 동참했던 사람들이었다.

"우리들은 비록 그 현장에 있었지만 건설비상 1호였던 열연공사가 어떻게 성공했는지 아직도 믿을 수가 없어요."

미쓰비시 상사의 미야자와가 말했다.

"솔직히 말씀드려서 우리 일본 사람들은 한국 사람들이 이룩해 낸 일에 깊은 감명을 받았습니다. 또한 이들의 의지와 인내심에 두려움조차 느꼈습

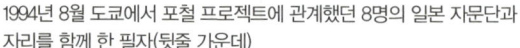
1994년 8월 도쿄에서 포철 프로젝트에 관계했던 8명의 일본 자문단과
자리를 함께 한 필자(뒷줄 가운데)

니다. 하지만 우리는 이들을 자랑스럽게 생각합니다.”

다른 사람이 말을 잇자 옆에 있던 사람도 맞장구를 쳤다.

“나에게는 아직도 믿기지 않는 일이지요. 박태준 회장님은 기적을 일으키는 분입니다.”

점심때부터 시작한 대화는 저녁식사가 끝나고 밤늦도록 이어졌다. 이들 모두 처음에는 한국 근로자와 관리자를 믿지 않았지만 포철의 기적을 보고 마음을 바꾸게 되었으며 포철 임직원들의 강인한 정신력을 인정하게 되었다고 실토했다. 열심히 일할 때에는 국적에 따른 차별과 편견이 끼어들 여지가 없다는 말에 이들은 모두 동감했다.

제 15 장

기적의 요인

"순이익이 1,200만 달러라고?
정말 믿어도 되는 거야?"
"사실입니다, 각하."
"임자가 기적을 일궈냈구면!"

고로의 출선은 포철의 새 시대를 여는 서막이었다. 그러나 출선 당시에 찍힌 사진을 자세히 들여다보면 이상한 점을 찾을 수 있다. 그것은 사진 속에 나타나 있는 박태준의 표정이 다른 사람들과는 매우 달라보인다는 점이다. 다른 사람들은 모두 감동에 젖어 만세를 부르고 있는데 그는 왠지 모르게 자제하는 듯한 표정을 짓고 있다.

"박회장님, 사진 속의 모습이 왜 이렇게 긴장되어 보입니까? 마치 고로의 출선을 기뻐하지 않는 것처럼 보입니다."

1995년 8월 5일 늦은 오후, 필자는 샌프란시스코에서 있었던 인터뷰에서 박태준에게 물었다.

"사진 속의 제 표정을 정확히도 보셨군요."

그는 멋쩍다는 듯이 대답했다.

1973년 6월 9일 7시 30분 역사적인 고로의 첫 출선을 기뻐하며 만세를 부르는 포철인들. 다른 사람들에 비해 박태준 사장의 얼굴이 그다지 밝아 보이지 않는다.

"많은 사람들이 환호하는 가운데 제 모습은 행복해 보이지요. 하지만 자세히 들여다보면 혼란스러웠던 제 감정을 눈치채셨을 겁니다."

박태준은 만다린 오리엔탈 호텔 18층에서 금문교에 걸려 있는 태양을 지그시 응시하며 조용히 그날 그 자리에서 느꼈던 감정을 토로했다.

"많은 사람들이 포철이 실패할 것이라고 예측했습니다. 그러나 우리는 기어코 쇳물을 만들어냈기에 그 순간은 정말 기쁨에 넘쳤어요. 하지만 마음 한구석은 여전히 무거웠습니다. 여기서 나오는 쇳물을 정말 사용할 수 있는 건지, 그리고 우리가 만든 철강제품을 팔 수 있을 건지 갑자기 걱정되었던 것이지요. 1973년에는 거의 모든 세계 철강업체들이 어려움을 겪었습니다. 유가가 하룻밤 새 거의 세 배나 뛰었기 때문에 건설, 자동차, 조선, 화학 및 중장비산업을 포함한 많은 기업들이 아주 어려웠지요. 그래서 포철의 장래를 매우 걱정했던 것입니다."

그는 사진을 다시 집어들더니 말을 계속 이어갔다.

"흘러나오는 쇳물을 보니 정말 기뻤지만, 그것은 단지 시작에 불과했어요. 우리나라에 앞서 제철소를 지으려고 했던 많은 나라들도 중간에서 어쩔 수 없이 포기하는 경우가 많았으니까요. 당시 철강산업의 역사를 보면 알 수 있는 일입니다. 우리는 경험이 전혀 없었기 때문에 하루하루가 새로운 도전이었고, 그래서 저는 걱정하지 않을 수 없었던 겁니다."

박태준은 곧 환한 표정을 지었다.

"그러나 저는 자신이 있었지요. 제1기공사를 예정보다 한 달 빨리 완공시켜 건설비용을 절약했기 때문입니다. 공정계획을 잘 세운 덕분에 톤당 건설비가 287달러에 불과했습니다. 1970년대 후반에 건설했던 대만의 CSC 제철소와 신일본제철의 오끼시마 제철소는 톤당 건설비가 600달러나 되었으니까요."

그는 당시 상황을 회상하면서 자세히 설명했다.

"이로 인해 우리는 유리하게 경쟁할 수 있었습니다. 하지만 우리는 신규업체였기 때문에 수요자들에게 우리 제품의 품질을 입증해 보여야만 했습니다. 당시 우리는 뛰어난 명성도 없었고, 사실상 일을 해나가면서 많은 것을 배워야만 했지요. 그 무렵 저는 우리의 생산능력을 완전히 가동할 수 있을지도 걱정이었습니다."

출선 당시에 찍은 그 유명한 사진은 박태준에 대해 많은 것을 말해주고 있었다. 드디어 출선했다는 기쁨의 순간에서조차도 그는 앞으로 해나가야 할 일을 미리 내다보고 있었던 것이다. 어느 모로 보나 출선은 길고도 험난한 먼 여행에서 첫발을 내디딘 것에 불과했다.

따사로운 햇살이 내려쬐는 어느 날, 우리 둘은 샌프란시스코에서 인터뷰를 하기 위해 만났다. 우리는 금융가(The Financial District)의 중심지역에서 피셔맨 부두를 향해 한가롭게 걷고 있었다. 바닷게를 삶아서 파는 노점상들을 몇 군데 지나자 부두가 보였다. 우리는 점심을 먹기 위해 알리코 식당으로 들어가 눈부신 샌프란시스코 만이 굽어보이는 자리에 앉았다. 식사 때가 지나서인지 식당 안은 조용하고 한가로웠다. 그는 매우 진지한 태도로 계속 포철에 대해 이야기했다.

"포철의 기적은 무엇보다도 인간적인 요인을 잘 고려한 덕분에 가능했습니다. 한국인의 역사, 바램, 기질, 성격 그리고 자존심 등을 정확히 이해하고 활용한 결과입니다. 이러한 것들은 모두 한국의 문화와 전통 속에 뿌리를 둔 것이지요. 한국인의 기질은 민감해서 쉽게 흥분하는 경향이 있으며 꾀가 많고 외향적인 반면 열심히 일하고 매우 똑똑합니다. 이들의 장단점은 옛부터 내려오는 역사문화와 유교정신, 수많은 외침에서 받은 영향이 컸지요. 기업 경영자든 군장성이든 정치인이든 같이 일하는 사람들의 특성을 이해하는 것이 아주 중요합니다."

박태준은 자신의 생각을 매우 논리적으로 설명했다.

"종업원들이 자기 일에 정신을 집중하지 않으면 제대로 일을 하지 못합니다. 제품의 품질은 이류로 떨어지고 마무리도 대충대충 하게 됩니다. 더군다나 생산성이 저하되고 현장에서는 안전사고가 발생할 가능성이 높아집니다. 서양에서는 종업원들이 자기 일에 '헌신'하지 않는다고 말합니다만, 한국에서는 '혼'을 불어넣지 않는다고 말합니다."

그는 단호한 어투로 덧붙였다.

"종업원들의 헌신과 혼을 불러일으키는 것이 중요합니다. 하지만 이것들을 돈으로 불러낼 수는 없지요. 종업원들이 스스로 자신의 일에 사명감을 가져야 합니다. 그들이 몸과 마음을 다해 일할 수 있도록 동기를 부여하고 사기를 북돋아주어야 합니다. 돈은 중요하고 얼마 동안이나마 종업원들에게 일할 의욕을 주지만, 지속적인 효과는 없기 때문에 주요한 동기요인이라고 볼 수 없습니다. 종업원들이 돈 때문에 일한다고 생각한다면 끊임없는 마찰만 생길 것입니다. 즉 회사는 얼마를 봉급으로 지불해야 하는지, 종업원들은 얼마나 받아야 하는지를 놓고 노사 간에 항상 팽팽한 긴장감이 감돌 것입니다."

박태준은 열정적으로 말을 이어갔다.

"종업원들에게 동기를 부여하는 가장 좋은 방법은 100% 능력을 발휘할 수 있도록 긍지와 사명감을 심어주는 것입니다. 하지만 이것만으로는 부족하지요. 종업원들이 혼자가 아니라는 것을 느낄 수 있도록 이들을 지지하고 사기를 불어넣는 역할 모델이 필요합니다. 그래서 경영자들이 헌신과 열성을 통해 앞날을 비춰주면서 종업원들에게 모범이 되어야 합니다. 경영자들의 행동 하나하나가 종업원들의 사고방식과 태도에 많은 영향을 주지요. 관리기법만으로 종업원들을 통제할 수는 없습니다. 그들은 경영자들이 공언한 대로 시행하는 것을 직접 눈으로 확인할 때만 경영자들을 믿고 따릅니다."

박태준은 태평양의 푸른 바다를 응시하며 잠시 회상에 잠겼다.

"포철의 사명은 분명했습니다. 우리에게는 조국의 산업화를 이루기 위해,

그리고 전쟁으로 황폐해진 국민들의 생활수준을 향상시키기 위해 무엇보다도 종합제철소가 필요했습니다. 한국의 경제성장에 지대한 영향을 미치는, 그래서 전국민이 중요하게 생각했던 국가 프로젝트였으니까요. 우리나라는 당시 매우 가난해서 제철소를 세울 돈도 신용도 없는 나라였어요. 그래서 선조들이 일제치하에서 겪었던 희생과 고통의 대가로 받은 대일 청구권자금, 즉 '선조들이 흘렸던 피의 대가'를 전용하여 제철소를 짓지 않을 수 없었던 것이지요."

긴장을 했는지 그의 얼굴에서 어느덧 미소가 사라졌다.

"하지만 우리나라 사람들은 하루아침에 고칠 수 없는 여러 가지 문제점을 갖고 있었습니다. 이들 중 어떤 것은 500년 전부터 면면히 내려온 양반문화의 유습이라고 할 수 있지요. 양반의식 때문에 관료주의가 성행했고 육체노동을 천시하게 되었습니다. 노동은 가능하면 피해야 할 대상이었습니다. 상전인 양반들이 노동의 과실을 대부분 가져가 버렸기 때문에 일반서민이었던 노동자들은 가능하면 일을 덜 하려는 심리를 갖게 되었던 것이지요. 이런 연유로 우리나라 노동자들의 생산성을 높이기 위해서는 지속적으로 밀착관리를 하지 않을 수 없었습니다."

창문 너머로 여름의 늦은 오후가 다가오고 있었다. 그의 눈길이 길 건너편의 노점상에서 삶고 있는 바닷게에 멈추자 갑자기 즐거웠던 과거가 되살아난 모양이었다.

"길 건너편에서 바닷게를 삶고 있는 것을 보니 달콤하고 비릿한 내음이 여기까지 나는 것 같습니다. 바닷게를 먹는 철이 오면 우리들은 포철 건설현장에서 40~50마리의 바닷게를 커다란 솥에 넣어 삶아 먹곤 했습니다. 현장직원들과 함께 뺑 둘러앉아 소주를 곁들여 먹는 맛이란 일품이었지요. 당시는 매우 힘들었지만 내 생애 최고의 나날들이었습니다."

필자는 박태준의 즐거운 추억이 포철에 대한 애착에서 비롯된다는 것을 느낄 수 있었다. 잠시 후 그는 한국 노동자의 직업윤리에 대해 말을 이었다.

"일제시대를 거치면서 우리나라 노동자의 고질적인 병폐는 더욱 악화되었습니다. 그들은 일본인들을 싫어해서 부정적인 태도를 갖고 최선을 다하지 않았던 겁니다. 대충 일하고 잘못을 묵인하는 태도가 만연하자 감독은 점점 더 엄격해졌지요. 우리나라 농부들은 제대로 일하지 않는 것이 일제의 억압을 무력화시키는 하나의 방편이라고 마음속으로 생각했어요. 노동과 노동자에 대한 전통적인 천시 경향과 함께 나쁜 근로습관들이 깊이 뿌리 내리게 되었던 것입니다. 이러한 면면들이 우리나라 문화에 유입되어 결국은 민족적인 특성이 되어버렸고, 해방 이후 1960년대와 1970년대까지도 이어졌습니다."

그는 한국문화에 대한 역사적인 이해를 바탕으로 근로문화를 이해하고 있었다.

"이상적으로 보면 종업원들은 감시감독이 없어도 최선을 다해 일하려고 합니다. 그러나 우리가 포철 초창기에 부딪친 상황은 달랐습니다. 이들을 이끌어가는 것은 관리자들의 책임입니다. 종업원들이 최선을 다해 일하지 않는다면 관리자들이 보다 적극적으로 행동해야 합니다. 포철 프로젝트가 시작되었을 때만 해도 대충 일하는 것에 길들여진 종업원들은 책임을 모면할 정도의 일만 하는 습관에 젖어 있었습니다. 부지런히 감독하지 않으면 안 되었고 관리자들은 항상 그들의 꽁무니를 따라 다녀야만 했지요."

박태준은 자신이 갖고 있는 올바른 근로문화에 대해 설명했다.

"종업원들에게 최선을 다하는 근로문화가 형성되어 있다면 잘못된 일이 거의 발생하지 않습니다. 그런 문화 속에서는 관리자들이 개입하지 않아도 스스로 고쳐나가기 때문입니다. 개개의 종업원들이 스스로 책임을 지고 서로서로 각자의 잘못을 고쳐준다면 감시감독이 필요 없겠지요. 그러나 우리 종업원들은 한 사람이 대충 일하면 다른 사람들도 '저렇게 해도 되는 모양이야'라며 이를 따라 하는 경향이 있었어요. 이와 같이 종업원들의 몸에 배어 있는 정신상태를 뜯어고치지 않고 어떻게 지금까지 포철을 건설해 나갈 수 있었겠습니까?"

그러나 박태준은 한국 노동자들이 매우 우수하다는 점을 알고 있었다.

"그렇다고 해서 우리나라 종업원들이 훌륭하게 일을 해낼 수 없었다는 이야기는 결코 아닙니다. 맡은 일의 중요성을 깨닫고 감정적으로 동조하게 되면 이들은 굉장한 일꾼으로 돌변하지요. 1970년대와 1980년대에 걸쳐 우리나라 제조업의 생산성이 연평균 20~30%씩 증가했다는 점만 봐도 알 수 있습니다. 또한 오일 달러가 풍부하던 시절 중동에 진출했던 우리 노동자들이 국가적인 자부심을 갖고 잘 훈련된 군인처럼 건설현장에서 열심히 일했다는 것은 잘 알려진 사실이지요. 그 결과 우리나라는 당시 절대적으로 필요했던 달러를 많이 벌어들일 수 있었습니다."

그는 포철의 임직원들을 매우 자랑스러워하고 있었다.

"우리가 했던 일은 포철의 중요성을 고취시키고 종업원들이 최선을 다할 수 있도록 동기를 부여하는 것이었습니다. 나는 우리 민족이 풍부하게 갖고 있는 감정 에너지에 호소했습니다. 우리 민족은 아시아의 다른 나라 사람들보다 대규모 공사에 쉽게 흥분하지요. 한 번 신바람이 나면 자신을 잊어버릴 정도로 열심히 일합니다. 우리는 이러한 점을 잘 활용했습니다. 종업원들뿐만 아니라 관리자들도 역시 프로젝트에 몰입해야 합니다. 감정적으로 동조하고 훌륭한 리더십을 발휘해야 합니다. 저는 포철 건설을 통해 이러한 모델을 정착시켜 왔습니다. 신바람을 불러일으켜 성취욕을 불태웠던 것이지요."

같은 실수를 반복하지 말라

박태준은 종업원들을 아무리 일에 몰두하게 만들어도 종종 이들의 기량에 문제점이 있다는 것을 알았다.

"맞습니다. 신바람이 나도 대충대충 일하고 잘못을 묵인하는 경우가 포철 안에서도 일어났지요. 저는 결코 이것을 용납하지 않았습니다. 이런 작은 불량작업으로 제가 이루려고 했던 그 모든 것들이 무너져버릴 수도 있었으니까요. 그래서 문제가 생기면 즉시 시정하고 두 번 다시 똑같은 잘못이 일어나지 않도록 조치를 취했습니다. 종업원들이 똑같은 실수를 반복하지 않도록 극적인 드라마를 연출할 필요가 있었지요. 그래서 저는 '건설비상 1호'와 잘못 설치된 수천 개의 볼트를 다시 죄게 하는 극적인 방법을 썼습니다. 저는 이런 극적인 방법을 통해 종업원들에게 일을 제대로 해야만 된다는 마음가짐을 심어주려고 했던 것입니다."

오랫동안 대화를 나누었지만 박태준은 지친 기색을 보이지 않았다. 그는 식당을 나오면서 택시를 타지 말고 호텔까지 걸어가자고 먼저 제안했다.

안전제일을 가르치다

"포철은 종업원들을 다시 교육시켜야 했습니다. 대부분의 종업원들은 포철에 입사하기 전까지 세세한 부분에도 일일이 신경을 써야 한다는 것을 깨닫지 못했으니까요. 그들은 사소한 일이 중요한 결과를 초래할 수 있다는 점을 이해하지 못했습니다. 하지만 제철소를 건설하고 운영하는 모든 일들은 안전과 직결되어 있어 세세한 부분들을 어떻게 처리하느냐에 따라 그 결과가 크게 차이납니다."

박태준은 기업에서 안전이 얼마나 중요한 것인지를 강조했다.

"그 당시 우리나라의 산업현장에는 안전 개념이 없었습니다. 종업원들의 태도는 '설마 나에게 무슨 사고가 일어나겠는가' 하는 것이었어요. 안전은 우선사항이 아니었습니다. 하지만 제철소 안에는 불꽃, 폭발물, 고압전류, 독가스와 유해물질 등과 같은 위험요소들이 많아 종업원들은 갖가지 위험에 노출되어 있었지요. 이들은 위험물질을 다루는 훈련을 받은 적이 없었습니다. 그래서 우리는 '안전제일'이라는 개념을 도입했지요."

안전제일에 대해 이야기하는 그의 얼굴은 매우 심각해 보였다.

"안전교육을 실시하는데 종업원들의 태도가 문제였어요. 안전사고가 나면 회사가 어떤 피해를 입는지 도무지 이해하지 못했던 것이지요. 사고가 공장 전체를 날려버릴 수도 있는데 말입니다. 또한 사고는 막대한 파급효과를 가져옵니다. 사고로 인해 제품 인도가 제때 이루어지지 않으면 우리 제품을 쓰는 공장들이 멈출 수도 있다는 것을 이해시키는 데 상당한 어려움이 있었습니다. 저는 안전사고가 가져오는 결과, 특히 화재에 대해 많이 걱정했습니다. 철강제품은 섭씨 600도의 열연공장과 섭씨 300도의 냉연공장처럼 아주 높은 온도에서 만들어지기 때문에 제철소 내에는 화재위험이 높습니다. 한순간이라도 방심하게 되면 커다란 재해가 발생할 수 있었지요."

박태준은 천천히 말을 이어갔다.

"우리는 아주 엄격한 안전 프로그램을 만들었습니다. 강제규정을 두어 작업자, 감독자, 관리자 할 것 없이 새로 입사하는 사람은 반드시 안전규정을 숙지하도록 했습니다. 모든 종업원들이 의무적으로 안전교육을 받도록 규정했지요. 일 년에 적어도 두 번 안전교육 특별 캠페인을 벌였습니다. 그리고 종업원들에게 안전의 중요성을 심어주기 위해 포철의 아침인사는

박태준 사장은 직원들에게 무엇보다도 '안전제일'의 정신을 강조했다. 그 당시 포철의 아침인사는 "오늘도 안전제일" 이라는 구호였다.

'오늘도 안전제일!'이라는 구호로 바꿨습니다. 종업원들이 공장에 들어설 때 '오늘도 안전제일!'이라고 경례하면 반드시 '네, 오늘도 안전제일!'이라고 대답하도록 계속해서 교육시켜 나갔지요."

박태준은 종업원들이 '안전제일'이라고 인사를 주고받던 모습이 생각났는지 싱긋 웃었다.

"캠페인은 성공했습니다. 1973년 7월 공장이 가동된 후 184일 동안이나 안전사고가 없었지요. 이것은 철강업계에서 보면 세계적인 기록입니다. 국제철강협회는 우리의 기록을 공식적으로 인정했습니다."

그는 자랑스럽게 말했다. 그러나 갑자기 그의 어조가 바뀌더니 눈살을 찌푸리며 말을 이어갔다.

"하지만 불행하게도 인간의 노력만으로는 100% 무사고를 기록할 수 없었지요. 1977년 4월 24일 끔찍한 사고가 발생했습니다. 크레인 운전공이 44톤의 쇳물을 실수로 공장바닥에 부어버렸던 것이지요. 제강공장 건물바닥이 녹으면서 지하에 매설되어 있던 전선의 70%가 파괴되었고 공장가동이 중단되는 사태가 발생했습니다. 피해복구를 위해 적어도 약 28일 동안 공장가동을 멈추어야 했고 피해복구액만 3백만 달러가 소요되었습니다. 너무나 엄청나고 값비싼 사고였습니다.

조사를 해본 결과 크레인 운전공이 가족을 부양하기 위해 이중직업을 갖고 다른 직장에서 밤늦게까지 일했다는 것이 밝혀졌습니다. 너무나 피곤했던 나머지 자기도 모르는 사이에 사고를 냈던 것이지요. 이 사고를 계기로 종업원들은 사소한 것처럼 보이지만 부주의한 행동이 기업뿐만 아니라 나라 경제 전체에도 커다란 타격을 줄 수 있다는 점을 깨닫게 되었습니다. 그

후로 안전에 대한 종업원들의 사고방식도 바뀌게 되었습니다."

수치를 믿지 못하다

샌프란시스코의 금융가로 향하는 언덕길을 오르면서 대화는 자연스럽게
포항 제1기 설비가동으로 이어졌다.

"103만 톤 규모의 제1기 종합제철소를 계획할 때만 해도 처음 3년간은
적자가 날 것이라고 보았습니다. 가동 첫해부터 이익이 나리라고는 꿈에도
생각하지 못했었지요."

박태준은 싱긋 웃었다.

"전에 말씀드린 것처럼 1973년 7월 예정보다 한 달 빠르게 제1기공사를
준공했습니다. 그해가 가기 전에 1억 달러 이상의 매출액과 1,200만 달러
정도의 순이익을 올렸어요. 세계 철강 역사상 가동 첫해부터 이익을 낸 기
업은 없었습니다."

그의 자부심은 대단했다.

1973년도 연차보고서를 재무부와 경제기획원에 제출하자 김학렬 부총
리가 즉각 박태준을 찾았다. 김부총리는 1,200만 달러의 이익을 믿을 수 없
었던 것이다.

"수치가 잘못된 것이 틀림없습니다. 제철소 역사상 새로 설립된 회사가 가
동 첫해부터 이익을 낸 예가 없어요. 다시 한 번 수치를 점검해 주시오!"

김부총리는 믿지 못하겠다는 듯 단언했다.

"수치에는 잘못된 것이 없습니다. 몇 번이고 검토한 결과입니다. 분명한

사실은 1,200만 달러의 이익을 올렸다는 것입니다."

"놀랍군요. 정말 놀랐습니다."

부총리는 고개를 갸우뚱거렸다. 며칠 후 박태준은 박정희 대통령으로부터 전화를 받았다. 대통령은 밝은 목소리로 그를 놀려댔다.

"임자, 지금 포철 보고서를 보고 있는데 순이익을 표시하는 난에 제로가 너무 많이 들어간 것 같잖나? 1,200달러가 아니야? 임자는 어떻게 지은 지일 년도 안 된 공장에서 1,200만 달러의 이익을 낼 수 있었지? 이거 임자가 나를 놀리는 거 아냐?"

박태준은 깜짝 놀라며 대답했다.

"각하, 연차보고서에 있는 수치는 사실입니다."

"확실한 거야? 1,200만 달러라고? 정말 믿어도 되는 거야?"

"각하, 주주총회에 보고하기 위해 7명이 넘는 공인회계사가 수주일 동안 작업해 만든 재무제표입니다. 그들은 참빗으로 머리를 빗듯이 모든 사항을 일일이 검토했습니다. 이미 주주들도 연차보고서를 인정했습니다. 허위로 기재하거나 잘못된 점은 없습니다."

"임자가 기적을 일궈냈구먼!"

박대통령은 흥분한 목소리로 말하고 전화를 끊었다.

박태준은 그 일을 회상하며 말을 이었다. 그의 얼굴은 자부심으로 가득 차 있었다.

"박정희 대통령도 미심쩍어했을 정도였습니다. 당시 1,200만 달러는 굉장히 큰돈이었으니까요."

그는 당시 정부와 업계 사람들이 얼마나 놀랐는지를 생각하고는 껄껄 웃었다. 이처럼 뛰어난 업적으로 그는 국제적으로 유명해졌고, 박정희 대통령으로부터 금탑 산업훈장을 수여받았다.

1974년 세계 철강수요는 정점에 이르렀고, 포철은 매출액 2억 5,800만 달러와 순이익 8,800만 달러를 기록하는 등 매우 좋은 성과를 나타냈다. 그 결과 포철은 한국에 커다란 반향을 일으키며 칭송의 대상이 되었고 한편으로는 질투의 대상이 되었다. 특히 몇몇 사람들은 박태준이 교묘하게 거대한 이익을 낸 것으로 수치를 조작했다고 험담하기도 했다. 그러나 그것은 박태준의 선견지명과 통찰력 덕분이지 결코 수치조작에 의한 것이 아니었다. 그는 현명한 의사결정과 노력으로 장애를 극복했던 것이다.

박태준은 자신이 가동 첫해부터 많은 이익을 낼 수 있었던 비결을 설명했다.

"우리는 모든 비용을 상세히 검토했습니다. 그리고 구매협상이나 입찰을 하기 전에 철저히 준비했기 때문에 최저가격으로 설비를 구입하고 설치할 수 있었지요. 또한 조기완공으로 공사비를 절약해 생산제품을 예정보다 빠르게 시장에 출하했습니다."

포철의 가동 첫해를 회상하며 그는 빙그레 미소를 지었다.

"우리가 이익을 낼 수 있었던 또 하나의 요인은 설비를 조기에 시험가동한 방법이었습니다. 제철소가 완공되면 가동하기 전에 반드시 테스트를 거치고 미세한 조정을 해야 합니다. 그렇지만 정상적으로 하면 그 기간은 보통 6개월이나 걸립니다. 우리는 설치하면서 설비 전체를 테스트했기 때문에 결과적으로 그 기간을 3개월로 단축할 수 있었습니다. 기술자와 기능공들을 수준 높게 교육하고 훈련시킨 결과 이런 효율을 낼 수 있었지요. 공장을 건설하면서도 우리 임직원들은 모의가동 훈련을 실시했어요. 그 결과 포철은 3개월 만에 정상가동을 할 수 있었으며, 초기 생산제품을 일찍 시장에 내놓게 된 것입니다. 당시 수입 철강재에 의존하고 있던 우리나라 기업들이 포철 제품을 열심히 구매했지요. 첫해부터 이익을 보았던 또 하나의 주된 요인은 최상의 가격과 조건으로 원료구매 계약을 체결할 수 있었기 때문입니다. 1973년 제1차 석유파동이 일어나기 전에 계약했던 것은 굉장한 행운이었습니다. 그 결과 우리는 원료가격의 폭등과 무관할 수 있었습니다."

만다린 오리엔탈 호텔의 종업원이 묵중한 유리문을 열며 인사를 했다. 그는 이야기에 심취했는지 전혀 피곤한 기색을 보이지 않았다.

"생산성의 핵심은 분명 사람입니다. 인력 훈련은 포철 성공의 중추였습니다. 공장 가동을 준비하는 3년 동안 6백 명이 넘는 기술자, 관리자 및 원료 담당자들을 일본, 미국, 서독 및 호주로 보내 공장가동에 필요한 훈련을 시켰습니다. 이들은 온갖 수단과 방법을 가리지 말고 배워오라는 지시를 받고 떠났지요. 당시로서는 엄두도 못 낼 대규모 해외연수였는데, 약 4백만 달러가 소요되는 막대한 투자였습니다. 하지만 투자는 그만 한 값어치가 있었습니다. 연수생들은 최신 기술과 새로운 아이디어를 갖고 귀국했으며, 초기 가동시 값비싼 외국 전문가에게 의존하지 않고서도 오히려 보다 빠르게 공장을 가동시킬 수 있었으니까요. 초창기의 인력훈련은 가장 훌륭한 투자 중의 하나였습니다. 모르는 것은 시간과 노력을 들여 배워야만 합니다. 해외연수생들은 귀국하자마자 곧바로 포철 직원들을 훈련시켰습니다. 포철은 종업원들에게 과감한 투자를 했고, 이들은 적극적으로 배우고 익혔습니다."

호텔 라운지에 앉아서 우리는 청량음료를 마셨다. 대화가 계속 이어졌다.

"포철은 유능한 관리자들과 헌신적인 종업원들 덕분에 기초가 매우 튼튼합니다. 이들이야말로 포철의 진정한 자산입니다. 따라서 이들을 훈련시키면 시킬수록 포철의 가치는 올라가게 마련이지요. 여러 종류의 훈련 가운데 무엇보다도 중요하고 어려운 것은 종업원들의 마음, 다시 말해 '정신자세'를 바꾸는 훈련이었습니다."

"포철이 성공하는 데 있어서 그 유명한 '포철 정신'은 얼마나 중요했다고 생각하십니까?"

필자는 그에게 질문을 던졌다. 그가 단호하게 대답했다.

"포철 정신 때문에 우리들은 경쟁자보다 앞서 나갈 수 있었습니다. 포철 정신은 '해낼 수 있다'라는 자신감과 사명감을 갖고 일하는 것입니다. 종업원들에게 이러한 정신을 불어넣었던 것이 포철의 성공에 결정적인 기여를 했습니다. 그러나 포철 정신은 쉽게 불어넣을 수 있는 것이 아닙니다. 종업원과 관리자 사이에 상호신뢰와 헌신적인 노력이 있어야만 가능합니다. 따라서 경영자들은 종업원들의 욕구를 정확히 이해하는 것이 반드시 필요하지요.

포철은 종업원들을 잘 보살피기로 유명합니다. 그러나 그 일은 쉽지 않았습니다. 종업원들에게 주택을 마련해 주기 위해 정부 간섭을 피해가야만 했으니까요. 하지만 이것은 굉장히 효과적인 의사결정이었다는 것이 나중에 입증되었습니다. 주택, 학교, 여가시설, 병원 등을 지어 종업원들이 겪는 주거문제, 학교문제, 건강문제 등을 해결함으로써 그들이 회사일에 몰두할 수 있도록 만들었지요. 종업원들의 가정생활, 직장생활, 사회생활 등 모든

1996년 가을, 자리를 함께한 필자(왼쪽)와 박태준 회장 부부

면에 신경을 썼던 것입니다. 그 결과 회사는 종업원으로부터 생산성 향상, 품질제고 및 회사에 대한 헌신 등과 같은 보답을 받게 되었습니다. 일을 하는 데 있어 가장 중요한 것은 정신자세입니다."

사실 포철은 직원들의 복지를 위해 많은 노력을 기울이는 것으로 유명하다. 박태준이 자세하게 설명했다.

"우리는 종업원들의 자녀를 위해 유치원부터 고등학교까지 세웠습니다. 포철이 세운 학교들은 포항과 광양 지역에서 제일 우수하다고 인정받고 있습니다. 종업원들을 위해 3백 명을 수용할 수 있는 음악당을 세웠고 서울과 도쿄를 비롯한 세계 각지의 유명 오케스트라를 초청했습니다. 그리고 직위에 관계없이 포철 종업원이면 누구에게나 두 명의 자녀가 대학을 졸업할 때까지의 등록금을 지원해 주었습니다."

포철 정신이 성공의 한 주춧돌이었다는 점은 분명했다. 그는 포철 정신이 미친 영향에 대해 자세히 말했다.

"포철의 정신 또는 기업문화는 전체적인 관점에서 나온 것으로서 회사와 종업원 모두를 포괄하는 총체적인 과정입니다. 이들 양자가 일치할 수 있었기 때문에 보다 나은 결과를 가져왔고 실수를 피할 수 있었으며, 창조적인 사고와 능력을 기를 수 있었던 것입니다. 이것이 바로 완벽에 이르는 길입니다. 인간의 활동에 완성이란 없습니다. 우리는 항상 실수와 사고를 저지를 수 있기 때문에 경계를 늦춰서는 안 됩니다. 우리가 그 자리에 그대로 서 있으면 앞으로 나갈 수 없습니다. 제가 완벽을 요구하는 것은 사실 긍정적인 방향으로 끊임없이 노력하라는 것입니다. 인생이란 일상적인 활동으로 채워진 것입니다. 사소한 일에도 주의집중하면 반복되는 실수를 없앨 수 있고 또 집중해서 미래를 준비할 수 있습니다. 이렇게 해서 우리 인류는 진보하는 것입니다."

박태준은 자랑스럽게 창설요원들에 대해 말했다.

"저를 비롯한 39명의 창설요원들은 매우 훌륭한 관리자들이었습니다. 이들은 아주 엄선된 사람들입니다. 저를 제외하고는 창설요원들 어느 누구도 포철에 입사하기 전에 고로를 본 적이 없었지만 합심해서 온갖 역경을 극복해 나갔습니다. 그들이 오늘날의 포철을 이룩했던 것입니다. 포항 제1기 공사를 위한 재원조달이 난관에 봉착했을 때도 이들은 꿋꿋하게 일만 했지요. 세계 철강업계에서 가장 뛰어나고 헌신적인 관리자들입니다. 우리나라는 산업화를 이루는 과정에서 이들에게 큰 빚을 진 셈이지요.

마지막으로 포철이 성공하는 데 박정희 대통령의 전폭적인 지원이 매우 중요했다고 말씀드릴 수 있습니다. 그분이 포철을 작곡하셨고 제가 그분의 작곡에 따라 연주자들을 지휘했던 것입니다. 그분은 산업화의 기초를 세운 것 이상의 위업을 달성하셨습니다."

박태준은 예전에 자신을 가르쳤던 박정희 교관의 모습이 생각났는지 눈물을 글썽였다.

제 16 장

지속적인 확장

신규 제철설비의 완공은
국가의 염원을 달성하는 상징이자
정부 목표의 금자탑이었다.

1970년 4월 연산 103만 톤 규모의 포항 제1기공사가 시작된 지 얼마 안 되어 박태준은 이미 제2기 및 제3기 확장공사를 염두에 두고 있었다.

한국 경제는 제1, 2차 경제개발 5개년 계획 아래 사회간접자본의 확충과 중화학산업의 육성에 중점을 두어왔기 때문에 철강수요는 곧 포철의 공급능력을 3배나 넘는 폭발적인 증가를 보였다. 그리하여 1973년에는 무려 2백만 톤의 철강을 수입해야 했으며, 더욱이 1976년에는 5백만 톤, 1981년에는 1,300만 톤으로 수요가 증가하리라고 전망되었다.

따라서 한국 정부는 제3차 경제개발 5개년 계획의 최우선과제로 포철의 제2기 확장공사를 선정했다. 포철의 확장공사는 자동차와 조선 및 기계산업 등과 같은 중공업발전의 기본 전제였다. 박태준은 가슴이 벅차오르는 흥분 속에서 포항 제2기공사를 서둘러야겠다고 결심했다. 1973년 12월 1일,

드디어 포항 제2기공사 착공식이 거행되었다.

"1973년은 우리나라뿐 아니라 전 세계적으로 제철설비를 확장하기에는 몹시 힘든 해였습니다."

박태준은 1995년 여름, 와이키키 해변의 할레쿨라니 호텔에서 가졌던 필자와의 인터뷰에서 미소를 떠올리며 말했다.

"제1차 석유파동으로 원유값이 폭등하여 전 세계 산업과 기업들이 대부분 큰 타격을 받았지요. 특히 석유 한 방울 나지 않는 우리나라는 그 타격이 더욱 컸습니다. 당시 우리나라의 수출액은 17억 달러인데 수입액은 23억 달러나 되어 무역적자가 상당히 컸습니다. 에너지를 절약하기 위해 고층빌딩에서는 홀수 또는 짝수층만 엘리베이터를 운행하거나, 아예 계단을 이용하는 경우도 많았지요. 밤 10시 이후에는 모든 전등을 꺼야 했으며, 정부는 상점과 유흥업소들의 네온사인 사용을 금지했습니다."

어려웠던 그 시절을 회상하는 그의 얼굴에 긴장감이 서려 있었다.

"선진국의 경우 자동차 판매고가 18%나 급감하면서 철강 소비도 큰 폭으로 떨어졌습니다. 반면에 제철설비 가격은 제2기공사를 시작할 무렵 급등했지요. 나는 이 위기를 어떻게 극복해 나가야 할지 궁리하느라고 잠을 이룰 수 없었으며, 대책회의도 수십 차례나 열었습니다."

그는 잠시 동안 말을 멈추고 하와이의 장엄한 '다이아몬드 헤드' 산봉우리를 배경으로 출렁이는 금빛 바닷물결을 바라보았다.

연산 157만 톤의 포항 제2기공사가 완료되면 포철의 총생산 규모는 260만 톤이 된다. 주요 설비로는 작업용량이 2,254세제곱미터인 제2고로를 비롯하여 소결공장, 코크스 공장, 100톤 규모의 LD전로, 연주설비 등이 있었다. 품질관리와 생산과정의 대부분을 컴퓨터로 처리할 수 있도록 설계했으며, 또한 기존의 열연공장 확장과 함께 연산 52만 톤 규모의 냉연공장이 신설되어 앞으로 규모의 경제 증대, 생산제품의 다각화, 품질안정 및 제고 등의 효과가 나타날 것으로 기대되었다. 또한 제품구성 비율면에서 보면 열연과 냉연 등 박판제품의 비중이 증가하여 1976년까지 박판 내수의 약 55%를 공급할 수 있었다.

총 투자규모 5억 4,700만 달러 중 내자가 1억 9,900만 달러, 외자는 3억 4,800만 달러가 소요될 것으로 추정되었다. 포철은 제1기설비를 가동하여 생산판매한 수익과 내부 유보자금을 통해 내자의 73%, 즉 1억 4,600만 달러를 조달할 계획이었다. 당시까지 제1기설비의 뛰어난 실적 덕분에 제2기 공사의 자금조달은 아무 문제가 되지 않았다.

공사를 시작한 지 2년 5개월 후인 1976년 5월 31일, 제2기공사가 예정보다 한 달 일찍 완공되었다. 이날 박정희 대통령이 참석하여 제2고로에 점화함으로써 포항 제2기설비가 공식적으로 가동되기 시작했다. 제1고로 점화식에는 참석하지 못했던 박대통령은 5년 전 황량한 벌판에서 가옥이 철거되던 광경을 떠올리며 포철이 이룩한 업적에 가슴이 벅차오르는 감회를 느꼈다.

제2고로 점화식은 박대통령에게도 특별히 의미 깊은 행사였다. 이 공사가 완료됨으로써 한국은 드디어 북한의 조강생산능력을 앞지를 수 있었다. 이제 포철의 생산능력은 260만 톤, 그리고 한국의 총 생산능력은 4백만 톤으로 증가하여 북한의 생산능력인 320만 톤을 넘어서게 되었던 것이다.

대안 마련이 성공의 열쇠

1973년 여름, 포철은 제2기공사에 필요한 설비문제로 일본 공급업체들과 협상을 진행하고 있었다.

그 무렵 한국 중앙정보부의 고위관리 몇 명이 박정희 대통령에 대한 과잉충성으로 도쿄에 머물고 있던 김대중을 납치하는 사건이 일어났다. 당시 야당인 신민당의 대통령 후보였던 김대중은 1971년 12월에 치러진 선거에서 박대통령을 호되게 비판하는 한편, 놀랄 만한 득표율을 올렸었다. 그의 약진에 사람들은 깜짝 놀랐고, 박대통령 역시 당혹감을 감추지 못했다. 이 선거에 패배하자 김대중은 곧 도쿄로 가서 박정희 정권 퇴진운동을 벌이고 있었다.

이 납치사건은 국제적인 비난을 불러일으켰다. 일본은 자국에서 한국 중앙정보부가 벌인 일에 대해 격노하며 격렬한 항의를 표명했다. 또한 일본 국회는 한국과 국교를 단절하기로 결의했으며, 한일 간의 정치 및 경제관계가 전면적으로 중단되었다. 일본의 설비공급업체들은 이제 더 이상 포철에 제철설비를 팔 수 없게 되었다.

"사업을 하다 보면 예측도 못 했던 일들이 숱하게 발생하는 법입니다."

박태준은 빙그레 웃으며 계속 말을 이었다.

"어디서 어떤 일이 일어나는지 아무도 예상할 수 없고, 그것을 피할 방법조차 없는 경우도 흔하지요. 우리가 할 수 있는 일은 만일의 경우에 대처할 방책을 미리 강구해 놓는 것뿐입니다. 이것이 바로 최고경영자가 해야 할 일이지요."

"김대중 납치사건으로 제2기공사를 늦추어야 한다고 생각하지는 않으셨습니까?"

필자는 와이키키 해변의 넘실대는 물결을 바라보고 있는 그에게 물었다.

"아닙니다! 지금까지 포철의 어느 누구도 한 번 결정된 일을 미룬다는 생각은 해본 적이 없습니다."

박태준은 화난 표정을 지으며 큰 소리로 대답했다. 그리고 두 팔을 내저으며 단호한 말투로 덧붙였다.

"그렇게 했다가는 나쁜 선례를 남기게 될 뿐입니다. 게다가 연기할 만한 이유도 없었습니다. 시간이 흐르면 잘 마무리될 것이라고 생각했었으니까요. 다만 한일 양국의 체면 때문에 좀 시일이 걸릴 것이라고 예상했었지요. 내가 알고 싶었던 것은 그러한 과정이 얼마나 빠른 시일 내에 끝날 수 있는가 하는 점이었습니다. 잘못된 일로 얼크러진 정부관계보다는 사업관계가 훨씬 더 빨리 회복되는 법이지요."

25년 전의 사건을 회상하는 그의 말투는 확고했다.

"설비구매가 늦어질수록 포철은 더 열심히, 보다 많은 일을 해냄으로써 공기지연을 만회해야 한다고 생각했습니다. 그리고 우리 포철 임직원들은 그렇게 할 수 있다는 것을 보여주었습니다. 제1기공사에서도 그 점이 증명되지 않았습니까?"

할레쿨라니 호텔 베란다에 앉아서 보는 일몰은 매우 아름다웠다. 연한 푸른 색의 하늘과 사파이어 색의 바다가 맞닿는 곳에서 믿기 어려울 정도로 아름다운 장관이 펼쳐졌다. 내일 또다시 맑은 날이 시작될 것을 약속이나 하듯 붉은 빛 구름들이 먼 지평선과 어우러지면서 펼쳐지는 일몰은 정말로 장관이었다.

"하고 싶은 말이 너무나도 많습니다."

박태준은 지는 해에 시선을 고정한 채 포철과 함께 했던 인생 역정을 회상하면서 자신이 간직한 기억의 보따리를 계속해서 풀어나갔다.

"이제 나는 더 이상 포철과 함께할 수 없는 처지이지만, 그곳은 아직도 내 삶의 전부입니다. 나는 지금도 늘 마음속으로 포철을 염려하고 있습니다."

그는 저녁 바다가 태양을 삼켜버린 곳을 지그시 바라보고 있었다. 부드러운 솜털구름도 서서히 하늘에서 사라져가고 있었다. 유리로 만든 장식품들이 바람결에 흔들렸고, 그는 잠시 동안 침묵에 잠겨 있었다. 이윽고 그는 조용히 입을 열었다.

"일본 설비업체들과의 모든 교섭이 전면 중단되었습니다. 일본에 보냈던 우리 구매팀이 돌아오고, 우리나라에 와 있던 일본 공급업체 대리인들은 자국으로 되돌아갔지요. 우리의 상황은 매우 심각했습니다. 조만간 일본에서 대부분의 설비를 구매하게 될 것이라는 생각은 들었지만, 미국과 유럽의 설비업체들을 대안으로 고려해야만 했습니다. 우리가 다른 나라의 설비업체와 접촉하는 것을 일본업체들이 알게 되면 자국 정부를 설득하여 교섭제한 조치를 풀 것으로 기대했지요."

1972년 12월 17일, 박태준은 외자계약관리부 노중렬 부장과 함께 포철 제2기공사에 관심을 나타냈던 유럽 설비업체들을 만나기 위해 유럽으로 떠났다. 갑작스러운 해외출장이었기 때문에 독일 함부르그에 있는 호텔을 예약할 시간 여유조차 없었다. 크리스마스 시즌이어서 함부르그의 호텔들은 관광객들과 쇼핑을 즐기는 사람들로 북적거리고 있었다.

노부장은 방을 잡으려고 여러 호텔에 알아보았지만 허사였다. 마지막으로 그는 함부르그에서 가장 비싼 호텔로 알려진 비에르 조흐르 자이텐 호텔을 찾아갔다.

"방이 없습니다, 손님."

호텔 직원이 말했다. 노부장이 되물었다.

"하나도 없습니까?"

"글쎄요, 프레지던트 스위트룸이 있긴 하지만 하루 숙박비가 500달러나 됩니다."

옆에서 두 사람이 주고받는 대화를 지켜보고 있던 박태준이 노부장에게 지시했다.

"더 이상 시간낭비하지 말고 그 방을 잡아."

당시 포철의 입장에서 볼 때, 호텔 숙박비는 무리한 지출이었지만 그만한 대가가 있었다.

노부장은 호텔에 짐을 풀자마자 곧 오스트리아의 푀스트와 독일 오토의 중역들에게 전화를 걸어 정중하게 설비구매 협상을 제의했다. 이 업체들은 그동안 포철과 거래해 왔던 기업들로, 특히 푀스트는 포항 제1기공사 때 후판공장의 압연설비를 납품한 적이 있었다.

전화를 받은 기업들의 중역들은 노부장의 갑작스러운 전화를 받고 깜짝 놀랐으나 곧바로 다음날 아침 방문하겠다고 약속했다. 브로셔, 차트 및 관련 서류들을 갖고 호텔 방으로 들어선 이들은 마치 포철의 위엄이 서려 있는 듯한 프레지던트 스위트룸의 웅장한 모습에 깊은 인상을 받았다.

"어서 오십시오. 저는 여러분께 포항 제2기공사에 필요한 제철설비 입찰에 참가해 주실 것을 정식으로 요청합니다."

박태준이 자신있게 웃으며 말을 이었다.

"포철이 일본 업체에서만 제철설비를 구매하는 것은 아니라는 점을 여러분이 이해해 주셨으면 합니다. 우리는 최고품질의 설비를 합당한 가격에 납품할 수 있는 설비업체들을 찾고 있습니다. 제2기공사에 들어갈 설비 예정가격은 3억 5천만 달러입니다."

이어서 노중렬 부장이 박태준의 지시에 따라 포철이 구매할 제철설비 목록을 설명했다. 신규 고로, 소결 설비, 코크스 설비 등의 제선공장 설비 및 구입예정 설비에 대한 사양을 상세히 이야기해 나갔다. 유럽 설비업체 중역들은 놀라운 표정을 지으며 포철의 새로운 의도에 대해 더 자세히 알고 싶어했다. 노부장이 세 시간에 걸쳐 입찰 내용에 대한 자세한 설명을 끝마치자 박태준은 참가자들을 향해 말을 꺼냈다.

"보다 원활한 입찰을 진행하기 위해 여러분들이 직접 포항 제철소로 오셔서 교섭에 임해 주셨으면 합니다. 다음달 초순에 한국에서 뵙기를 바랍니다."

그는 참석한 대표들을 둘러보며 이들의 반응을 살폈다. 대표들은 몹시 놀란 듯한 얼굴로 서로 마주보았다. 노부장도 어리둥절한 표정을 떠올렸다. 그 시기는 흔히 유럽 사람들이 가족과 함께 휴가를 즐기는 계절이었다. 아무도 이 긴 겨울 휴가기간에 입찰업무를 처리하리라고는 생각지 못했던 것이다.

한편 박태준은 안병화 구매부장을 미국으로 보내 피츠버그의 코퍼스와는 고로설비 구매에 대해, 그리고 블로녹스와는 냉연설비 구매에 대해 협상하도록 지시했다.

1973년 1월, 포항 제1기공사가 마무리 단계로 접어든 시기였기에 포항 건설현장에는 아직 일본 기술자들이 남아 있었다. 일본 기술자들은 한일 간의 관계 악화에 대해 걱정하면서, 하루빨리 정치적인 문제가 해결되어 사업관계가 원상태로 회복되기를 바라고 있었다. 유럽 설비업체 사람들이 포항제철소를 방문하여 둘러보고, 또 포철 영빈관을 왔다 갔다 하자 일본 기술자들은 그들이 포철 직원들과 제철설비 공급 문제를 깊이 있게 협상하고 있는 게 분명하다고 생각했다. 일본 기술자들은 본사에 즉각 자신들이 본 사항을 있는 그대로 보고했다. 그러자 일본 설비업체들은 유럽업체들에게 설비 공급권을 뺏길까 봐 안절부절 못하며 자국 정부에 교역금지 조치를 풀어달라고 압력을 가했다.

1973년 1월 첫 주말, 박태준은 뜻밖에도 서울의 일본 대사관 경제참사관으로부터 전화를 받았다. 의례적인 인사를 주고받은 뒤 참사관은 그에게 단도직입적으로 유럽 설비업체와의 교섭이 잘 되어가고 있는지 물었다. 일본 정부관료가 이렇듯 대뜸 이러한 질문부터 하는 것으로 보아 그들 나름대로 상당히 고민하고 있는 게 분명했다.

"예정된 공기를 맞추려면 구미의 설비업체들과 협상을 진행할 수밖에 없습니다. 우리도 귀국의 설비업체로부터 구매하고 싶지만, 귀국 정부의 제재조치 때문에 어쩔 수가 없군요."

참사관은 박태준의 설명을 조용히 듣고 나서 전화를 끊었다. 그리고 며칠 뒤 다시 전화를 걸어 일본 업체들도 입찰에 참여할 수 있는지 물었다. 박태준은 물론 할 수 있다고 대답했다. 그의 전략은 성공했다. 실제로 그가 노렸던 것도 바로 이 점이었다.

바로 그 무렵, 뜻밖에도 신일본제철의 아리가 부장이 박태준을 방문했다. 일본 기술자문단의 전임 단장인 그는 포항 제1기공사의 설비구매 자문위원이었는데, 성실하고 헌신적인 성격으로 박태준을 비롯하여 포철 사람들로부터 존경을 받고 있었다.

"어서 오십시오, 아리가 부장. 오랜만입니다."

박태준은 오랜 친구인 그를 따뜻하게 맞아들였다.

"사장님, 우리 일본 설비업체들에 대해 서운한 점이라도 있었습니까?"

아리가 부장은 대뜸 멋쩍은 표정으로 물었다.

"무슨 말씀이십니까, 아리가 부장? 지난날 포철과 저를 물심양면으로 도와주신 일본 철강업계와 당신을 제가 얼마나 고맙게 여기고 있는데요. 저는 당신을 포철의 가족으로 생각하고 있습니다. 저는 언제라도 일본 설비업체와 거래할 수 있습니다. 다만 불행한 정치적 사건 때문에 우리나라 경제의 주춧돌인 제철소 건설이 차질을 빚지 않을까 걱정이 되어서 그러는 것뿐입니다."

아리가 부장이 감격해서 말했다.

"그렇게 말씀해 주시니 정말 감사합니다. 저 역시 정치적인 문제로 우리 관계가 중단되는 것을 바라지 않습니다."

아리가 부장이야말로 박태준이 마음놓고 이야기할 수 있는 사람이었고, 또 일본 설비업체들에게 메시지를 전달하는 데 그만큼 적격인 사람도 드물었다.

일본 설비업체들이 입찰에 참가하자 유럽 업체들은 위기감을 느끼고 보다 경쟁적인 가격을 제시했다. 만약 유럽과 미국의 설비업체들로부터만 제철설비를 구매했더라면 예상가격보다 적어도 5천만 달러 이상 더 소요되었을 것이다. 뒤늦게 참여한 일본 업체들이 어떻게든 수주하려고 애썼기 때문에 포철은 양쪽을 경쟁시켜 가장 낮은 가격으로 설비들을 구매했다. 게다가 능수능란한 포철의 구매 담당자들은 유럽과 일본 설비업체들을 각기 다른 방에 배정하여 서로를 경합시켰기 때문에 가격을 최대한으로 낮출 수 있었다.

할레쿨라니 호텔의 베란다에서 박태준은 그 일에 대해 말을 계속했다.

"그래서 인생이란 재미있다는 겁니다. 우리에게는 커다란 불운으로 여겨졌던 사건이 오히려 행운이 되었으니까요. 물론 이와 반대되는 일 또한 발생할 수 있는 것도 사실이지요."

그는 바다 쪽을 향해 돌아서서 반짝반짝 빛나는 물결을 조용히 바라보기 시작했다. 어느덧 저녁이 깊어가고 있었다.

포항 제3기공사

1968년 포철이 설립된 후, 한가로운 어촌이었던 포항은 연평균 7.5%의 인구 증가율을 보이며 북적대는 도시로 변모해 갔다. 당시 한국의 도시 대부분은 인구 증가율이 연평균 1%에 불과했다. 따라서 포항은 번영을 상징하는 도시가 되었고, 다른 많은 도시들로부터 선망의 대상이 되었다.

드높은 고로는 24시간 내내 하늘을 향해 불꽃을 뿜어올렸고, 유연탄과 철강원료를 가득 실은 대형 화물선들이 온종일 영일만을 들락거렸다. 해안을 따라 쭉 올라가면 6개의 굴뚝으로부터 피어오른 연기가 남서쪽을 향해 번져가는 것이 보였다. 조용한 저녁이면 유연탄과 석회석, 철광석 등의 원료를 실어나르는 컨베이어 벨트가 철강원료들을 고로에 집어넣는 광경도 볼 수 있었다.

황색 유니폼에 안전 헬멧을 쓴 노동자들이 공장 여기저기를 바쁘게 오갔다. 자전거와 자동차, 트럭, 철도 기관차 등도 밤낮을 가리지 않고 포항제철소 구내를 돌아다녔다. 고로 상판에서 근무하는 직원들은 계속해서 흘러나오는 시뻘건 쇳물을 주시했다. 바깥 온도와는 상관없이 이들의 얼굴에서는 열기가 뿜어나왔다. 공장의 천장에서는 100톤의 쇳물을 담은 거대한 레이들(ladle)들이 천천히 움직이고 있었다.

포항제철 제2제강공장에 설치되고 있는 300톤 규모의 거대한 전로

포철로서는 모든 일이 순조롭게 잘 진행되고 있었다. 제1기설비는 1973년, 제2기설비는 1976년 5월에 완공되었다. 포철은 가동 첫해부터 이익을 내기 시작하여 1973년에는 1,155만 달러, 1974년에는 8,777만 달러의 수익을 올렸다.

〈도표 7〉 포철의 외자조달 내역 (단위 : 천 달러)

외자 조달처	포항 제1기	포항 제2기	포항 제3기
일본 수출입은행융자	52,498	35,177	398,710
일본 경협자금	46,428	41,521	
일본 상업차관	23,581	75,466	
소 계	122,507	152,164	398,710
미국 신디케이트융자		21,429	
미국 시티은행융자		13,410	
미국 수출입은행융자		13,410	
소 계		61,659	
기타 자금	23,345	127,431	367,590
총합계	145,852	341,254	766,300

한국의 철강수요는 꾸준히 높아져 갔다. 제1기와 제2기공사의 성공에 힘입은 포철은 보다 원대한 계획을 세웠다. 연산 290만 톤의 제3기공사를 완공하여 한꺼번에 생산 규모를 두 배 이상 늘림으로써 총 생산능력을 550만 톤까지 높이기로 했다. 제3기공사는 제2기공사가 끝난 지 몇 달도 채 안 된 1976년 8월 2일에 착공되었으며, 1978년 12월 초에 완공될 예정이었다. 20개가 넘는 새로운 설비가 추가되었다.

신규설비 중에는 세계에서 가장 큰 고로인 작업용적 3,759세제곱미터의 제3고로가 포함되어 있었다. 제2제강공장에는 당시 세계에서 가장 큰 300톤 규모의 전로 2기가 있었는데, 이것은 제1제강공장의 제강 능력보다 세 배나 큰 규모였다. 제3기공사는 12개의 단위공장과 11개의 부속시설로 이루어졌으며, 제1기공사와 제2기공사를 합한 것보다 1.2배가 넘는 자재가 소요되었다. 포철은 새로운 제품을 생산할 설비를 추가함으로써 와이어 로드와 전기강판 등을 생산할 수 있게 되었다.

제3기공사는 총 13억 8천만 달러가 들 것으로 추정되었으며, 이 중 6억 1,800만 달러는 내자로 7억 6,600만 달러는 외자로 조달할 계획이었다. 포철은 사내유보금과 이익을 바탕으로 내자의 47.3%를 자체조달할 수 있었다.

본디 제철소 부지로 조성되었던 총 250만 평의 땅은 추가확장설비를 설치하기에는 협소했다. 거대한 제3기고로가 들어서려면 더 넓은 부지가 필요했다. 더구나 이미 제4기고로를 계획하고 있었기 때문에 공장 부지가 턱없이 모자랐다.

제철소 북쪽에 있는 형산강과 남쪽에 있는 냉천은 포항제철소의 자연적인 경계를 형성하고 있었다. 두 개의 강은 모두 동해로 흘러, 바다로 들어가기 전에 45도 각도로 길게 굽어 있었다. 이 강들을 곧게 펴서 나란히 흐르도록 만들면 제철소 부지가 네모반듯하게 넓어져 새로운 고로들과 추가 시설들을 충분히 건설할 수 있었다. 포철은 형산강을 400미터나 북쪽으로 굽어들어 흐르게 함으로써 12만 평이 넘는 부지를 확보할 수 있었고, 냉천을 남쪽으로 틀어서 확보한 10만 평의 부지에는 압연공장을 설치했다. 그리고 하천에서 준설한 흙으로는 공장 부지를 메웠다. 이로써 이 지역의 전경이 완전히 달라지게 되었다.

〈도표 8〉 포철의 내자조달 내역 (단위 : 억 원)

포항 제1기	포항 제2기	포항 제3기	포항 제4기
493 40.9%	966 36.4%	2,996 44.6%	6,075 54.2%

중동건설 붐으로 기능공 부족

포철이 거대한 제3기공사를 시작할 무렵, 한국에는 노동자 부족 현상이 심 각했다. 세계경제는 석유파동으로 거의 2년 동안이나 침체상태에 빠져 있 었다. 하지만 중동의 원유생산국들은 막대한 오일 달러를 축적하여 도로와 항만 등의 인프라, 학교, 병원, 군대시설 등을 건설하고 있었다. 이것은 한 국 건설업체들에게 커다란 기회였다. 20만 명이 넘는 건설노동자들이 돈을 벌러 중동 현장으로 떠났다.

포철이 가장 큰 공사를 시작할 무렵, 한국에는 숙련된 건설 기능공들이 별로 남아 있지 않았다. 힘들게 번 오일 달러가 유입되어 부동산 투기가 일 어나자 사태는 더욱 나빠졌다. 포철은 숙련 기능공들을 확보하기 위해 큰 고초를 겪어야만 했다.

대형공사인 제철소를 건설하는 데 가장 중요한 요소는 경험 있는 노동자 들을 많이 확보하는 것이었다. 이 때문에 포철은 포항 제1기와 제2기공사 에 참여했던 건설회사들에게 다시 일을 맡겼다. 하지만 경험 있는 노동자 들은 대부분 해외 건설현장이나 국내 주택건설현장으로 빠져나가고 경험 이 부족한 노동자들만 남아 있었다. 더구나 포항의 경험 많은 노동자들마 저 대도시로 떠나자 문제는 더 심각해졌다. 하는 수 없이 농촌에 가서 건설 노동자들을 구해왔으나, 포철의 기준에 맞추기 위해서는 광범위한 기능훈 련과 정신교육이 필요했다.

결국 공기가 예정보다 늦어지기 시작했다. 제1기공사 때와 마찬가지로 예정대로 공기를 맞추라는 엄명이 떨어졌다. 중역들은 작업 속도를 지키기 위해 날마다 건설현장의 작업일정과 품질을 점검했다. 지연된 공기를 만회하자 박태준은 예정보다 5개월 앞당겨서 1978년 11월 30일을 완공일로 잡았다. 그는 조기완공을 위해 오전 8시와 오후 5시에 두 번씩 중역회의를 열었다.

어느 날 보고를 받는 자리에서 박태준은 정명식 상무에게 말했다.

"우리 회사의 성공은 제3기공사의 공기를 얼마나 단축하느냐에 달려 있네. 우리는 지난 6개월 동안 공기를 1개월 반이나 단축시킨 경험이 있지. 남은 2년 동안 이 속도대로 공사를 한다면 얼마나 공기를 단축할 수 있겠나?"

"예정보다 5~6개월 정도 단축할 수 있을 것 같습니다."

박태준이 다그쳤다.

"그저 짐작해서 하는 말인가, 아니면 확신을 가지고 하는 말인가? 그 말을 확신한다면 자네 부서 직원들과 상의해 보게. 직원들과 회의를 열어 의견을 들어보는 것도 좋은 방법이겠지. 우리 목표는 공기를 5개월 단축하는 거야. 현장 종업원들의 의견도 들어보고, 어떻게 하면 그들이 최선을 다할 수 있을지도 알아보게."

박태준은 공사현장을 감독하는 90명 이상의 부서장들을 둘러보며 덧붙였다.

"자, 모든 부서장들은 각자의 자리로 돌아가서 이 사항을 전달하고, 직원들의 의견을 종합해서 내게 들려주게."

새로 정한 공기단축 목표를 달성하기 위해 박태준은 중역들이 직접 감독하는 일련의 비상조치를 취했다. 즉 일일목표를 점검하는 '목표통제 시스템', 공사진척 상황을 감독하는 '특공대', 현장보고를 받는 '비상대책상황실',

박태준 사장이 포항 제3기공사 공기단축을 지시하면서
'돌격! 11월 30일 이전 취련 개시'라고 쓰고 있다.

'조업 및 정비요원 현장투입 프로그램' 등이었다. 전체 임직원들은 모두 이 과제에 매달렸다. 건설현장의 광경은 마치 전쟁터와도 같았다. 춥든 덥든, 휴일이든 평일이든간에 일을 방해하는 어떤 구실도 용납되지 않았다. 이 때문에 노동자들은 모처럼 온가족이 만나 담소를 나누는 추석 명절까지도 포기해야 했다.

한국에서는 일 년 중 가장 달이 밝은 음력 8월 15일을 추석이라고 한다. 미국의 추수감사절과 유사한 추석 때 한국에서는 가족들이 모두 모여 조상님께 경건하게 차례를 지내는 전통을 갖고 있다. 추석은 가장 커다란 민속명절 중 하나로서, 사람들은 차례를 지낸 후 성묘를 하거나 가까운 친지를 찾아보기도 한다.

포철의 종업원들은 포철 그 자체를 조상에 대한 기념비와 같은 존재로 생각해 왔다. 포철이야말로 조국을 부강하게 만들기 위해 '피맺힌 돈'으로 건설되는 것이기 때문이었다. 지금 포철은 기념비의 세 번째 단계를 건설하고 있는 것이다. 그러나 공기는 예정보다 늦어지고 있었고, 추석으로 일을 멈추게 되면 더더욱 늦어질 것이 분명했다. 반 이상의 노동자들이 고향에 가는 것을 자발적으로 포기하고 계속 일했다.

　그러자 박태준은 건설현장에 상을 차려놓고 헌신적인 임직원 및 노동자들과 함께 합동 차례를 지냈다. 이렇듯 포철은 조국의 부강을 위해 '모든 포철인들이 흘린 땀'으로 건설되고 있었다.

'유령' 노동자들

건설현장은 흡사 치열한 전쟁터를 방불케 했으며 누구나 똑같은 유니폼을 입고 다녔다. 프로젝트 규모가 워낙 큰데다 많은 인원이 한꺼번에 일하고 있었기 때문에 현장에 몇 명이나 있는지, 그리고 누가 일하고 있는지 정확하게 가려낼 수가 없었다. 공사기간 내내 수천 명의 노동자들이 시공 및 하청회사들의 종업원으로 건설현장에서 일하고 있었다.

　박태준은 보고된 수만큼의 노동자가 실제로 현장에서 일하고 있는지 의구심이 생겼다. 어느 날 현장에 들렀다가 아침 8시에 열리는 참모회의를 하러 가던 도중, 그는 시공회사의 현장소장을 찾았다. 소장이 보이지 않자 박태준은 현장에서 일하는 반장을 불렀다.

　"오늘 현장에는 몇 명이 일하고 있지?"

　"총 인원 725명이 일하고 있습니다."

　"그 많은 인원을 어떻게 확인하나?"

　"인부들이 날마다 일당을 받기 위해 이름을 기재합니다. 일당표를 세어보면 현장에서 몇 명이 일하는지 파악할 수 있습니다."

　박태준은 사무실로 돌아왔다. 그가 찾았던 시공회사 현장소장은 아침 8시

참모회의에 후줄근한 모습으로 나타났다. 박태준은 소장이 현장에 들러 공사 진도도 점검하지 않은 채 곧바로 회의실로 왔음을 알아차렸다. 소장은 지난밤 과음한 듯 초췌한 얼굴을 하고 있었던 것이다.

"오늘 현장에서 일하는 노동자는 몇 명인가?"

박태준은 몹시 화가 나서 소리 쳤다.

"875명입니다."

소장은 박태준이 미리 현장을 둘러본 것도 모르고 대답했다.

"자네가 직접 현장을 점검해 봤나?"

"물론입니다. 현장을 먼저 점검하지 않고 회의에 참석하는 경우는 없습니다."

소장은 자신의 잘못을 인정하고 싶지 않아 거짓말을 했다.

"거짓말 말아."

박태준은 무뚝뚝하게 말했다.

"내가 조금 전 공사현장에 다녀왔어. 그리고 대충 몇 명이 현장에서 일하고 있는지도 점검했어. 대체 몇 명인지 정확히 말해 봐."

의구심이 생긴 박태준은 정확한 인원을 파악하기 위해 포철 직원들에게 직접 건설현장의 노동자들 수를 세어보도록 지시했다. 포철 직원들은 고로 설치 현장, 제강공장 건설현장, 쓰레기 처리장까지 점검했다. 하지만 노동자들이 워낙 넓은 현장에서 뿔뿔이 흩어져 작업하고 있어서 정확한 인원을 헤아리기는 불가능했다. 게다가 모두 똑같은 제복을 입고 있었기 때문에 누가 누구인지 도저히 구별할 방법이 없었다. 번번이 수치가 맞지 않았다. '유령' 노동자가 있는 게 분명했다.

일주일 동안 헛수고를 한 박태준은 새로운 방법을 찾아냈다. 한편에서는 포철 직원들이 노동자 수를 헤아리는 동안, 다른 한편에서는 노동자와 똑같은 유니폼을 입힌 포철 직원들을 현장에 투입하여 수치 조작이나 속임수가 없는지 감시하도록 했다.

제강공장 건설현장에서 인원수를 헤아린다는 소문이 돌자 고로설치 현장과 쓰레기 처리장에서 일하던 수십 명의 노동자들이 자전거를 타거나 또는 숨이 차게 뛰어서 제강공장 건설현장으로 몰려갔다. 이들이 바로 '유령' 노동자들이었다. 드디어 시공회사들의 꼬리가 잡힌 것이었다! 시공회사들은 지난 수개월 동안 작업인원을 20% 가량 부풀려 포철을 속여왔다. 실제로 일하는 현장작업자는 보고된 인원의 80%에 지나지 않았다.

"이러니까 공기가 지연되었던 거야."

박태준이 화가 나서 말했다.

"유령 노동자들이 인원수를 채우기 위해 공사현장을 이리 뛰고 저리 뛰고 했으니 말이야. 이들은 작업도 제대로 하지 않으면서 공사에 막대한 차질만 빚게 만들었어. 과다계상된 인건비는 반드시 회수하겠지만 제대로 시공하지 못한 부문은 어떻게 찾아내야 하나. 그저 돈만 많이 벌려는 욕심으로 우리의 대역사를 소홀히 하다니."

제3기공사는 28개월의 고된 과정을 거쳐 1978년 12월 8일 완공되었다. 550만 톤의 생산능력 증대를 기념하기 위한 완공식이 제3기설비 앞에서 거행되었다. 예정 완공일인 1979년 4월 30일보다 무려 5개월이나 공기를 단축한 셈이었다. 덕분에 포철은 총 공사비 13억 8천만 달러 중 5천만 달러를 줄일 수 있었다. 그 결과 제3기의 톤당 건설 단가는 비슷한 시기에 만든 대만제철소와 신일본제철이 시공한 오키시마 제철소의 건설 단가보다 월등하게 저렴했다. 톤당 건설 단가가 대만 제철소는 667달러, 오키시마 제철소는 626달러인 데 비해 포철은 단 469달러였다. 이것은 경쟁사보다 30%나 저렴한 단가로서, 덕분에 포철은 세계적인 가격경쟁력을 확보할 수 있었다.

제3기설비는 국제적인 규모의 최신공장을 23개나 갖추었으며 9,500대의 자동차를 만들 수 있는 철강생산능력을 갖게 되었다. 건국 이래 최대의 건설공사였다. 부지조성 공사를 위해 파낸 흙더미는 4백만 세제곱미터로, 12톤 트럭에 실어 70미터 간격으로 늘어놓으면 지구를 한 바퀴 돌 정도의 규모였다. 건설공사에 사용된 콘크리트와 강재물량은 7만 1,200채의 주택을 건설하고도 남는 규모였다.

제3기설비가 완공됨으로써 한국은 총철강생산 능력 715만 톤의 세계 17위 철강국이 되었으며, 550만 톤 이상의 대형제철소를 보유한 11번째 국가가 되었다. 생산능력이 550만 톤이나 되는 신규 제철설비의 완공은 국가의 염원을 달성하는 상징이었으며, 선진국으로 진입하고자 하는 정부 목표의 금자탑이었다.

포항 제4기공사

세계 경제는 아직도 석유파동의 후유증에서 벗어나지 못하고 있었으며, 전 세계의 제철소들도 대부분 적자경영으로 허덕이고 있었다. 하지만 포철의 1979년도 철강 판매량은 5백만 톤을 넘었고 순이익도 5,400만 달러를 바라보고 있었다. 한국 경제는 석유파동의 충격에서 벗어나 서서히 회복되는 기미를 보이고 있었다.

설비 확장을 위한 포철의 제4기공사는 두 단계로 나누어져 있었다. 1979년 2월 1일 착공된 제1단계 공사는 포철의 총 생산능력을 850만 톤으로 늘리는 것이었다. 대규모 최신설비들이 대량 포함된 이 제1단계 공사는 7개의 공장과 11개의 부속시설로 구성되어 있었으며, 원료처리 플랜트, 소결공장 및 냉연공장 등이 착공되었다. 또한 제2열연공장을 비롯하여 기존의 6개 설비의 생산능력을 증강시키는 공사도 포함되어 있었다. 제1단계 공사는 1981년 2월 18일에 완공될 예정이었다.

이 제1단계 공사에서 가장 주목할 만한 일은 투자액이 무려 13억 9천 만 달러로, 이제까지의 공사 중 가장 크다는 점이었다. 외자 6억 6,600만 달러와 내자 7억 2,600만 달러가 소요되었으며, 내자 중 6억 1,700만 달러는 포철이 직접 조달했다. 특히 포철은 외자조달에 있어서 전혀 어려움이 없었다. 재무상태가 워낙 좋았기 때문에 시티은행을 비롯하여 16개의 국제은행이 참가한 신디케이트로부터 저렴한 이자율로 외자를 조달할 수 있었다. 더욱이 역사상 처음으로 포철 직원들이 포항 제4기공사의 설비설계와 엔지니어링의 전 과정을 관장했으며, 필요할 경우에만 일본과 유럽의 전문가들로부터 자문을 받았다.

마침내 제4기설비의 제1단계 공사가 예정보다 4개월 앞당겨 완공되었다. 이와 같은 대형 프로젝트의 공기를 대폭 단축한 것은 세계적인 기록으로, 포철은 세계 철강업계로부터 큰 부러움을 받았다.

한국은 이 무렵 조선, 공작기계, 자동차, 사회간접자본, 내구소비재 등의 성장으로 인해 만성적인 철강부족 현상을 겪고 있었다. 경제학자들은 1980년대 초반이 되면 철강 내수가 약 3백만 톤이나 부족할 것이라고 전망했다. 하지만 철강 내수 부족을 충당할 만한 별다른 방안이 없었다.

결국 포철은 고로를 추가로 건설하지 않고 60만 톤을 증강하는 제4기설비의 제2단계 확장공사를 곧바로 시작했다. 제2고로와 제2제강 공장을 비롯하여 기존의 13개 설비의 능력을 향상시키는 한편 제5코크스 공장과 제2와이어 로드 공장을 신설하는 공사였다.

제2단계 공사가 완공되면 포철의 총 생산능력은 910만 톤으로 증가한다. 총 공사비는 내자 2억 4,880만 달러와 외자 1억 6,350만 달러였다. 특히 이번에는 포철이 이익금과 사내유보금으로 내자의 100%를 자체조달했다. 1981년 9월 1일 착공한 제2단계 공사는 1983년 5월 25일 완공되었다.

"제4기공사가 완공되자 저는 무척이나 기뻤습니다."

박태준은 호놀룰루에서 있었던 인터뷰에서 필자에게 말했다.

"세계에서 가장 저렴한 비용으로 가장 효율적인 제철소를 건설하겠다는 목표를 기어이 달성했으니까요. 우리는 제1기공사 이후 자금을 조달하는 데 전혀 어려움이 없었습니다. 오히려 매번 내자조달 비율을 높였지요. 제2기공사에서는 36.4%, 제3기공사에서는 44.6%, 제4기공사에서는 54.2%까지 내자조달의 비율을 높여갔지요. 포철은 전 세계 금융기관들로부터 좋은 평판을 받았습니다. 각 나라 정부의 보증 없이도 포철에 융자해 주겠다고 서로 경쟁할 정도였으니까요. 1970년대 우리나라와 같은 개발도상국의 기업에게는 아주 파격적인 대우였습니다."

그는 아름다운 오후의 햇살 아래에서 미소를 지었다.

"하지만 무엇보다도 자랑스러운 것은 포철 때문에 국제금융기관이 우리나라 기업들에게 문호를 개방했다는 점입니다. 덕분에 우리 기업들은 국제금융시장에서 필요한 자금을 훨씬 쉽게 조달할 수 있었지요."

박태준은 포철이 한국에 기여한 바를 지적했다. 포철이 닦아놓은 세계적인 신용과 업적이라는 포장도로를 따라 한국 기업들은 손쉽게 국제금융시장으로부터 자금을 조달할 수 있었던 것이다.

"포항제철소의 모든 공장은 우리나라 건설업체들이 시공했습니다. 제1기공사에서는 처음에 일본 기술자들을 고용하여 자문을 구했었지요. 초기에는 200명의 기술자들이 상주했으나 점차 그 수를 줄여나갔습니다. 제4기공사 때에는 외국 기술자들이 단지 몇 명뿐이었으며, 극히 한정된 분야에 대해서만 자문을 받았습니다. 포철은 세계 곳곳에 종업원들을 파견하여 해외연수를 시켰는데, 주로 일본에 가장 많이 보냈지요. 또한 저는 가능하다면 국산 기자재를 사용하려고 노력했습니다. 물론 처음에는 국내업체들의 취약한 설계와 엔지니어링 분야에 대해 포철이 도와주어야 했습니다. 그러나 시간이 흐르자 이들은 잘 해나갔으며 기자재 국산화 비율은 꾸준히 제고되었습니다."

국산화 비율은 포항 제1기공사의 경우 12.5%, 제4기 2단계 공사의 경우 41.5%로 꾸준히 향상되었으며, 이로 인해 관련산업들도 크게 발전할 수 있었다.

박정희 대통령의 암살

1979년 10월 26일 저녁, 포철이 제4기공사를 진행하고 있을 때 역사적인 사건이 발생했다. 박정희 대통령이 자신의 부하인 중앙정보부장에 의해 암살된 것이었다. 다음날 아침 이 충격적인 소식은 전국을 뒤흔들었다. 18년간 집권해 온 박대통령의 서거로 인해 한국은 큰 혼란 속에 빠져들었다. 군사 쿠데타가 임박했다.

박태준이 이 소식을 들은 것은 10월 27일 새벽이었다. 충격에 휩싸인 그는 도저히 이 사실을 믿을 수가 없어 뉴스를 몇 번이고 반복해 들었다. 포철의 장래는 불투명했고, 한국의 운명도 위기에 빠졌다. 박태준은 넋을 잃은 채 수주일을 보냈다. 양팔이 잘려나간 듯한 기분이었다.

박태준으로서는 박대통령의 암살사건을 도저히 감당하기가 어려웠다. 그는 1940년대 육사 생도 시절부터 대통령과 특별한 관계를 유지해 왔다. 대통령은 그의 스승이자 막역한 동지였다. 그가 신천지를 개척하는 마음으로 포철을 이끌었다면, 박대통령은 그를 보호하여 국가 경제의 횃불을 밝히는 역할을 했다. 그들은 서로를 필요로 하는 존재였고, 또 진심으로 서로를 보완했다.

1996년 2월 호놀룰루에서 인터뷰를 한 지 4일째 되는 날, 필자는 박태준과 할레쿨라니 호텔 식당에서 점심식사를 했다. 뉴욕에서 호놀룰루까지 긴 시간의 여행이었지만 그의 얼굴에서는 피로한 기색이 조금도 엿보이지 않았다.

이윽고 우리는 바다가 내다보이는 그의 스위트룸에 마주앉았다. 밝은 햇살이 방을 환하게 비추고 있었다. 그는 커다란 흰 의자에 푹 파묻혀 에비앙 생수를 조금씩 마시면서 편히 쉬고 있었다.

이윽고 생각을 정리한 듯 박태준이 입을 열었다.

"각하의 갑작스러운 서거는 제 일생에서 가장 큰 충격과 슬픔을 가져다주었습니다. 그분은 이 세상에서 5백년 만에 한번 나올까 말까한 분이었습니다. 말수는 별로 없으셨지만, 모든 일을 치밀하게 준비하고 매우 효과적으로 처리하시곤 하셨지요. 큰 비전을 갖고 계셨으며, 한 번 목표가 정해지면 절대로 타협하지 않으셨습니다. 처음에는 보통 간단하게 직선적으로 결정을 내리는 아주 단순한 분이라는 인상을 받곤 합니다. 하지만 항상 자신의 원칙과 비전에 입각하여 확인을 거듭하면서 여러 가지 사안을 고려했고 또 의사결정을 내렸지요. 어떤 사람들은 그분이 완고하다고 생각하는 듯하지만 실제로는 절대 그렇지 않았습니다. 오히려 친한 친구나 동료를 만나면 따뜻이 대하고 곧잘 농담도 하셨지요."

박태준은 자신의 스승을 회상하며 미소를 떠올렸다.

박정희 대통령이 마지막으로 포철을 찾은 것은 1979년 초가을 어느 날이었다. 포철이 설립된 이후 13번째 방문이었다. 박태준은 밤늦게 대통령 비서로부터 영빈관으로 와달라는 연락을 받았다. 그는 곧 영빈관으로 갔다. 박대통령이 깊은 생각에 잠긴 채 외로이 술을 마시고 있었다.

"어서 오게. 우리는 둘 다 너무 바빠. 전생에 임자와 나는 조국으로부터 너무나 많은 빚을 진 것 같군. 자, 한잔하게. 함께 술을 마셔본 지가 얼마만인가."

박대통령은 그에게 가볍게 농담을 건넨 뒤 술을 권했다. 제3기공사가 끝난 후 대통령은 그에게 아내와 함께 해외여행을 다녀오라고 특별휴가를 주었었다. 하지만 박태준은 짧은 일본 여행을 하고 왔을 뿐이었다.

"그래, 겨우 일본에 일주일 다녀왔단 말인가? 부인과 함께 세계일주를 하고 오라고 특별휴가를 주었는데도 말야. 정말 무심한 남편이구먼!"

박대통령은 다정한 말투로 그를 꾸짖었다.

"제4기설비까지 완공하려면 아직도 넘어야 할 산이 많습니다. 그리고 저와 함께 고생한 사람들은 어떻게 하구요. 하지만 각하의 배려에는 정말로 감사를 드립니다."

"임자 말이 맞아. 우리는 가야 할 길이 아직 멀지."

박대통령은 여운을 남기듯 말했다. 그는 여느 때와 달리 몹시 지치고 외로워 보였다.

박태준은 그날 밤 일을 돌이켜보며 매우 비통해했다. 그 모습을 본 것이 마지막이 되리라고는 꿈에도 생각하지 못했었다.

"나는 그 사실을 잘 알고 있지요."

박태준은 한 인터뷰에서 말했다.

"박대통령이라는 분은 오로지 조국과 민족에 대해 일편단심이었다는 사실 말입니다. 그분을 권력에 굶주린 독재자라고 평하는 사람들도 있다는 걸 압니다. 하지만 그분 마음속에는 보다 나은 조국과 민족의 장래를 만들어보겠다는 순수한 열망이 있었습니다."

박태준은 계속 말을 이어갔다.

"박대통령과 포철은 특별한 관계입니다. 포철은 공식적으로 보면 정부

투자기관입니다. 1988년 기업공개를 하기 전의 주주 구성을 보면 정부가 32.3%, 정부 산하기관인 한국산업은행이 36.8%, 그리고 나머지 주식을 기타 정부기관들이 보유하고 있었지요."

민영화가 된 이후에도 정부 보유지분은 20%, 산업은행 보유지분은 15%로 낮아졌지만 정부는 여전히 포철의 대주주였다.

"박대통령의 후원과 보호가 있었기에 포철은 경영상의 자율권을 가지고 장기전략, 인사정책, 각종 계약 등을 외부간섭 없이 처리할 수 있었지요."

박태준의 눈시울이 붉어졌다.

"박대통령이 포철을 너무 감싸고 돈다고 정부각료와 공화당으로부터 원망을 들은 적도 있었습니다. 하지만 포철이 관료주의 속성에 물든 정부각료, 또는 정치자금이나 뜯어가려 하거나 권력투쟁에 맞들인 정치인들의 영향력 아래 있었더라면 오늘날과 같은 성장을 이룩하지는 못했을 것입니다. 오늘의 포철은 박대통령이 만든 것입니다."

그는 단호한 목소리로 말을 이었다.

"그렇다고 박대통령으로부터 특혜를 받았다는 뜻은 아닙니다. 하지만 그분은 우리들이 포철 건설에 매진할 수 있는 여건을 마련해 주었지요. 사실이 점은 내가 포철을 맡았을 때 박대통령으로부터 개인적으로 약속받았던 사항입니다. 힘깨나 있는 많은 사람들이 포철의 성의표시를 바라고 있었지요. 당시 포철은 수십억 달러의 기자재를 구매하고, 수십억 달러의 공사를 하고 있었습니다. 정치자금에 목말라했던 권력자들에게는 포철이 금광과도 같아 보였겠지요.

나는 포철이 세계 산업의 역사를 통해 보더라도 가동 첫해부터 이익을 낸 유일한 공기업이라고 확신합니다. 재무부 관계자도 정부가 보유한 주식 중 포철 주식의 수익률이 가장 높았으며, 지분을 결코 포기하지 않겠다고 말할 정도였으니까요. 내 철학은 열심히 일하고 수익을 크게 높여 국민들을 기쁘게 하고, 우리의 경영방식을 인정받자는 것이었지요. 정부가 많은 지원을 통해 포철과 같은 기업을 육성할 수도 있겠지만, 대부분의 경우 관료주의에 물든 평범한 기업에 그치고 맙니다. 그렇게 되면 정부의 지원을 받으면서도 국제시장에서 경쟁할 수 없는 취약한 기업이 됩니다. 박정희 대통령은 포철과 우리나라 경제의 아버지입니다."

박태준의 얼굴이 엄숙해졌다.

"대통령 역할이란 쉬운 일이 아닙니다. 힘 있는 장성들은 무엇이 국민들을 위하는 일인지도 고려하지 않고 돈과 권력을 누릴 수 있는 자리를 달라고 대통령을 괴롭히곤 했습니다. 이것은 우리나라 사회에 뿌리 깊게 배인 일종의 관습이었습니다. 박대통령조차도 이들을 바로잡기가 어려웠으니까요.

반면에 정치는 걸음마 단계에 있었습니다. 노회한 정치 계파 보스들은 선거에서 수하 정치인들을 지원하는 데 필요한 돈을 마련하고자 동분서주했습니다. 이들은 기업체로부터 정치헌금, 뇌물, 특정허가권 등의 명목으로 돈을 뜯어내어 정치자금을 마련했습니다. 금권정치가 횡행했기 때문에 우리나라의 정치풍토에서는 돈이 한없이 듭니다. 그 당시에도 나는 선진국처럼 우리의 정치 비용을 줄일 필요가 있다고 생각했습니다.

나 역시 정치인들에게 돈이 필요하다는 점은 인정합니다. 하지만 나라 경제가 부강해지기 위해서는 정치적 영향력을 필히 최소화해야 합니다. 민간

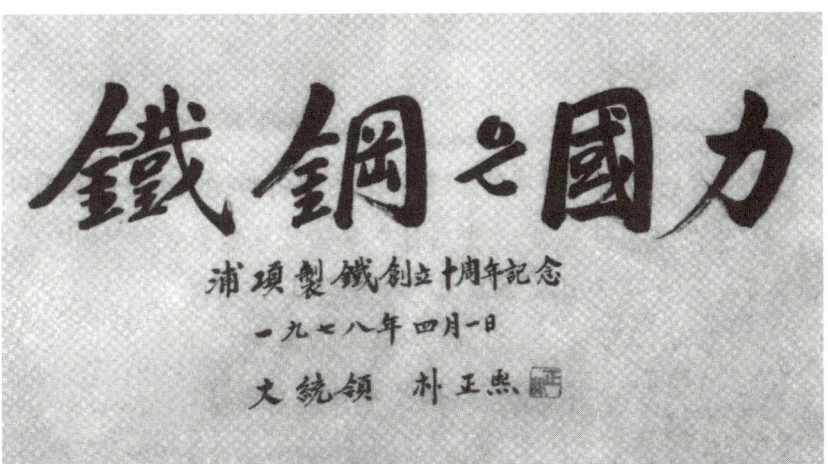

'철강은 국력' 포항제철 창립 10주년을 맞아 박정희 대통령이 쓴 기념 휘호

업체들은 장부에 기재할 수 없는 불법지출을 없애고 효율적인 경영원칙에 따라 운영되어야만 합니다. 이런 원칙 때문에 나는 결코 인기 있는 기업가가 되지 못했다는 생각이 듭니다. 뇌물이나 정치헌금은 결코 현명한 투자가 아니라고 여겼었지요.

박대통령의 죽음은 포철의 장래에 결정적인 타격을 가져다줄 수도 있었습니다. 회사의 운명은 새로 권력을 잡는 사람에게 전적으로 맡겨지게 되어 있었습니다. 나는 걱정이 태산 같았습니다."

그는 시름에 잠긴 듯이 보였다.

"포철의 제 사무실 벽에는 박정희 대통령께서 직접 쓰신 '철강은 국력'이라는 휘호가 걸려 있었습니다. 포철 창립 10주년을 기념하여 그분이 보내주신 것이었지요. 박대통령은 우리나라의 장래를 짊어질 철강산업의 발전을 열정적으로 지원하셨던 것입니다."

정부와 포철의 관계

한국 정부는 경제개발계획을 통해 모든 분야의 산업화를 지원했다. 이것은 많은 효과를 가져왔다. 포철과 한국의 재벌을 포함한 많은 기업들이 대통령령에 따라 정부지원을 받았다. 포철은 1970년 제정된 철강공업육성법에 따라 철도, 용수, 전기, 가스 및 항만 등의 사용료를 할인받았다. 이 법은 1986년 공업발전법으로 통폐합되었다. 또한 정부는 포철의 초기 건설단계에 필요한 도로, 철도 및 항만시설 등의 사회간접자본 건설을 지원했다.

정부의 지원을 받긴 했지만 포철은 세계에서 가장 적게 보조금을 받은 부류에 속했다. 즉 실질적으로 보조금을 하나도 받지 않는 미국 철강업계와 보조금을 많이 받는 유럽 철강업계 사이에 위치해 있다고 보면 된다. 그러나 다른 면에서 보면 정부가 국제가격보다 훨씬 낮게 철강 내수 판매가격을 정하고 있었기 때문에 오히려 포철이 정부에 '역보조'를 한 셈이었다.

포철의 성공으로 말미암아 철강을 많이 소비하는 한국의 산업들은 세계시장에서 가격경쟁력을 가질 수 있었다. 철강을 많이 사용하는 자동차, 조선, 건설, 전기전자산업 등은 국제경쟁력을 확보함으로써 국제시장에서 중요한 경쟁자로 부상할 수 있었다. 1970년대 내내 포철의 철강 내수 가격은 선진국의 가격보다 20% 가량, 그리고 수출가격보다 10% 가량 저렴했다.

제 17 장

광양만의 승리

"중국은 결코 포철과 같은
제철소를 지을 수 없습니다. 왜냐구요?
중국에는 박태준이 없기 때문입니다."

1973년 1월 12일 새해 연두기자회견에서 박정희 대통령은 국가 전체의 철강생산능력을 확대하겠다고 발표했다. 정부가 제2제철소 건설을 지원하겠다고 나서자 많은 민간기업들이 실수요업체로 지정받기 위해 치열하게 경쟁했다. 이들 업체 중에는 호남정유(사장 서정귀), 동국철강(사장 장상태), 제2종합제철주식회사(나중에 한국종합제철로 개칭됨. 사장 정문도) 등과 같은 당시의 대기업들이 포함되어 있었다. 나중에는 현대, 삼성, 대우, 화신, 한진 및 기타 대기업들도 참여했다. 하지만 이 중에서 종합제철소를 건설하기 위해 가장 치열하게 경쟁한 회사는 한국종합제철과 현대그룹이었다.

한국종합제철주식회사

1973년 7월 한국 정부는 제2종합제철소 설립추진위원회를 설치하기로 결정했다. 이 위원회는 공식적으로 포철 산하에 설치되었으며 이를 지원하는 실질적인 역할 또한 포철이 맡았다. 이 위원회는 제철소 부지를 선정하기 위해 동분서주했으며, 여러 국가의 업체들과 자금조달 및 합작 가능성을 놓고 예비접촉하는 데 전력을 기울였다.

1973년 11월 11일, 제2종합제철소는 설립추진위원회의 축복을 받으면서 정문도 전 장관을 사장으로 임명하고 사기업 형태로 정식 출범했다. 제2종합제철소의 최초 자본금은 4억 달러였다. 우선 초기 4년 동안 28억 달러를 투자하여 연산 5백만 톤 규모의 제철소를 건설하고 이어서 1천만 톤까지 확장한다는 계획이었다. 이러한 계획에 따라 자본과 기술이 필요했던 제2종합제철소는 미국의 유에스 스틸과 80대 20의 합작계약을 체결했다. 이들은 유에스 스틸의 명성을 바탕으로 국제 금융시장에서 전체 자본금의 60%인 19억 달러를 조달할 계획이었다.

제2종합제철소는 1974년 9월 24일 태완선 전 부총리를 신임 사장으로 영입하고 조직을 재정비한 후 회사 이름을 한국종합제철로 바꾸었다. 태완선 사장은 경영수완이 뛰어난 것으로 평가되었고 많은 존경을 받았다. 그는 취임 이후 유에스 스틸과 중요한 협상을 진행하게 되었다.

그러나 대부분의 국제 기업들은 한국 경제의 빠른 성장에도 불구하고 투자를 꺼려하고 있었다. 유에스 스틸도 협상 도중 까다로운 투자 조건 두 가지를 내세웠다. 첫째는 투자수익률 20%를 보장해 달라는 것이었고, 둘째는 한국종합제철의 계획과 중복되는 포항 제3기설비의 제2후판공장 건설을 1980년까지 연기해 달라는 것이었다. 포철의 제2후판공장은 포항 제3기공사의 중추였기 때문에 협상은 자연스레 중단될 수밖에 없었다. 더구나 석유파동으로 인해 한국을 비롯한 전 세계 경제는 심각한 침체에 빠져 있었으며 그 결과 전 세계 철강수요도 감소하고 있었다. 이에 따라 한국 정부는 국제자금조달이 불투명해지자 1975년 초 제2제철소 계획안을 보류했다.

그 대신 국무총리는 1975년 3월 5일 각료회의를 통해 포철의 총 생산능력을 850만 톤까지 확장하는 연산 300만 톤 규모의 포항 제4기공사를 승인한다고 공식발표했다. 당시 한국에서는 가장 야심찬 계획이었다. 이 회의에서 포철은 경영난에 봉착한 한국종합제철을 1975년 4월 15일자로 인수하는 조건으로 제2제철소를 건설할 권리를 인정받게 되었다.

한편 세계 경제의 침체에도 불구하고 한국의 철강소비량은 꾸준히 증가했다. 1974년과 1975년 한국의 철강수요는 매년 2백만 톤이나 공급을 초과하고 있어 부족분을 수입해야만 했다. 더구나 미국과 유럽의 제철소들이 국제 경기침체와 자금부족으로 섣불리 설비개선을 추진하지 못함에 따라 1975년까지 전 세계 철강생산량이 약 10%나 감소했다. 그래서 한국 정부는

〈도표 9〉 세계 철강생산량 규모 (단위 : 백만 톤)

	미국	일본	영국	독일	프랑스
1970년	119	93	28	45	24
1975년	106	102	20	40	22
차이	-13	9	-8	-5	-2

제2제철소를 건설하겠다는 당초 계획을 완전히 버릴 수가 없었다.

1977년 초 세계 경제는 예상과 달리 석유파동으로부터 조금씩 벗어나고 있었다. 유가는 크게 떨어지지 않았지만 세계 경제는 고에너지 비용에 적응하기 위한 조치들을 하나하나 취해나가고 있었다. 각국 정부와 기업들은 에너지를 보존하기 위한 갖가지 방법을 강구했고 이에 따라 에너지를 절약하는 장비를 만들거나 방안들을 실시했다. 기업들은 허리띠를 바짝 졸라매고 생산비를 줄이는 한편 공장과 사무실의 생산성 향상 운동을 펼쳐나갔다.

에너지를 절약하기 위한 다양한 방안들이 실시되었다. 카풀 제도, 최고 주행속도 제한조치, 불필요한 활동과 여가 줄이기, 에너지 효율이 높은 자동차 엔진 개발, 태양열 온수기 보급, 한등 끄기 운동 등이 벌어졌다. 세계 경제는 점점 고유가에 적응되어 갔다.

한편 한국의 경제기획원은 1977년과 1981년 사이에는 매년 적어도 250만 톤의 철강이 부족하고 1983년에는 350만 톤, 1985년에는 640만 톤의 철강이 부족할 것이라는 연구 결과를 발표했다. 이에 따라 제2제철소를 세우자는 의견이 다시 공론화되었고 정부 부처 내에서는 찬반 양론이 격렬하게 일어났다.

1978년 한국 정부의 경제기획담당자들은 1천만 톤 규모의 제2제철소를 빠른 시일 내에 건설해야 한다는 주장에 모두 동의했다. 상공부는 자금조달 방안과 주체를 협의하기 위한 기획위원회를 설치했다. 실수요자 선정과정에서 청와대 비서실과 관련부서 공무원들 간에 격렬한 토론이 벌어졌다. 한편에서는 포철을, 다른 한편에서는 사기업을 주장했다. 사기업 중에서 가장 강력한 경쟁상대는 현대그룹이었다.

현대와 포철

한국의 대표적인 재벌인 현대는 수년 동안 종합제철소에 커다란 관심을 표명해 왔다. 현대그룹은 현대건설, 현대자동차, 현대중공업, 현대정공, 현대산업개발 등을 포함하여 철강을 다소비하는 계열사가 많기 때문이었다. 1978년 초, 현대는 현대중공업이 중심이 되어 자본금 2억 달러의 현대제철소를 설립했다. 이어 3월, 현대제철은 울산 지역에 우선 연산 3백만 톤 규모의 종합제철소를 짓고 나중에는 1천만 톤까지 그 규모를 확장하겠다는 내용의 계획서를 상공부에 제출했다. 그리고 프로젝트를 성사시키기 위해 맹렬하게 로비 활동을 펼쳤다.

현대의 움직임에 놀란 포철은 1978년 3월 13일 제2제철소를 짓겠다는 내용의 제안서를 상공부에 급히 제출한 다음, 곧이어 3월 21일 예비계획서를 제출했다.

박태준은 당시를 회고하며 말을 꺼냈다.

"당시 우리는 제3기 건설에 매진하고 있었습니다. 수백만 달러의 공사비를 절약하기 위해 예정공기를 5개월 단축한다는 목표를 세웠고, 그에 따라 열심히 일하던 때였습니다. 현대가 그렇게까지 공세적으로 나올 줄은 몰랐습니다. 2년 전인 1975년 3월 5일, 포철이 제2제철소 실수요자로 지정되었다는 남덕우 부총리의 공식발표까지 있었는데도 말입니다. 실제로는 한국에 있는 모든 기업들이 이 사실을 알고 있었습니다. 게다가 우리가 심각한 재정난에 빠진 한국종합제철을 인수하는 조건까지 모두 알려진 바 있습니다."

박태준의 회고가 계속 이어졌다. 그의 얼굴은 긴장되어 보였다.

"철강 내수가 큰 폭으로 늘어나고 있었기 때문에 우리가 제2제철소를 건설할 것이라는 점은 의심할 바가 없었지요. 그것이 바로 포철의 사명이었으니까요. 우리는 제2제철소에 대비하기 위해 1천여 명의 직원교육비로 2,200만 달러를 적립하기까지 했습니다. 제2제철소는 모든 과정을 우리의 힘으로 건설하고 싶었으니까요. 그래서 포철의 우수직원을 해외로 연수보내는 등 나름대로 준비를 하고 있었습니다. 하지만 제2제철소를 포철에 맡기겠다는 정부의 애초 약속은 흔들리고 있었습니다."

포철이 예비계획서를 제출한 다음날인 1978년 3월 22일 현대도 예비계획서를 제출했다. 현대는 자신들에게 경험이 없다는 점이 불리하다는 것을 깨닫고 경제 제2수석비서관과 대통령 비서실장을 자기 편으로 끌어들이면서 맹렬하게 로비 활동을 전개해 나갔다. 대통령의 최측근인 것으로 알려진 이 두 사람은 항시 박대통령 곁에 머물면서 대통령의 정책판단에 영향을 미칠 수 있는 위치에 있었다. 이 두 사람과 함께 경제기획원장관도 현대가 제2제철소를 맡아야 한다는 의견을 갖고 있었다.

"현대는 중동건설현장에서 많은 성공을 거두었습니다."

박태준의 회고가 이어졌다.

"하지만 중동 경기는 가라앉기 시작했지요. 그래서 현대가 중동의 건설현장에 있는 중장비를 모두 가져와 간척사업과 제철소 건설에 사용할 계획을 세웠다는 말을 예전에 들은 적이 있었습니다. 하지만 현대의 계획이 그렇게 빨리 진행될 줄은 몰랐지요. 게다가 언론들의 추측 기사는 곧 문제를 쟁점화시켰으며, 이는 더더욱 상황을 급변하도록 만든 하나의 원인이 되었습니다."

어느 유력 일간지는 양자간의 갈등을 '재계의 대회전 : 공기업인 포철과 거대기업인 현대와의 치열한 경쟁, 10년에 한 번 있을까 말까 한 전쟁'이란 제목으로 부각시키기도 했다. 이런 종류의 논쟁이 언론에 표면화되는 것은 극히 이례적인 일로, 보통은 이면에서 드러나지 않게 해결하거나 아니면 정부가 조용히 양자 간의 협상을 조정하는 방식을 써왔었다.

포철이 제2제철소를 건설하기 위해 철저하게 준비하고 있었음에도 불구하고 항간에는 현대가 실수요업체로 선정될 것이라는 소문이 나돌았다. 1978년 4월 7일 포철 창립 10주년 기념식장에서 어느 유력 언론인이 이 문제를 화제로 삼았다.

"제가 보기에 포철은 제2제철소를 수주하기 위해 현대가 벌인 노력을 따라가지 못할 것 같습니다."

그는 반농담조로 박태준에게 말을 건넸다.

"모든 언론이 현대 쪽으로 기울어지고 있는데, 사장님은 지금 무엇을 기념하고 계시는지 궁금합니다 그려."

박태준은 포철이 그동안 너무나 자만하고 있었다는 생각과 함께 현대와 대결하기 위해서는 새로운 전략이 필요하다는 것을 깨달았다.

현대는 사기업이 제2제철소를 맡아야 한다는 점을 강조하고 있었다. 자신들은 정부의 재정지원 없이도 건설비를 마련할 수 있는 자금이 충분하기 때문에 곧바로 착공할 수 있다고 주장했다. 또한 자신들의 계열사인 현대건설, 현대중공업, 현대 엔지니어링 및 현대상선이 가진 역량을 활용하면 효과적으로 제철소를 건설하여 제품을 만들어낼 수 있다고 주장했다.

해외지사를 통해 전 세계로부터 철강원료를 수입하고 제품을 수출할 수 있다는 것이었다. 더구나 경쟁체제가 들어섬으로써 효율을 증진시킬 수 있다는 점도 빼놓지 않았다.

"그것은 설득력있는 주장이었으며, 많은 언론들이 현대의 주장에 동조할 만도 했습니다."

박태준의 회고가 계속 이어졌다.

"현대는 국내 철강산업의 경쟁 필요성을 역설하면서 독점의 폐해를 지적했습니다. 하지만 우리가 고난을 무릅쓰고 한국 경제발전의 초석을 이룩했던 점을 생각해 본다면 다소 심한 공격이었습니다."

박태준도 역시 사기업의 형태로 운영하는 제철소가 보다 유리하다고 생각하고 있었다. 그는 사기업의 장점을 받아들이고 정부의 관료주의를 피하기 위해서는 포철을 주식회사 형태로 설립하여 정부의 통제에서 벗어나야 한다고 생각했다. 포철의 지배구조는 주식을 발행하여 자본금을 납입하고 주주총회를 열어 주요 안건을 의결하는 사기업과 같았다. 그래서 포철은 일상운영면에서 보면 사기업이었고 소유면에서 보면 정부가 38%의 주식을 갖고 있는 공기업이었다.

특히 포철은 효율적인 운영으로 철강업계에서 최고의 수준에 도달했으며 주주들을 만족시키고 있었다. 이론적으로는 정부가 통제하고 있었지만 뛰어난 성과 때문에 정부가 직접 경영에 개입한 적은 없었다. 포철은 공기업으로서 많은 일을 하고 있었다.

이에 비해 현대는 정주영 씨 일가가 소유한, 말 그대로의 사기업이었다. 그런 만큼 포철보다는 공익적인 성격이 떨어질 수밖에 없었다. 당시 포철의 임직원들은 막강한 경제력을 지닌 재벌그룹이 자신들을 적대인수하지 않을까 걱정하고 있었다. 실제로 재벌이 포철을 산하기업으로 두면 어떻게 되었을지 상상해 보는 것도 재미있는 일이다. 만약 포철을 인수한 대기업이 경쟁기업에 합당한 가격으로 철강재를 팔지 않는 일이 벌어졌다면 어떻게 되었을지 궁금하다.

박태준의 말은 계속되었다.

"제 생각을 일반대중들에게 알려야겠다고 생각했습니다. 철강업에서 성공한다는 것은 돈을 번다든지 자원이나 기술을 확보한다든지 하는 것과는 차원이 다릅니다. 가장 중요한 것은 최고의 수준으로 종업원을 육성하고 이들이 최선을 다할 수 있도록 여건을 만들어주는 것입니다. 이렇게 하기 위해 최고경영진들은 종업원들이 믿고 따라올 수 있도록 귀감이 되어야만 합니다. 이런 수준에 도달하려면 시간도 많이 걸리고 창조적인 경영전략도 필요합니다. 종업원들에게 동기부여도 해야 하고 여러 방면에 걸쳐 고도의 지도력도 발휘해야만 합니다."

그 시기는 박태준에게 많은 고민을 안겨주었다. 그는 굳어진 얼굴로 말을 이었다.

"배후에서 어떤 일이 벌어지고 있는지 감지했지요. 과거에 포철을 실수요자로 지정한 정부가 이제 와서 이를 철회하려고 했으니까요. 이와 동시에 저는 무슨 이유 때문인지 청와대로 들어가는 문이 닫혀 있다는 것을 알게 되었습니다. 예전처럼 박정희 대통령을 접견할 수 없었지요. 아마도 제철소에 대한 전문적인 지식과 경험이 없었더라면 현대에 제2제철소를 넘기는 것이 유리하다고 생각할 수도 있었습니다. 하지만 제철소를 조금이라도 알고 있다면 현대를 지지하는 것은 무책임한 결정이었습니다. 이면에 있었던 이야기를 해드리죠."

박태준은 잠시 숨을 들이쉬었다.

"1978년 4월 어느 날, 포철의 한 참모가 조선일보를 들고 왔습니다. 그는 '차 한 잔을 나누며'라는 고정 칼럼에 우리의 입장을 반영하는 것이 좋겠다는 말을 했습니다. 이 칼럼은 선우휘 주필과의 대담 내용을 게재한 것으로 당시 상당히 인기가 많았습니다. 많은 국민들이 읽어보는 이 칼럼을 통해 포철이 어떻게 설립되었고, 어떻게 오늘날의 위치까지 왔으며, 앞으로 어디로 갈 것인지, 그리고 제2제철소에 대한 포철의 입장 등을 알릴 수 있는 좋은 기회라는 것이었지요."

창립된 이래 포철은 대외 홍보활동을 거의 하지 않았다. 박태준도 자신의 이름이나 사진이 신문지상에 실리는 것을 원하는 사람이 아니었기 때문이다. 그러나 이번에는 생각이 달랐다. 그는 이 기회를 잘 이용하면 포철의 장래에 도움이 될 것이라고 생각했다. 하지만 그는 여전히 머뭇거렸다.

"조선일보로부터 직접 인터뷰 요청이 들어와야 되지 않겠나. 우리가 나서서 인터뷰 좀 해주십사 하고 말할 수는 없지 않은가. 우리를 내세우겠다고 그들을 초대하는 것은 모양새가 좋지 않아."

그러나 몇몇 간부들은 포철을 매도하는 신문들의 논조에 울분을 터뜨리며 상의도 없이 조선일보의 선우 주필을 만나러 갔다. 선우 주필은 처음에 포철의 이야기를 다루는 것을 탐탁지 않게 생각하고 포철 참모들에게 자신의 칼럼에는 영리단체의 이야기를 싣지 않는다고 말했다. 이미 현대에서 대담을 할 수 있겠는지 의사를 타진해 왔지만 이런 원칙을 내세워 거절했다는 전례도 들었다. 하지만 포철 참모들은 선우휘 주필을 일곱 번이나 찾아가 설득했다.

"저희를 믿어주십시오. 포철이 무슨 일을 하고 있는지, 그리고 어떤 사람들이 일하고 있는지 아는 사람들은 그리 많지 않습니다. 저희 사장님을 만나보시고 공장을 둘러보십시오. 후회하지 않으실 겁니다."

마침내 포철을 방문하여 웅장한 공장들을 본 선우 주필은 큰 감명을 받았다.

"우리나라의 국력이 이런 수준까지 올라왔다는 것이 정말입니까?"

선우 주필은 박태준을 인터뷰하기 위해 자리를 잡으면서 존경스럽다는 듯이 말을 건넸다.

"정말로 훌륭한 일을 하셨습니다. 국민의 한 사람으로서 경의를 표합니다. 저 역시 6.25 전쟁터에서 싸운 경험이 있지만, 우리 국민 모두가 조국의 경제전쟁을 승리로 이끈 노고에 대해 박사장님께 훈장을 드려야겠습니다."

"선우 주필, 우리나라에 무슨 자원이 있습니까? 원유, 광석, 원료 등 천연자원은 아무것도 없어도 인적자원은 많지요. 학습능력이 빠르고 자신이 하는 일에 확신이 서면 열심히 일하는 인재들이 많습니다. 이것은 바로 동기부여가 되어 있다는 말입니다. 하지만 이것만으로는 충분하지 않습니다. 종업원들은 좋은 작업습관을 가져야만 합니다. 이것은 곧 규율의 문제입니다.

1970년대 후반이 되면 포철에서 일하는 노동자들이 거의 만 명이나 됩니다. 각자가 제멋대로 일을 한다면 철을 제대로 만들지 못할 것입니다. 우리나라 노동자들은 일본처럼 산업현장에서 일해 본 경험이 많지 않습니다.

제3고로 송풍구에서 박태준 사장이 조선일보의 선우휘 주필(가운데)에게 포철 시스템을 설명하고 있다.

또한 이들은 개별적인 성향이 크지요. 함께 일하고 서로 돕는 것을 배우고 익혀야만 합니다. 협동심이 없다면 철을 생산할 수 없습니다. 똑같은 실수를 두 번 다시 저지르지 않는 것이 중요합니다. 처음보다 나아지기 위해서는 계속해서 주의를 기울여야 합니다.

지금까지 말한 모든 특성을 갖추었다 하더라도 더더욱 중요한 것이 또 있습니다. 회사의 목적을 정립하고 이를 통찰력 있게 이끌어갈 수 있는 리더가 필요합니다. 비전이 있어야 한다는 말이지요. 비전이나 계획은 실천하지 않으면 아무 소용이 없습니다. 따라서 회사의 최고경영자들은 자기 업종에 대해 많이 알아야 하고 창조적이어야 하며 또한 공정하고 객관적이고 열정적이어야 합니다. 리더십이 없다면 다른 모든 것이 갖추어져도 좋은 제품을 생산할 수 없습니다.

가장 중요한 일은 최고경영자들이 자신의 생각을 종업원 모두에게 심어주는 것입니다. 이것이 바로 경영이지요. 조직을 이끌어가기 위해서 최고경영자들은 모범이 되어야 하는 것입니다."

선우 주필은 박태준과의 인터뷰 내용을 노트에 휘갈겨 쓰면서 연이어 담배를 피워 물었다.

"우리 포철 종업원들은 조국의 경제발전에 헌신하기 위해, 그리고 양질의 철강재를 생산하기 위해 모든 준비를 갖추고 있습니다. 그들은 일할 의욕이 넘쳐흐르며 철저한 훈련을 받았고 규율이 잡혀 있습니다. 최저의 원가로 최고의 제품을 만들기 위해 우리들이 했던 일은 근로의식과 품질기준을 정하고 필요한 기능을 갖도록 종업원들을 훈련시키는 것이었습니다. 이로 인해 포철은 세계에서 가장 효율적인 제철소 중의 하나로 손꼽히게 되었던 것입니다. 선우 주필께서도 아시는 것처럼 우리 종업원들은 포철과 한국 경제성장의 주역들입니다. 이들이 없었더라면 포철도 없었을 것입니다. 이들이 아니었더라면 포철은 다른 나라의 여러 제철소들처럼 적자를 면치 못했을 것입니다."

박태준은 인터뷰하는 동안 포철이 제2제철소를 건설해야 하는 이유를 계속 강조했다.

"대부분의 사람들은 제철소가 얼마나 거대하고 복잡한지를 잘 모릅니다. 첫째, 제철소 규모는 웬만한 비행장만큼이나 크다는 점입니다. 둘째, 포항시가 필요로 하는 전력의 반 이상을 자체생산한다는 점입니다. 셋째, 매일 백만 갤런 이상의 물을 공급하는 자체 용수시설을 갖추고 있다는 점입니다.

넷째, 매일 4만 톤 이상의 철강원료를 하역한다는 점입니다. 다섯째, 제철소는 자체의 철도망·건설회사·소방서·학교·아파트 단지 등을 갖춘 하나의 작은 도시와 같다는 점입니다. 모든 것이 거대합니다. 우리는 세계에서 가장 큰 창고를 몇 개나 갖고 있습니다. 이 모든 것들은 규모의 경제를 갖추는 데 있어서 아주 중요한 것들입니다. 철강업에는 최적의 규모라는 것이 있습니다. 우리는 제2제철소의 최적 규모를 연산 1,000만 톤에서 1,500만 톤으로 보고 있습니다. 만약 제2제철소를 포철이 아닌 다른 업체가 맡는다면 두 회사 모두 최적의 규모의 경제를 달성하지 못해 국제경쟁에서 어려움을 겪게 될 것입니다."

"비용이 그렇게 중요한 요소인가요?"

선우 주필은 부지런히 기록하며 물었다.

"철강은 우리 경제에서 가장 많이 쓰이는 기초소재입니다. 우리가 철강재를 국제시세보다 10% 싸게 공급하면 우리나라 기업들은 세계 시장에서 훨씬 더 경쟁력 있는 가격으로 제품을 만들어 팔 수 있는 것이지요. 세계의 선진 철강국들은 규모의 경제를 높이고 국제경쟁력을 향상시키기 위해 기존 철강업체들을 통폐합하거나 합병하는 작업을 진행하고 있습니다. 일본이 좋은 예지요. 야하타 제철소와 후지 제철소가 합병하여 탄생한 신일본제철은 세계 최대, 최고의 제철소가 되었습니다. 영국, 오스트리아, 이탈리아, 인도 및 여러 나라들이 일본의 선례를 따라 제철소의 규모를 키워가고 있습니다. 우리나라처럼 내수시장이 협소한 나라에서 철강과 같이 중요한 기초소재산업에 여러 개의 기업이 참여한다는 것은 잘못입니다. 심지어는 미국에서도 정부가 행정지도 가격을 통해 철강산업에 개입하고 있습니다.

왜냐하면 철강이 수많은 산업의 기초소재가 되기 때문이지요."

그는 계속해서 선우 주필에게 경험이 없는 기업에 제2제철소를 넘겨줄 경우 초래될 수 있는 결과를 말해 주었다.

"제2제철소 프로젝트가 사기업으로 넘어가면 이들은 우리가 키워 놓은 유능하고 경험 많은 기술자들과 기능공들을 스카우트해 갈 수밖에 없습니다. 이들은 월급을 올려주겠다고 하면서 기술자와 기능공들을 데려가겠지요. 그렇게 되면 포철의 경영뿐만 아니라 신설 제철소의 경영도 어려워질 것입니다. 또한 철강 제조원가와 판매가격을 상승시켜 우리 경제의 국제경쟁력을 약화시키는 결과를 초래하게 됩니다. 포철뿐 아니라 신설 제철소도 과거에 우리가 했던 것처럼 기술을 습득하기 위해 마음껏 종업원들의 해외 연수를 추진할 수도 없게 됩니다. 외국의 철강업체들은 이미 한국을 무시 못 할 경쟁자로 간주하고 자신의 기술을 보호하고 있는 형편입니다."

선우 주필의 조선일보 칼럼은 다음과 같은 내용으로 이 대담 내용을 게재했다.

'종합제철소를 기획하고 건설하고 운영하는 데에는 고도의 기능과 전문지식 및 경험이 필요하다. 포철이 아닌 기업이 제철소를 세울 경우에는 처음부터 시작해야 할 것이다. 하지만 포철은 어려움 없이 제2제철소 프로젝트를 잘 이끌어갈 것이다. 제2제철소를 완공하게 되면 포철은 세계 5대 제철소가 될 것이며 국제경쟁력이 매

조선일보의 선우휘 주필이 쓴 박태준 사장과의 인터뷰 기사(1978년 4월16일자)

우 높아질 것이다.'

선우 주필의 칼럼은 상당한 효과를 가져왔다. 일반국민들은 포철이 무엇을 하고 있는지, 그리고 국가 경제에 얼마나 도움이 되고 있는지 예전보다 잘 알게 되었다. 선우 주필은 포철에 아낌없는 찬사와 격려를 보냈던 것이다.

하지만 전투는 끝나지 않았다. 포철은 '재계의 대회전'에서 현대의 입장을 지지하는 대부분의 언론들과 치러야 할 많은 전투를 남겨두고 있었다.

박태준은 말했다.

"저는 정부의 정책 결정자들을 접촉하고 이들을 포항으로 초청하여 우리의 제철소를 보여주면서 제2제철소를 맡을 자격이 충분하다는 점을 설명하고자 했지요."

언론매체는 산업 내 경쟁체제를 촉진시켜야 한다는 명목 아래 계속해서 현대를 지지하고 있었다. 이들은 최종 소비자들이 철강을 제때 공급받지 못하고 있으며, 포철 관리자들이 고압적인 자세로 제품을 팔고 있다고 비난했다. 또한 수입품보다는 10~15%가 저렴하더라도 원가에 비해서는 비싼 가격이라고 주장했다.

하지만 반전의 기회가 왔다. 1978년 9월 최각규 상공부장관은 부산을 공식방문하고 귀경하는 도중에 포철의 운영현황을 보기 위해 잠시 들렀다. 부산 방문은 언론의 주목을 받지 않고 포철에 들르기 위해 만든 핑계거리였다. 박태준은 공장을 안내한 다음 포철의 전략과 계획을 설명했다. 향후 10년 동안은 국제시장, 특히 성장하는 동남아시장을 개척하는 데 주력하겠다는 것이었다.

최장관은 어느 기업이 제2제철소의 주체가 되어야 하는지를 대통령에게 보고하는 주무장관이었다. 그는 박태준에게 어느 기술을 채택할 것인지, 자금조달은 어떻게 할 것인지, 그리고 국산화 비율은 어떻게 높일 것인지에 대해 몇 가지 질문을 던졌다.

"우리는 그것들을 모두 고려하고 있습니다."

박태준은 최장관에게 확신을 주었다.

"우리는 국산화 비율을 50~65%로 높이기 위한 계획을 세워두고 있습니다. 고도의 기술이 들어 있는 장비와 기계만을 외국에서 들여올 것입니다. 더구나 포철은 제2제철소를 우리의 힘만으로 지을 작정입니다. 이것 때문에 우리 기술자들과 기능공들이 이미 해외에서 연수를 받고 있습니다."

최장관은 자신의 귀를 의심할 정도였다. 그는 포철 종업원들이 그렇게 우수하리라고는 생각지도 못하고 있었다.

"지금 짓고 있는 제3기공사의 대부분도 포철 기술자들이 맡아서 하고 있습니다. 다음은 자금조달에 대해서 말씀드리겠습니다. 포철은 이미 제3기공사에 소요되는 내자의 47.3%, 즉 2억 9,200만 달러를 사내유보금과 이익으로 충당하고 있습니다. 제4기공사의 경우에는 내자 7억 2,600만 달러의 85% 이상을 자체조달할 계획입니다. 우리의 금융조달 능력은 이미 입증된 바 있습니다. 제2제철소를 우리 포철이 맡게 되면 사내유보금과 이익금을 바탕으로 내자의 60~70%를 충당할 계획입니다."

포철의 영빈관인 백록담에서 밤늦도록 정겨운 대화가 계속되었다. 최장관은 포철이 이룩한 성과와 제2제철소 건설계획에 큰 감명을 받았다. 바로 그날 밤 최장관은 국익을 위해서는 포철이 제2제철소를 기획, 건설, 운영 및 관리해야 한다고 생각했다.

1978년 10월 초순 월간 경제장관회의가 열렸다. 경제기획원 부총리, 재무부장관, 상공부장관 및 건설부장관 등의 경제부처 장관들과 대통령 비서실장, 경제수석비서관 등의 청와대 관계자들이 참석했다. 회의가 진행되자 최각규 상공부장관은 포철이 제2제철소를 맡아야 한다고 주장했고 신형식 건설부장관도 이에 동의했다. 청와대 관계자들은 깜짝 놀랐다. 정부 관계자들의 의견이 둘로 나뉘어졌다. 경제각료 두 명은 포철을 지지했고 청와대 참모 두 명은 현대를 지지했던 것이다.

청와대 경제 제2수석이 사기업의 육성과 시장경쟁의 촉진을 이유로 현대를 지지했다. 그는 현대가 중동의 산유부국들과 밀접한 관계를 맺고 있기에 쉽게 자금을 조달할 수 있을 것이라는 점도 내세웠다. 이에 대해 두 명의 경제장관은 포철이 지금까지 입증한 성과가 무엇보다도 중요하며, 포철을 배제할 이유가 전혀 없다고 맞섰다. 최각규 장관이 말했다.

"포철은 기술자와 기능공들이 보유한 노하우를 활용하여 제2제철소를 건설할 수 있습니다. 또한 총비용의 50% 이상을 자체적으로 조달할 수 있고 세계 금융기관들로부터도 높은 신용 등급을 받고 있습니다. 포철의 목적은 내수를 우선 충족하고 세계시장으로 진출한다는 것입니다. 이보다 훨씬 중요한 것은 경험이 많고 잘 훈련된 기능공 및 기술자들이 박태준 사장을 믿고 따른다는 점입니다. 이것이야말로 가장 귀중한 자산입니다. 현대의 돈으로도 살 수 없는 것들이지요."

논쟁은 더이상 벌어지지 않았다.

철강은 역시 박태준이야!

박정희 대통령은 참모로부터 제2제철소 프로젝트에 대해 종종 보고를 받았다. 하지만 왜 박태준이 자기를 찾아와서 포철의 입장을 말하지 않는지 궁금했다. 최종결정을 내리기 전에 그의 의견을 듣고 싶었던 박대통령은 1978년 10월 16일 그를 청와대로 부르도록 비서실장에게 지시했다. 비서실장은 박태준을 청와대로 들어오게 하는 것이 탐탁지 않았으나 대통령의 지시사항을 거역할 수는 없었다.

비서실장은 박태준에게 전화를 걸어 대통령과의 면담시간보다 30분 빠른 1시 30분까지 비서실로 나와줄 것을 개인적으로 요청했다. 박태준이 비서실에 도착했을 때 비서실장은 경제수석들과 함께 그를 기다리고 있었다. 대통령과 면담하기 전에 이들은 현대에 제2제철소를 양보하도록 박태준을 설득할 작정이었다.

비서실장이 먼저 입을 열었다.

"사기업을 육성하는 것은 국가의 입장에서 볼 때 매우 유익한 일입니다."

경제 제2수석도 그 말에 동의했다.

"현대는 정부의 보조 없이도 자체자금으로 연산 3백만 톤부터 시작하는 제2제철소를 완공하겠다는 훌륭한 제안서를 제출했습니다."

박태준은 치밀어오르는 부아를 참으면서 빈정거리듯이 말했다.

"하지만 당신들은 제게 우리 계획이 무엇인지 물어보지도 않았습니다. 저는 우리 계획을 들어보지도 않고 자신의 생각을 받아들이라고 강요하는 사람들을 싫어합니다. 사실 이론과 계획이 아무리 훌륭하더라도 제철공장들의 실제적인 결과를 예측할 수는 없습니다. 제철소는 섬유공장이나 자동차 조립공장을 건설하는 것보다 훨씬 복잡하니까요. 아주 사소한 실수라도 연쇄반응을 일으켜 커다란 재앙을 가져올 수 있습니다. 그래서 포철이 종업원들을 끊임없이 가르치고 훈련시키는 것입니다. 우리 기술자들은 10년 가까이 해외에서 연수를 받아왔으며 제선, 제강 및 압연설비 등의 건설, 설치 및 시운전에 대한 설계도면과 기술자료들을 갖고 돌아왔습니다. 또한 포철은 지금 장기공급계약에 따라 철강원료들을 안정적으로 들여오고 있으나 앞으로는 국제적인 광산회사들과 합작하여 자원개발도 할 계획입니다. 그리고…."

비서실장은 더 이상 참을 수 없다는 듯 손을 흔들어 박태준의 말을 중단시켰다.

"자, 그만 들어갑시다."

박대통령이 반갑게 박태준을 맞았다.

"임자, 이제는 얼굴 보기도 힘드는구면."

"근래 찾아뵙지 못해서 죄송합니다, 각하. 너무나 분주한 일이 많아서 그랬습니다."

"그래 모든 일이 잘되어 가나?"

박태준은 지난 6개월 동안 자신이 겪었던 고뇌를 떠올렸다. 그는 잠시 망설이다가 감정을 자제하고 미소를 지었다. 그리고 잠깐 숨을 고른 후 비서관들을 빗대놓고 차가운 목소리로 말을 이어갔다.

"제가 각하를 뵙고 싶어도 그러기가 매우 어려웠을 것입니다."

그는 비서관들을 힐끗 쳐다보았다.

"하지만 나는 임자가 보고 싶었네. 거기에 우두커니 서 있지만 말고 이리 와서 앉게나."

박대통령의 따뜻한 말에 박태준의 마음은 편안해졌으며 얼마 동안 느꼈던 고립감이 눈 녹듯 사라졌다.

"각하, 만사가 순조로울 것입니다. 하지만…."

박태준이 비난하는 눈빛으로 비서관들을 쳐다보았다.

"저를 믿지 못하고 가만 놔두지 않는 사람들이 많아 탈입니다. 사공이 많아서인지 배가 산으로 가고 있는 것이 문제입니다."

박대통령은 박태준의 말을 듣고 껄껄 웃었다.

"자, 제2제철소 건에 대해서 말해 봅시다. 제2제철소는 현대로 가는 게 좋다는 의견으로 알고 있습니다만."

박대통령이 말문을 꺼내자 모두들 탁자를 빙 둘러 자리에 앉았다. 비서실장은 자신의 의도대로 모든 일이 결론난 것처럼 자신만만한 표정을 짓고 있었다. 박태준이 조심스레 말했다.

"이미 결심을 굳히셨습니까? 그렇다면 저를 굳이 부르실 필요가 없었을 텐데요. 각하의 뜻대로 하십시오."

"임자의 말을 들어보고 결정하기로 했네."

"굳이 저에게까지 물으실 필요가 뭐 있겠습니까? 이미 보고가 끝난 것으로 들었습니다. 여기 계신 이분들이 '객관적'으로 많이 연구하셔서 각하께 말씀드린 것으로 알고 있습니다."

대통령은 평소처럼 씩 웃더니 그를 똑바로 쳐다보며 말했다.

"나는 포철 사장 박태준의 보고를 들어야겠어. 시작해 보게."

"하지만 시간이 별로 없습니다."

박태준이 자신의 시계를 흘끗 본 후 말했다.

"시간 걱정은 말게. 하고 싶은 말 있으면 다 해봐."

박태준은 숨을 깊게 한 번 들이쉬고 나서 대통령에게 자신의 모든 생각을 말했다. 약 40분의 시간이 걸렸다. 그는 짤막한 경고를 마지막으로 자신의 보고를 끝냈다.

"만약 현대와 같은 사기업이 실패하게 된다면 우리나라 경제에 미치는 파급효과는 걷잡을 수 없을 것이며, 정부는 결국 포철을 보고 인수하라고 할 것입니다. 저는 그 문제에 대해서는 별로 개의치 않습니다만 국민 개개인에게 돌아갈 부담은 어떻게 하실 겁니까?"

모두가 조용히 듣고만 있었다. 박대통령은 좌중을 둘러보았다. 비서관들은 대통령이 무슨 말을 할까 하고 바싹 긴장했다. 이들에게는 1초가 1시간과도 같았다.

"자, 여러분들의 생각은 어떠십니까? 본인은 박사장의 말을 완벽하게 이해했는데, 혹시 질문할 것이 있습니까?"

박대통령의 얼굴표정이 무엇을 뜻하는지 알아차린 두 명은 말없이 앉아 있을 뿐이었다. 하지만 마음이 상해있던 경제 제2수석은 마지막 수를 썼다.

"포철이 매년 이익을 보니까 제2제철소는 현대가 맡아 건설하고 포철이 투자하는 방식은 어떻겠습니까?"

그는 그럴듯해 보이는 제안을 했다. 박태준은 곧바로 반박했다.

"실천하기보다는 말하는 것이 훨씬 쉬운 법입니다. 저희는 그런 데 쓸 돈은 없습니다. 밖으로는 융자상환과 기술도입에 막대한 돈이 필요하며 안으로는 종업원 훈련, 공장관리 및 설비 유지보수에 꽤 많은 돈이 들어갑니다. 철강업은 처음부터 끝까지 맡아서 하지 않는 한 일이 잘되지 않습니다. 당신의 제안은 탁상공론에 불과합니다."

그는 비서관들이 철강업을 제대로 모르고 있다고 지적했다. 박대통령은 손에 쥔 연필로 탁자를 톡톡 치면서 탄식하듯 중얼거렸다.

"정주영 씨는 불도저같이 일하시는 분이지. 나라의 경제발전을 위해 많은 일을 하신 분이기도 하고….".

대통령은 연필을 몇 번 더 톡톡 치더니 조용히 생각에 잠겼다. 긴장감이 팽팽하게 나돌았고 비서관들의 눈에는 일말의 희망을 기대하는 기색이 역력했다.

"하지만 철강은 역시 박태준이야. 축하하네. 임자가 하는 일과 계획, 비전 등을 이제는 잘 이해할 수 있게 되었네. 결정을 내리는 데 큰 도움이 되었어."

대통령은 세 명의 비서관을 흘끗 쳐다본 후 목소리를 가다듬고 말했다.

"제2제철소는 포철이 맡아야 합니다. 그렇게 하는 것이 국가 발전에 보탬이 되는 길입니다. 모두들 수고하셨습니다."

세 명의 비서관들은 자리에 털썩 주저앉았다.

1978년 10월 27일 국무회의에서 대통령은 제2제철소에 대한 자신의 결정을 설명했고 이어서 며칠 후에 공식발표가 있었다.

보좌관들의 의견을 물리치고 제2제철소의 실수요자로 포철을 선정한 박정희 대통령의 결정은 올바른 것이었을까? 현대가 제2제철소를 맡았더라면 포철보다 더 나은 결과를 이루었을까? 비현실적인 물음이기는 하지만 포철에 깊숙이 관계했던 몇몇 외부인사들의 말을 들어보면 어느 정도 윤곽을 잡을 수 있을 것 같다.

1995년 여름 필자는 포항 제1기공사부터 참여했고 지금은 은퇴한 7명의 일본인 기술자, 설비공급업자, 자문관들을 미쓰비시 중공업 사무실에서 만나 인터뷰했다. 미쓰비시 상사 중공업 사업부 부장이었던 우츠미 기요시는 포철을 열렬히 칭찬했다.

"세계 철강업계에서 포철의 결단력과 업적을 능가할 만한 기업은 없습니다. 우리는 한 인간이 거대한 조직을 움직여서 무엇을 성취할 수 있는지를 배웠습니다. 박회장님께서는 포기하라는 말을 모릅니다. 그저 앞으로 밀고 나갈 뿐입니다. 우리 회사와 거래할 때 보면 협상력이 굉장히 뛰어났고 자신이 맡은 일은 항상 완벽하게 처리했습니다. 그분의 성실성 때문에 엔화가 평가절상될 때조차도 수백만 달러가 되는 기자재의 가격을 재조정하지 않았습니다. 박회장님께서는 우리의 심금을 울릴 수 있는 분입니다. 포철의 광양제철소는 그분이 만든 최상의 작품이지요. 어느 누구도 박회장님처럼 연평균 백만 톤씩 생산능력을 확장해 나가지는 못했습니다."

수년 동안 한국에 기자재를 공급해 온 도멘 상사의 서울지점장인 모모세 타다시는 다음과 같이 말했다.

"지난 25년 동안 포철이 이룩한 업적을 능가할 만한 한국 기업은 보지 못했습니다. 앞으로 25년 동안에도 그만 한 기업은 나오지 않을 것입니다."

이토 철강의 사장인 스즈키 노리오, MHI 철강 엔지니어링의 수석고문으로 재직하고 있는 이나바 시이로, 히로시마 맨션 관리회사의 부회장인 타카가와 등도 모두 한결같이 이러한 의견들에 동의했다.

일본 기술자문단의 단장이었고 제철소 설계와 설비선정 및 구매에 대해 가장 가까운 곳에서 박태준을 보좌했던 아리가 씨에게도 필자는 똑같은 질문을 했다. 그의 답변은 엄숙하기조차 했다.

"포철이 이룩한 일에는 신화적인 요소가 있어서 두 번 다시 일어날 수 없다고 생각합니다. 저는 지금도 깊은 관심을 갖고 포철의 성과를 지켜보고 있습니다."

일본의 자문관, 기술자, 그리고 설비를 제작공급했던 많은 사람들은 포철과 함께했던 시간들을 귀중하게 생각하고 있었다. 또한 포철의 업적이 국경과 민족을 초월하여 전 세계적으로 뛰어난 것이라고 믿고 있었다.

박태준을 수입하면 되겠군요!

1978년 12월 중순, 제3기공사의 완공을 며칠 앞두고 박태준은 도쿄에서 신일본제철의 이나야마 사장과 환담을 나누고 있었다.

"박사장님, 중국에 납치되지 않도록 조심하십시오."

"무슨 말씀이십니까?"

박태준은 어리둥절해서 물었다.

이나야마 사장은 껄껄 웃으면서 말을 이어갔다.

"지난 8월 중국의 최고 실력자 덩샤오핑(鄧小平)이 우리 제철소를 방문한 적이 있었습니다. 자본주의 경제제도에 관심이 많은 것을 보니 '죽의 장막'에도 금이 가고 있는 것 같습니다. 덩샤오핑은 특히 일본의 제철소에 대해 굉장한 관심을 나타내더군요. 기미츠 제철소를 쭉 둘러보고 나서 뜻밖에도 포철 이야기를 꺼냅니다. 결국은 우리보고 포철과 같은 제철소를 지어달라는 거예요. 진심으로 하는 말이었지요. 하지만 우리는 매우 공손하게 가능할 것 같지 않다고 말씀드렸습니다. 자신의 희망을 담은 부탁에 대해 우리가 머뭇거리자 조바심이 난 그는 '그게 그렇게 불가능한 요청인가요?'라고 묻습디다."

이나야마 사장은 매우 재미있다는 듯이 말했다.

"나는 그에게 불가능한 일이라고 덤덤하게 말해 주었지요. 왜냐구요? 중국에는 박사장과 같은 인물이 없기 때문이지요. 박사장과 같은 인물이 없으면 포철과 같은 제철소를 지을 수 없다고 말해 주었습니다. 포철은 기적이라고 말입니다. 덩샤오핑은 이리저리 궁리하더니 '그러면 박태준을 수입하면 되겠군요'라고 말합디다. 박사장님, 중국에서 당신을 납치할지도 모릅니다."

두 사람은 박장대소했다. 얼마 있지 않아 한국의 어느 고위공직자가 중국을 방문했을 때 중국의 한 인사는 포철에 대해 이것저것 물어보았다.

"박태준은 어떤 사람입니까? 자본도, 기술도 없는 상태에서 그는 어떻게 세계 최고의 제철소를 건설할 수 있었습니까?"

그는 계속해서 질문을 던졌다. 한국의 고위공직자는 중국 사람들이 포철에 대해 자신보다 잘 알고 있는 것을 보고 당황했다. 한국 사람들 대부분은 포철을 그저 대기업 중의 하나라고만 생각하고 있었다. 포철이 세계 산업계가 가장 부러워하는 기업 중 하나라는 것을 모르고 있었던 것이다.

광양만이 제2제철소 입지로 선정되기까지

제2제철소의 입지선정 과정은 박정희 대통령이 1973년 연두기자회견에서 중화학공업 육성정책을 공식발표할 때부터 시작되었다. 당시 많은 지역들이 입지로 검토되었다. 한국과학기술원은 낙동강 하구를 추천했으며 건설부는 아산만, 광양만 등을 예비조사했다. 미국 철강업체의 산하에 있는 컨설팅 업체는 아산만을 추천했다.

1974년 6월 오랜 검토 끝에 한국 정부는 아산만을 제2제철소 입지로 결정했다. 그러나 석유파동이 일어나자 제철소 건설계획은 일단 보류되었다. 1977년 논의가 재개되자 제철소에 관심을 가져왔던 현대는 포항에서 멀리 떨어지지 않은 경상북도 영해를 부지로 건의했다. 현대는 제2제철소 프로젝트에서 유리한 입장에 서고자 이미 상당한 규모의 토지를 매입하고 일부 인프라 시설을 갖춘 후였다. 하지만 건설부는 정부 방안에 비해 부지규모가 너무 작다는 이유로 영해를 고려대상에서 제외했고 또다시 아산만이 최적입지라고 결론을 내렸다. 이에 대해 현대는 아산만에 인접한 가로림만을 건의했고 청와대 비서실의 수석비서관들이 이를 지지했다.

입지선정을 놓고 갑론을박이 벌어졌지만 결론이 나지 않았다. 후보입지에 대한 건의가 제각기 다르자 박정희 대통령은 자신이 직접 후보입지를 검토해야겠다고 생각했다. 그는 박태준과 함께 헬기를 타고 후보입지들을 둘러보기로 했다. 두 사람은 상공에서 가로림만을 자세하게 살펴본 다음 만의 어귀를 조사하기 위해 헬기에서 내렸다.

연산 1천만 톤을 생산할 수 있으며 추가적으로 5백만 톤까지 확장할 수 있는 종합제철소의 최적 입지조건을 살펴보면 다음과 같다.

1. 부지규모는 최소한 360만 평 이상이어야 한다.
2. 원료를 운반하는 25만 톤급 화물선의 접안을 위해 대규모 항만시설이 들어설 수 있어야 한다. 연 2천만 톤의 철강을 생산하려면 4천만 톤의 철강원료가 필요하다. 만일 10만 톤급 화물선을 이용한다면 일 년에 4백번이나 운반해야 한다. 즉 연산 2천만 톤의 제철소를 완전 가동하려면 매일 10만 톤의 원료를 들여와도 부족하다. 따라서 제철소를 성공적으로 운영하기 위해서는 항만시설이 매우 중요하다.
3. 국토의 균형발전을 위해 지역경제 문제를 고려해야 한다.
4. 운송조건을 갖추어야 한다. 제철소 단지까지 전국적인 철도망과 도로망이 연결되어야 한다.
5. 수위가 안정적이어야 한다. 조수간만의 차이가 큰 아산만과 같은 지역은 갑문을 설치해서 이를 관리할 수 있지만, 혹시라도 잘못될 경우 제철소의 정상적인 운영이 중단될 위험이 있다.
6. 지질학적인 조건이 양호해야 한다. 제철소의 공장과 각종 설비는 매우 무겁기 때문에 이들의 하중을 충분히 지탱하도록 지반이 단단해야 한다.
7. 용수와 전력이 충분하게 공급되어야 한다.
8. 환경문제를 고려해야 한다. 수질오염과 대기오염이 미치는 영향을 고려해야 한다.
9. 부지조성과 건설에 따르는 비용 등 각종의 비용요인을 고려해야 한다.

10. 북한의 남침, 또는 간첩침투 등으로부터 제철소를 방어할 수 있는지를 고려해야 한다.

그러나 연산 1천만 톤 규모의 제2제철소 부지로서 모든 조건을 갖춘 완벽한 입지는 없었다. 결국 각각의 입지가 갖고 있는 장단점들을 비교검토해야만 했다. 부지를 선정하기 위해서는 지형, 지질 및 해양학적인 검토가 필요했고 입지상 어느 문제점들이 가장 쉽게 제거될 수 있는지를 결정해야 했다.

아산만이냐 가로림만이냐

1978년 10월 세 개의 외부 용역업체(가와사키 제철, 일본 항만 컨설턴트, 네덜란드의 네드코)는 각각의 입지에 대한 지질학적이고 해양학적인 조사를 시작했다. 3개월의 조사 끝에 네드코는 아산만을 추천했고 두 개의 일본 회사는 가로림만을 추천했다. 그러나 건설부는 가로림만을 적극 반대했다. 제철소가 들어서기에는 너무나 연약한 지반이기 때문에 토질개량비용이 많이 든다는 것이었다. 박정희 대통령은 박태준을 불러 양쪽 입지를 제철소 부지로 조성하는 데 따르는 비용과 시간을 비교조사하라고 지시했다.

대림, 삼환, 동아, 현대 등 한국 유수의 4개 건설회사들이 조사용역업체로 선정되었다. 조사 결과 현대는 가로림만을, 나머지 업체는 아산만을 추천했다. 청와대 경제 제2수석은 아산만의 항만조건이 나쁘다는 이유로 추천보고를 묵살했다. 박대통령은 수로에 대한 철저한 조사 결과가 나올 때까지 최종결정을 미루기로 마음먹었다.

일본의 컨설팅 업체가 아산만 수로조사 업체로 선정되었고 그 결과는 긍정적이었다. 이에 따라 박대통령은 1979년 7월 아산만을 제2제철소 입지로 선정하겠다고 공식 발표했다. 이것은 아산만을 산업단지로 탈바꿈시켜 서해안 개발시대를 열겠다는 포부의 하나였다.

박대통령의 공식발표가 있자 포철은 즉시 아산만에 현장사무소를 설치하고 입지에 대한 정밀조사에 들어갔다. 하지만 깊이 조사할수록 많은 문제점이 나타났다. 조수간만의 차이가 매우 컸기에 향후 제철소 가동에 큰 문제가 될 수 있었다.

포철이 아산만 부지의 타당성에 의구심을 품기 시작했을 때, 박정희 대통령이 암살당하는 비극적인 10.26 사태가 발생하였고 정상적인 국정운영이 일시중단되었다. 얼마 있지 않아 전두환 장군이 정권을 장악했다.

박대통령이 서거하자 한국은 큰 혼란에 빠졌다. 정치와 경제 모두가 극도로 불안해졌다. 더구나 제2차 석유파동이 일어났고, 이로 인해 실질적인 경제성장률은 1979년 7.2% 성장에서 1980년 마이너스 3.7% 로 떨어졌다.

박태준은 신군부가 포철을 어떻게 처리할지 몰랐기 때문에 더더욱 포철의 장래가 염려스러웠다. 그는 신군부가 포철을 지원하고 보호해 주지 않을까 봐 걱정되었다. 하지만 그는 어떠한 일이 벌어져도 꿋꿋하게 대처해 나가기로 했다. 그는 포철을 안전하게 이끌고 가기 위해서는 정치문제에 보다 많은 신경을 써야 한다는 것을 뒤늦게 깨달았다. 이것이 그가 정치를 의식하고 국회에 진출하게 된 발단이었다.

혼란의 와중에서도 그는 아산만 조사팀을 해체하고 가능한 입지들을 처음부터 다시 찾아보라고 포철 기술자들에게 지시하면서 조사팀을 다시 구성했다. 특히 광양만을 다시 한 번 살펴보라는 지시를 내렸다.

포철 조사팀은 땅투기를 미연에 방지하기 위해 미역 행상인으로 변장하고 광양만에 들어섰다. 면밀히 검토한 결과 그곳이 매우 유망한 입지라고 보고되었다. 박태준은 전장군에게 조사 결과를 보고하고 광양만과 아산만을 비교검토하는 것이 좋겠다고 제안했다. 보고를 받은 전장군은 건설부장관에게 양지역의 장단점을 재조사해서 비교검토하라고 지시를 내렸다.

아산만과 광양만

전장군의 지시에 따라 박태준은 유상부 부장(1997년 당시 삼성중공업 사장)에게 몇 가지 사항을 지시했다. 광양만을 광범위하게 조사할 것, 특히 연약지반을 강화할 수 있는 방안을 강구하라는 것이 주된 내용이었다. 프랑스 자문단의 도움을 받아 조사를 마친 유상부는 광양만의 지반을 강화하려면 1억 5,000만 달러의 비용이 소요된다고 보고했다. 박태준은 광양만의 우위성을 건설부장관에게 설명했다.

박태준은 당시 상황을 이렇게 표현했다.

"아산만과 광양만 둘 다 제2제철소를 짓기에는 부족한 입지였습니다. 각 입지의 단점을 어떻게 보완하느냐 하는 것이 관건이었지요."

광양만은 25만 톤급 화물선이 접안할 수 있는 천혜의 항만조건을 갖추고 있는 반면 아산만은 이를 갖추려면 막대한 공사가 필요했다. 또한 아산만의 조수간만 차는 최대 9미터까지 올라갔다. 25만 톤급 화물선이 정박하려면 길이 2.4킬로미터의 파도댐이나 거대한 갑문을 설치하여 밀물 때에는 항구를 보호하고 썰물 때에는 바닷물을 가둬놓아야 했다. 문제는 갑문설치 기술이나 비용상의 단순한 것이 아니었다. 만약의 경우 갑문이 고장날 때 예상되는 제철소 가동의 문제였다.

"철강산업은 보수적으로 판단해야 하고 최악의 시나리오를 생각한 후 결정해야 합니다. 큰 문제 없이 설치장소를 바꾸거나 고장난 설비를 쉽게 교체할 수 있는 조립 라인을 다루고 있는 게 아닙니다. 갑문이 고장나서 원료가 제때 들어오지 않을 경우 제철소가 가동되지 못할 수도 있습니다. 철강원료를 계속해서 고로에 장입하는 것은 제철소의 절대적인 과제입니다. 따라서 아산만의 경우에는 원료야적장을 보다 넓게 만들어야 하고 원료여분을 보다 많이 보유해야 하는 문제점이 있었지요. 제철소 가동을 운에만 맡길 수는 없습니다. 광양 앞바다는 수면이 잔잔합니다. 그래서 폭풍우나 장마철과 같은 악천후 속에서도 건설공사를 할 수 있고 공장을 가동할 수 있는 지역입니다. 광양의 최대 약점은 지반이 약하다는 것이었습니다. 그래서 제철소를 건설하고 운영할 수 있도록 지반을 강화할 방안을 찾아보라고 유상부에게 지시했지요. 그리고 강화할 수 있다면 비용은 얼마나 드는지 알아보라고 했습니다."

박태준은 자신이 광양의 운명을 쥐고 있다는 듯이 미소를 지었다.

건설부는 1974년 초 이미 아산만을 입지로 선정한 바 있었기에 포철이 재조사하는 것을 달갑게 않게 생각했다. 그것은 힘든 싸움이었다. 건설부의 산업입지국장은 포철이 이미 결정된 아산만 입지를 바꾸려 한다면 그것에 대한 자세한 조사자료를 가져오라고 윽박질렀다.

2주일 후 전두환 장군이 참석한 국보위 건설분과위원회는 제철소 부지를 아산만에서 광양만으로 변경해 달라는 포철의 요청을 심의했다. 하지만 포철은 참석도 하지 못했다. 건설부장관은 완제품을 선적하는 비용이 덜 들고 관련산업단지와 인접해 있다는 점을 들어 아산만이 최적의 입지라고 확고하게 주장했다. 조수간만의 차이가 크다는 점은 장관에게 그리 문제가 되지 않았다.

　　건설부가 일본 전문가들의 조사를 토대로 광양만의 지반을 강화하기 위해 추정한 액수는 포철이 추정한 1억 5천만 달러의 6배인 10억 달러였다. 이것으로 판단할 때 부지선정 문제는 이미 결론난 것이었다. 포철의 안은 기각되었고, 건설분과위원회는 제2제철소의 부지로 다시 아산만을 결정했다.

　　서울 삼성 본관에서 있었던 인터뷰에서 유상부는 정부가 포철안을 기각하던 그날을 기억했다.

　　"하지만 박회장님께서는 일본 전문가들보다 제가 추정한 것을 더 믿으셨지요. 그러고는 처음부터 다시 조사를 시작해 우리 주장을 내세울 수 있도록 보다 확실하고 과학적인 증거들을 만들어보라고 말씀하셨습니다."

　　포철은 특수장비와 시험기구들을 확보한 후 일본의 해양건설회사를 포함한 지질조사단을 다시 구성했다. 이들은 지질보고서와 견적서 등이 포함된 1천 페이지가 넘는 분량의 보고서를 다시 작성했다. 유상부는 광양만에 대한 자신의 조사연구를 확신한 나머지 정부의 결정을 번복시키기 위해 개인적으로 진정서를 내는 유례없는 행동을 하기도 했다.

　　박태준은 20여 년 전의 일을 다음과 같이 설명했다.

"정부가 이구동성으로 아산만을 선정한 이유는 단순합니다. 어느 누구도 광양만과 같이 연약지반에 제철소를 짓는 아이디어를 수긍하지 못했기 때문입니다. 한국의 뛰어난 지질학자들조차도 이런 아이디어를 용납하지 못했을 것입니다. 하지만 저는 토양조건을 개선하는 최신공법에 대해 확신을 갖고 있었습니다. 일본의 후쿠야마 제철소와 미즈시마 제철소를 건설할 때 이것이 효과적이었다는 것이 입증되었지요. 광양만의 지질조건은 이 두 입지보다 훨씬 좋았습니다. 저는 광양만이야말로 하늘이 내린 입지라는 확신이 들었습니다."

박태준은 전두환 대통령을 만나 광양만이 더 나은 입지라는 자신의 생각과 근거를 보고할 기회를 찾고 있었다. 대통령과 면담할 기회를 얻기란 쉬운 일이 아니었다. 모두가 아산만을 결정적으로 선호하고 있었다. 박태준은 대통령을 한 번만 뵙게 해달라고 청와대 비서실에 부탁했다.

"언제라도 상관없습니다. 하지만 제2제철소 부지가 최종확정되기 전에 한 시간이라도 좋으니 각하를 뵙게 해주십시오. 나에게 한 번만 기회를 주십시오."

박태준이 이기다

1982년 11월 하순 박태준은 청와대로 급히 들어오라는 전화연락을 받았다. 그는 모든 일을 중단하고 전대통령을 만나러 청와대로 달려갔다. 그가 도착했을 때에는 이미 상공부장관, 건설부장관, 재무부장관 등이 와 있었다. 박태준이 들어가자 모두가 그를 쳐다보았다. 벽에는 커다란 아산만 지도가 걸려 있었다. 대통령에게 인사를 하고 방을 둘러보니 대통령의 책상 위에는 아산만 입지를 최종결정해 달라는 결재서류들이 놓여 있었다.

건설부장관이 아산만의 타당성을 요약 설명하고 난 후 확고하게 아산만을 최종입지로 건의했다. 최종결정의 순간이었다. 그러나 박태준의 손에는 아무런 보고서도 없었다. 미처 준비할 시간이 없어 보고하는 데 필요한 브리핑 차트나 보고서도 없이 달려왔던 것이다.

"대통령께 보고할 제 마지막 기회가 사전통고도 없이 그렇게 빨리 올 줄은 꿈에도 몰랐습니다."

박태준은 그 일이 바로 어제 일어났던 것처럼 말했다.

"건설부장관이 준비한 자료를 바탕으로 아산만의 타당성을 보고할 때 저는 꼼꼼하게 메모했습니다."

건설부장관의 보고가 끝났다. 전대통령이 좌중을 둘러보며 천천히 말했다.

"여러분, 어떻게 생각하십니까? 아산만으로 결정하는 데 이의가 있습니까?"

축제의 분위기가 방안에 감도는 것으로 보아 모두 이미 결정이 내려졌다고 생각하는 것 같았다. 이들은 대통령의 결재가 떨어지기만을 기다리고 있었다.

대통령은 박태준을 똑바로 쳐다보면서 말했다.

"그러면 박회장께서 말씀해 보시지요. 아산만으로 결정하는 데 반대하십니까?"

당시 박태준은 포철 제1대 회장으로 취임하면서 포철의 대외 문제에 전

넘하고 있었다.

"각하, 보고할 시간이 좀 필요합니다."

"시간에 개의치 마시고 말씀하시지요."

박태준 회장은 브리핑 차트 한 장 없이 자연적인 지리조건에서부터 제철
소 건설비용에 이르기까지 모든 측면에서 아산만과 광양만을 비교설명하
기 시작했다. 그는 무수한 수치와 자료를 인용하여 모든 사람들이 집중할
수 있도록 보고했다. 양지역의 모든 사항을 알고 있지 않았다면 구체적인
수치를 인용할 수 없었을 것이다.

그는 5만 톤급의 선박을 인천항에 접안시키도록 하는 갑문을 제작하는
데에만 10년이 걸렸다는 사실을 지적했다. 또한 조수간만의 차가 9미터나
되는 아산만에 어떻게 25만 톤급 화물선이 접안할 수 있는 갑문을 제작 설
치할 것인지 의문을 표명했다. 박태준은 계속해서 광양만의 조수간만 차이
는 3미터에 불과하다는 것과 연약한 지반을 강화하는 신공법, 소요되는 추
정비용에 대해 자세히 설명했다. 그리고 마지막으로 아산만이 광양만보다
북한의 공격으로부터 매우 취약하다는 점을 지적했다. 이것은 무시 못 할
고려 사항이었다.

그는 약 40분에 걸쳐 자신의 생각을 철저하고도 정확하게 전달했다. 어
느 누구도 그의 주장을 반박하지 못했다. 방 안의 분위기가 바뀌는 것을 감
지할 수 있을 정도였다. 장관들의 표정이 불안해 보였다.

전대통령은 잠시 동안 생각한 후 자신의 의견을 말했다.

"아산만은 북쪽에서 가깝지요? 또한 간첩이 종종 출몰하는 지역이기도
하구요. 백령도와도 너무 인접해 있어요. 전략적으로도 큰 문제가….."

방 안이 조용해졌다. 조금 전만 해도 승리를 장담하던 사람들의 얼굴이 돌처럼 굳어졌다. 방 안의 분위기가 착 가라앉았다. 모두가 대통령을 주시하고 있었다. 전대통령은 책상 위에 두툼하게 쌓여 있는 서류들을 손가락으로 툭툭 치더니 힘주어 말했다.

"박회장께서 말씀하신 대로 합시다. 철강에 대한 박회장의 경험과 지식이 얼마나 값진 것인지 우리 모두가 잘 알지 않습니까?"

전대통령은 박태준을 보면서 지시를 내렸다.

"한 가지 조건이 있습니다. 연약지반을 강화하는 데 따르는 기술적인 문제를 책임지고 해결하셔야만 합니다."

전대통령은 또한 대기오염과 광양만을 둘러싼 해양의 수질오염을 최대한 방지할 것을 강조하면서 가능한 한 빨리 제철소를 완공해 줄 것을 당부했다. 박태준은 전대통령이 광양제철소의 조기완공을 바라는 이유를 짐작할 수 있었다. 대통령은 광양제철소 건설을 계기로 어려움에 빠진 한국 경제가 회복되기를 바라고 있었던 것이다.

전대통령이 광양만을 제2제철소 부지로 확정한 또 한 가지 원인은 부동산투기를 근절하겠다는 확고한 의지 때문이었다. 전대통령은 특정지역을

〈도표 10〉 광양제철소의 생산능력과 건설기간

단계	생산능력(백만 톤)	착공년도	완공년도
1	2.7	1985년 3월 5일	1987년 5월 7일
2	2.7	1986년 9월 30일	1988년 7월 12일
3	2.7	1988년 11월 1일	1990년 12월 4일
4	3.3	1991년 1월 4일	1992년 10월 2일

부지로 선정하려는 사람에 대해 모든 사항들을 조사했다. 중앙정보부가 부지선정 과정의 배후에 있는 세력들의 합법성을 면밀히 알아보았다.

한 중앙정보부 요원이 1,000페이지에 달하는 보고서 내용을 설명해 달라고 유상부에게 접근했다. 또한 중앙정보부는 아산만을 그토록 주장하는 공무원들, 정치인들, 사업가들에 대해 조사했다. 많은 담당공무원들과 건설회사 임원들이 땅투기를 통해 떼돈을 벌고자 아산만을 제철소 부지로 적극 밀고 있다는 소문이 나돌았다. 아산만에 땅을 사둔 이들은 다른 지역이 제철소 부지로 확정되면 큰돈을 날릴지도 모를 일이었다. 이런 소문에 대

광양만의 연약지반을 강화하기 위해 바둑판 모양의 일정한 간격으로 모래말뚝을 박는 공사를 하고 있다.

한 확인조사가 이루어졌다. 꽤 많은 고위공직자들이 아산만에 땅을 사둔 것이 밝혀졌다.

누가 어디에 제철소를 지을 것인가를 결정하는 데에만 10여 년이 걸렸다. 그렇지만 박태준은 1982년 9월 8일 광양제철소를 착공하게 되어 무척이나 기뻤다. 오랫동안 기다려온 일이었다. 최종평가에 있어 포철이 옳았다.

박태준은 밝은 미소를 지으며 필자에게 말했다.

"광양만의 연약지반을 강화하는 데 들어간 실제 비용은 1억 달러에 불과했습니다. 유상부가 추정한 1억 5천만 달러보다 적었지요."

물론 이 비용은 건설부가 주장한 10억 달러보다 훨씬 적은 것이었다.

〈도표 11〉 세계 제철소의 순위 (단위 : 톤)

회사명	1991년		1990년		1989년	
	생산능력	순위	생산능력	순위	생산능력	순위
신일본제철	28.6	1	28.8	1	28.4	1
유지노사시르	22.8	2	23.3	2	22.9	2
포철	19.1	3	16.2	3	15.5	3
브리티쉬 스틸	13.3	4	13.8	4	14.2	4
NKK(일본)	12.3	5	12.1	6	12.2	6
가와사키	10.91	6	9.9	10	11.0	10
ILVA(이탈리아)	10.9	7	11.5	7	11.5	8
스미토모	10.89	8	11.1	8	11.0	11
티센(독일)	10.3	9	11.1	9	11.9	7
유에스 스틸	9.6	10	12.4	5	12.2	5

광양제철소의 건설

광양만은 수면에 둥둥 떠 있는 연꽃봉오리들처럼 많은 섬들이 여기저기 떠
있는 조용한 호수와도 같았다. 행정구역상 전라남도 여천시 광양읍에 있으
며 포철이 제철소를 짓기 전에는 미역과 굴 양식을 주로 하는, 인구 2천 명
에 불과한 어촌이었다. 광양만에 있었던 금호도와 태인도는 원시적인 아늑
함과 아름다움을 간직하고 있었지만 이제는 더 이상 존재하지 않게 되었다.
바다와 금호도를 매립하여 450만 평의 반도를 만들었고, 그곳에 연산 1천
만 톤의 철강을 생산해 내는 제철소 부지를 조성했기 때문이다.

　제일 먼저 두 개의 섬을 잇는 길이 14.2킬로미터의 네모난 호안선은 큰

광양제철소 제4기 완공식 날 개최된 포항제철 4반세기 대역사 종합준공식(1992. 10. 2.)

바위들을 매립하여 축조했다. 호안선이 완공되자 내부지역을 준설토로 메우고 두 개의 섬을 깎아 같은 높이로 조절했다. 광양제철소는 이러한 인공 매립지 위에 건설되었으며 4단계로 건설될 계획이었다.

광양 제3기공사까지 270만 톤씩 생산능력을 확장해 1990년까지 총 810만 톤을 생산할 계획이었다. 마지막 제4기공사는 연산 330만 톤을 확장해 1992년 10월에 완공할 계획이었다. 마지막 공사가 완료되면 광양제철소의 연간 생산능력은 총 1,140만 톤에 이르게 되며 4기의 소결공장, 4기의 코크스 공장, 4기의 고로, 2개의 산소공장, 7기의 연주설비, 3개의 열연공장, 3개의 냉연공장, 2개의 용융아연도금공장과 1개의 전기아연도금 공장 등을 갖추게 된다. 광양제철소가 완공되면 포철의 총 연간 생산능력은 2,050만 톤이 되어 세계 제3위 제철소가 되는 것이었다.

국제적인 부메랑 효과

세계적인 철강국들은 포철의 광양제철소 건설을 반대했다. 미국 상무성의 라이오넬 올머 차관은 일본을 비롯한 여러 나라의 설비공급업체들에게 포철의 신규 제철소 건설에 필요한 설비와 자금을 공여하지 말라고 부탁했다. 올머 차관은 신규 제철소를 짓는 것이 세계 철강생산능력의 과잉을 초래하는 무책임한 행위라고 주장했다. 올머의 주장에 동조하듯 국제철강협회는 철강생산능력의 확장에 제동을 걸고자 했다.

박태준은 한국과 포철의 입장을 필자에게 설명했다.

"1980년대 초반 우리나라와 같은 신흥개도국들은 철강 내수가 급격히 신장하고 있었기 때문에 세계적으로는 공급과잉이 되어도 생산능력을 확장할 수밖에 없었습니다. 제가 내세우는 이유들은 많습니다. 그중의 하나가 수입철강의 가격입니다. 포철은 국제철강시세보다 통상 10~15% 저렴하게 국내 실수요업체들에게 공급해 왔습니다. 우리가 만약 고품질의 철강을 저렴한 가격으로 공급하지 못한다면 우리나라 기업들은 국제시장에서 경쟁력을 잃을지도 모릅니다. 조선, 자동차, 공작기계 및 제조업들은 우리의 저렴한 철강 덕분에 국제경쟁력을 키워나갔지요."

박태준은 숨도 쉬지 않고 말을 이었다.

"우리는 또한 세계경기가 회복되면 세계적으로 철강공급 부족사태가 일어날 것으로 내다보았습니다. 그렇게 되면 우리나라 기업은 훨씬 더 비싼 값으로 철강을 수입해야만 되지요. 철강은 가장 중요한 기초소재 중의 하나입니다. 경기침체가 끝날 때 가장 먼저 회복되는 것은 철강을 다소비하는 내구재 부문입니다. 철강은 공급이 부족하다고 해서 하룻밤 사이에 만들어 낼 수 있는 제품이 아닙니다. 10년은 걸려야 생산되는 제품이지요. 저는 우리나라 경제가 두 자리 숫자만큼 성장할 것이며 이에 따라 철강소비도 그만큼 증가할 것으로 여기고 10~20년 앞을 내다보았습니다. 국내공급 부족사태가 발생하지 않도록 우리나라 정부와 포철은 철강생산능력을 확장하기로 결정했던 것입니다."

박태준의 두 눈이 반짝이고 있었다. 그의 목소리는 단호했다.

"그러나 또 다른 원인도 있었습니다. 우리는 외국보다 저렴하게 철강을 생산할 수 있었기 때문에 낮은 가격으로 수출할 수 있었지요. 이것 때문에 국제 철강업계로부터 비난도 받았지만 우리가 잘못했다고 생각하지는 않습니다. 경쟁이란 건전한 것입니다. 제가 보기에 광양제철소 확장에 대해 올머 차관이 과잉반응을 했던 것 같습니다."

박태준은 당시 두 거대 철강업계 간의 전략 차이를 다음과 같이 설명했다.

"미국 철강업계는 오랫동안 고급강을 생산해 왔습니다. 하지만 1970년 대 석유파동으로 인해 인플레이션이 만연하자 미국 철강업체들은 값을 올렸고, 이에 대해 미국 정부는 시장에 개입하여 가격을 원래대로 환원시켜 놓았지요. 제철소의 현대화와 생산성 향상을 위한 연구개발에 막대한 돈이 필요했었는데도 말입니다. 결국 인건비와 유가상승을 극복하지 못한 채 미국 철강업체들은 일본 업체들에게 뒤지게 되었습니다. 반면에 일본 철강업체들은 연구개발에 막대한 돈을 퍼부었으며 자신들의 공장을 현대화하고 성능을 향상시켜 나갔습니다. 그리고 결국은 투자의 결실을 보게 되었습니다. 이들은 1980년대부터 세계 제일의 철강국이 되었으며 오늘날까지도 이것을 유지하고 있습니다.

나는 두 나라의 입장을 이해할 수 있습니다. 미국 정부는 철강이 가장 중요한 소재이기 때문에 철강가격을 통제하여 인플레이션을 잡으려고 했던 것입니다. 반면에 미국 철강업계는 세계적인 경쟁력을 갖추는 데 필요한 연구개발자금을 확보하기 위해 철강가격을 올리고자 했던 것입니다. 다소 불운한 상황이라고나 할까요. 일본 철강업체의 경우에는 1980년대 우리나라의 철강생산능력 확장이 미치는 영향을 직접 받고 있었지요. 일본의 기술지원을 받아 건설된 우리나라의 철강산업이 당시 일본 시장을 잠식해 들어가고 있었으니까요."

요미우리 신문은 한국 철강업체의 대일 수출물량이 1981년 약 1백만 톤

이나 되었으며 계속 증가하는 추세를 보여주고 있는 상황에 대해 우려를 표명했다. 또한 이에 대한 분석과 함께 일본 철강업체의 주요 인사들이 불쾌하게 생각하고 있다는 내용의 기사를 실었다. 일본의 총 철강수입에서 한국의 철강이 차지하는 비중은 80%까지 올라갔다.

"일본 언론들은 우리나라 철강제품이 자신들 기술에 의해 만들어졌음에도 일본 시장을 강타하는 수준까지 온 현상을 '부메랑 효과'라는 말로 표현했습니다. 철강 경기가 좋지 않았기 때문에 일본 언론들이 일말의 공포감을 갖게 되었던 것 같습니다."

박태준은 애석해하는 표정이었다. 선진국과 개도국 간에 기술이전을 둘러싼 알력이 세계 곳곳에서 벌어지고 있었다. 개도국은 선진국에게 기술을 달라고 요구하고 있는 반면 선진국은 기술이전을 꺼리고 있었다. 개도국은 너무 이기적이라고 선진국을 비난하고, 선진국은 개도국을 향해 어린 애 같다고 비난했다.

"우리는 목화를 전파한 문익점의 이야기를 잘 알고 있습니다. 그는 지금으로부터 600년 전 고려말기의 위대한 유학자로, 중국에 갔다가 목화를 보고 그 씨를 붓통 속에 몰래 감추어 가져와 보급했던 인물이지요. 주변을 둘러보십시오. 우리는 식당 주인의 이야기를 종종 듣습니다. 다른 사람들이 김치 비법을 보고 배울까 봐 문을 닫아걸고 김치를 만든다는 종류의 이야기들 말입니다. 언제 어디서든지 기술과 기능은 번영의 가장 중요한 요소이기에 남한테 주지 않으려고 하지요. 따라서 일본이 '부메랑 효과' 운운하면서 당황했던 것은 놀랄 만한 일이 아닙니다."

아이러니컬하게도 세계 철강 역사상 어느 나라보다도 부메랑 효과의 이득을 가장 많이 본 것은 일본이었다. 미국 철강업계는 일본의 은인이자 선생이었다. 미국에서 유에스 스틸이 창립된 1901년 일본 정부가 운영하는 야하타 제철소가 일본 최초로 고로에 불을 지폈다. 당시 일본의 철강생산량은 미국의 철강생산량 1천만 톤에 비해 100분의 1인 10만 톤에 불과했다. 그러나 일본은 철강생산량이 5백만 톤에 이르자 태평양전쟁을 일으켰다. 미국의 생산량이 6천만 톤에 이르던 시절이었다.

제2차 세계대전이 끝난 후 일본의 산업생산력은 붕괴된 상태였지만 빠르게 회복됐다. 얼마 있지 않아 한국전쟁이 일어났고 공산주의와의 싸움에 골몰하고 있던 미국은 전후 일본경제를 재건하기 시작했다. 일본은 경제재건의 최우선사업으로 철강업을 지정했고 1950년대 이래 철강산업 재건에 막대한 힘을 쏟아부었다. 미국은 기술과 돈을 주면서 일본의 철강업 재건 노력을 지원했다. 당시 미국의 철강생산량은 1억 톤이고 일본의 철강생산량은 5백만 톤으로 20대 1의 비율이었다.

하지만 20년 후인 1970년대가 되자 철강생산국의 순위가 바뀌었다. 미국의 철강생산량은 1억 톤 수준을 유지하고 있었던 반면 일본의 생산량은 1억 톤을 능가하기 시작했다. 미국 철강업계는 설비투자와 기술개발투자를 게을리했지만 일본은 계속해서 신기술을 개발해 나갔다. 드디어 일본 철강업계가 미국을 앞서게 되었다. 철강의 주도적인 위치가 역전되자 일본이 만든 자동차, 가전제품 및 공작기계가 도처에서 두각을 나타내기 시작했고 미국 산업의 생산성은 저하되었다.

일본은 자신들이 어떻게 미국 철강업을 앞설 수 있었는지 잘 알고 있었다. 그랬기에 한국의 눈부신 발전과 공격적 경영을 '부메랑 효과'라고 표현하며 경계했던 것이다. 일본은 미국이 저질렀던 실수, 즉 '호랑이 새끼를 키우는' 실수를 범하고 싶지 않았다. 하지만 한국의 성공에 놀란 것은 일본만이 아니라 미국과 유럽 철강업계도 마찬가지였다.

"저는 당시 세계 철강업계의 분위기를 충분히 이해할 것 같습니다. 어느 누구도 다른 사람이 자기 영역을 침범하는 것은 좋아하지 않지요. 하지만 우리나라 또한 개도국들의 국제적인 도약 때문에 부메랑 효과를 겪게 되지 않을까요? 피할 수 없는 것이 아닙니까?"

박태준은 필자에게 확인하듯이 물었다.

"오늘날의 기술이전 속도는 과거보다 훨씬 빠릅니다. 신기술을 보다 빠르게 개발하고 만들어내는 기업들이 세계를 이끌어갈 것이며 다른 기업들은 이들을 뒤따를 것입니다. 전 세계의 생활수준은 점점 향상되고 있으며 선두기업과 후발기업과의 거리는 점점 더 좁혀지고 있습니다. 이것이 산업화의 자연스러운 결과가 아닐까요?"

제 18 장

고난과 영광

"나는 '대충 일하는 것은 절대 금물'이라는 포철정신을
만들었습니다. 그리고 종업원들의 일하는 태도가 바뀌는
것을 보고 황홀했습니다. 이것이 4반세기 동안
내 자신이 포철에 묻혀 살았던 이유입니다."

박태준은 일생을 통해 한국 철강산업을 건설하는 데 성공했지만 또한 그만
큼 희생을 치러야 했다. 일생 동안 포철 건설에 매진하느라 그의 가족이 짊
어져야 했던 고난은 그의 가슴 속에 지울 수 없는 상처가 되었다. 포철을 건
설하고 이를 경영하는 데 전념하기 위해 그는 수년 동안이나 가족들과 떨
어져 살아야만 했다. 더구나 그 이상으로 자신과 가족들이 겪어야 했던 예
기치 않았던 수난들도 많았다.

　박태준은 포철을 건설하는 과정에서 기회만 있으면 자신을 물어뜯으려
는 정적들을 많이 만들었다. 이들은 박태준을 몹시 싫어했다. 박태준 때문
에 그들로서는 '정당한' 이득이라고 여기는 정치자금, 뇌물 및 정실 등을 제
대로 챙기지 못한다고 생각했던 것이다. 이들은 박태준을 자기 편으로 끌
어들이기만 한다면 수백만 달러의 거금을 거둬들일 수 있다고 생각했지만,

그렇게 되지 않자 제거하려는 음모를 꾸미곤 했다.

　박태준은 자신을 노리는 사람들이 권력을 쥐고 있는 한 여러 가지 괴로움과 어려움이 닥칠 것이라는 점을 잘 알고 있었다. 뒤에서 당하는 끊임없는 중상모략에 비하면 건설현장에서 겪는 어려움은 차라리 견딜 만한 것이었다.

가택수색

1974년 가을, 부인이 주말을 이용하여 포항으로 내려오는 바람에 서울 집에는 중학교 1학년인 큰딸 진아와 어린 자녀 세 명만이 남아 있었다. 박태준이 출근준비를 서두르고 있을 때 처남으로부터 다급한 전화가 걸려왔다. 무슨 일이 잘못되었는지 겁에 질린 목소리였다.

　"오늘 아침 일찍부터 당국에서 매형의 집을 뒤지고 있어요. 왜 그런지 영문을 알 수가 없어요. 진아가 가정부를 시켜 전화를 해서 알게 됐습니다. 전화도 걸기 어려운가 봐요. 어떻게 하면 좋을까요?"

　그날 아침 큰딸 진아는 어린 동생들을 학교에 보낸 후 교복을 갈아입으려 하고 있었다. 그때 갑자기 사복차림의 두 남자가 수색영장을 내밀면서 들이닥쳤다. 깜짝 놀란 진아는 수색영장 위에 엄마와 아빠의 이름이 적혀 있는 것을 보았다. 한 남자가 말했다.

　"너희 어머니가 밀수품을 사들였다는 혐의가 포착되었다. 그래서 관세법 위반 혐의로 너희 집을 수색하는 거다."

　당시 한국에서는 외제품이 귀했기에 암시장에서 거래되는 경우가 많았다. '카멜'이나 '럭키 스트라이크'와 같은 양담배들조차 암거래되었다. 암시장에서 물건을 사는 일이 흔했기에 당국에서는 어떤 사람을 혼내주거나 제거하고 싶으면 가택수색을 실시하는 것이 통상적인 수법이었다. 가택수색을 하게 되면 반드시 외제품이 하나둘쯤 나오게 마련이었다.

몹시 당황한 어린 소녀가 항의도 못 하고 지켜보는 가운데 그들은 이잡듯이 집을 뒤졌다. 애들 방을 비롯하여 뒤질 만한 곳은 모두 뒤졌지만 원하는 것은 찾아낼 수가 없었다. 그들은 안방에 있는 장롱과 조그마한 금고의 열쇠를 달라고 요구했다. 진아가 열쇠를 찾아내지 못하자 이들은 장롱문을 부수겠다고 위협했다.

"어디 한 번 마음대로 해보세요."

어린 소녀였지만 진아는 당돌하게 대꾸했다. 형사들은 멋쩍어하면서도 빨리 열쇠를 찾아놓으라고 엄포를 놓았다. 그리고 장롱과 금고에 딱지를 붙인 후 절대로 손대지 말라고 위협했다.

"열쇠를 찾게 되면 즉시 전화해."

그들은 겁을 준 후 가버렸다.

이 소식을 듣고 박태준 부부는 어찌할 바를 몰랐다. 당국이 애들만 있는 집을 가택수색한 이유가 무엇일까? 박태준은 자신의 명예를 더럽히기 위해 약점을 찾아내려고 안달난 사람들이 많다는 것은 알고 있었지만 가족에게까지 그 손길이 미치자 울화통이 터졌다. 그는 아내를 보고 말했다.

"미안하오, 여보. 당신 잘못이 아니야. 하지만 나도 부끄러운 짓을 한 적이 없으니 걱정하지 마시오. 그네들이 나를 없애려고 발버둥치지만 내게도 생각이 있소."

박태준은 화가 치밀어서 주먹으로 자기 손바닥을 꽝 하고 쳤다.

"내 가족에게까지 이럴 수가 있는가! 더군다나 어린애들만 있는 집에서!"

부인도 억울했지만 가까스로 미소를 지으며 박태준을 위로했다.

"염려하지 마세요. 진아가 잘 해낼 거예요. 똑똑하니까 무슨 일인지 잘 살펴볼 거예요."

잠시 후 딸에게서 전화가 왔다.

"엄마, 장롱과 금고 열쇠가 필요하대요."

목소리는 약간 떨렸지만 진아는 이미 진정되어 있었다.

"형사들이 장롱과 금고에 딱지를 붙이고 지금 막 나갔어요. 엄마보고 즉시 열쇠를 보내라고 말했어요."

열쇠가 도착하자마자 형사들이 다시 왔다. 하지만 금고에는 집문서와 패물 몇 가지, 그리고 일본과 유럽 출장 중에 쓰고 남은 외화 몇 푼이 고작이었다.

"어찌된 일이야? 이게 전부야?"

형사 하나가 중얼거리더니 진아를 안심시키려는 듯 말했다.

"우리도 너희 아버님을 존경하고 있어. 하지만 공무집행상 어쩔 수 없었던 일이니 이해해 다오. 너같이 어린 학생이 그렇게 침착한 것을 보고 우리도 놀랐다. 어른들도 우리가 가택수색하러 가면 벌벌 떠는데 말이야."

나중에 진아는 부모에게 그때의 심정을 이렇게 말했다.

"침착하게 행동했지만 사실 그런 일은 처음 겪었기 때문에 겁이 났어요. 형사들이 들이닥쳤을 땐 정말 놀랐어요. 아직 잠옷차림이었으니까요. 하지만 어쩔 수 없잖아요. 제가 교복으로 갈아입고 학교에 가버리면 형사들이 무슨 일을 하는지 알 수 없잖아요. 그래서 잠옷차림으로 형사들을 졸졸 따라다녔지요."

1973년 포철은 제2기공사에 들어가는 연주설비를 구매하고 있었다. 연주설비는 당시 막 개발된 최신설비로 오스트리아의 푀스트, 스위스의 콩캐스트 및 독일의 만네스만 데마그 등 세계에서 단 3개의 회사만이 제작할 수 있었다.

비엔나에서 이 3개 회사가 모두 참가한 가운데 입찰이 실시되었다. 설비가 오스트리아의 푀스트에게 낙찰되자 입찰 결과에 불만을 품은 스위스의 콩캐스트는 즉각 불평하기 시작했다. 오스트리아 출신의 악명높은 브로커가 배후에서 콩캐스트의 불평불만을 부추기고 있었다. 그는 연주설비 납품건을 수주하기 위해 한국의 권력자와 손을 잡고 배후에서 힘써 왔었다. 박태준이 말했다.

"이유도 없이 우리집을 수색해서 저희 가족을 괴롭힌 사람들은 콩캐스트 그룹의 우리측 파트너였다는 소문이 있었지요."

콩캐스트는 오스트리아 출신의 국제 거간꾼, 막강한 육군대장 출신의 주스위스 한국대사, 그리고 주한 스위스 대사 등을 등에 업고 포철이 부당하게 입찰을 실시했다는 진정서를 한국 정부의 관계요로에 돌렸다. 그 진정서에는 포철이 금액미상의 뇌물을 받았다는 내용이 쓰여 있었다. 수많은 중상모략이 있었으나 정부가 장기간에 걸쳐 철저히 조사한 결과 포철의 혐의는 모두 벗겨졌다.

"콩캐스트의 국제 거간꾼이 우리나라 정부관료들과 정치인들에게 뇌물을 주었다는 것은 잘 알려진 사실입니다. 그는 일본뿐 아니라 우리나라에서도 힘 있고 영향력있는 정부관료들의 이름을 빌어 자신의 힘을 과시하고 다녔지요."

박태준은 이 교활하고 거만한 국제 거간꾼에 대해 잘 알고 있었다. 그는 인천제철소와 정부 소유의 다른 중공업체들에게 수준미달의 설비를 팔아 막대한 차익을 보았다. 또한 자신의 돈을 설비구매자금으로 빌려주고 높은 이자를 받았으며, 커미션의 일부를 떼어 정부관료들과 정치인들에게 뇌물로 주거나 값비싼 선물을 하였다. 그는 자신의 도움 없이는 포철을 지을 수 없다고 허풍을 떨기도 했다. 박태준은 그를 싫어했기 때문에 포항 제1기공사 완공식에 초대하지도 않았다.

1972년 7월 포항 제1기공사 완공식을 앞두고 이 거간꾼은 초대장을 보내지 않았다고 포철에 직접 항의했다. 그는 한국 정부 실력자들의 이름을 들먹이며 초대장을 보내지 않으면 안 좋은 일이 생길 것이라고 공갈협박까지 했다.

"완공식장에 그렇게 오고 싶어하는데 초대장을 보내주지요?"

몇몇 포철 참모들이 그에게 초대장을 보내자고 제안했다.

"누구 맘대로? 이 나라에도 함부로 할 수 없는 사람이 있다는 것을 보여 줘야겠어."

박태준은 화가 나서 고함을 질렀다.

"고위공직자들을 제멋대로 주무르면서 우리나라를 마치 자신의 돈벌이 사냥터로 보는 녀석과 얼굴을 직접 맞대면하면 토할 것 같아!"

1973년에 있었던 연주설비의 구매액은 1천만 달러나 되었다. 그 국제 거간꾼은 이를 한입에 꿀꺽 삼키지 못하자 가만히 있지 않았다. 그는 중앙정보부, 상공부 및 주한 스위스 대사관 등에 있는 자신의 친구들에게 포철을 비난했다. 가택수색을 시작으로 박태준의 수난이 시작되었다. 박태준은 마음속으로 단단히 각오를 했다.

얼마 있지 않아 청와대의 고위공직자들이 박태준에게 압력을 가하기 시작했다. 중앙정보부장과 여러 권력자들이 불법사항을 찾으려고 포철을 조사했다. 중앙정보부는 포철의 모든 구매계약서를 샅샅이 검토했고, 심지어 포철과 퀴스트 사이의 계약서를 번역하는 데에만 당시로서는 거금인 2,500달러 이상을 쓸 정도였다.

"그들은 4개월 동안 고준식 부사장을 비롯하여 계약과 관련된 사람이면 누구를 막론하고 괴롭혔습니다. 외국의 탐욕스러운 브로커가 일으킨 평지풍파로 인해 큰 고통을 받았지요. 하지만 지금도 나는 그 일의 배후에는 국제 거간꾼 말고도 많은 사람들이 관련되어 있다는 심증을 갖고 있습니다."

거간꾼과 한통속인 고위공직자들은 자존심에 상처를 입었고 아까운 기회를 놓쳐버렸다는 사실을 결코 잊지 않았다. 그들은 자신들의 힘을 과시해서 기어코 박태준을 따끔하게 혼내줄 생각이었다. 박태준을 제거하고 싶어했던 것이다.

"이들의 눈에는 포철이 무슨 요술방망이나 되는 것처럼 보였을 겁니다. 이들은 포철을 장악하려고 무던히도 애를 썼지요. 설비구매나 건설공사에 잘만 끼여들면 막대한 돈을 챙길 수 있다고 군침을 흘렸습니다. 당시 우리나라에서는 많은 돈이 뇌물로 오가고 있었고, 포철을 장악하기만 하면 돈이 듬뿍 들어 있는 지갑을 갖게 된다고 생각했던 거지요."

박태준은 그때를 회상하며 말했다.

외부인들이 포철의 성공에 눈독을 들일 만도 했다. 가동을 시작한 첫해 포철은 1,200만 달러의 순이익을 올려 세계 철강업계를 깜짝 놀라게 했다. 하지만 이런 업적은 저절로 달성된 것이 아니었다. 선진기술과 지식을 재빠르게 습득하고, 특히 박태준이 탁월한 리더십을 발휘했기 때문에 가능한 일이었다.

박태준의 회고가 다시 이어졌다.

"이들은 줄기차게 나를 쫓아내려고 했습니다. 하지만 이들의 농간에 놀아나면 제철소는 누가 경영합니까? 제철소를 경영하는 일이 쉬운 것처럼 보이지만 절대로 그렇지 않습니다. 만약 이들 중 누군가가 제철소를 이끌고 나갔다면 지금과 같은 결과는 나올 수 없었을 겁니다."

박태준은 자신의 몸과 마음을 바쳐 포철을 만들어나갔다. 그는 국민의 신임을 얻어 국가자산을 건설해 나간다고 굳게 믿었다. 하지만 교활한 국제 거간꾼과 연계된 몇몇 고위공직자들이 박태준과 포철을 음해하고 있었다. 그것은 감당하기에 너무나 큰 시련이었다.

가택수색을 당하자마자 박태준은 곧 사표를 썼다. 그리고 청와대로 곧장 가서 이것을 제출하려고 했지만, 박정희 대통령이 대구시를 시찰하고 귀경하는 길에 포철의 영빈관에서 하룻밤 묵을 것이라는 전갈을 받았다. 그는 기다렸다가 영빈관에서 박대통령을 만나기로 결심했다. 박태준은 사표를 내겠다는 결심을 감춘 채 박대통령을 영접했다. 박대통령은 박태준이 평소와 다르다는 것을 눈치채고 물었다.

"무슨 일이 있었나?"

박태준은 재빨리 대답했다.

"별일 아닙니다, 각하. 나중에 말씀드리겠습니다. 편히 쉬십시오."

그날 저녁 박태준은 수행원들과 함께 영빈관에 모였다. 대통령은 2층 숙소에서 혼자 식사를 했고, 박태준은 수행원들과 함께 영빈관의 아래층 식당에서 저녁을 들었다. 대통령 수행원들 중에는 김정렴 비서실장과 당시 한국의 제2인자라고 불리는 박종규 경호실장이 있었다.

박태준은 긴장된 목소리로 말을 꺼냈다.

"당신들 나를 모래벌판에 던져놓고 모래옷과 모래밥만 주더니, 이제는 독약을 먹이려는 음모를 꾸며?"

갑자기 조용해졌다. 박태준을 제거하려는 음모를 전혀 모르고 있었던 박종규 실장은 어안이 벙벙해졌다.

"도대체 무슨 말이오?"

경호실장은 깊은 숨을 들이키며 물었다.

"당신들 서울에서 깨끗하고 호화스러운 생활만 하니까 마음만 먹으면 누구나 처치할 수 있다고 생각하는 거야? 도대체 서울에서 밥 먹고 하는 일이 뭐야?"

박태준은 청와대 비서진들에 대한 자신의 분노를 박종규 경호실장에게 쏟아부었다. 아무것도 모르는 경호실장은 기가 막힌 듯 가만히 앉아 있을 뿐이었다. 이윽고 정신을 차린 박종규가 항의했다.

"도대체 무슨 말을 하는 거요? 무슨 일인지 말을 해주어야 알 거 아니오?"

"아무것도 아니야."

박태준은 무뚝뚝하게 말했다. 그는 대통령 비서실에 있는 사람이라면 가택수색건을 잘 알고 있으리라고 생각했던 것이다.

박대통령이 저녁을 마친 후 1층으로 내려왔다. 대통령은 박태준의 마음이 복잡한 것을 알아채고 비서진들에게 말했다.

"일찍 가서 쉬지 그래?"

그리고 박태준에게 자기 방으로 따라 들어오라는 손짓을 했다.

"앉게나."

박대통령은 아무렇지도 않은 듯이 말하며 박태준이 탁자 맞은편에 앉자 그의 얼굴을 자세히 살펴보았다.

"임자, 고민거리가 있는 것 같구먼. 그게 뭔가?"

"각하, 이제는 물러갈 때라고 생각합니다."

박태준이 사표를 내밀었다.

"이게 뭐야? 도대체 왜 그래?"

박대통령이 손에 든 사표를 주시하며 말했다.

"모두들 종합제철소를 돈 많이 버는 사업으로 생각하고 포철에서 떡고물을 챙기려고 야단입니다. 이제는 가족과 함께 조용히 사는 게 제일 좋을 것 같습니다."

박태준은 벌떡 일어나 인사를 하며 말했다.

"도대체 무슨 말을 하는 거야? 솔직히 말해 보게나."

대통령이 답답하다는 듯 재촉했다.

"비서진들이 저보다 더 잘 알고 있을 겁니다, 각하. 이들이 배후에 있으니 잘 설명할 수 있을 겁니다. 저는 이 모래벌판으로 창업요원들을 이끌고 빈

손으로 내려와서 오로지 땀과 열정만 가지고 가까스로 오늘까지 왔습니다. 그런데 지금에 와서 어떤 보상을 주었는지 아십니까? 저를 옭아매려고 가택수색이나 해서 제 가족을 괴롭히다니요!"

"뭐야?"

대통령은 충격을 받은 듯했다.

"그들은 가동 첫해의 순이익이 1,200만 달러가 넘는다는 것을 알고 있습니다."

박태준은 창문 너머로 어둠에 싸인 포철 공장에서 나오는 불꽃을 지우려는 듯이 팔을 흔들었다.

"이들은 이 이익이 거저 생겨난 줄 착각하고 있습니다. 포철은 선조들이 흘린 '피의 대가'로 세워진 것이고, 이익은 우리 이마에 맺힌 땀방울에서 나온 것입니다. 하지만 그들이 본 것은 다른 것이었습니다. 황금알을 낳는 거위를 본 것입니다."

박태준의 목소리가 높아졌다.

"이들이 저희 집만 조사했으면 그냥 참고 지나갔을 겁니다. 그런데 저와 함께 고생한 제 참모들까지 괴롭혀왔습니다. 해도 해도 정말 너무합니다."

"가택수색이라니? 무엇 때문에?"

깜짝 놀란 대통령이 물었다. 대통령은 전혀 모르는 것 같았다.

마음을 가라앉힌 박태준은 영빈관에 있는 대통령의 숙소를 천천히 둘러보았다. 그의 가슴 속에 포철 종업원들을 격려하기 위해 찾아온 대통령과 방 안에서 술을 마시던 추억들이 스치고 지나갔다. 이런 추억들이 떠오르자 그의 마음이 약해지기 시작했다.

"이거 도로 가져가서 찢어버리게. 받아들일 수 없네. 돌아가서 푹 쉬게나. 내가 알아서 처리함세."

대통령이 단호하게 말하고 나서 일어서서 나가려 하는 박태준을 불러 세웠다.

"임자, 부인에게 괴로움을 끼쳐드려서 죄송하다는 내 사과의 뜻을 전해 주게."

마음이 착잡해진 대통령은 박태준을 돌려보내고 나서 비서실장을 불렀다. 사건의 전말을 다 듣고 난 대통령은 비서실장에게 다시는 박태준을 건드리지 말라고 엄명을 내렸다. 이 사건을 일으켰던 고위공직자들과 중앙정보부 사람들, 그리고 정치인들은 혼쭐이 났다.

리베이트로 장학재단을 만들다

종합제철소에는 막대한 설비와 수많은 사람들이 있기 때문에 포철은 값비싼 보험에 가입하지 않을 수 없었다. 1971년 말 사고가 거의 없었던 포철은 보험회사로부터 예기치 않은 17만 달러의 리베이트를 받게 되었다. 당시 한국에서는 이런 형태의 리베이트를 대개 사장이 알아서 쓰는 것이 관례였으며 특히 공기업의 경우에는 더더욱 그랬다. 박태준은 기억을 더듬으며 말했다.

"전혀 예기치 못했던 돈이어서 누군가 공돈이라고 말하더군요. 저는 국가를 위해 이 돈을 쓰는 것이 낫겠다고 생각했습니다. 그래서 중역들의 자문을 구했지요. 이들은 한결같이 포철을 많이 도와주신 대통령께 갖다드리자고 했습니다."

여느때와 달리 이번에는 비서실이 신속하게 대통령과의 접견을 허락했다. 박태준은 호기롭게 포철의 명의가 배서된 수표를 꺼내 대통령 앞에 내밀었다.

"나라를 위해 써주십사 하고 기부금 좀 가지고 왔습니다, 각하."

박태준이 힘 있는 목소리로 말했다.

"포철은 정치헌금을 절대로 내지 않겠다고 임자가 말하지 않았던가?"

박대통령은 눈을 동그랗게 뜨면서 말했다.

"무슨 문제가 있는 거야?"

"전혀 없습니다, 각하."

박태준은 미소를 지었다.

"살다 보니 생각지 않았던 좋은 일이 생길 때도 있습니다. 이것은 보험회사가 주는 리베이트인데, 전혀 생각도 못 했던 돈입니다. 각하께서는 저희를 위해 많이 애써주시고 어려울 때마다 도와주셨습니다. 그저 감사의 뜻으로 이 돈을 가지고 온 겁니다. 나라를 위해 써주십시오. 각하도 아시는 것처럼 저는 이런 불로소득이 아니라면 회사 돈은 한 푼도 가져오지 않았을 것입니다."

박대통령은 그 돈을 지그시 바라보며 무언가 깊이 생각하듯 머리를 갸우뚱거렸다.

"이 리베이트는 어떻게 해서 생긴 거야?"

"보험사고나 보험청구가 없을 때 리베이트가 나오는 것으로 알고 있습니다."

"그렇다면 다른 국영기업체들도 이런 리베이트를 받아왔다는 말인데…."

박대통령이 느릿하게 말을 이어갔다.

"안 그런가?"

박태준은 신경이 곤두섰다. 당황해진 그는 마음 속으로 생각했다.

'아뿔싸! 내가 도대체 무슨 짓을 했단 말인가? 이거 괜한 짓을 했네. 그렇지 않아도 저 혼자 깨끗한 척한다는 말을 들어왔는데. 이제부터는 나를 더욱 미워하겠구먼!'

"각하, 리베이트를 받는 것은 국영기업체만이 아닙니다. 사기업들도 이런 '공돈'을 써서 직원들의 사기를 올려주곤 합니다. 저는 각하께 너무 많은 신세를 졌지만 정치헌금을 한 번도 내지 않아 못내 마음에 걸렸습니다. 그래서 이렇게 가져오게 된 겁니다. 각하께서 이 돈을 좋은 일에 써주셨으면 합니다."

"임자의 성의가 고맙네. 임자 마음을 잘 알았으니 이 돈은 도로 가져가서 임자 마음대로 쓰게나."

대통령은 탁자 위에 놓인 수표를 박태준 쪽으로 밀면서 말했다.

"여기까지 가져왔는데 받아주십시오."

박태준은 공손하게 말했다.

"임자는 지금까지 내내 열심히 일만 해왔고, 앞으로도 해야 할 일이 많이 남아 있네. 그러니 이 돈을 가져가서 마음대로 쓰게나."

대통령은 단호한 어투로 말을 이었다.

"제가 쓰기에는 너무나 많은 돈인데요."

박태준이 버티자 대통령이 웃으면서 말했다.

"임자 스케일이 그렇게 작아? 그러면 포철에 주는 내 선물이라고 생각하게나."

회사로 돌아오자마자 박태준은 돈을 어떻게 처리할 것인가를 놓고 회의를 열었다. 그의 고고한 원칙에 중역 한 사람이 불평하듯 말했다.

"사장님, 다른 회사처럼 사장님이 챙겨두셨다가 나중에 저희들에게 종종 맛있는 저녁이나 사주시면 좋지 않겠습니까?"

다른 중역이 말했다.

"저도 사장님의 원칙을 존중합니다만, 경우에 따라서는 융통성을 발휘하는 것도 좋을 텐데요, 안 그렇습니까?"

박태준은 즉시 대답했다.

"하지만 우리 모두가 원칙을 저버리고 융통성만 추구할 수는 없지 않은가. 어느 것이 진정한 융통성이란 말인가? 참고 지켜나가세. 언젠가는 그런 융통성을 발휘해서 함께 술 한잔 먹을 날이 반드시 올 거야. 이 돈은 더 이상 리베이트가 아니야. 대통령께서 주신 선물이야. 의미 있는 일에 써야지. 생각나는 일 없나? 우리 회사의 주택문제는 어느 정도 해결되었고, 그렇다면 한 가지 남아 있는 중요한 과제는 우리 자녀들의 교육문제야. 장학재단을 설립하는 게 어떨까?"

모두들 동의했다.

"즉시 재단을 설립하여 등록시키게."

박태준이 열정적으로 말했다.

다음날 포철장학재단이 법적인 절차를 밟아 설립되었다. 장학금은 포철

미래의 희망인 어린이들에게 컴퓨터 교육을
시키는 제철유치원

종업원 자녀들을 위해서뿐만 아니라 시너지 효과를 높일 수 있는 산학협동에도 쓰여졌다. 또한 포철은 이 기금으로 유치원도 설립했다. 날이 갈수록 장학기금이 늘어나자 장학금 지원 프로그램은 더더욱 확대되었다.

오늘날 포철은 종업원 누구에게나 자녀 두 명의 대학까지의 등록금을 지원하고 있으며, 수많은 문화 및 교육활동도 적극 후원하고 있다.

박태준은 그 사건을 다음과 같이 회고했다.

"산다는 것은 얇은 얼음 위를 걷는 것과도 같습니다. 지금까지 살아오면서 저는 최선을 다해 제가 정한 원칙을 지키려고 했으며, 남을 해치려 한 적은 없습니다. 하지만 제 원칙들은 완벽하지 않았습니다. 대통령을 접견하고 난 다음 한국전력공사나 한국석탄공사와 같은 국영기업체로 불똥이 튀었습니다. 대통령이 국영기업 담당중역들을 불러 리베이트에 대해 묻기 시작했던 겁니다."

한바탕 소동을 치르면서 국영기업체들은 누구 때문에 이런 일이 벌어지게 되었는지 수소문하기 시작했고 결국 포철이 진원지로 지목되었다. 그 때문에 박태준은 많은 사람들로부터 비난을 받아야만 했다.

박태준은 그때의 일을 떠올리며 말했다.

"내가 비밀을 누설했던 것은 순진했기 때문입니다. 하지만 누가 그것을 믿어주겠습니까? 다른 사람들은 내가 이들을 궁지에 빠뜨리기 위해 일부러 대통령을 찾아가 리베이트에 대해 말했다고 생각했지요."

어느 날 두 남자가 예고도 없이 박태준의 비서실로 찾아왔다. 그들은 중앙정보부에서 왔다고 말하며 신분증을 내보였다. 이들은 포철이 서명한 계약서를 샅샅이 뒤지면서 토씨 하나라도 그냥 보아넘기지 않고 자세히 검토했다. 이미 이들은 포철과 거래하는 모든 회사들을 조사하고 오는 길이었다. 앙심을 품은 사람들은 박태준이 막대한 리베이트를 챙기고 대부분을 착복한 다음, 혼자 정직한 척하려고 박대통령에게 17만 달러만 들고 간 것이 틀림없다고 생각했다.

이들은 박태준을 진흙탕 속으로 끌고 들어가려고 했다. 그러나 43일에 걸친 조사에도 불구하고 아무것도 찾아내지 못했다. 조사가 끝나자 중앙정보부의 한 요원은 사무실 밖으로 배웅나온 박태준의 비서에게 인사를 하면서 말했다.

"진심으로 박태준 사장님을 존경한다는 말씀을 전해주십시오. 공무원으로서 우리 지도자 중에 그와 같은 분이 있다는 것을 알게 되니 안심이 됩니다."

이 외에 다른 사건들도 많았다. 포철은 예상을 뒤엎는 수익을 올렸지만 수차례에 걸쳐 감사를 받았다. 이러한 정밀감사로 인해 포철은 세세한 부분까지 상세히 기록하는 문화를 갖게 되었다.

박태준은 미소를 지으며 필자에게 말했다.

"회사를 깨끗하게 운영하는 데 따른 대가라고 할 수 있었지요."

크레인 운전공의 졸음

제철소는 24시간 내내 돌아갔다. 제철소에는 항상 사고가 날 위험이 있다는 것을 박태준보다 더 잘 아는 사람은 없었다. 그는 자주 사고의 위험성에 대해 말하곤 했다.

"제철소 구내에서는 무슨 일이든지 일어날 수 있습니다. 우리가 다루는 모든 일들은 극히 위험한 일들입니다. 겉으로 보기에 간단한 실수도 제철소 전체에 치명적인 결과를 가져올 수 있습니다."

포항 제3기공사가 한창 진행되고 있던 1977년 4월 24일 이른 시각에 한 인부의 실수로 큰 사고가 발생했다.

크레인 운전공이 하는 일은 1백 톤 용량의 레이들을 오버헤드 크레인으로 잡아올려 고로에서 나온 뜨거운 쇳물을 제강전로 안에 쏟아붓는 것이었다. 그것은 제철소 내에서 가장 어려운 일 중의 하나였다. 레이들을 너무 빨리 움직이면 시뻘건 쇳물이 공장바닥으로 떨어져 인부들을 다치게 할 위험이 도사리고 있었다. 작은 실수가 무서운 재난을 가져올 수도 있었다.

"그런 재난이 포철에서는 딱 한 번 발생했었지요. 제가 가장 우려했던 재난이었습니다."

박태준은 손으로 크레인의 움직임을 보여주면서 필자에게 말했다.

제1제강공장에서 일하고 있던 크레인 운전공은 피곤에 지친 눈길로 하품을 하고 있었다. 그의 반사신경은 무뎠고 머리는 멍한 상태였다. 그는 쇳물을 제3전로 안에 쏟아붓는다고 생각했지만 사실은 전로 앞이었다. 44톤가량의 쇳물이 제1전로와 제2전로 앞에 있는 바닥으로 흘러내렸다. 그곳은 제철소 전체의 신경센터라고 할 수 있는 중앙통제실이 가까이에 위치한 곳이었다. 공장 바닥이 녹아내렸고, 거대한 불꽃이 피어올랐다. 종업원들은 쇳물을 피하느라고 야단법석이었다. 비상벨이 울리면서 공장 전체에 빨간 등이 깜빡거리기 시작했다.

박태준은 말을 이었다.

"사고가 났을 때 저는 호주에 있었습니다. 본사에서 다급한 상황을 알리는 전화가 왔지요. 불길은 수시간 만에 잡혔지만 모든 공장들을 중앙통제실로 연결하는 전선들의 70% 이상이 타버린 뒤였습니다. 뜨거운 쇳물은 거대한 전선들을 태워버리고 한국전력공사의 송전소까지 마비시켰습니다. 우리 제철소뿐 아니라 공단 내에 있는 하청공장들까지도 전기공급이 끊겼지요. 제철소 전체가 완전히 마비되었습니다. 불행 중 다행히도 죽은 사람은 없었습니다."

박태준은 그 소식을 듣자마자 어떻게 하면 공장을 빨리 복구할 것인가를 생각했다. 오랫동안 공장을 가동하지 못한다면 많은 고객들을 잃어버릴지도 모르는 일이었다. 그는 다음날까지 사고장소를 깨끗이 치우고 중앙통제소를 긴급복구하라는 지시를 내렸다. 고된 복구작업이 시작되었다.

그러나 불타버린 전선은 특수한 것으로 한국에서는 생산되지 않는 것이었다. 이 사실을 알고 박태준은 호주에서 비행기를 타고 곧바로 일본의 공급업체로 날아갔다. 그는 일본 공급업체도 이러한 종류의 전선을 보유하고 있지 않을까 걱정했지만 다행히 재고는 충분했다. 그는 일본 설치업체

크레인 운전공의 실수로 전로의 쇳물이 잘못 쏟아진 현장(1977. 4. 24.)

를 급히 동원해 포항으로 보냈다. 사고의 피해 정도를 조사한 일본 기술단은 사고장소를 수리하고 다시 설치하는 데 적어도 3~4개월이 걸릴 것으로 추정했다.

세계 철강업계는 포철이 큰 어려움에 봉착하게 되었다고 수군거렸다. 4개월 동안 생산을 하지 못하면 판매와 이익이 크게 줄어들 것이고, 또한 제3기공사도 계획보다 늦어질 것으로 내다보았다. 초기 단계의 수리가 끝나자 포철은 압연공정을 가동하여 최종제품을 만들어낼 수 있었지만 중간 단계의 제강공정은 완전히 고장나서 가동할 수가 없었다. 포철은 일본, 브라질 및 미국으로부터 슬래브를 구입하여 압연시설을 가동하고 열연, 냉연 및 기타 최종제품을 계속 생산하기로 결정했다. 이런 방식으로 계속 공장을 가동함으로써 포철은 고객을 유지하고 납기 내에 주문을 받을 수 있었다. 큰 사고에도 불구하고 놀랍게도 포철은 그해 손실을 내지 않았다.

다시 한 번 박태준은 돌관작업을 지시했다. 그는 수백 명의 사람들을 동원해서 특별기동대를 만들고 사고가 난 공장을 재건하는 데 총력을 기울였다. 밤낮없이 매일매일 작업한 결과 총 3만 7천 미터나 되는 전선이 새로이 설치되었다. 한전을 비롯해 모두가 협력한 끝에 28일 만에 전기가 들어왔고 제강공장의 전로를 재가동할 수 있었다. 포철의 정신, 아니 포철의 기적을 이해할 수 없다는 듯 일본 기술자들은 다시 한 번 머리를 절레절레 흔들었다. 모두가 힘을 합쳐 최단 시일 내에 복구작업을 끝냈던 것이다. 제3기 공사조차도 진척에 별다른 차질이 없었다.

한편 박태준은 크레인 운전공의 피로가 사고의 원인이라는 보고를 받았다. 그는 대가족을 홀로 부양하는 가장으로, 직장을 두 개 갖고 있었다. 그는 다른 곳에서 맡은 일을 끝내느라고 밤을 새워 일했던 것이다.

포철의 복구비용은 3백만 달러 이상이 들었다. 정부자금으로 구입한 포철의 시설을 손상하는 것은 국가기물 파손죄에 해당되었다. 크레인 운전공은 체포되어 재판을 받았으며, 6개월의 징역형을 선고받았다. 선고가 확정된 후 박태준은 크레인 운전공의 집을 방문하여 가장을 감옥으로 보낸 재판 결과에 유감의 뜻을 전했다.

박태준은 그 사고에 대해 상당히 철학적인 태도를 가지고 책임을 공감했다.

"그 운전공은 피곤했기 때문에 부주의했던 것입니다. 그는 대가족을 부양하느라고 직장을 두 개 갖고 있었지요. 저는 우리 종업원들이 피곤하지 않게 일하도록 하고 싶었습니다. 그러나 일거수일투족을 일일이 통제할 수는 없는 일이었지요. 사실 그렇게 해서도 안 됩니다."

그는 그 문제를 두고 곰곰이 생각했다.

"사고에 대한 가장 중요한 대처방안은 재발방지입니다. 저는 사고를 일으켰던 요인들을 조사하고 향후 방지대책을 강구하라고 지시했지요. 철을 만드는 것은 위험한 일입니다. 우리는 종업원들의 행동과 판단을 믿을 수 있어야만 합니다. 그리고 종업원들이 올바르게 판단하고, 또 올바른 근로습관을 가질 수 있도록 훈련시킬 책임이 있습니다. 하지만 이것만으로도 충분하지는 않습니다. 종업원들이 잠을 푹 자고 맑은 정신으로 출근할 수 있도록 해야 합니다."

조사위원회는 크레인 운전공들이 항상 깨어 있도록 하는 세 가지 방안을 제시했다. 첫 번째는 단조로운 기계음을 상쇄하기 위해 라디오와 음악을 들려주는 것이었다. 두 번째는 야간근무하는 크레인 운전공들을 8시간 내내 근무시키는 것이 아니라 3시간씩만 근무하도록 교대시간을 조정하는 것이었고, 세 번째는 감독자를 늘려 위험한 작업을 하는 종업원을 자주 순찰하는 것이었다.

"훈련이나 감독만으로는 충분하지 않습니다. 우리는 종업원의 안전의식을 있는 그대로 놔두어서는 안 됩니다. 안전을 생활화하고, 열심히 일하는 종업원들에게는 포상을 해야 합니다. 종업원들 모두가 자신의 회사라는 생각을 갖도록 해야 합니다."

박태준은 다음과 같이 말을 끝냈다.

"공장 전체가 완전히 타버리지 않은 것이 천만다행이었습니다. 괴로웠던 사고였지만 가치 있는 경험이었지요."

부실공사는 절대 안 돼!

제3기공사가 한창이던 1977년 8월 2일 포철은 제강공장의 기초를 다지고 있었다. 그러나 영일만의 지하 암반구조는 경사져 있어 작업을 진행하는 데 많은 어려움이 있었다. 특히 강철 파일을 용접하고 길게 연결해서 암반까지 닿을 수 있도록 깊이 박아야만 했다. 강철 파일을 세 개나 함께 연결해서 암반에 닿을 때까지 박아야 하는 경우도 많았다. 지하암반은 평평하지 않았고 지상에 튀어나온 파일들의 높이 또한 제각기 달랐다. 그래서 파일들을 똑같은 높이로 잘라 콘크리트를 붓고 기초공사를 해야만 했다.

박태준은 현장을 시찰하던 도중 파일 안으로 콘크리트를 붓는 것을 바라보았다. 그리고 강철 파일 몇 개가 약간씩 움직이는 것을 알아챘다. 이것은 파일들이 암반까지 박히지 않았음을 뜻하는 것이었다. 조사 결과 한국의 시공회사와 일본 감독책임자가 공모하여 부실공사를 했다는 것이 밝혀졌다. 이들은 지상으로 나와 있는 파일들의 길이를 맞추느라고 암반까지 박지 않은 상태에서 시공을 계속했던 것이다. 이렇게 되면 기초공사가 불안해져 매우 위험한 상황이 초래될 수도 있었다. 박태준은 격노했다.

당시 건설을 담당하고 있던 정명식 상무가 소환되었고 모든 콘크리트 기초공사를 일일이 조사해야 했다. 기초공사의 80% 이상이 이루어진 상태였기에 이를 재시공하게 되면 공기를 맞추기 어려울 수도 있었다. 그러나 박태준은 부실시공한 기초공사를 모두 폭파하라고 명령했다. 그리고 제3기공사를 하고 있는 시공회사와 감독자들을 모두 한자리에 불렀다. 이들이 보는 앞에서 부실시공된 기초공사를 모두 다이너마이트로 폭파했다.

박태준은 이 사건을 기억하며 말했다.

"저는 멋지게 시범을 보일 필요가 있었지요. 장래를 위해 튼튼히 공사해야 된다는 것을 말입니다."

한국의 시공회사는 부실공사의 책임을 지고 물러났으며 다시는 포철공사를 맡지 못했다. 또한 일본인 감독자는 귀국시켜 버렸다.

"한 번 부실공사가 발을 붙이면 또 그런 일이 발생할 수 있다는 것을 알아야 합니다. 부실공사에 대해서는 단호한 자세를 취해야만 합니다. 그렇지 않으면 누구나 대충 일하게 됩니다. 이것을 절대로 용납해서는 안 됩니다. 저는 기초공사를 폭파함으로써 부실공사를 절대로 허용하지 않겠다는 제 의지를 극적으로 보여주었던 것입니다. 모두가 이것을 통해서 교훈을 얻었

부실시공 된 공사장을 다이너마이트로 폭파하는 장면. 1977년 8월 2일, 발전 송풍설비 공사현장을 돌아보던 박태준 사장은 불량시공 현장을 발견하자 즉석에서 폭파하도록 지시했다.

지요. 포철에서는 부실공사나 품질저하 등이 통하지 않는다는 것을 말입니다. 금방 효과가 나타났지요!"

박태준은 빙그레 미소를 지었다.

포철의 위업

어려움도 많았지만 포철은 훌륭한 업적을 많이 달성했다. 가장 큰 업적은 기록적인 생산량과 이익에 대한 것이었다. 1973년 가동 첫해에 포철은 1,200만 달러의 이익을 냈고 이후에도 계속해서 이익을 올렸다. 이만 한 업적을 쌓은 제철소는 어디에도 없었다. 가동한 지 24년째가 되는 1996년 포철은 누계 기준 53억 달러의 이익과 누적 매출액 1,056억 달러를 기록했다. 포철의 연간 생산능력은 1993년 2,080만 톤, 1994년 2,170만 톤, 1995년 2,280만 톤, 1996년 2,360만 톤으로 꾸준히 성장했다.

포철은 1997년 2,650만 톤의 철강을 생산하여 세계 제1위의 제철소가 될 목표를 갖고 있다. 이미 광양제철소는 1994년 조강 1,224만 톤을 생산하여 단위제철소로서는 세계 제1위의 제철소가 되었다.

포철의 생산능력이 2,200만 톤으로 급증한 결과 한국의 철강생산능력은 3,300만 톤으로 늘어났고 일본, 중국, 미국, 옛 소련연방 및 독일 다음가는 세계 제6위의 철강대국이 되었다. 포철은 또한 공장가동률이 100%를 넘는 경우가 많아 능력 이상의 생산을 하는 해가 많았다.

박태준은 공기단축으로 고정비를 줄였기 때문에 원가경쟁력을 갖게 되었다는 점을 강조했다. 포항제철소와 광양제철소의 총 공사기간은 217개

〈도표 12〉 포철의 주요 연도별 매출액과 세전이익 추이 (단위 : 백만 달러)

연도	매출액	세전이익
1973	104.4	11.6
1978	743.4	87.8
1983	2,256.8	100.4
1988	5,059.8	272.6
1991	7,946.3	226.1
1994	9,099.5	585.4
1995	10,656.2	1,323.8
1996	10,499.7	952.6
누계(1973~96)	105,000	5,300

월로 예정기간보다 무려 26개월 이상이 단축되었다. 즉 총 공사기간의 12%를 단축했던 것이다.

박태준은 포철의 경쟁력에 대해 다음과 같이 말했다.

"우리가 국제경쟁력을 갖기 위해서는 제철소 건설 단계부터 경쟁력을 가져야만 합니다. 철강 생산원가는 거의 대부분 장비, 건물 및 인프라 등의 고정설비에 대한 막대한 투자비에 기인하지요. 이런 고정비를 줄일 수 있다면 경쟁력을 가질 수 있습니다."

한국 경제의 현대화에 크게 공헌

'최대로 생산하여 소비자에게 최저 가격으로 공급하자!'라는 포철의 정책은 한국의 제조업체들이 세계적인 기업으로 부상하는 데 중요한 역할을 했다. 예를 들면 1993년도 기준 한국 조선업은 세계 2위, 콘테이너 제조는 세

<도표 13> 포철의 주요 연도별 철강 생산량과 비중 (단위 : 백만 톤, %)

	1973	1978	1983	1988	1991	1994
한국생산량	2,673	6,347	12,425	19,240	28,264	33,745
포철생산량	449	2,807	8,438	13,080	19,090	22,115
비중 (%)	16.8	44.2	67.9	68.0	67.5	65.5
한국소비량	2,290	6,042	7,801	14,519	24,454	32,188
포철공급량	418	2,102	4,952	9,206	13,404	16,211
비중 (%)	18.3	34.8	63.5	63.4	54.8	50.4

계 3위, 그리고 철강·자동차 및 전자산업은 모두 세계 6위로 부상했다.

생산능력을 지속적으로 확장한 결과 한국의 총철강생산에서 차지하는 포철의 비중은 1978년 44.2%에서 1994년 65.5%로 향상되었다. 그리고 한국의 총철강내수 3,200만 톤의 50%에 해당하는 1,600만 톤을 매년 공급하였다. 지속적인 생산증가로 인해 한국의 철강자급도는 1970년대 초반 20%에서 1990년대에는 90%까지 제고되었다. 25년도 채 안 되는 기간에 한국의 1인당 철강생산량은 선진국 수준인 724킬로그램에 도달했다.

1993년 포철은 합리화계획의 추진과 설비자동화를 통해 기존 인력을 감축하고 신규채용을 동결했다. 포철은 인건비 상승에 따른 비용증가를 줄이고자 자연감소 인원을 보충하지 않았다. 그리고 기존 인원의 훈련과 재배치를 통해 종업원 수를 10%까지 감축했다.

포철은 지금 어느 때보다도 생산성을 강조하고 있다. 1톤의 철강생산에 소요되는 노동시간을 1995년까지 4.448시간에서 3.541시간으로 단축할 계획이다.

철강업계의 노벨상, 베세머 금상 수상

1987년 5월 13일 광양 제1기공사가 완료된 후 박태준은 철강업계의 노벨상이라 불리는 베세머 금상을 수상했다. 이 상은 런던에 있는 영국 금속학회가 수여하는 것으로, 1874년 영국의 철강기술자인 헨리 베세머가 특히 철강산업의 발전에 지대한 공헌을 하거나 혁신적인 철강제조기법을 개발한 사람들을 기념하는 목적으로 제정했다.

애터톤 회장은 수여식장에서 다음과 같이 박태준의 공적을 치하했다.

"박회장님께 이 상을 수여하는 것을 영광으로 생각합니다. 그는 정체되어 있는 세계 철강산업에 새로운 활력을 주셨습니다."

1987년 5월 13일 박태준 회장이 철강업계의 노벨상으로 불리는 베세머 금상을 수상하고 있다.

베세머 금상이 기업인에게 수여되기는 처음이었으며, 철강산업에서 활동 중인 개인에게 주어진 것도 처음이었다. 그 이전까지는 모두 과학자들에게 수여되었다. 박태준은 그 순간의 감격을 이렇게 묘사했다.

"그 순간 저는 만감이 교차했습니다. '포철맨'들과 함께했던 역경과 도전의 나날들이 떠올랐습니다. 이 상은 우리 임직원들과 종업원들에게 주어진 상입니다. 이들이 주인공이기 때문입니다. 저는 매우 기뻤으며, 여러 해 동안 함께 일했던 이들과 고귀한 영광을 같이 누릴 수 있게 되어 정말로 감사했습니다. 어찌 저만의 영광이라고만 할 수 있겠습니까?"

자페의 과소평가

1968년 세계은행의 선임연구원이었던 자페는 당시 한국에 제철소를 건설하는 것은 타당성이 없다는 결론을 내렸다. 그의 평가로 KISA는 자금을 조달하는 데 실패했었다. 거의 20년이 지난 후 그는 자신이 간과했던 바를 인정했다. 1986년 박태준은 로마에서 개최되었던 국제철강협회(IISI)의 연차총회에 참석하고 돌아가는 길에 런던을 방문했다.

박태준은 기억을 더듬으며 필자에게 말했다.

"총회를 마치고 런던에 도착했을 때 저는 다소 들뜬 기분이었습니다. 총회에서 저는 포철의 업적에 대해 많은 찬사를 받았지요. 호텔 밖을 내다보고 있을 때 포철의 초창기 시절이 생각났습니다. 저는 만족감에 젖어 우리가 얼마나 많이 전진해 왔는가를 생각했습니다. 그때 갑자기 저는 과거에 묻혀 있었던 인물, 즉 자페를 기억하게 되었지요. 그는 우리가 추진하고 있었던 종합제철소 프로젝트에 선진국들이 투자하는 것을 완강하게 반대했던 사람 중의 하나였습니다. 저는 그가 지금 포철에 대해서 어떻게 생각하는지 궁금했습니다."

포철이 포항 제1기공사의 자금을 조달하기 위해 애쓰고 있었을 때 자페는 세계은행의 경제전문가로 일하고 있었다. 그의 평가와 권고에 따라 세계은행은 한국의 융자신청을 거절하고 대신 브라질의 제철소 건설에 자금을 지원했다.

"저는 그가 런던에서 개인 컨설팅 회사를 운영하고 있다는 것을 알게 되었습니다. 그래서 동행했던 한영수 이사에게 그를 찾아보라고 말했지요."

한이사는 자페가 있는 곳을 알아내어 그와 전화 통화를 했고, 즉시 박태준에게 그 내용을 보고했다. 한이사는 그때를 회고하며 말했다.

"제가 포철에서 근무한다고 말했더니 그가 깜짝 놀라더군요. 그는 맨 먼저 회장님이 어떻게 지내시냐고 물었습니다. 제 생각엔 그가 회장님께 미안한 감정을 갖고 있는 것 같았습니다. 그래서 회장님이 지금 런던에 와 계신다고 말해 주었지요."

박태준은 한이사의 말을 들은 후 곧바로 자페에게 전화를 걸었다. 자페가 전화를 받자 그는 반갑게 인사를 건넸다.

"안녕하시오, 자페 선생. 오랜만입니다. 오늘 저녁이나 같이하면서 옛날이야기를 나누면 어떻겠습니까? 올여름에는 아시안 게임이, 2년 후에는 올림픽이 서울에서 개최될 예정입니다. 그때 당신을 초청해서 포철 공장들을 보여주고 싶습니다."

자페는 주저했으나 박태준이 밝은 목소리로 말을 건네자 저녁식사 초대에 응했고, 그들은 '팽'이라는 중국음식점에서 만났다. 벌써 18년이라는 세월이 흘렀다. 박태준은 동행한 임직원들에게 과거 일을 두고 곤란한 질문을 하지 말라고 엄명을 내렸다.

자폐와 만난 박태준은 가벼운 농담으로 대화를 이끌어나갔다. 자폐도 마음이 놓였는지 즐겁게 이야기를 나누었다. 저녁 모임이 끝날 무렵 박태준은 조심스럽게 자폐에게 물었다.

"상당히 오래된 이야기입니다만, 한 가지만 질문해도 될까요?"

"좋습니다."

"그때 세계은행은 당신이 제출한 보고서에 담긴 권고안을 따랐습니다. 그래서 포철에 대한 융자를 거절하고 대신 브라질에 주었지요. 오늘날 브라질 제철소의 생산량은 4백만 톤 수준에 머무르고 있는 반면 포철의 생산량은 1,200만 톤을 넘어서고 있습니다. 곧 완공될 광양 제2기가 들어서면 생산능력은 540만 톤이 더 증가하게 됩니다. 18년이 지난 오늘날, 한국과 브라질에 대한 당시의 판단을 돌이켜볼 때 어떻게 평가하시겠습니까?"

박태준은 웃으면서 말했다. 자폐는 의외로 쉽게 대답했다.

"당연한 질문이라고 봅니다. 하지만 오늘날에 와서도 제 보고서가 잘못됐다고는 생각하지 않습니다. 한국이 그때와 같은 상황이라면 지금도 똑같은 내용의 보고서를 쓸 것입니다. 종합제철소를 건설하고 운영하는 데 고려해야 할 요소들인 내수규모, 기술수준, 원자재 공급 가능성, 기업과 신용위험, 시장성 및 기타 여러 가지 요인들을 저는 철저하고도 공정하게 분석했습니다. 당시 한국의 철강수요는 실제적으로 거의 없는 거나 마찬가지였습니다. 철강을 대량으로 사용하는 자동차산업과 조선산업이 거의 없었으니까요. 그래서 수요도 없는 나라에 대규모의 종합제철소를 세우려는 계획에 반대할 수밖에 없었지요. 하지만 당시 간과한 것이 하나 있었습니다."

그는 미소를 지었다.

"그것은 바로 당신이었습니다. 제가 잘못 판단한 것이 아닙니다. 포철이 기적을 일으킨 것입니다. 저는 다만 한국에 당신이 있었다는 것을 몰랐던 거지요. 저는 절대로 잘못된 보고서를 쓰지 않습니다. 당신이 상식을 초월하여 그 프로젝트를 잘 이끌어갔기 때문에 가능했던 것입니다."

그는 잔을 높이 들고 박태준에게 경의를 표했다. 박태준이 미소를 지으며 말했다.

"때때로 우리들은 치밀한 계산이 아닌 순전한 의지만으로 어떤 일을 이룰 때가 있습니다. 당신이 보고서에서 지적했던 것처럼 당시 한국의 상황은 아주 나빴습니다. 하지만 한국 사람들의 마음 속에는 외국인들에게 설명할 수 없는 애국심과 희생정신에서 나오는 불가사의한 힘들이 있습니다. 그래서 KISA와 세계은행의 거절로 인해 우리들은 새롭게 결의를 다졌고, 결국에는 포철 프로젝트를 완성하게 되었던 것입니다. 이상한 이야기지만 당신의 보고서가 우리를 전진하게 만든 채찍 역할을 했다고나 할까요."

자페가 안도하면서 박태준을 보고 미소를 지었다. 그는 이제야 오랫동안 미루어왔던 자신의 입장을 해명하게 되어 마음이 후련한 듯했다.

세계 일류대학들, 포철 성공요인 연구

포철의 성공은 스탠포드, 하버드, 서울대학교 등 세계 일류대학 연구소로부터 많은 주목을 받았다. 이들 경영대학 연구소들은 1991년과 1992년에 포철의 급성장 요인을 나름대로 규명했다. 박태준은 자신의 성공비결을 이렇게 설명했다.

"이들이 포철의 성공요인이 무엇이냐고 물었을 때 저는 경영상식 이외의 다른 것은 없다고 말해 주었지요. 복잡하게 연구할 것도 없습니다. 성공비결은 '저비용으로 고품질의 제품을 생산'하는 것입니다. 저는 이 목표에 사로잡혀 밤낮없이 달려왔고, 정직하고 정확한 관리를 통해 이를 추구했습니다. 우리는 '삼고삼무(三高三無)'라는 표어를 만들었습니다. 최고의 생산성, 최고의 품질, 최고의 낮은 비용이라는 삼고와 무결점, 무사고, 무낭비라는 삼무를 목표로 정했습니다. 이것은 종업원들에게 박차를 가하는 요소가 되었지요. 종업원들의 의욕을 불러일으키려는 모든 기업들이 멋진 구호를 사용하고 있지만 그 효과는 오래 가지 못합니다. 우리는 2만 3천 명의 종업원이 있습니다. 어떻게 이 수많은 종업원들을 이끌겠습니까? 정말로 쉬운 일이 아니었습니다. 하지만 포철은 이것이 필요했습니다."

박태준은 포철의 성공 비결을 간단하게 말했지만 그 속에는 많은 뜻이 담겨 있었다. 그가 계속해서 말을 이었다.

"구호를 실천하는 과정은 매우 어려운 문제입니다. 제일 중요한 것은 당신이 역할 모델이 되어야 한다는 것입니다. 이를 위해 당신 스스로가 누구보다도 열심히 일할 각오가 되어 있어야만 합니다. 그리고 어느 종업원보다 많이 알고 있어야만 합니다. 종업원들이 당신을 믿게 만들고 당신이 말한 것을 인정하도록 해야 합니다. 이것은 종업원들이 당신의 방침을 이해하고 따른다는 것을 뜻합니다. 상호존중의 감정이 있어야 합니다. 그래야만 서로 신뢰하게 되는 것입니다. 경영자들은 종업원들의 주택, 자녀교육 및 문화생활 등의 복지를 처음부터 끝까지 보살펴야 합니다. 종업원들이야 말로 회사의 가장 귀중한 자산입니다. 그리고 모두가 헌신할 수 있는 공통의 목표가 있어야 합니다. 이런 것들을 모두 갖추게 될 때 당신은 추구하는 목표를 훨씬 더 쉽게 달성할 수 있을 것입니다."

그는 단호한 어투로 말했다.

"우리는 종업원들에게 훌륭하게 일하는 습관을 심어주어야 합니다. 열심히 일하고 분명하게 생각하며, 적절하게 행동하고 따라오며, 융통성을 갖고 인내하며, 협동하는 정신을 불어넣어야 합니다. 우리나라 사람들에게는 '대충 일을 해도 괜찮다'라는 국민적인 정서가 내려오고 있습니다. 그래서 과거의 많은 종업원들이 열심히 일하는 습관을 몸에 익히지 못했던 것입니다. 삼고삼무를 포함하여 종업원들이 나쁜 근로의식을 버리고 좋은 근로의식을 갖도록 하는 것이 저의 일이었습니다. 대충 일하는 태도를 없애고 종업원들을 '포철맨'으로 바꾸는 것이 우리의 목표였습니다. 이를 위해 저는 종업원들을 일일이 지도했던 것이지요."

그는 과거의 일을 회상하며 말을 이었다.

"나는 대충 일하는 태도를 용납하지 않았고 그것을 확실히 보여주었습니다. 시공업체와 감독관들이 보는 앞에서 상당히 진척된 기초공사를 다이너마이트로 폭파시켰지요. 제1제강공장을 건설할 때는 이음 볼트를 한 개한 개 손으로 점검하도록 지시했습니다. 또한 공사 때마다 보다 빨리 완공하도록 종업원들을 밀어붙이는 것도 중요했습니다. 처음에는 쉽지 않았지요. 대충 일하는 것이 몸에 배어 있었으니까요. 이것이 가장 바꾸기 어려웠

카네기 멜론대학에서 명예공학박사학위를 수여받고 있는 박태준 회장

던 일 중 하나였습니다. 하지만 포철에는 아주 탁월한 경영진이 있었습니다. 특히 목표달성을 위해 사명감에 불타는 39명의 창설요원들이 있었지요. 물론 주역은 종업원들입니다. 이들이 스스로 작업태도를 고쳐서 '포철맨'이 되었으니까요."

박태준은 빙그레 미소를 지었다. 포철과 포철 종업원들을 말할 때 그는 언제나 행복해 보였다.

"포철 초창기에 '대충 일하는 것은 절대 금물'이라는 포철의 정신을 만들었습니다. 저는 종업원들의 일하는 자세와 태도가 바뀌는 것을 보고 황홀했습니다. 이것이 4반세기 동안 제 자신이 포철에 묻혀 살았던 이유입니다."

인재양성과 교육에의 열정

박태준은 포철이 세계 유수 제철소로 살아남기 위해서는 자체의 우수한 기술개발 능력을 보유해야 한다는 것을 깨닫고 이를 누누이 강조했다.

1983년 초 어느 회의에서 그는 중역들에게 이렇게 훈시했다.

"철강은 우리의 일상생활과 우리나라 경제에 가장 중요한 제품입니다. 모든 면에서 생활을 풍요롭게 도와줍니다. 하지만 철강은 아직도 완전한 소재가 아닙니다. 어디에서나 필요하고 완벽한 철강을 개발하기 위해서는 평생 동안 연구해야 할 것입니다. 철은 아직 너무 무겁고 녹이 잘 나며, 충분히 유연하거나 강하지도 못하고 화공품에 취약한 단점이 있습니다."

한편 포철의 제2대 회장을 역임했던 박태준의 오른팔이라고 할 수 있는 황경로는 다음과 같이 회상했다.

"21세기는 기업 및 국가들 간의 기술전쟁의 시대가 될 것이라고 박회장님께서 늘상 말씀하셨지요. 하지만 '전쟁'은 우리들이 예상했던 것보다 빨리 찾아왔습니다. 포철은 이에 적극 대비했습니다."

박태준은 이미 포철의 기술개발과 혁신뿐 아니라 한국 과학기술발전의 원동력이 되기 위한 연구소를 염두에 두고 1977년 설립한 기술연구소의 역할을 보다 광범위하게 설정했다. 그 방편으로 1987년 기존 연구소를 산업과학기술연구소(RIST)로 확대 개편했다. 이곳에서는 연구개발과 기술분석, 그리고 공장운영상의 기술문제 등을 주로 연구해 나갔다. 그 외에도 병렬 컴퓨터, 반도체, 로봇, 인공지능, 초전도물질, 신금속, 세라믹, 탄소섬유 및 폴리머 등을 개발하고 있다. 이와 함께 경영효율과 최적생산 등에 대한 경영경제연구 분야를 산업과학기술연구소의 기능으로 통합하기도 했다.

한편 1980년대에 들어서면서 기술혁신과 사회변화가 가속화되었고 기업의 성공과 실패는 점점 더 예측하기가 힘들어졌다. 거대기업을 포함하여 기반이 탄탄하다고 알려진 유명업체들도 하룻밤 새에 도산하는 경우가 허다했다. 어느 기업이 살아남을지는 아무도 예측할 수가 없었다.

이런 일들을 보며 박태준은 포철이 일류 철강업체로 살아남기 위해서는 변화하는 환경 속에서 과학기술을 통해 회사의 위치를 향상시켜야 한다고 생각했다. 박태준은 과학기술의 발전이 무엇보다도 중요하다는 것을 인식하고 다음과 같은 자신의 생각을 추진하기 위해 노력했다.

"우선 탁월한 인재를 영입하고 유기적인 산학협동관계를 맺어야 합니다."

하지만 포철은 먼 지방에 있었기 때문에 일류과학자와 연구원들을 유치하기가 어려웠다. 연구시설만으로는 이들을 끌어들일 수가 없었다. 박태준은 곧바로 상업화가 가능한 과학기술을 연구개발하는 데 초점을 맞춘 공과대학을 설립하기로 마음먹었다. 그리고 자신이 세울 공과대학의 모델이 될 만한 대학들을 살펴보았다. 그는 미국의 스탠포드, MIT, 하버드, 조지아 텍, 그리고 영국의 셰필드 등 세계적으로 유명한 공과대학들을 방문하여 연구했다. 이 중에서 그의 비전과 가장 가까운 모델이 칼텍이었다.

"칼텍은 1891년 설립된 이래 20명 이상의 노벨상 수상자를 배출했습니다. 그리고 세계 최고 수준의 공대가 되었습니다. 이들은 곧바로 산업현장에 적용할 수 있는 연구를 했으며 이는 포철이 원하던 방식이었지요."

박태준은 한국과 미국의 과학자들을 면담하고 칼텍의 체계를 검토한 다음 포철 임원회의에서 포항공과대학을 설립하자고 제안했다. 이에 따라

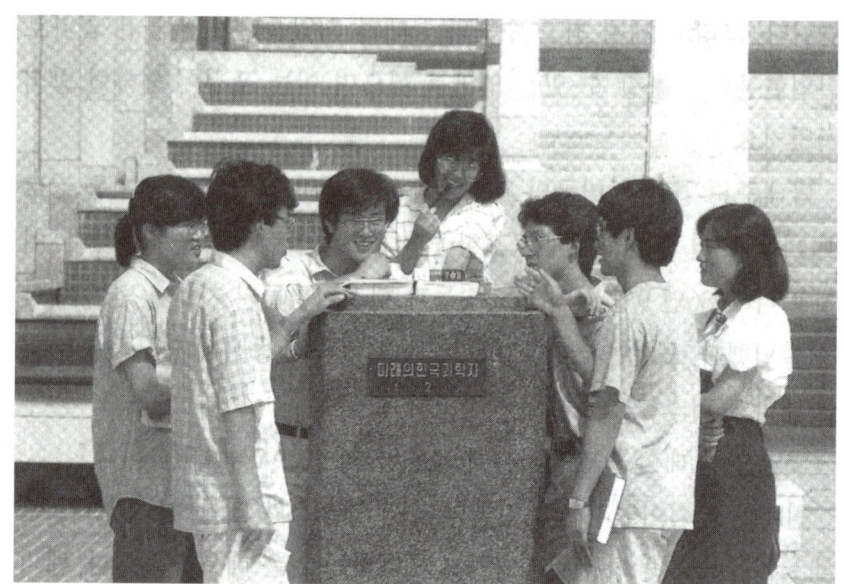
미래의 위대한 한국과학자를 꿈꾸는 포항공대 학생들

1986년 9월 칼텍의 교수들과 행정직원들의 자문을 받아 대학을 설립했다.
포철은 곧바로 교수진을 모집하는 동시에 연구동을 비롯한 대학 캠퍼스를
건축하기 시작했다.

"2년 안에 대학을 만들어서 정상운영하는 것이 목표였습니다."

원대한 계획이었지만 선진국의 유명 연구소와 대학에서 일하는 한국 학
자들을 지방의 신설대학으로 초빙하는 일은 매우 어려웠다. 해외에서 연구
하는 학자들 중 귀국할 의향이 있는 학자들에게는 그 지위에 합당한 주택
과 봉급, 연구시설 및 환경 등을 제공했다.

박태준의 말이 이어졌다.

"김호길 박사를 포항공대의 초대학장으로 모셔왔습니다. 그분은 메릴랜

드 대학의 교수였는데 우리의 교육철학과 이상에 전적으로 동감하셨지요. 교수 초빙에 어려움을 겪었지만 우리는 개교하는 날까지 66명의 신임교수를 영입하여 강의할 준비를 갖추었습니다."

포항공대 건설 현장을 방문한
마가렛 대처 영국 수상

포항공대의 첫 신입생은 240명이었다. 5년도 채 안 된 1997년에는 학생수는 학부학생 1,300명, 대학원생 1,300명, 박사과정생 100여 명, 연구원 218명, 그리고 교수진이 206명에 이를 정도로 발전했다. 포항공대의 입학 경쟁은 매우 치열해서 수능시험 응시자의 상위 2%만이 들어갈 수 있었다. 19년에 걸친 포철의 피나는 노력과 성공으로 우수학생 전원에게 등록금과 기숙사비를 포함한 전액 장학금을 지급할 수 있는 장학기금을 마련했다.

1989년 11월 초 각국에서 온 11명의 노벨상 수상자들이 포항공대 캠퍼스에서 개최된 '21세기 비전'이라는 심포지엄에 참석했다. 포항공대 학생들과 우수고교생들을 포함한 1,500명 이상의 미래 과학자들이 모였다. 토론회 둘째 날 노벨상 수상자들은 각자 별도의 토의집단을 구성하여 열정에 가득찬 학생들에게 새롭고 창조적인 과학 사고를 갖도록 격려했다. 포항 방문 마지막 날 노벨상 수상자들은 포철단지를 둘러보았다. 시찰을 끝내고 모인 자리에서 1986년 노벨 화학상을 받은 허쉬바흐 박사가 자신의 소감을 말했다.

"박회장님, 저는 이곳에 오면서 포철도 여느 제철소와 다름없을 것이라고 생각했습니다. 하지만 제 눈으로 직접 확인해 보니 포철의 시설, 공장, 연구센터, 포항공대, 유치원, 중고등학교, 음악당 및 체육회관 등이 매우 훌륭해 깜짝 놀랐습니다. 이 세상 어느 곳에서도 찾아볼 수 없을 정도로 모든 시설들이 아주 정교하고 효과적으로 구비되어 있는 것을 보니 놀랍습니다. 제가 가르치는 학생들을 이곳으로 보내 이곳 학생들과 함께 연구하는 공동 프로그램을 만들고 싶습니다."

박태준은 그 제안을 즉시 받아들였다.

"박사님의 제안을 영광으로 생각합니다."

오늘날 포항공대는 한국의 MIT라고 불리고 있다. 환경공학을 비롯한 여러 분야에서 박사학위를 수여하는 유명한 연구 중심 대학으로 자리잡았다. 이것은 연구를 바탕으로 산학협동의 가교를 놓겠다는 박태준의 과학기술에 대한 비전 덕분이었다.

공원처럼 아름다운 제철소

포항과 광양제철소를 방문하는 많은 사람들은 굴뚝과 공장, 철도, 트럭 등을 둘러싸고 있는 공원과도 같이 아름다운 제철소 환경에 놀라곤 한다. 단정한 유니폼을 입고 안전헬멧을 쓴 종업원들이 제철소라기보다는 휴양소 같은 회사로 일하러 간다고 말하고 있다.

1986년 5월 포철을 방문하는 동안 마가렛 대처 영국수상이 말했다.

"공원처럼 아름다운 제철소 환경에 정말 놀랐습니다. 1986년 예산의

전원 휴양소처럼 보이는 사원주택 단지. 아름다운 환경은 박태준 철학의 일부이다.

의료센터

효자음악당

11%에 해당하는 1억 달러 이상을 제철소 환경을 유지하고 가꾸는 데 사용한다는 말을 듣고 저는 깊은 감명을 받았습니다. 그게 산업평균치의 7배나 된다면서요."

포항단지의 총 규모는 250만 평이고 광양은 300만 평이다. 이 모든 지역은 녹화 및 조경으로 잘 가꾸어져 있다. 박태준은 다음과 같이 설명했다.

"우리는 포항과 광양 두 지역에 3백만 그루의 나무를 심었습니다. 소나무, 느티나무 등 많은 나무들을 심었고 이와 더불어 조경을 위해 갖가지 꽃과 관목들을 심었지요. 특히 우리 제철소는 회사를 상징하는 빨간 장미꽃으로 유명합니다. 포항은 여름이 되면 장미 향기로 가득하지요."

아름다운 제철소는 박태준이 갖고 있는 철학의 일부였다.

"자연환경 속에 산다고 느끼는 사람들은 행복합니다. 이것은 우리를 유익하게 할 뿐 아니라 자라나는 어린이에게도 자연과 조화를 이루면서 살아가야 한다는 귀중한 교훈을 주니까요. 하지만 아름다운 생활환경은 깨끗이 유지할 때만 가치가 있습니다. 언덕에 나무를 아무리 많이 심어도 쓰레기가 널려 있다면 결코 아름답지 않을 것입니다. 이와 마찬가지로 우리들 삶의 질을 향상시키고 쾌적한 일터를 만들기 위해서는 종업원들이 집과 일터를 항상 깨끗하게 청소해야 합니다."

박태준은 깨끗한 환경을 만들기 위해서는 포철 종업원들이 개인적인 청결에 특별한 주의를 기울여야 한다고 강조했다.

"종업원들이 자신들의 개인 청결에 관심을 쏟을 때 이런 분위기는 일터까지 퍼져나가게 됩니다. 이것은 작은 일 같지만 포철맨의 사고방식에 막대한 영향을 주었습니다. 우리는 공장마다 종업원들을 위해 훌륭한 목욕탕 시설을 여러 개씩 갖춰놓고 있습니다."

박태준은 껄껄 웃으면서 필자에게 말했다.

"서교수님, 그곳에 가보시면 흡사 현대식 사우나에 온 기분이 들 겁니다.

공장에서 일하는 종업원은 누구나 샤워를 하고 퇴근하지요."

　박태준 주변의 많은 사람들은 청결에 대한 그의 고집을 지적했다. 일본의 노무라 연구소가 포철의 성공요인에 대한 사례연구를 한 적이 있는데, 〈포철의 성공 배후에 있는 주된 요인을 찾아서〉라는 제목의 보고서(1991. 11.)에서는 박태준의 '목욕 이론'을 하나의 성공요인으로 꼽고 있었다.

　박태준은 밝은 표정을 지으면서 말을 맺었다.

　"몸을 깨끗이 하자는 제 생각이 심오한 철학처럼 받아들여지는 것을 보고 약간은 당황했습니다. 제 '개인적인 신념'이라고 소개되기를 바랍니다. 하지만 청결이 매우 중요하다는 제 생각은 지금도 변함이 없습니다."

호크 호주 수상 방문(1984. 2. 5.)

마하티르 말레이시아 수상 방문(1983. 8. 12.)

지아 울 하크 파키스탄 대통령 방문(1985. 5. 8.)

멀둔 뉴질랜드 수상 방문(1981. 8. 9.)

에드워드 히드 전 영국 수상 방문(1978. 5. 30.)

다케시다 일본 수상 방문(1987. 12.)

에필로그

"한국은 박태준을 자랑스럽게 생각해야 한다.
그는 내가 아는 그 누구보다도 조국을 위해 헌신했다."

1994년 1월 16일, 나는 박태준을 도쿄에서 처음 만났다. 포철과 그에 대한 이야기를 쓰기 위해서였다. 나는 포철을 연구하면 한국의 경제기적과 아시아 경제기적의 내부 이야기를 완벽하게 이해할 수 있을 거라고 믿었다. 그뿐만 아니라 박태준이 이러한 기적을 어떻게 이룩했는지에 대해서도 알고 싶었다. 나는 그의 철학과 이상, 사고방식들을 이해하기 위해 150~200시간 정도를 깊이 있게 인터뷰하고 싶다는 말을 건넸다. 그는 나를 모르고 있었기에 자신의 이야기를 정확하게 쓰는 데 필요한 능력뿐 아니라, 나의 경력과 비전 등을 평가할 시간이 필요했을 것이다. 이 작업은 25년간에 걸쳐 이룩한 그 자신의 위업을 다루는 일이었기에 그의 입장에서는 당연한 일이었다.

1993년 봄, 나는 포철을 처음 방문했다. 그때 나는 고려대학교의 방문교수로서 어느 세미나를 지도하고 있었다. 포철을 방문한 많은 사람들과 마찬가지로 나 역시 강렬한 첫인상을 받았다. 포철은 일반적인 한국 기업이나 일본 기업과는 달라 보였다. 그것은 상상 속에 있는 기업이었다. 나는 지난 20년 동안 300여 개 이상의 아시아 기업들을 연구해 왔다. 그러나 아시아의 경제개발을 보다 잘 이해하기 위해서는 포철과 박태준에 대한 이야기를 써봐야겠다고 생각했다. 이를 통해 모든 기업인들은 자신들이 처한 상황에 적용가능한 무언가를 배울 수 있을 것이라는 판단을 했던 것이다.

나는 첫 만남이 있은 지 2개월 후에 다시 박태준을 만나는 행운을 얻었다. 그는 자신의 스케줄에 따라 나와 인터뷰하겠다고 말했다. 그동안 나는《영일만에서 광양만까지 : 포항제철 25년사》를 비롯한 각종 사례연구, 즉 스탠포드 대학의 브루스 맥켄과 루스 말란 교수가 작성한〈한국 발전에 있어서 포철의 전략〉(1992)과 하버드 대학의 포철 사례연구 등을 읽는 등 나름대로 준비를 했다. 첫 번째 인터뷰는 그가 막역한 친구를 방문하기 위해 머물고 있었던 프랑스 니스에서 일주일간에 걸쳐 이루어졌다. 많은 대화를 나누면서 우리는 서로를 이해했다. 그리고 이어서 도쿄, 뉴욕, 뉴저지, 서울, 밴쿠버, 샌프란시스코 및 호놀룰루 등지에서 15번 이상의 인터뷰를 했다.

깊이 있고 광범위하게 이루어진 인터뷰가 끝난 후에도 나는 그가 어떻게 포철이라는 거대한 기업을 창조했는지, 어떻게 세계 제2위의 제철소로 만들어냈는지 의문을 지울 수가 없었다. 나는 명확한 결론을 내리지 못했다. 포철의 성공은 행운이었을까? 행운에는 한계가 있는 법이다. 그렇다면 열심히 일한 덕분이었을까? 열심히 일한다고 해서 그렇게까지 될 수는 없다. 그렇다면 무엇 때문이었을까? 많은 과정들이 아직도 의문으로 남아 있다. 빈손으로 시작해서 달성한 위업을 생각하면 포철의 성공은 마술이었고, 박태준은 위대한 마술사였다. 나는 오늘날의 포철을 일으킨 근본요인이라고 여겨지는 것들을 나름대로 정리하고자 했다.

우선 박태준은 종업원들의 근로의식을 바꿀 수 있는 능력을 지녔다. 생산성이 없는 종업원을 생산성이 높은 종업원으로, 평범한 종업원을 탁월한 종업원으로, 대충 일하는 종업원을 정확하게 일하는 종업원으로, 부정적인 종업원들의 태도를 긍정적인 태도로 바꾸는 능력을 지녔다. 이런 것들은 중요한 기업문화 요소들이다. 그렇다면 왜 다른 기업가들은 박태준처럼 뛰어난 성과를 거둘 수 없었을까?

내가 보기에 포철과 다른 기업들과의 가장 중요한 차이점은 박태준이 스스로 역할 모델이 되었다는 점이다. 그는 자신이 역설했던 바를 그대로 실천했다. 그는 항상 종업원들에게 모범이 되기 위해 헌신적으로 일했다. 그는 역할 모델로서 인정을 받자 북극해의 항로를 개척해 내는 쇄빙선이 되었다. 그가 지나간 뒤에는 종업원들이 정해진 목표를 향해 따라갈 수 있는 항로가 열렸다.

"서교수님, 나는 25년 동안 포철에 푹 빠져 있었습니다. 4반세기 동안 나는 완전히 철에 미쳐서 살아온 사나이였습니다."

박태준은 대단히 자랑스럽게 말했다. 그는 마음만 먹으면 무엇이든지 이룰 수 있다는 인간의 능력을 믿고 있었다. 그는 광범위하게 독서를 했고, 특히 위인전을 읽으면서 이들의 리더십으로부터 많은 아이디어를 얻었다. 위인들이 엮어나간 역사적인 사건들을 살펴보고 그는 자신뿐만 아니라 주변의 모든 사람들이 달성해야 할 기준치를 높게 설정했다. 박태준은 참을성이 많은 사람이었지만 스스로 최선을 다하지 않는 사람들은 가차없이 꾸짖었다. 그리고 자신의 잠재능력을 최대한 발휘하지 않는 사람들은 결코 용납하지 않았다. 자신뿐만 아니라 다른 사람들에게도 높은 기대치를 갖고 있었기 때문에 같은 실수를 반복하는 것은 참지 못했다. 반면에 그는 자신의 기대를 넘어서 훌륭한 성과를 내는 사람들을 아끼고 존중했다. 나이가 많건 적건, 중역이건 일선 종업원이건 가리지 않았다. 그래서 박태준 밑에서 일한 사람들은 항상 그의 기대에 부응하기 위해 열심히 노력했다. 박태준이 격려하거나 미소를 짓는 행위는, 측근에 있는 사람들과 포철에 근무하는 종업원들의 사기를 올려주었다.

포철 성공을 떠받치는 중요한 요인 중의 다른 하나는 박태준이 보여준 교사로서의 역할이었다. 스탠포드 대학의 포철 사례연구에서는 박태준을 두 가지 모습으로 설명하고 있다. '하나의 모습은 권위주의적인 성격을 지닌 철두철미한 사람으로서 반대를 무릅쓰고 필요할 때마다 확고한 결정을 내린다. 또 하나의 모습은 예를 들어 설명하거나 결재를 하기 전에 임직원들의 판단에 대해 캐묻고 시험해 봄으로써 이들을 가르치고 이끌어가는 교사의 모습이다.' 이것이야말로 박태준을 정확하게 본 것이다.

철강업에 대한 그의 지식은 굉장히 엄밀했다. 그는 전체적인 산업 동향에서부터 세세한 부분에 이르기까지 철강에 대한 모든 지식을 갖추고 있었다. 그래서 그는 주변 사람들의 교사가 될 수 있었다. 리더가 자신의 사업을 세세한 부분까지 알지 못하면 종업원들이 건성으로 일하게 된다. 실수를 못 본 척하거나 수준미달의 일을 그대로 놔두면 대충 일하도록 만드는 것과 같다. 하지만 상사가 종업원들이 하는 일을 자세히 알고 있다면 이들은 감히 서투르게 일하지 못할 것이다. 종업원들은 박태준이 일의 내용을 정확히 파악하고 있다는 것을 알고 있었기에 일하는 태도를 바꿔나갔다.

박태준은 오랜 기간 철강업에 종사했기 때문에 종업원들의 작업태도를 바꿀 수 있었다. 그의 전략은 종업원들의 정신상태, 습관 및 행동을 바꿔서 '포철맨'으로 만드는 것이었다.

"포철맨들은 감독이 필요 없습니다. 이들은 최선을 다해 생각하면서 행동하고 일합니다."

박태준은 자랑스럽게 말했다. 박태준의 뒤를 이어 제2대 회장에 취임했던 황경로는 다음과 같이 말한 바 있다.

"우리 회장님은 일 년에 두세 번밖에 결정을 내리지 않지만, 이것들은 모두 회사 전체의 방향을 정해주는 중요한 내용들입니다. 만약 그분이 일 년에 중요한 결정을 5개나 내렸다면 우리들은 제대로 따라갈 수 없었을 것입니다."

또 하나의 성공요인은 포철이 정치적인 권모술수에 끌려들지 않고 정부와의 관계를 이끌어나갔다는 점이다. 정치적인 간섭과 개입을 막았던 것이야말로 박태준이 포철을 건설해 나가는 과정에서 가장 많은 시간을 할애해야만 했던 부분이었다. 박태준은 회고했다.

"필요할 때는 주변에 없고 필요 없을 때에는 바로 뒤에 있는 것이 정부입니다. 관료들의 쓸데없는 간섭과 온당치 못한 정치적 압력으로부터 포철 경영진을 보호하는 데 나의 시간과 에너지의 많은 부분을 써왔습니다."

육사시절부터 이어져 내려온 박정희 대통령과 박태준 간의 관계가 있었기 때문에 포철은 한국에서 횡행하는 정치적 압력으로부터 최대한 보호받을 수 있었다. 이런 관계가 포철의 성공을 가져오는 하나의 요인으로 작용했다. 무엇이 박정희 대통령과 박태준 간의 관계를 그토록 끈끈하게 만들었을까?

박태준은 본래 소심한 사람이지만 다른 사람의 감정을 잘 헤아리는 사람이기도 했다. 그는 절도 있는 사람이었으며 존경하는 사람에게는 충성을 다하는 사람이었다. 그의 행동과 목소리로부터 박정희 대통령에 대한 충성심을 느낄 수 있었다.

또한 그는 아주 명민한 사람이었다. 그는 어떤 사람이 진심으로 이야기하는지 아니면 건성으로 이야기하는지를 즉각 알아차린다. 성실하지 않다는 의심이 들면 참지 못하는 성격이었다. 그는 상식이 풍부한 사람이었다. 시치미를 뚝 떼고 농담을 해서 유쾌하게 만들었으며, 그 이후에는 사람들의 생각을 꿰뚫어보면서 무엇을 말할지 궁리한다. 박정희 대통령이 누구보다도 그에게 마음을 터놓았던 이유를 짐작할 수 있다. 많은 사람들이 박정희 대통령 앞에서 공식적으로만 보고를 한 데 비해 박태준은 자신의 마음을 말했다. 박정희 대통령은 그를 만날 때마다 항상 즐거워했다. 박태준은 재미있는 이야기를 하거나 우스운 일화를 소개해서 대통령의 마음을 편안하게 만들었다. 더군다나 그의 말에는 언제나 많은 뜻이 담겨 있었다.

박정희 대통령은 사제지간에서 우러나오는 박태준의 성실성과 책임감을 완전히 신뢰하고 있었다. 이러한 성격으로 인해 박태준은 일본의 철강업계 지도자들 및 정부관료들과 친한 관계를 맺을 수 있었으며, 포철 프로젝트에 대해 헤아릴 수 없을 정도의 많은 도움을 받았다.

철의 사나이로서, 그리고 인간으로서 박태준의 명성은 한국보다도 외국에 더 잘 알려져 있다. 이것은 이상한 일이 아니다. 그는 정부관료들을 접대하거나 정치놀음에 끼어들지 않겠다는 일생의 목표를 세웠다. 그는 이들이

불굴의 신념과 비전으로 한국 산업경제의
토대를 이룩한 박태준

원했던 정치기부금, 상납, 뇌물 등을 용납하지 않았다. 포철 프로젝트는 정치인들에게 돈방석처럼 보였으나 박태준이 버티고 있어서 어쩔 수가 없었다. 많은 정치인들과 정부관료들이 그를 쫓아내려고 무던히도 애를 썼다. 박태준이 이들의 압력에 굴복해서 당시 관례화된 기업의 행태를 그대로 따랐다면 오늘날의 포철은 크게 달라졌을 것이다. 상납과 청탁관행이 조직 상층부에 만연하게 되면 곧 전체로 퍼져나가 근절할 수 없게 된다.

부패를 철저히 배격하고 외부 압력에 나름대로 대처해 나간 결과 그는 정치계에서 별종으로 취급받았다. 기득권 세력들은 그를 무시했고 업적을 폄하했다. 그는 한국 정부, 정치인, 기업가 그리고 국민들로부터 더 나은 평가를 받을 자격이 충분한 사람이다. 너무 늦기 전에 말이다. 그의 업적은 국제적으로 큰 인정을 받고 있다. 그래서 세계 곳곳에 있는 유명대학으로부터 명예학위를 받았으며, 외국 정부로부터도 영예로운 상을 많이 받았다.

진정으로 박태준 같은 분은 일생에 한 번 나올까 말까 한 인물이다. 한국은 그를 자랑스럽게 생각해야 한다. 그는 내가 아는 그 누구보다도 조국을 위해 헌신했다.

도표색인

청진 ●

함경북도

함경남도

평양북도

신의주 ●

함흥 ●

동해

평양남도

평양 ●

황해도

해주 ●

강원도

춘천 ●

경기도

서울 ■

울릉도　독도

수원 ●

아산만

서 해

충청북도

충청남도　청주 ●

경상북도

대전 ●

포항

전주 ●

대구 ●

전라북도

경상남도　창원 ●

광주 ●

광양

부산 ●

전라남도

제주도

지은이 **서갑경**(K. K. Seo)

서갑경은 한국에서 태어나 1950년대 미국으로 유학을 갔으며, 1960년 신시내티 대학에서 경제학박사를 취득하고 하와이대학에서 아시아 경영과 재무관리를 강의한 명예교수이다. 또한 북경대학, 콜롬비아 대학, 인도네시아 국립대학, 고려대학 등을 비롯한 브라질, 아르헨티나, 칠레, 베트남, 일본 등의 주요 대학에서 초빙교수로 강의하기도 했다.

저자는 국제적으로 명성이 높은 '하와이대학 아시아 경영 현지조사연구(MBA 프로그램)'를 지난 12년 동안 주도적으로 이끌어왔고, 아시아 지역에 있는 300여 사 이상의 기업들을 방문 조사했으며, 이들 경영자들과 수없이 많은 인터뷰를 하였다. 이를 바탕으로 아시아 경영과 경제에 대한 여러 권의 저서와 국제학술지에 50편 이상의 논문 및 보고서를 발표했는데, 특히 《Managerial Economics Text, Problems and Short Cases》는 미국의 하버드, 콜롬비아, NYU, UCLA 등을 포함한 200여 주요 대학에서 교재로 사용되고 있는 베스트셀러이다.

1992년 포스코의 초청세미나에서 대동남아시아 투자기회와 사업타당성에 대해 발표하면서 서갑경은 포스코의 경영방식과 성과에 대해 커다란 감명을 받게 되었다. 그리고 세계 철강업계에 혜성처럼 나타난 포스코의 전략, 경영관리 및 성공비결이 전 세계의 경영자들에게 커다란 도움을 줄 수 있다는 생각에 이 책을 집필하게 되었다.

옮긴이 **윤동진**

1982년 고려대학교 무역학과를 졸업하고 동대학원에서 석사 및 박사 학위를 취득하였다. 현대종합상사와 현대중공업에서 약 3년 동안 플랜트 수출업무를 익혔고, 산업연구원 첨단산업실에서 한국의 전자산업에 대해 약 4년간 조사분석하였으며, 포스코 경영연구소에서 경영전략팀장으로서 기업전략에 대해 약 1년간 연구하였다.

주로 한국 경제와 산업에 대한 분석을 바탕으로 해외직접투자이론, 국제화과정론, 산업과 기업의 국제화전략론 등을 연구해 왔으며, 우석대학교 경영학과 조교수로서 국제경영론과 한국기업경영론 등을 강의하였다.

철강왕 박태준 경영이야기

2021년 5월 20일 1판 4쇄 펴냄

지은이 서갑경(K. K. Seo)
옮긴이 윤동진
펴낸이 김철종

펴낸곳 (주)한언
출판등록 1983년 9월 30일 제1-128호
주소 서울시 종로구 삼일대로 453(경운동) 2층
전화번호 02)701-6911 **팩스번호** 02)701-4449
전자우편 haneon@haneon.com **홈페이지** www.haneon.com

ISBN 978-89-5596-633-6 03320

한언의 사명선언문

Since 3rd day of January, 1998

Our Mission – 우리는 새로운 지식을 창출, 전파하여 전 인류가 이를 공유케 함으로써 인류 문화의 발전과 행복에 이바지한다.

– 우리는 끊임없이 학습하는 조직으로서 자신과 조직의 발전을 위해 쉼 없이 노력하며, 궁극적으로는 세계적 콘텐츠 그룹을 지향한다.

– 우리는 정신적, 물질적으로 최고 수준의 복지를 실현하기 위해 노력 하며, 명실공히 초일류 사원들의 집합체로서 부끄럼 없이 행동한다.

Our Vision   한언은 콘텐츠 기업의 선도적 성공 모델이 된다.

저희 한언인들은 위와 같은 사명을 항상 가슴속에 간직하고
좋은 책을 만들기 위해 최선을 다하고 있습니다.
독자 여러분의 아낌없는 충고와 격려를 부탁 드립니다.
· 한언 가족 ·

HanEon's Mission statement

Our Mission – We create and broadcast new knowledge for the advancement and happiness of the whole human race.

– We do our best to improve ourselves and the organization, with the ultimate goal of striving to be the best content group in the world.

– We try to realize the highest quality of welfare system in both mental and physical ways and we behave in a manner that reflects our mission as proud members of HanEon Community.

Our Vision   HanEon will be the leading Success Model of the content group.